U0142967

研究&方法

結構方程模式
實務應用秘笈

Structural Equation Modeling-Tips for Practical Application

吳明隆、張毓仁 著

五南圖書出版公司 印行

序 言

　　《結構方程模式──實務應用秘笈》(Structural Equation Modeling─Tips for Practical Application) 為SEM系列叢書之三 (SEM系列叢書之一為結構方程模式──SIMPLIS的應用，SEM系列叢書之二為結構方程模式──AMOS的操作與應用)。結構方程模式 (Structural Equation Modeling；簡稱SEM) 是當代行為科學領域中量化研究的重要的統計方法，它融合了傳統多變量統計分析中的「因素分析」與「線性模式之迴歸分析」的統計技術，對於各種因果模式可以進行模型辨識、估計與驗證，因果模型驗證的屬性是一種「驗證性」而非是「探索性」。

　　《結構方程模式──實務應用秘笈》書籍內容著重實際案例的解析與統計分析技巧及結果的詮釋，其中包括研究者在進行SEM模型檢定時常犯的錯誤及SEM基本概念的釐清，包括不適當解值及整體適配度指標的判別、修正指標的使用及模型界定，驗證性因素分析、形成性指標與反映性指標的實例、潛在及混合變項的路徑分析、多群組SEM分析、小樣本情境下貝氏估計法的應用等。全書以深入淺出的方式，以實際案例說明結構方程模式的各種應用，是一本SEM量化研究的參考用書。書籍內容完全是實例問題導向，結合研究問題、實證資料與圖表，讓使用者對SEM各種模式估計有清晰完整的概念，表格範例與詳細資料詮釋可作為研究者進行模式檢定與論文撰寫的參考，是一本簡單易懂而實用的SEM工具書。

　　本書得以順利出版，首先要感謝五南圖書公司的鼎力支持與協助，其中在貝氏估計法資料的整理與校對上要感謝鄭涴云督導員的幫忙。由於筆者所學有限，拙作歷經半年多的琢磨，著述雖經校對再三，謬誤或疏漏之處在所難免，尚祈各方先進及學者專家不吝指正。

吳明隆、張毓仁

謹誌於國立高雄師範大學師培中心

2010 年 8 月 20 日

Contents

附錄　**模型估計的其他議題**　549

Chapter

01

結構方程模式理論內涵

完整的結構方程模式 (structural equation modeling；[SEM]) 包含測量模式 (measurement model) 與結構模式 (structural model)，測量模式中作為指標變項者稱為測量變項 (或稱觀察變項、指標變項、顯性變項)，假設模式圖中以正方形或長方形物件表示，測量模式中的指標變項通常都是量表的「題項」，量表是採總加量表的型式，以李克特 (Likert-scaled item) 五點量表類型而言，測量模式中各指標變項的平均數介於 1 至 5 分中間。因素構念稱為潛在變項 (latent variables) (或稱構念、無法觀察變項、潛在因素)，假設模式圖中以圓形或橢圓形物件表示，測量模式的潛在構念為量表於探索性因素分析中萃取的因素 (factor)，這些因素構念無法直接被觀察測量，而是藉由各指標變項來反映。測量模式之無法觀察變項又稱為共同因素 (common factor)，此共同因素的變異是由一個以上觀察變項 (一個以上題項) 共同來反映。

模式適配度判斷準則是 χ^2 檢定統計量，當 χ^2 統計量未達 .05 顯著水準時表示假設模型是個可接受的模式，此模型可良好代表真實世界的現象。在小樣本情況下，χ^2 檢定統計量 $T = (N - 1)F_{min}$ 就會偏離 χ^2 分配；相對地，在大樣本情況下，χ^2 檢定統計量需要大的統計考驗力 (power)，使得 χ^2 檢定統計量無法有效反映樣本資料的共變異數矩陣與適配模型的極小差異，造成界定模型容易被拒絕；此外，χ^2 檢定統計量之資料結構必須符合多變量常態性假定，若是樣本資料結構違反多變量常態性假定，$T = (N - 1)F_{min}$ 統計量也會偏離 χ^2 分配，因而在評估模型適配度時，χ^2 檢定統計量並不是一個完全可靠的測量值，此時，研究者應從絕對適配度指標 (如 GFI、AGFI、CK、MCI、CN、ECVI 等)、殘差分析指標 (如 RMSR、RMSEA)、增值適配度指標 (如 CFI、NFI、NNFI、BFI) 與簡約適配度指標 (如 PNFI、PGFI、AIC) 等進行綜合評估。綜合學者觀點，模式適配度判斷重要準則如下 (Singh, 2009, p.209)：

1. 對於計量資料 (連續變項) 而言，整體模型適配度可以接受的指標門檻值為：RMSEA 值 <.06、TLI 值 >.95、CFI 值 >.95、SRMR 值 <.08。

2. 就類別變項而言，整體模型適配度可以接受的指標門檻值為：RMSEA 值 <.06、TLI 值 >.95、CFI 值 >.95、WRMR 值 <.90 (WRMR 為加權 RMR 值)，如果模型中的變項屬性包含連續與間斷變項，則 WRMR 值 ≤1.00。

3. 當 N>250 時，整體模型適配度可以接受的指標門檻值為：RMSEA 值 <.07、CFI 值 >.95；當 N>500 時，整體模型適配度可以接受的指標門檻值為 TLI

值 >.95 且 CFI 值 >.95。

4. 如果標準化殘差分配極端偏離 Q-plot 直線，表示模型可能界定錯誤。

壹、假設模型與模式的界定

　　SEM 變項間的關係中以單箭號直線表示變項間的因果關係，箭頭所指的變項為果變項 (effect variable)，直線起始處為因變項，雙箭頭符號表示二個變項間有共變關係但沒有因果關係 (causal relation)，即沒有直接效果。徑路分析是考驗連結之觀察變項間的因果關係，驗證性因素分析 (confirmatory factor analysis；[CFA]) 是考驗連結之觀察變項與潛在構念 (因素) 間的關係，完整的結構方程模式除考驗連結之觀察變項與潛在構念 (因素) 間的關係外，也考驗潛在構念彼此間的關係。CFA 與 SEM 均是一種理論導向 (theory driven)，因而是一種驗證性程序，CFA 與 SEM 的觀察變項物件雖然都是以長方形 (或方形) 表示，且觀察變項的名稱必須是 SPSS 資料檔中的變數名稱，但二個模式之觀察變項所表示的指標是不同的，就 CFA 模式而言，指標變項一般是個別題項，潛在變項為因素構念；就 SEM 模式而言，指標變項一般是量表的向度 (或稱構面或層面)，向度分數為數個個別測量題項的總和或數個測量題項的平均數，潛在變項為二階因素構念而非一階潛在因素。

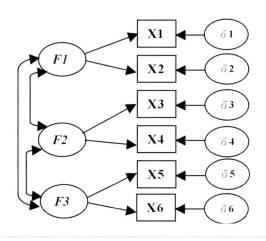

圖 1-1　一般三個共同因素之驗證性因素分析假設模式範例圖

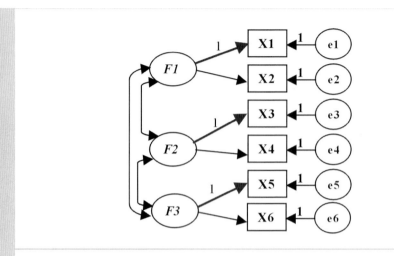

圖 1-2　三個共同因素驗證性因素分析模式圖 (AMOS 視窗界面圖)

在「國小級任教師知識管理能力與班級經營效能之相關研究中」(方惠麗，2009)，研究者蒐集資料的工具包括「教師知識管理能力量表」與「班級經營效能量表」，量表填答採用李克特五點量表型態：非常符合、大部分符合、一半符合、少部分符合、非常不符合。知識管理能力量表經探索性因素分析共萃取三個因素構念：知識取得 (第 1 題至第 4 題)、知識儲存 (第 5 題至第 8 題)、知識應用 (第 9 題至第 12 題)；班級經營效能量表共萃取四個因素構念：常規管理 (第 1 題至第 4 題)、教學掌控 (第 5 題至第 8 題)、師生互動 (第 9 題至第 12 題)、親師溝通 (第 13 題至第 16 題)。二份量表測量題項如下，測量題項後面的附註為 SPSS 資料檔中的變數名稱，變數的第一個字母為因素構念的編號，第二個字母為量表的屬性，X 表示為外因潛在變項的測量題項 (教師知識管理量表)、Y 表示為內因潛在變項 (班級經營效能量表) 的測量題項，第三個字母及第四個字母為題項流水編號。

【第一部分】知識管理能力量表
01. 我會閱讀教育書籍、期刊、報章雜誌，以獲取班級經營的新知。【AX01】
02. 我會參加各種教師研習活動，以增進自己的班級經營知能。【AX02】
03. 我會透過與其他教師的討論，來取得班級經營的經驗與知能。【AX03】
04. 我會藉由教學觀摩或其他教師的教學檔案，來獲取班級經營的經驗和新

知。【AX04】

05. 我會將閱讀到的班級經營相關資料，以書面或電腦儲存建檔。【BX05】

06. 我會將日常教學及班級經營的情形，以拍照或攝影記錄保存。【BX06】

07. 我會將日常教學及班級經營的情形，以書面或電子檔記錄保存。【BX07】

08. 我會將其他專家或教師對我班級經營的意見記錄下來並分類。【BX08】

09. 我會將網路蒐集的資訊知能應用於自己的班級經營活動。【CX09】

10. 我會將觀摩其他教師的教學活動或檔案，實際應用於自己的班級經營。
　　【CX10】

11. 我會將研習進修所獲取的新知，應用於班級經營活動。【CX11】

12. 我會運用其他教師或專家學者的方法，來解決班級經營的問題。【CX12】

【第二部分】班級經營效能量表

01. 我能設計完善的獎懲制度，並讓學生瞭解原因。【AY01】

02. 我班上的學生都能確實遵守班規。【AY02】

03. 我班上學生的秩序良好，受到科任教師的肯定。【AY03】

04. 我能有效處理學生違規問題。【AY04】

05. 我能確實掌控教學進度，讓學生可循序漸進的學習。【BY05】

06. 我能使教學流程順暢，不受其他事物的干擾。【BY06】

07. 我的教學方法，能有效的提升學生學習表現。【BY07】

08. 我能運用不同的評量方式來評量學生的學習成效。【BY08】

09. 我能傾聽班上學生的說話內容，並適時給予回饋。【CY09】

10. 我會主動瞭解每位學生的生活情形及學習態度。【CY10】

11. 我會竭盡所能為學生解決問題。【CY11】

12. 我能依學生的個別差異，而有不同的正向期望與要求。【CY12】

13. 家長會積極參與親師座談會或班上的活動。【DY13】

14. 家長能配合我在班級經營上所提出的要求。【DY14】

15. 家長對我班級經營的方式，能支持與信任。【DY15】

16. 家長很滿意我的班級經營方式。【DY16】

　　二個量表之 CFA 假設模式圖如下：在 CFA 模式中潛在變項為「初階因素構念」(又稱一階因素構念；first-order factors)，初階因素構念通常是在量表進

行探索性因素分析程序萃取的共同因素，測量變項為量表個別的「題項」，測量變項無法被初階因素構念解釋的部分稱為獨特變異量 (uniqueness) 或殘差 (disturbance)，一般稱為誤差項 (error)。CFA 模式的假定中，潛在因素構念與各測量變項的誤差項間沒有共變關係，修正指標中允許各測量變項的誤差項間有共變關係，當二個測量變項的誤差項間有相關存在，表示二個測量變項反映的潛在行為特質內涵有某種程度的重疊性；修正指標也允許二個不同潛在因素路徑同時指向一個測量變項，此種情形表示此測量變項反映二種潛在因素構念，測量變項具有跨因素效度的屬性，在探索性因素分析中就是一個題項在二個共同因素都有很高的因素負荷量。

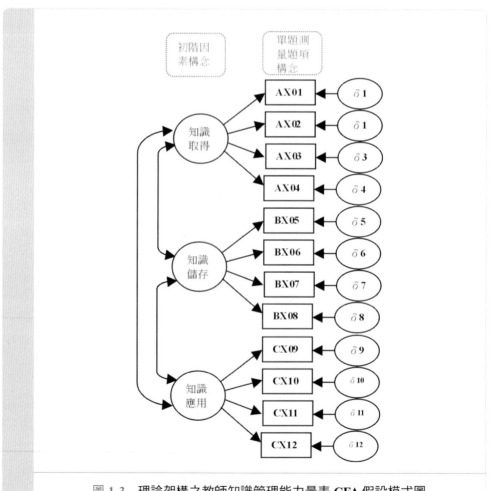

圖 1-3　理論架構之教師知識管理能力量表 CFA 假設模式圖

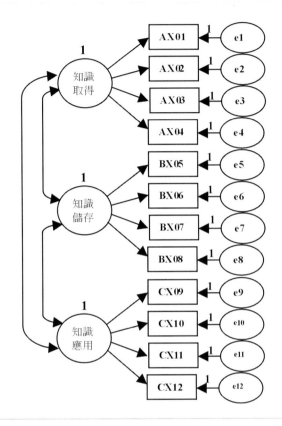

圖 1-4 **Amos** 軟體視窗界面繪製之教師知識管理能力量表 **CFA** 假設模式圖
(直接將潛在因素的變異數界定為 **1**)

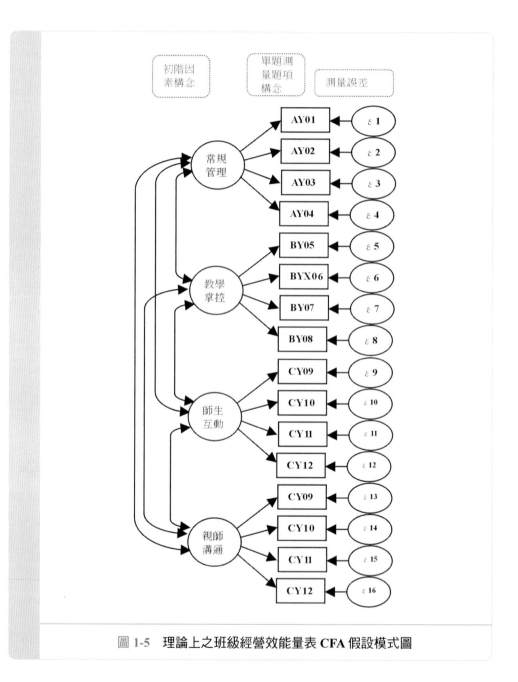

圖 1-5　理論上之班級經營效能量表 CFA 假設模式圖

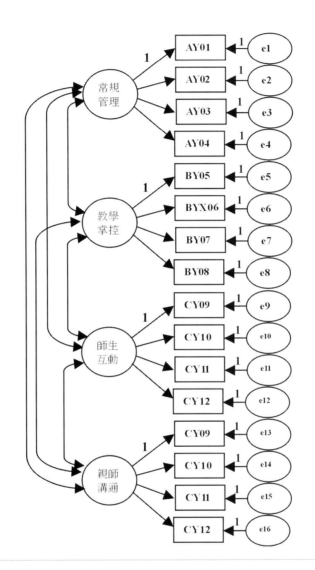

圖 1-6　**Amos** 視窗界面繪製之班級經營效能量表 **CFA** 假設模式圖 **(**因素構念
界定一個參照指標，此為 **Amos** 工具圖像鈕繪製時的預定圖樣**)**

　　就反映性測量模式而言，反映同一因素構念變項的指標變項 (題項) 間應有
中高度的相關，如果指標變項 (題項) 間的相關太低，則因素構念的聚斂效度與
信度會欠佳；但若是同一因素構念變項的指標變項 (題項) 間皆呈高度相關，則
模式估計結果的參數可能會有「無法接受的解值」 (inadmissible solution) 出現，

不可接受的解值如標準化負荷量 (標準化徑路係數) 的絕對值大於 1.00，此種情形的產生乃是測量變項間有嚴重多元共線性，當反映相同潛在構念的測量變項中，有二個以上測量變項間有很高的相關，模式估計結果就可能會出現不可接受的解值，當模式出現不可接受的解值參數估計值時，表示假設模型有嚴重不當界定模式存在，此時研究者應重新進行模型界定或刪除導致共線性問題的指標變項 (題項)。

若研究者進行的是教師知識管理能力對班級經營效能因果模式的驗證，則外因潛在變項為教師知識管理能力量表中的高階因素構念 (second-order factor；又稱二階因素構念)，高階因素構念一般為研究者採用量表所要測得的整體潛在心理特質，此潛在心理特質的測量值在 SPSS 資料檔中的變數為量表所有測量題項的加總分數，範例中高階因素構念為「教師知識管理」，當以高階因素構念作為潛在變項時，其指標變項為初階因素向度，「教師知識管理」潛在變項三個指標變項為「知識取得」、「知識儲存」、「知識應用」；內因潛在變項的名稱為「班級經營效能」，「班級經營效能」潛在變項四個指標變項為「常規管理」、「教學掌控」、「師生互動」、「親師溝通」，二個潛在變項的指標變項測量值可以用初階因素所包含的題項分數加總或向度單題平均分數均可。教師知識管理能力對班級經營效能因果模式的二個測量模式如下：

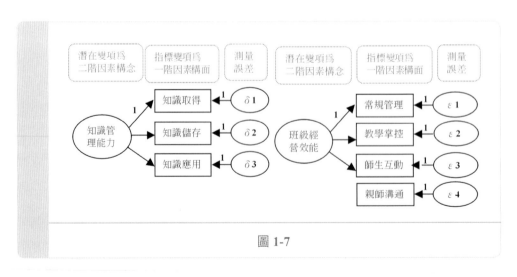

圖 1-7

外因潛在變項教師知識管理能力的三個指標變項為「教師知識管理能力」EFA 分析中初階因素三個構面，內因潛在變項班級經營效能四個指標變項為

「班級經營效能量表」EFA 分析中之初階因素四個構面，二個潛在變項的指標變項並非是量表中個別的測量題項 (量表中的單一題項)，CFA 模型通常以量表的「個別測量題項」作為觀察變項，以初階因素構念作為潛在變項；SEM 多數使用量表之初階因素向度名稱作為指標變項，以二階因素構念作為潛在變項。教師知識管理能力對班級經營效能因果模式圖繪製 Amos 視窗界面中的假設模型圖如下：

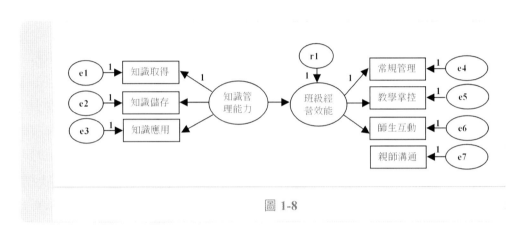

圖 1-8

　　由於 SEM 最常使用的最大概似估計法 (ML 法) 對於資料結構嚴重偏離多變量常態性 (multivariate normality) 時參數估計會產生偏誤，當資料結構偏離多變量常態性假定時，模式參數估計的正確性及穩定性均較不可靠，因而進行 SEM 分析的資料必須符合多變量常態性 (multivariate normality) 的假定。如果資料結構常態性檢定結果嚴重偏離常態分配，此時模式估計方法應改為「漸進自由分配法」(asymptotic distribution-free)，否則模式估計結果會產生偏誤。相關研究證實，對於非常態分配的資料結構，以 ML 法作為 CFA 模式檢定也有很高的統計強韌性 (robust)。此外，採用 ADF 估計法時樣本數的大小最好大於 2500 位以上，如果是小樣本 (樣本數 60 至 120 位) 時，可改採用 Yuan-Bentler 檢定統計法。SEM 分析時，必須有足夠的樣本，如此模式參數估計的結果才會正確 (吳明隆，2009)。

　　進行 SEM 模式估計要考量到以下幾個議題：樣本大小與遺漏值 (missing data)、多變量常態性 (multivariate normality) 與極端值 (outliers)、測量變項間的線性關係、多元共線性問題 (multicollinearity) 或奇異性 (singularity)、殘差

(residuals)。SEM 是以共變異數矩陣為模式參數估計的基準，共變異數與相關係數一樣在小樣本時參數估計愈不穩定，SEM 模式的參數估計與模式適配度檢定卡方值對於樣本大小非常敏感，SEM 與因素分析相同都是一種大樣本的統計程序，Velicer 與 Fava (1998) 發現探索性因素分析程序中要得到一個良好因素模式，下面三個要素都很重要：因素負荷量的高低、測量變項的個數及樣本的大小。多變量常態性指的是每個測量變項及測量變項所有的組合都是常態分配，符合多變量常態性資料結構，其估計的殘差也是常態分配且互為獨立；線性關係是指二個計量變項間的關係呈直線或接近直線模式，由於潛在變項是否為線性關係的檢定較為困難，因而 SEM 模式之線性關係假定指的是配對測量變項間的線性關係，配對測量變項間是否為線性關係可採用散布圖加以考驗。當測量變項間的相關太高可能發生多元共線性及奇異性問題，測量變項間如果呈現高度的相關 (如相關係數高於 .90)，則模式估計易發生共線性問題，所謂奇異性指的是測量變項在測量模式中是多餘的，因為此測量變項是其餘二個測量變項或更多變項的組合。在傳統迴歸分析中，皆假定殘差項具有常態性與獨立性，在 SEM 模式估計程序中，模式的殘差應該要很小且接近 0，殘差共變數的次數分配應該為對稱，次數分配中非對稱的殘差分配參數表示假設模式是一個適配不良的模式 (Tabachnick & Fidell, 2007, pp.682-684)。

貳、樣本的大小

　　SEM 參數估計的穩定性和樣本的大小有關，一般最少的樣本需求為 200 位以上，若是以待估計參數 (自由參數) 的個數來檢核，則樣本大小視待估計參數的總數而不同，每個待估計參數的樣本數最好介於 5 至 10 位之間，多數學者觀察認為樣本大小至少能為待估計自由參數的 10 倍以上，如一個假設模式圖待估計的參數有 30 個，則樣本數的大小最好能達 300 位 ($10 \times 30 = 300$)。學者 Pohlmann (2004) 建議如果研究者一次蒐集的有效樣本數很大，可以將樣本隨機分割成二部分，之後對模式進行二次的估計，以檢核假設模型的穩定與適配情形，第一部分隨機選取分析的樣本稱為「測定樣本」(calibration sample)，第二部分隨機選取分析的樣本稱為「效度樣本」(validation sample)，二個隨機選取的樣本數至少要為假設模型中待估計自由參數個數的十倍以上。下面的 CFA 假

設模式圖，二個在因素構念變項分別為 FA、FB，每個因素構念各有四個測量變項，模式中的固定參數 (fixed parameter) 有 10 個 (在模式估計中因為要進行模式識別或順利估計參數，要將某些參數限定為一個常數，常數項通常為 1，部分固定參數限定為 0)，被估計的自由參數 (free parameter) 有 17 個 (模式中的被估計的自由參數愈小，模式的自由度愈大，表示模式愈精簡)，17 個自由參數中有 1 個共變數 (covariance)、6 個徑路係數 (regressions)、10 個變異數，由於待估計的自由參數有 17 個，因而有效樣本數至少要在 170 位以上。Kaplan 與 Ferguson (1999) 研究發現使用相同母群之假設模型，當樣本數增加後，模式中各參數估計值的偏誤會降低。

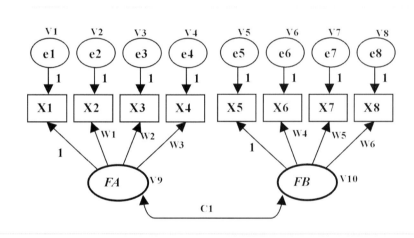

圖 1-9　二個因素構念之 CFA 假設模型圖

表 1-1　**Parameter summary (Group number 1)**【參數摘要表】

	Weights (徑路係數)	Covariances (共變數)	Variances (變異數)	Means (平均數)	Intercepts (截距項)	Total (總和)
Fixed (固定參數)	10	0	0	0	0	10
Labeled (有參數標籤的自由參數)	6	1	10	0	0	17
Unlabeled (無參數標籤的自由參數)	0	0	0	0	0	0
Total (總和)	16	1	10	0	0	27

　　AMOS 瀏覽文件視窗之模式參數摘要表可檢核相關的參數個數，參數摘要表顯示模式中的參數個數總共有 27 個、固定參數有 10 個、自由參數有 17 個。模式估計最少樣本數個數為自由參數的 10 倍，模式中的自由參數有 17 個，因而有效樣本數至少要 170 位以上 (學者要求的最低下限是 200 位以上)，資料檔的樣本數要排除遺漏值，以受試者在每個測量變項的資料均為有效者為限。此外，AMOS 分析的資料檔若是沒有符合多變量常態性假定、線性關係假定等，則所需的有效樣本數可能要更大，至於資料檔若有遺漏值時，一般不建議採用「配對刪除法」(pairwise deletion)，因為採用配對刪除法無法保證刪除後的資料全部為有效樣本，模式估計時可能產生「非正定共變數矩陣」(nonpositive covariance matrix)，造成參數無法順利估計問題。而「完全刪除法」(listwise deletion) 雖然可以保留完全有效的資料檔，但可能刪除過多有用的資料，造成分析有效樣本數的不足。若是，本資料檔很大，採用完全刪除法後還可保留足夠的樣本數，可以考慮採用完全刪除法 (將受試者全列的資料刪除)；如果每位受試者在少數幾個觀察變項有遺漏值，而觀察變項只在少數樣本數有遺漏值，可考慮採用「置換遺漏值」的方式，以全部有效樣本的平均數取代遺漏值，或以各群組有效樣本數之平均數取代，此外另一常見的方法為迴歸估計的插補法。

Computation of degrees of freedom (預設模式)

Number of distinct sample moments:　36

Number of distinct parameters to be estimated:　17

Degrees of freedom (36 − 17) :　19

　　模式的自由度 (19) 為獨特樣本動差的個數 (36) 與被估計獨特參數個數 (17) 的差異值，獨特樣本動差的個數包括變異數與共變數 (variances and covariances) 的個數，如果模式增列估計平均數與截距項 (means & intercepts)，獨特樣本動差的個數也包括平均數。被估計獨特參數個數即自由參數，模式中有些參數會被限制固定為一個常數 (constant)，此種參數稱為固定參數，固定參數沒有包含於被估計獨特參數的個數之中，被估計獨特參數個數通常會少於模式中總參數的個數 (模式中全部參數包括徑路係數、變異數、共變數、平均數與截距項)，如果是多群組分析，獨特樣本動差的個數與被估計獨特參數個數為各群組的加總。獨特樣

本動差的個數可以由測量變項 (觀察變項) 的個數來估算，如果 p 為模式中測量變項的個數，則獨特樣本動差的個數為 $p \times (p + 1) \div 2$，範例 CFA 測量模式中有 8 個觀察變項，獨特樣本動差的個數 $= 8 \times (8 + 1) \div 2 = 36$。模式中自由參數個數有 17 個，模式的自由度等於 $36 - 17 = 19$。

假設模式中若增列估計平均數與截距項，則增列參數標籤名稱的假設模型如下，外因潛在變項及誤差項之平均數界定為 0。

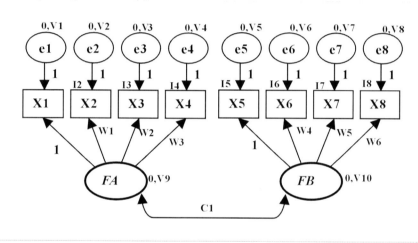

圖 1-10　二個因素構念之 CFA 假設模型圖

表 1-2　**Parameter summary (Group number 1)**

	Weights (徑路係數)	Covariances (共變數)	Variances (變異數)	Means (平均數)	Intercepts (截距項)	Total (總和)
Fixed (固定參數)	10	0	0	0	0	10
Labeled (有參數標籤的自由參數)	6	1	10	0	8	25
Unlabeled (無參數標籤的自由參數)	0	0	0	0	0	0
Total (總和)	16	1	10	0	8	35

增列估計平均數與截距項的參數摘要表顯示，固定徑路係數有 10 個，自由參數有 25 個，25 個被估計的參數都有增列參數標籤，其中包括 6 個徑路係數 (W1 至 W6)、1 個共變數 (C1)、10 個變異數 (V1 至 V10)、8 個截距項／常數項 (I1 至 I8)，模式中所有參數總和為 $10 + 25 = 35$。

Notes for Model (預設模式)【模式註解】

Computation of degrees of freedom (預設模式)【模式自由度的計算】

               Number of distinct sample moments: 44

Number of distinct parameters to be estimated: 25

             Degrees of freedom (44 − 25):   19

模式中初始資料點個數為 $p \times (p + 1) \div 2 = 8 \times (8 + 1) \div 2 = 36$，因為增列估計平均數，所以獨特樣本動差的個數為初始資料點個數加上平均數個數 = 36 + 8 = 44，模式中被估計的獨特參數個數 (自由參數) 為 25，模式的自由度為 44 − 25 = 19。模式的自由度大小與模式精簡情形有關，當模式自由度愈大，表示模式愈簡約；相對地，模式自由度愈小，表示模式愈複雜。如果模式的自由度為負值，表示假設模型無法識別，當模式無法識別時，模式中的所有均參數無法估計，當然模式的卡方值也無法計算。

CFA 程序中，因素構念預測測量變項，表示潛在變項對測量變項有直接影響效果，由於測量變項無法百分之百反映其潛在變項，因而潛在變項無法完全解釋測量變項的變異量，因素構念對測量變項無法解釋的變異量稱為測量誤差或測量殘差項 (residual)。測量變項與因素構念間關係模式稱為「測量模式」(measurement model)，每個測量模式均會有一個潛在構念及數個測量變項，將每個測量模式加以組合，即成為一個完整的測量模式。多因素測量模式表示有二個以上的因素構念 (潛在變項)，這些因素構念間如果沒有相關，表示因素構念為直交模式，如果因素構念間有共變關係，表示因素構念為斜交模式，結構模式 (structural model) 是潛在變項 (因素構念) 間因果關係的探究。

傳統上所探究的因素分析 (factor analysis) 是探索性因素分析 (EFA)，EFA 是一種資料導向技巧 (data-driven technique)，CFA 則是一種實質的理論導向與期望經驗法則取向，在本質上，EFA 和 CFA 的理論觀點與數學模式是有區隔的。CFA 是以一組合理的理論模式來描述與解釋實際資料，模式的建構必須根據之前資料結構的資訊或相關的理論，研究者建構的模式必須是有根據的，如經由探索性因素分析而得，或經由理論文獻歸納而來等。CFA 模式中每個指標變項被限制只能反映到一個或少數幾個潛在構念 (因素) (每個變項通常只在一個因素構念上有因素負荷量)，EFA 模式每個指標變項均反映到所有的潛在構念 (因素)

(每個變項在所有的因素構念均有一個因素負荷量)。

　　SEM 模式估計輸出結果要介紹使用的軟體及模式估計方法，因為不同型態的軟體程式所提供的資訊並未完全相同，有些軟體只適用於連續或間斷的觀察資料，選用之模式估計方法會受到樣本大小、資料結構常態性與誤差獨立性的影響。最後模式分析的重點應在於假設模型變項間關係的係數顯著性檢定以及假設模型 (hypothesized model) 是否適配於觀察資料 (observed data)，此外殘差值的檢定也是模型適配的另一個重要指標，適配的殘差矩陣為假設模型推導而得的母群共變數矩陣 $\Sigma(\theta)$ (或以符號 $\hat{\Sigma}$ 表示) 與樣本資料計算而得的共變數矩陣 S 的差異值，殘差矩陣元素的差異值愈小，表示假設模型與觀察資料愈適配，將殘差值進行標準化轉換後的數值稱為「標準化殘差」(standardized residuals)，一般而言，當標準化殘差值的絕對值大於 2.58，表示標準化殘差值顯著的較大。模式徑路係數的顯著性檢定包括結構模式中的徑路係數與測量模式的徑路係數，結構模式徑路係數表示的是外因潛在構念 (latent construct) 對內因潛在構念的影響，或內因潛在構念對內因潛在構念的影響；測量模式徑路係數表示潛在構念對觀察變項的直接影響 (CFA 中的徑路係數為因素負荷量)，徑路係數顯著性的檢定通常藉由統計量 t 值或 z 值來評估，也提供徑路係數顯著性數據外，也應提供係數的標準誤 (standard errors)。

參、模型適配度的評估

　　探索性因素 (EFA) 分析程序採用相關矩陣將觀察變項加以分組，同一群組中的觀察變項相關較為密切，這些觀察變項反映的潛在特質即為因素構念；CFA則使用樣本的共變異數矩陣進行模式參數估計，CFA 提供的是待估計無結構化母群體共變數矩陣與待估計結構化母群體共變數矩陣的比較檢定，樣本共變異數矩陣常作為無結構化母群體共變數矩陣的參數估計值，而假設模式則作為待估計結構化母群體共變數矩陣參數估計值，因而 CFA 模式適合度的檢定即在考驗假設模型 (結構化母群體的估計值) 導出的共變異數矩陣與樣本資料 (無結構化母群體的估計值) 得到的共變異數矩陣間的差異程度，若是二者的差異值愈小，表示假設模型與樣本資料可以契合或適配 (fit) (吳明隆，2009)。

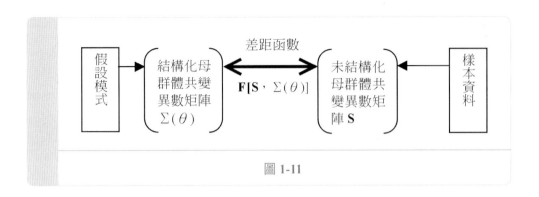

圖 1-11

　　CFA 技巧的使用在比較資料之實徵化共變異數矩陣 (估計未結構化母群體共變數矩陣 S) 與由模型參數估計函數導出的結構化母群體共變異數矩陣 $\Sigma(\theta)$ 二者間的差異值。檢定假設模式共變異數矩陣與樣本資料共變異數矩陣間差異是否達到 .05 顯著水準，最常使用的統計量為卡方值 (χ^2)，但 χ^2 值對樣本數的大小非常敏感，在大樣本的情況下，幾乎所有的卡方統計量均會達 .05 顯著水準，此時所有的虛無假設 (假設模式適配樣本資料) 可能都被拒絕，造成理論模式無法獲得支持的結果，因而在 SEM 或 CFA 的分析中，在大樣本情況下，整體適配度統計量指標之 χ^2 值通常只作為參考指標即可。SEM 或 CFA 的分析程序，研究者不能因下列的緣由而故意選取小樣本作為模式檢定的樣本資料：「在大樣本情況下，概似比卡方值會膨脹，卡方值顯著性通常會小於 .05 顯著水準，造成正確模型也可能被拒絕的不真實結論」，以小樣本進行假設模式的考驗，估計所得的參數極不穩定，所以 SEM 或 CFA 的分析程序必須以大樣本的觀察樣本作為分析的資料檔，由於單以概似比卡方值作為假設模型適配度檢定的指標值並不可靠，所以才會有學者研發其他較適切而可靠的適配度統計量。

　　以 SEM 進行假設模型檢定在於利用估計程序計算二個共變數矩陣的差異量，一個為樣本資料計算而得的共變數矩陣 S，一為根據假設模型推導而得的母群共變數矩陣 $\Sigma(\theta)$ (Σ 符號表示的是母群共變異數矩陣，θ 是模式參數組成的向量，$\Sigma(\theta)$ 代表的是從界定假設模型推演之隱含限制的共變數矩陣，也有學者以符號 $\hat{\Sigma}$ 表示)。若是共變數矩陣 S 與共變數矩陣 $\Sigma(\theta)$ 間的差異值函數很小，表示樣本資料計算而得的共變數矩陣 S 與假設模型推導而得的母群共變數矩陣 $\Sigma(\theta)$ 是相同的，此種情況，表示假設模型與樣本資料可以適配 (goodness of fit)；相對地，如果共變數矩陣 S 與共變數矩陣 $\Sigma(\theta)$ 差異值函數很大，表示樣本資料

計算而得的共變數矩陣 S 與假設模型推導而得的母群共變數矩陣 Σ (θ) 是顯著不相同的，此種情況，表示樣本資料與假設模型是無法契合或無法適配的。

進行樣本資料計算而得的共變數矩陣 S (樣本資料結構推論母群體的共變數矩陣為 Σ) 與根據假設模型推導而得的母群共變數矩陣 Σ (θ) (或以符號 $\hat{Σ}$ 表示) 間的差異比較統計量為「概似比卡方值」 (likelihood ratio $χ^2$)，假設檢定之對立假設與虛無假設如下：

> 對立假設：樣本資料計算而得共變數矩陣 Σ≠ 假設模型推導而得共變數矩陣 Σ (θ)
>
> 虛無假設：樣本資料計算而得共變數矩陣 Σ= 假設模型推導而得共變數矩陣 Σ (θ)

或

> 對立假設：樣本資料計算而得共變數矩陣 S≠ 假設模型推導而得共變數矩陣$\hat{Σ}$
>
> 虛無假設：樣本資料計算而得共變數矩陣 S= 假設模型推導而得共變數矩陣$\hat{Σ}$

當 $χ^2$ 值統計量顯著性 p 值小於 .05，則拒絕虛無假設，接受對立假設，表示樣本資料推算之共變數矩陣 Σ 與假設模型推導之共變數矩陣 Σ (θ) 顯著不相等 (Σ ≠ Σ (θ)；S ≠ $\hat{Σ}$)，此種結果表示假設模型與樣本資料無法適配。相對地，如果 $χ^2$ 值統計量顯著性 p 值大於 .05，則沒有足夠證據可拒絕虛無假設 (Σ = Σ (θ)；S = $\hat{Σ}$)，此時顯示的樣本資料推算之共變數矩陣 Σ 與假設模型推導之共變數矩陣 Σ (θ) 是相等的，即 Σ – Σ (θ) = 0，結果表示假設模型與樣本資料可以適配或是一種完美契合 (perfect fit)。就 SEM 統計量而言，$χ^2$ 值是一個不佳的適配度測量值 (badness of fit measure)，因為概似比 $χ^2$ 值統計量非常敏感，此統計量受到樣本大小的影響非常大，當樣本數擴大時，概似比 $χ^2$ 值統計量也會跟著膨脹變大，顯著性 p 值會跟著變得很小，此時所有虛無假設都會被拒絕，而得出多數假設模型與樣本資料無法適配的結論：Σ ≠ Σ (θ) 或 S ≠ $\hat{Σ}$，此時，研究者不能因樣本數愈多，概似比 $χ^2$ 值也會相對變大的緣由，故意以小樣本進行分析，因為 SEM 分析的前提之一是樣本要夠大，如果研究者只以少數樣本進行 SEM 分析，則模式估計所得的參數是有偏誤的，因為樣本數太小，進行 SEM 分析所估計的參數可能是個不適當的解值 (improper solutions) 或無法解釋的參數，在小樣本情

況下模型估計所得的參數是欠缺穩定性。

　　由於假設模型與樣本資料適配檢定統計量 χ^2 的數值易受樣本數大小而波動，因而在進行假設模型整體適配度檢定時，必須再參考其它適配度統計量。AMOS 提供的適配度評估統計量包括 χ^2 值 (CMIN 值，適配指標值為顯著性 p>.05)、χ^2 自由度比值 (CMIN/DF，適配指標值為數值小於 3.000)、RMR 值 (適配指標值為數值小於 0.05)、SRMR 值 (適配指標值為數值小於 0.05)，GFI 值、AGFI 值 (以上二個適配指標值為數值大於 0.90)、NFI 值、RFI 值、IFI 值、TLI 值、CFI 值 (以上五個適配指標值為數值大於 0.95)、RMSEA 值 (適配指標值為數值小於 0.08)、HOELTER 值 (CN 適配指標值為數值大於 200)、PGFI 值、PNFI 值、PCFI 值 (以上三個適配指標值為數值大於 0.50)。若是樣本數很大，研究者進行整體模式適配度 (外在模式適配度) 檢定時，如果概似比 χ^2 值達到顯著水準，研究者宜再參考 AMOS 所提供的適配度指標值進行綜合判斷，否則很難建構一個適切的測量模式或有因果關係的假設模型。

　　Schreiber、Stage 與 King (2006, p.327) 建議使用者在進行模式適配度檢定時，應從不同大小、資料型態與指標值可以接受值的範圍等加以考量，其中 TLI、CFI、RMSEA 三個指標值一定要呈現，以 RMSEA 作為模式適配度指標的三大原因為：1. 對於模型界定錯誤時，RMSEA 值有很高的敏感度；2. 有關模型品質評估時，使用 RMSEA 指標值作為解釋的基準可得到適當的結論；3. RMSEA 值額外提供信賴區間作為另一適配度判度指標 (AMOS 軟體除輸出 RMSEA 值，也會輸出 RMSEA 值 90% 的信賴區間，如果參數估計結果 RMSEA 值介於 90% 信賴區間值中間，且接近適配度考驗 PCLOSE 的顯著性 p>.50，代表的是一個良好正確的估計值)，但 RMSEA 值的信賴區間也會受到樣本大小及模型複雜度的影響，如在小樣本情況下，被估計的參數很多，則 RMSEA 值的信賴區間會變寬；相對地，在大樣本情況下，模型較複雜 (被估計的參數很多)，則 RMSEA 值的信賴區間會變窄，如果被估計的參數較少，即使只有中度的樣本數，要得到一個較窄之信賴區間的機率也很高 (Byrne, 2010, p.81)。Hu 與 Benter (1999) 認為適配度良好的假設模型，若是變項為連續資料，模式適配度的 TLI 值須大於 .95、CFI 須大於 .95、RMSEA 值須小於 .06、SRMR 須小於 .08。MacCallum 等人 (1996) 認為模式適配度評估時最好能參考模式自由度與效果量，若是研究者進行的是 CFA 模式檢定，必須再呈現潛在構念對觀察變項的多

元相關係數平方 (SMC 值)，此值為測量模式的信度，如果是 SEM 模式考驗，必須再增列內因變項被外因變項解釋的變異量高低。

完整的 SEM 包含測量模式與結構模式，數個測量模式的組合後潛在變項間因果關係的探討即成為結構模式。結構模式中潛在變項分為自變項、依變項，自變項又稱為因變項或外因潛在變項，依變項又稱為果變項或內因潛在變項，AMOS 的模型繪製中作為內因潛在變項者 (單箭號所指向的變項) 要增列一個預測殘差項 (ζ)，否則模式無法估計。

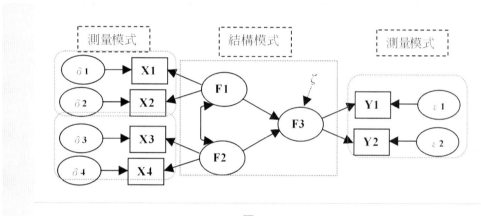

圖 1-12

第一個 SEM 模型中，二個外因潛在變項 (自變項) 為 F1、F2，內因潛在變項 (依變項) 為 F3，以外因潛在變項來預測內因潛在變項會有預測殘差，因而內因潛在變項 F3 要增列一個預測殘差項。外因潛在變項間沒有因果關係存在，假設模式圖中要以雙箭頭曲線建立共變關係，二個外因變項彼此獨立沒有相關，則進一步可將變項間的共變關係設定為 0 (AMOS 視窗界面中直接在雙箭頭共變物件中將共變數參數的數值界定為 0，或將共變數參數 C 設為 0：C = 0)。

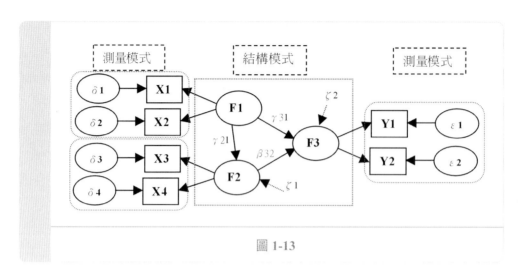

圖 1-13

　　第二個 SEM 模型中，外因潛在變項 (自變項) 為 F1，內因潛在變項 (依變項) 為 F2、F3，以外因潛在變項來預測內因潛在變項會有預測殘差，因而內因潛在變項 F2 與 F3 均要各增列一個預測殘差項。F2 潛在變項在模式中具有中介變項 (intervening variables/mediating variables) 的性質，此變項在結構模式中也歸屬於內因變項，內因變項對內因變項的徑路係數通常以 β (Beta) 表示，外因變項對內因變項的徑路係數則以 γ (Gamma) 表示。

　　在上述結構模式中，構念變項 F1 對構念變項的影響路徑有二：一為「F1→F3」，二為「F1→F2→F3」，第一種影響路徑稱為直接效果 (direct effect)、第二種影響路徑稱為間接效果 (indirect effect)，直接效果指的是二個構念變項間有直接連結關係，間接效果指的是二個構念變項間的關係是透過至少一個以上的中介變項建構而成，構念變項 F2 稱為中介變項，中介效果表示二個有關的構念變項經由第三個變項／構念介入而形成關係。以班級數學學習為例，學生的智力與數學成就二個構念間是有某種程度的相關，但智力構念變項導致數學學習表現的實際情形，卻經常受到某個變因的影響，因為二個構念變項若只有直接效果，那如何解釋高智力低數學成就表現的學生，此外，對於低智力高數學成就表現的學生也無法合理解釋，顯見學生將智力轉換為數學學習表現是受到某種變因的影響，這個構念變因稱為「讀書效能」，讀書效能指的是學生努力的程度、投入課業的時間、從事課業及活動的時間管理情形、課堂專注度等。因而智力構念變項對數學學習表現的顯著相關路徑 (F1→F3) 可解釋為「智力」 (F1) →「讀書

效能」 (F2) →「數學成就表現」 (F3)，「智力」構念作為模型輸入變項 (F1)、
「數學成就表現」 (F3) 作為最後結果變項，「讀書效能」 (F2) 即為中介變項。
輸入變項為外因構念變項、結果變項為內因構念變項，中介變項即是連結外因變
項與內因變項關係的另一變項。

　　中介變項效果的模型圖中包括「完全中介」 (complete mediation) 效果、
「部分中介」 (partial mediation) 效果。如果中介變項可以完全解釋外因變項與
內因變項的關係，稱為完全中介效果，若是中介變項無法完全解釋外因變項與內
因變項的關係，稱為部分中介效果，部分中介效果表示外因變項與內因變項間的
直接關係也顯著。實務操作上可將直接效果的徑路係數固定為 0，此模型稱為限
制模型，限制模型的適配度若是顯著較未限制模型的為佳，並與樣本資料可以適
配，二個模型卡方值差異達到統計上顯著，則「F1→F3」路徑為 0 的模型圖可
以被接受。如果限制模式與未限制模式估計的卡方值差不多，則表示中介變項的
介入是可以得到支持的 (Hair et al., 2010, p.767)。完全中介效果模式檢定的二個
模型如下：

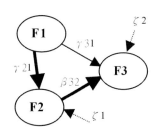

圖 1-14　未限制模式圖

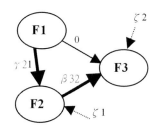

圖 1-15　限制模式圖 (F1 對 F3 的徑路係數設為 0)

在未限制模式圖中，個別結構模式統計顯著性的檢定有三個：

- 「F1」和「F3」有關：表示直接關係存在。
- 「F1」和「F2」有關：表示中介變項和輸入變項有關。
- 「F2」和「F3」有關：表示中介變項和結果構念變項有關。

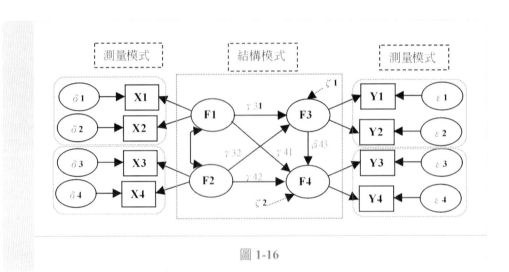

圖 1-16

　　第三個 SEM 模型中，二個外因潛在變項 (自變項) 為 F1、F2，內因潛在變項 (依變項) 為 F3、F4，內因潛在變項 F3 就外因潛在變項而言為一個果變項 (依變項)，但對於潛在變項 F4 而言是一個因變項 (自變項)，其性質類似一個中介變項，以外因潛在變項來預測內因潛在變項會有預測殘差，因而內因潛在變項 F3、F4 各要增列一個預測殘差項。增列的預測殘差項其徑路係數要界定為參數 1，若是沒有將徑路係數設為固定參數，則執行時模式無法辨識，於結果中會出現：「The model is probably unidentified. In order to achieve identifiability, it will probably be necessary to impose 1 additional constraint.」 (模式可能無法辨識，為了讓模式能夠辨識，可能要增列一個限制條件)。模式估計時若是出現此種訊息，通常模式整體適配度的卡方值也不會出現，「Computation Summary」 (計算摘要) 方盒中的最小化歷程的疊化次數只有 1，如：

Minimization
Iteration   1
Writing output

　　繪製於 AMOS 中的假設模式圖，未增列內因潛在變項或內因觀察變項的預測殘差項，估計模式參數時，會出現警告訊息：「The following variables are endogenous, but have no residual (error) variables」(下列變項為內因變項，但這些變項沒有界定殘差或誤差項)。此外，假設模式圖中所有橢圓形物件內的潛在變項名稱不能與 SPSS 資料檔內的變數名稱相同，SPSS 資料檔內的變數名稱均被視為觀察變項或測量變項，SPSS 資料檔內的變數名稱只能出現於假設模式圖內方形或長方形物件內，若是假設模式圖中橢圓形物件內的潛在變項名稱與 SPSS 資料檔內的變數名稱相同，估計模式參數時，會出現警告訊息，如「The observed variable, F1, is represented by an ellipse in the path diagram」(觀察變項 F1 出現在徑路圖橢圓形物件內)，由於潛在變項 F1 的變項名稱與 SPSS 資料檔內的變數名稱 F1 相同，模式估計時會將變項 F1 視為測量變項，測量變項只能置放於長方形或方形物件內，但研究者卻將其繪製於橢圓形物件內，造成觀察變項與潛在變項設定的不一致。因而 SEM 假設模式圖中作為潛在變項的變數名稱，絕不能與 SPSS 資料檔內的變數名稱相同。SEM 混合模式中，結構模式包含潛在變項與觀察變項 (觀察變項的變數名稱必須是 SPSS 資料檔中的一個變數名稱，潛在變項的變數名稱絕對不能與 SPSS 資料檔中的任一個變數名稱相同)。下面範例中，內因變項為一個觀察變項，此變項為原先潛在變項 F3 二個向度分數的加總或總量表的單題平均分數。

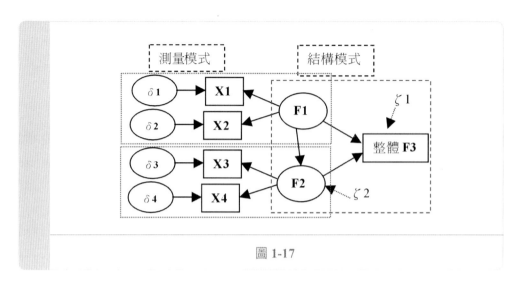

圖 1-17

　　第四個 SEM 模型為混合模式，在結構模式中的變項有無法觀察變項 (橢圓形物件變項) 及觀察變項 (長方形物件變項)，「整體 F3」變項為受試者在 F3 相對應量表所有向度的總和 (或受試者在總量表的單題平均數)。外因變項 F1 的二個測量變項 X1、X2 為其二階潛在構念的二個因素構面 (CFA 中一階的因素構念)，內因變項 F2 的二個測量變項 X3、X4 為其二階潛在構念的二個因素構面 (CFA 中一階的因素構念)。

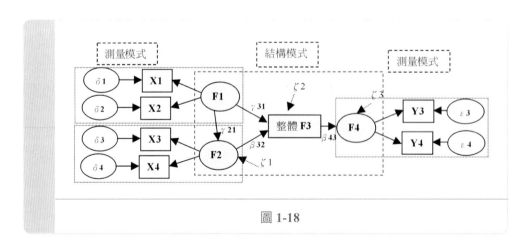

圖 1-18

　　第五個 SEM 範例中，結構模式中的潛在變項 F1、F2、F4，本身模式均為一個測量模式，測量模式的觀察變項為潛在因素的構面向度 (CFA 模型中觀察變

項通常為量表中的測量題項)。內因變項 F3 直接以受試者在此量表的總得分為變數，因而沒有反映的測量變項。

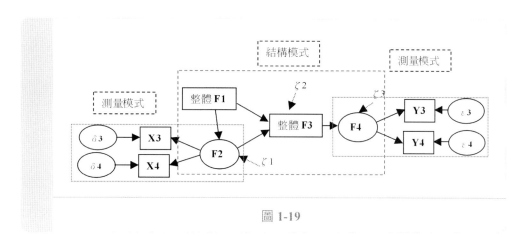

圖 1-19

第六個 SEM 範例中，結構模式四個變項有二個為潛在變項 (F2、F4)，二個為觀察變項 (整體 F1、整體 F3)，「整體 F1」、「整體 F3」為長方形物件，因而這二個變項必須是樣本資料檔中有界定的變數名稱，至於潛在內因變項 F2、F4 二個變項為無法觀察變項，屬於橢圓形物件，因而不能與樣本資料檔中的變數名稱相同。Amos 的誤差項及預測殘差項的參數標籤名稱內定為 e，建議研究者將結構模式中內因變項的預測殘差項 (residuals) 以 r1、r2、……符號表示較方便 (如此可和測量誤差項 e1、e2 等區別)。

SEM 模式的界定必須有理論文獻為基礎，或經驗法則的支持，因而它是一種驗證性程序而非探索性程序。生活壓力、憂鬱傾向與自殺意向之因果徑路圖 (path diagram) 的假設結構模式圖如下：

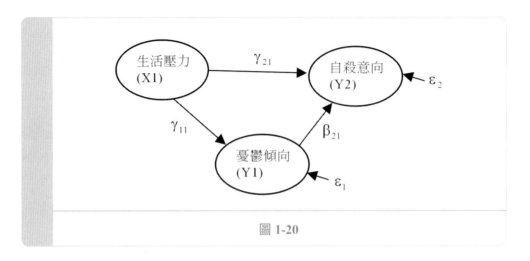

圖 1-20

結構方程式的基本方程式為共變代數 (covariance algebra)，共變代數在 SEM 模式中可以幫忙估計變異數與共變數，當模式愈複雜時，共變代數的運算會相當冗長，此外，共變代數也可以說明從小樣本群體中如何求出參數估計值，進而估算出母群體的共變異數矩陣。當 c 是一個常數、X_1 是一個隨機變數，三個共變代數基本規則為：(Tabachnick & Fidell, 2007, pp.684-686)

- $COV(c, X_1) = 0$
- $COV(cX_1, X_2) = cCOV(X_1, X_2)$
- $COV(X_1 + X_2, X_3) = COV(X_1, X_3) + COV(X_2, X_3)$

第一個規則為一個變項與一個常數項間的共變數值為 0，第二個規則是常數項乘以變項與另一個變項的共變數等於二個變項的共變數乘於常數項，第三個規則是二個變項相加與第三個變項的共變數等於第一個變項與第三個變項的共變數加第二個變項與第三個變項的共變數。第三個規則也可以推論到前二個變項為相減的情況：

$$COV(X_1 - X_2, X_3) = COV(X_1, X_3) - COV(X_2, X_3)$$

就上述三個潛在變項之結構模式為例，外因變項 X_1(生活壓力) 對內因變項 Y_1(憂鬱傾向) 影響的直接效果方程式為：

$$Y_1 = \gamma_{11}X_1 + \varepsilon_1$$

以外因變項 X_1(生活壓力)、中介變項 Y_1(憂鬱傾向) 對內因變項 Y_2(自殺意向) 影的方程式為：

$$Y_2 = \beta_{21}Y_1 + \gamma_{11}X_1 + \varepsilon_2 \text{，}$$

上述二個方程式中 ε_1、ε_2 為預測殘差項 (誤差項)。

X_1 與 Y_1 二個變項的共變數為：

$$COV\,(X_1,\,Y_1) = COV\,(X_1,\,\gamma_{11}X_1 + \varepsilon_1)$$
$$COV\,(X_1,\,Y_1) = COV\,(X_1,\,\gamma_{11}X_1) + COV(X_1,\,\varepsilon_1)$$

在 SEM 模式中，殘差項 (誤差項) 與潛在變項間沒有共變關係，因而假定 $COV(X_1,\,\varepsilon_1) = 0$，

$$COV\,(X_1,\,Y_1) = COV\,(X_1,\,\gamma_{11}X_1) + 0$$
$$COV\,(X_1,\,Y_1) = COV\,(X_1,\,\gamma_{11}X_1) = \gamma_{11}COV(X_1,\,X_1) \text{，}$$

變項與變項自己間的共變數為變項的變異數 (variance)，方程式簡化如下：

$$COV\,(X_1,\,Y_1) = \gamma_{11}\sigma_{X_1X_1} \text{，}$$

上述方程表示 X_1 與 Y_1 間待估計的母群共變數等於 X_1 對 Y_1 的徑路係數 (γ_{11}) 乘以外因變項 X_1 的變異數。從假設模式中可以估計 X_1 與 Y_1 間之母群共變數，如果模式良好，則 $\gamma_{11}\sigma_{X_1X_1}$ 導出之共變數會十分接近樣本共變數。相似的，從樣本資料估算 Y_1 與 Y_2 的共變數為：

$$COV\,(Y_1,\,Y_2) = COV\,(\gamma_{11}X_1 + \varepsilon_1,\,\beta_{21}Y_1 + \gamma_{21}X_1 + \varepsilon_2)$$
$$= COV\,(\gamma_{11}X_1,\,\beta_{21}Y_1) + COV\,(\gamma_{11}X_1,\,\gamma_{21}X_1) + COV\,(\gamma_{11}X_1,\,\varepsilon_2)$$
$$+ COV\,(\varepsilon_1,\,\beta_{21}Y_1) + COV\,(\varepsilon_1,\,\gamma_{21}X_1) + COV\,(\varepsilon_1,\,\varepsilon_2)$$
$$= COV\,(\gamma_{11}\beta_{21}\sigma_{X_1Y_1}) + COV\,(\gamma_{11}\gamma_{21}\sigma_{X_1X_1})$$

假設模型推導而得的變異數共變數矩陣，矩陣元素的估計假定預測殘差項 ε_1、ε_2 和其他變項間均沒有共變關係 (共變數數值為 0)，測量指標誤差項與潛在變項間也沒有共變關係 (共變數數值為 0)。

　　Sivo、Fan、Witta 與 Willse (2006) 等人在結構方程模式之最適宜適配度臨界點之研究中，從相關文獻探討列舉十三種結構方程模式適配度檢定最常為學者使用的指標值：GFI (>.90)、AGFI (>.90)、CFI (>.95)、NNFI (>.95)、NFI (>.95)、Mc (>.95)、RFI (>.95)、IFI (>.95)、PGFI、PNFI、RMR、SRMR、RMSEA，其中 Mc 為 McDonald 集中性測量指標值，作者研究發現，當假設模型正確時，上述適配度值指標值多數不會隨模型類型不同而改變，研究者也發現，若是假設模型本身不正確，當樣本數增加時，Mc 與 RMSEA 二個指標值變化的差異量較大，不像其他指標值變化的差異較少，如果分析的樣本數在 500 以上，Mc 指標值可以有效作為拒絕不正確模型的適配度統計量；相對地，在小樣本情境下，GFI、AGFI、NFI、RFI 四個指標值拒絕不正確模型的臨界值較低。由於適配度統計量受到樣本大小的影響，因而當檢定正確模型時，最佳臨界值適配度也會有所不同，當樣本數愈小最佳適配度臨界值也會變得較小，因而結構方程模式之模型考驗中，「對於識別正確或真實模型時，樣本數愈大其識別正確性愈大」，若考量樣本數多寡因素，在識別界定錯誤模型時，Mc、SRMR、RMSEA 指標值的穩定性較高，因而他們建議：研究者在進行正確或不正確模型 (界定錯誤模式) 的差異檢定或區別時，最好能優先使用 Mc、SRMR、RMSEA 三個適配度統計量。

　　Hahs-Vaughn 與 Lomax (2006) 進行單一層次結構方程模式比較時，模式適配度檢定建議採用下列六種適配度指標值：GFI、AGFI、ECVI、NFI、RMSEA 與 RMR，以 ECVI 及 RMSEA 二種指標值判別模式的適配度是否良好，可採用二個指標值統計量 90% 的信賴區間。至於測量模式 (measurement model) 的判別中要考量以下幾個方面：1. 潛在因素對觀察變項的因素負荷量 (factor loading) 及因素負荷量數值的正負號，觀察變項的因素負荷量反映潛在因素的方向是否與理論模式符合；2. 估計值的標準誤是否為小的標準誤數值；3. 模式中所有估計值的顯著性檢定統計量是否達 .05 顯著水準；4. 是否有高的多元相關係數平方值，這四個判別指標即是測量模式的內在適配度的考驗。

　　Tabachnick 與 Fidell (2007) 認為適配良好的模型是樣本共變數矩陣與估計母群共變數矩陣間的差異，當二者差異愈小時或差異不顯著時則假設模型之契合度良好。SEM 分析程序中，一個非顯著的卡方值 (p>.05) 表示假設模型與觀察資料的適配度佳，但其中一個問題是卡方值的大小與顯著性對樣本大小敏感度甚

高，於大樣本之下，樣本共變數矩陣與估計母群共變數矩陣間差異的卡方值多數會達到顯著，造成一個適配良好的假設模型也無法獲得支持；相對地，在小樣本情況下，計算出的卡方估計值無法符合卡方分配，因而其機率值顯著性會變大，造成不正確的機率顯著水準。由於單以卡方值及其顯著性機率值 p 作為評估假設模型與樣本資料間是否適配已經被證實欠缺正確性，因而學者發展出不同的適配度指標值來評估 (Chan et al., 2007)。一個指標值為卡方與模式自由度的比值，如果 $\frac{\chi^2}{df}$ 的比值為 2：1 或 3：1，表示假設模型與樣本資料間是個可接受的適配度，Tabachnick 與 Fidell (2007) 採嚴謹看法，認為卡方自由度比值小於 2，才是一個適配良好的模型。Chan 等人 (2007) 綜合之前的研究，下面適配度替代測量值是多數學者使用的指標值：GFI、NFI、CFI、RMSEA。GFI、NFI、CFI 三個指標值的數值介於 0 至 1 間，好的適配度臨界點為 GFI 在 .90 以上，NFI 和 CFI 在 .95 以上，RMSEA 值為 0 時表示的是一個正確的適配 (exact fit)，數值小於 .05 時模型為良好適配、數值介於 .05 至 .08 中間時模型為普通適配、數值介於 .08 至 .10 中間時模型的適配為尚可情形而已，如果數值大於 .10 表示假設模型的適配情形不佳，RMSEA 指標值的數值愈小，90% 信賴區間會愈小，MacCallum、Browne 與 Sugawara (1996) 認為以 RMSEA 指標值大小來反映母群模型適配情形的正確性非常可靠。Martens (2005) 認為卡方自由度比值、GFI 值、NFI 值三個指標值實際上也會受到樣本大小、每個因素構念指標數目的影響，此外在跨樣本的類推也較不佳，因而 Martens 認為應多使用 CFI 及 RMSEA 值作為模式適配度檢定的主要指標。

一個好的模型表示「樣本共變異數矩陣與被估計的母群體共變異數矩陣」間可以適配。考驗模式是否為好的模型，Tabachnick 與 Fidell (2007, pp.716-720) 將 SEM 模式適配度考驗的不同指標值加以分類，他們所提出的評估模式適度指標值有以下幾種：1. 比較適配度指標，包含 NFI、NNFI、IFI、CFI、RMSEA 值，NFI 值、CFI 值大於 .95 表示模型的適配度良好，RMSEA 值小於 .06 表示模型的適配度良好，在小樣本情況下，RMSEA 值會變大，因而可能會發生過度拒絕真實模型的情形；2. 絕對適配度指標，包含 MFI (又稱 Mc 指標)；3. 變異量被解釋的指標，包含 GFI、AGFI，與資料點個數相較之下，被估計參數的個數愈少 (模式自由度愈大) 時，AGFI 值與 GFI 值會愈為接近；4. 簡約適配度指標，

包含 PGFI、AIC、CAIC，而 PGFI 值愈接近 1 表示模型的適配度愈佳，AIC 與 CAIC 二個指標值通常使用於競爭模式或模式比較，當 AIC 或 CAIC 值愈小，表示模型適配度愈好 (即模型是簡約模式)；5. 殘差偏誤適配度指標，包含 RMR、SRMR，SRMR 值介於 0 至 1 間，當 SRMR 指標值小於 .08 時表示模型是可接受的模式。

Schreiber、Stage 與 King (2006) 回顧結構方程模式相關文獻，歸納模式適配度檢定的指標及適配指標臨界值。Schreiber 等人整理歸納的結果如下表所列。

表 1-3　不同適配度指標與模式適配臨界值

指標	簡寫	連續變項適配標準	類別變項
絕對／預測適配度			
卡方值	χ^2	卡方自由度比值≦2 (或 3)，卡方值適用於巢狀模式或模式裁剪	
Akaike 訊息準則	AIC	數值愈小愈好，適用於多個模式比較 (非巢狀模式)，較少用於單一模式的考驗	
Browne-Cudeck 準則	BCC	數值愈小愈好，適用於多個模式比較 (非巢狀模式)，較少用於單一模式的考驗	
Bayes 訊息準則	BIC	數值愈小愈好，適用於多個模式比較 (非巢狀模式)，較少用於單一模式的考驗	
一致性 AIC	CAIC	數值愈小愈好，適用於多個模式比較 (非巢狀模式)，較少用於單一模式的考驗	
期望跨效度指標	ECVI	數值愈小愈好，適用於多個模式比較 (非巢狀模式)，較少用於單一模式的考驗	
比較適配度		與基線模式或其它模式比較	
規模適配度指標	NFI	≧.95 可以接受	
增值適配度指標	IFI	≧.95 可以接受	
Tucker-Lewis 指標	TLI	≧.95 可以接受	0.96
比較適配度指標	CFI	≧.95 可以接受	0.95
相對非集性適配度指標	RNI	≧.95 可以接受，相似於 CFI 指標，數值可能負值	
簡約適配度			
簡約調整 NFI	PNFI	對模式大小相當敏感	
簡約調整 CFI	PCFI	對模式大小敏感	
簡約調整 GFI	PGFI	數值接近 1 較佳，一般比其他指標值較低，對模式大小敏感度也較低	

表 1-3 （續）

指標	簡寫	連續變項適配標準	類別變項
其他適配度指標			
適配度指標值	GFI	≧.95	
調整適配度指標值	AGFI	≧.95	
Hoelter (.05) 指標	CN (.05)	模型是正確時，臨界 N 最大樣本大小，≧ 200 表模式達較佳適配	
Hoelter (.01) 指標	CN (.01)	模型是正確時，臨界 N 最大樣本大小，≧ 200 表模式達較佳適配	
殘差均方和平方根	RMR	數值愈小愈好，接近 0 為最佳適配	
標準化 RMR	SRMR	≦.08	
加權 RMR	WRMR	<.90	<.90
漸進殘差均方和平方根	RMSEA	信賴區間小於 .06 至 .08 中間	<.06

資料來源：Schreiber, Stage, & King, 2006, p.330.

在假設模型與樣本資料適配度的統計量檢核中，學者 Hair、Black、Babin 與 Anderson (2010, p.670) 提出以下二個思考問題：

(一)卡方檢定的問題

多數明確而具說服力的證據是卡方值顯著性機率值 p 不顯著 (p>.05)，當卡方值統計量不顯著時表示觀察共變數矩陣與被估計共變數矩陣間沒有差異，因而當顯著性機率值 p 大於 .05 時，表示假設模式可以完全再製觀察變項的共變數矩陣，假設模式與觀察資料間的契合度／適配度 (fit) 良好。但卡方值顯著性易受許多因素的影響，當模式非常簡單且在小樣本的情境下，模式估計結果很容易得到一個偏誤而不顯著的卡方值；相對地，當模式較複雜且在大樣本情況下，反而會得出一個顯著的卡方值，造成卡方值統計量無法有效區辨良好或不佳的模型，因而不論模式是否簡約，若樣本數太少或太大，以卡方值作為模式適配度檢定指標值的效度會不佳，但為讓他人明確知悉模式估計結果參數，適配度指標值中明確而真實的呈現卡方值及模式自由度是非常重要的。

(二)適配度指標值的臨界值是 .90 或是 .95 ？

如果研究者選用增值適配度指標值或 GFI 指標值作為模式適配的判別指標，這些指標的臨界值為多少最能區辨良好或不佳的模型？早期 1990 年代多數研究者採用的絕對臨界值為 .90 以上，但後來有許多實徵研究證實，.90 絕對臨

界值太低，造成錯誤或不佳模型也被接受，因而必須將增值適配度指標值臨界點提高，後來學者一致採用 .95，尤其是 TLI 與 CFI 二個指標值，當其數值高於 .95 表示模型是個適配良好的模式。Hair 等學者 (2010) 所提模式適配度指標值摘要及說明如下：

表 1-4　模式適配度 (Goodness-of-fit；[GOF]) 指標值摘要表

GOF 指標	說明
絕對測量指標	
X^2 (卡方值)	為觀察樣本共變數矩與 SEM 被估計共變數矩陣的差異值，公式為 $X^2 = (N-1)(S-\Sigma_k)$，樣本大小與模式自由度均會影響此指標值，卡方值不要作為檢定模式 GOF 測量的單一指標
df (自由度)	$df = \frac{1}{2}[p(p+1)] - k$ (p 為觀察變項個數，k 為自由參數個數)
GFI	數值介於 0 至 1 間，數值愈大適配度愈好，一般以大於 .90 為臨界值，但也有學者認為適配臨界點為大於 .95
RNSEA	適配臨界值為小於 .05 或 .08，研究證實以絕對臨界值判別適配度較不適切，當樣本變大時，作為驗證或競爭策略模式比較更適切
RMSEA 信賴區間	適配之 95% 信賴區間為〔0.03，0.08〕(Amos 提供 90% 信賴區間)
RMR	數值愈接近 0 表示適配度愈佳，數值愈大表示模式適配愈差
SRMR	數值愈接近 0 表示適配度愈佳，數值愈大表示模式適配愈差，指標值大於 .10，表示適配度不良
常規化卡方值 (卡方自由度比值)	$X^2 : df = 3:1$ 或比值更小，表示模式適配度較佳，樣本數若大於 750 或模式較為複雜，適配度臨界值可稍微放寬
增值適配度測量值	
NFI	數值介於 0 至 1 間，指標值愈接近 1 模式適配度愈佳，模式愈複雜時，估計值會膨脹
NNFI	數值最小為 0，最大可能高於 1，指標值愈接近 1 模式適配度愈佳
CFI	數值介於 0 至 1 間，此指標值較穩定被使用頻率最多，臨界值大於 .90，表示模式有良好適配度
RFI	數值介於 0 至 1 間，臨界值大於 .90，表示模式有良好適配度
簡約測量指標值	
AGFI	數值愈大適配度愈好，一般以大於 .90 為臨界值，但也有學者認為適配臨界點為大於 .95
PNFI	數值愈大表示模式適配度愈好

資料來源：Hair, Black, Babin, & Anderson, 2010, pp.666-669.

　　Hair 等人進一步從模式複雜度與樣本大小的觀點，提出模式適配度指標值的判別參考：

表 1-5 不同模式情況中適配度指標值對適配度意涵的差異摘要表

	N<250			N>250		
	m≦12	12<m<30	m≧30	m≦12	12<m<30	m≧30
X^2	期望 p 值不顯著	機率值 p 顯著也可能有良好契合度	期望 p 值顯著	機率值 p 不顯著有良好契合度	期望 p 值顯著	期望 p 值顯著
CFI 或 TLI	.97 以上	.95 以上	.92 以上	.95 以上	.92 以上	.90 以上
RNI	或許無法有效診斷界定錯誤模型	.95 以上	.92 以上	.95 以上 (當 N>1000 時不使用)	.92 以上 (當 N>1000 時不使用)	.90 以上 (當 N>1000 時不使用)
SRMR	較高偏誤，建議使用其他指標	值≦於 .08，(CFI≧.95 時)	CFI≧.92 時，指標值 <.09	較高偏誤，建議使用其他指標	CFI≧.92 時，指標值 <.08	CFI≧.92 時，指標值 <.08
RMSEA	指標值<.08，(CFI≧.97 時)	CFI≧.95 時，指標值值<於 .08	CFI≧.92 時，指標值 <.08	指標值<.07，(CFI≧.97 時)	CFI≧.92 時，指標值 <.07	CFI≧.90 時，指標值 <.07

註：m 為觀察變項的個數，N 為各群組人數 (多群分析時為各群組人數)。
資料來源：Hair, Black, Babin, & Anderson, 2010, p.672.

　　假設模型與觀察資料適配度的判別不能只根據單一指標值，單一指標值均有其限制，無法涵括所有指標值的特點，研究者應該從多元準則觀點來判斷，並考量到理論面、統計面與實務面等因素 (Byrne, 2010, p.84)。綜合國內外相關學者論點，假設模型與觀察資料適配度的檢定應從以下的指標值加以綜合判斷才較為客觀。

【表格範例】

表 1-6 模式適配度檢定綜合摘要表

統計檢定量	適配的標準或臨界值	備註
自由度	呈現模式自由度	
絕對適配度指數		
X^2 值	p>.05 (未達顯著水準)	大樣本情況下，X^2 值是個參考指標
X^2/df	<2.00 (嚴謹) 或<3.00 (普通)	數值接近 0 模型適配度愈佳
RMR 值	<0.05	數值接近 0 模型適配度愈佳
RMSEA 值	<0.08 (若<.05 良好；<.08 普通)	90% 信賴區間介於 .06 至 .08 中間
SRMR	<0.08 (若<.05 良好；<.08 普通)	數值接近 0 模型適配度愈佳
GFI 值	>.90 以上	數值接近 1 模型適配度愈佳

表 1-6 （續）

統計檢定量	適配的標準或臨界值	備註
AGFI 值	>.90 以上	數值接近 1 模型適配度愈佳
CN 值	>200	數值愈大模型適配度愈佳
比較適配度指數		
NFI 值	≧.95 以上 (普通適配為>.90)	數值接近 1 模型適配度愈佳
RFI 值	≧.95 以上 (普通適配為>.90)	數值接近 1 模型適配度愈佳
IFI 值	≧.95 以上 (普通適配為>.90)	數值接近 1 模型適配度愈佳
TLI 值 (NNFI 值)	≧.95 以上 (普通適配為>.90)	數值接近 1 模型適配度愈佳
CFI 值	≧.95 以上 (普通適配為>.90)	數值接近 1 模型適配度愈佳
MFI 值 (Mc)	≧.95 以上	AMOS 軟體未提供 MFI 值
簡約適配度指標		
PGFI 值	>.50 以上	數值接近 1 模型適配度愈佳
PNFI 值	>.50 以上	
PCFI 值	>.50 以上	

　　SEM 模式評估除檢核模式是否為可接受的假設模型外，研究者也要注意模式估計的問題，如果是模式無法識別則模式中所有參數均無法順利估算出來，此種情形表示界定的模式有問題，研究者必須重新檢核模式，Amos 圖形視窗界面常見的錯誤界定模式為徑路係數沒有固定為 1 (包括測量變項誤差項及內因變項殘差項的徑路係數沒有限定為固定參數)，或方形物件內的變數名稱與 SPSS 資料檔內的觀察變項名稱相同，或橢圓形物件內的潛在變項名稱與 SPSS 資料檔內的觀察變項名稱重複，或模式內同時有二個相同的指標變項名稱等。相對地，如果假設模式界定沒有錯誤，但測量模式之指標變項間的相關很高，或模式潛在統計假定被破壞，或觀察資料與假設模型的數據相差甚大等，模式雖可以順利收斂識別，模式參數可以順利估計出來，但可能會出現不合理的標準化參數，如模式中的相關係數或標準化徑路係數的絕對值超過 1.00，這種估計值在理論上是不可能存在的，此種「不適當解值」 (improper solution) 也可能是很差的構念界定導致，如構念的信度很低，或構念效度不佳等。

　　SEM 模式參數的另一個問題稱為「Heywood 案例」 (Heywood case)，所謂 Heywood 案例指的是模式估計所得之誤差變異數的估計值小於 0 (負的誤差變異數)，此種小於 0 的誤差變異數理論上是一種必然不可能的參數，它意味著指標變項的誤差小於 0.00%，題項或構念被解釋的變異量超過 100.0% (複迴歸分析中

的值不可能大於 100.0% 或接近 100.0%)，在 CFA 模式檢定中，如果樣本數很小且指標變數個數少於 3 個，特別會有 Heywood 案例的情況出現。如果樣本數大於 300，且指標變數個數在 3 個以上，較不可能會發生 Heywood 案例。SEM 模式估計程序即使產生 Heywood 案例，SEM 程式也可估算各參數的解值，但此種程序模式並沒有完全收斂 (converge)，因而產生的估計值參數是「不可接受的解值」(inadmissible solution)，當模式中出現小於 0 的誤差變異數估計值時，模式輸出結果通常會出現警告或錯誤訊息，如「下列的誤差變異數為負值」，或「誤差變異數估計值無法識別，這個估計值可能不是可靠的數值」等。模式中若發生 Heywood 案例的情況，研究者應優先判別是否構念效度有問題，若是測量指標數足夠，可考慮簡化測量模式 (刪除相關很高的測量變項)；第二種解決方法是採用「τ 等值模式檢定」(τ-equivalent model test)，「τ 等值模式檢定」就是同一測量模式中界定潛在構念對其測量指標變項之徑路係數相等 (潛在構念對指標變項有相同的因素負荷量)；第三種方法是將負的誤差變異數加上一個非常小的正數值，如 0.005，此種方法稱為「最後求助法」(last resort)，此種方法雖然可以識別參數，但可能會使模式適配度變差，因為此估計值並不是真正的樣本數值 (Hair et al., 2010, pp.706-707)。

範例相關矩陣為七個測量變項、二個因素構念變項的 CFA 模型樣本資料檔。

表 1-7

rowtype_	varname_	AX1	AX2	AX3	AX4	AX5	AX6	AX7
N		300	300	300	300	300	300	300
CORR	AX1	1.000						
CORR	AX2	0.806	1.000					
CORR	AX3	0.712	0.935	1.000				
CORR	AX4	0.748	0.898	0.802	1.000			
CORR	AX5	0.327	0.297	0.301	0.245	1.000		
CORR	AX6	0.300	0.280	0.264	0.240	0.804	1.000	
CORR	AX7	0.291	0.294	0.262	0.252	0.701	0.789	1.000
STDDEV		0.991	1.452	1.349	1.340	1.032	0.987	1.115

CFA 假設模型圖如下：

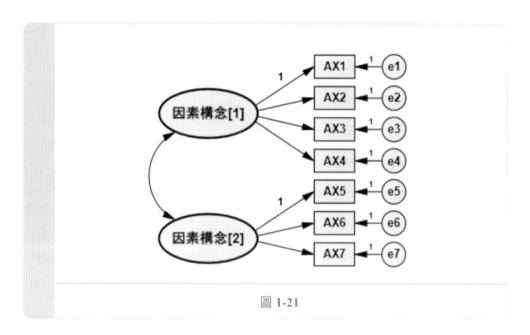

圖 1-21

模式估計結果可以收斂識別，非標準化估計值模式圖如下：

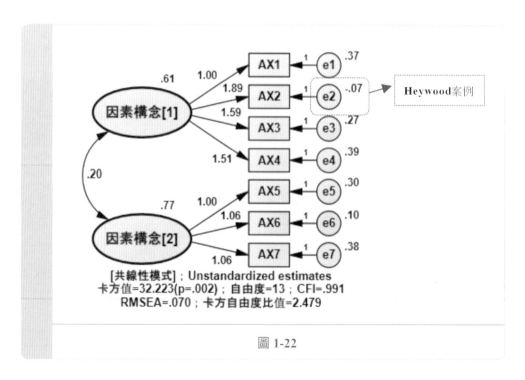

圖 1-22

整體模式適配度的自由度為 13、CFI 值為 .991、RMSEA 值為 .070、卡方自由度比值為 2.479，七個觀察變項反映的二個因素構念變項之 CFA 模型圖與樣本資料可以適配。檢核誤差項的變異數是否有不可接受的解值時，發現誤差項 e2 的變異數為 −.07，此數值為不適當解值，此種情形即為「Heywood 案例」。

模式估計結果可以收斂識別，非標準化估計值模式圖如下：

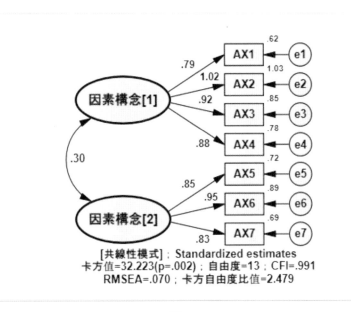

圖 1-23

當模式估計結果出現「Heywood 案例」，標準化估計值模型圖中徑路係數會出現絕對值大於 1 的標準化迴歸係數，範例中「因素構念[1]」對指標變項 AX2 的標準化迴歸係數為 1.02，其解釋變異量為 103%。

Byrne (2010, pp.67-68) 認為 SEM 的參數估計 (parameter estimates) 可從三個方面加以檢核：

一、參數估計值的可能性

評估模型中個別參數的適合度可以決定被估計參數的效度指標。參數的適合度指的是參數數值的符號與大小應與潛在理論一致，任何參數數值若是超出可接受的範圍表示假定模型可能界定錯誤或輸入之資料矩陣的資訊不完整，不合理

估計值如相關係數絕對值大於 1.00，出現負的變異數，共變異數矩陣或相關矩陣不是正向定義 (positive definite) 矩陣。

二、標準誤的大小

標準誤 (standard errors) 可以反映估計參數的正確性，標準誤的數值較小表示被估計的參數之正確較高。一個適配不佳的模型其參數估計值的標準誤可能是極端值 (過大或太小)，如果一個參數估計值的標準誤接近 0，表示參數的檢定統計量無法適當的被定義 (因為分母接近 0)；相對地，若是一個參數估計值的標準誤過大，表示參數無法被決定，因為標準誤的大小受到觀察變項或潛在變項測量單位的影響，因而標準誤過大或太小的臨界點範圍無法明確的定義，此時，研究者應參考參數估計值的大小及臨界比值來判別。

三、參數估計的統計顯著性

參數統計顯著性檢定的統計量一般採用臨界比值 (critical ratio；[C.R.])，臨界比值為參數估計值與估計值標準誤的比值，此數值類似 z 統計量，可以檢定參數估計值是否顯著不等於 0。當顯著水準設為 .05 時，臨界比的數值大於 +1.96 或小於 −1.96，表示有足夠證據拒絕虛無假設，參數估計值顯著不為 0、除了誤差變異數外，沒有顯著的參數，對模型而言是不重要的，考量科學簡約原則及簡化適當樣本大小，這些參數最好從模型中刪除，此外，就模型驗證而言，沒有顯著的參數也可能是樣本數不足所造成的。

肆、資料插補法

AMOS 假設模式的估計時，要按「計算估計值」 (Calculate estimates) 工具圖像鈕，如果樣本資料中有遺漏值，則模式的參數無法估計。在校長教學領導量表的 CFA 模型中，共有十二個測量變項、三個因素構念：形塑目標、提升成長、發展環境。資料檔名稱為「專業成長.sav」，資料檔中的樣本數有 500 位。

問卷編號第 495 位至 500 位樣本在十二個測量題項的數據如下，其中數據為 99 者，表示此細格為遺漏值 (受試者沒有填答的題項)，問卷編號第 1 號至 495 號樣本在十二個測量題項中均沒有遺漏值。編號 496 受試者在第 3 題、第 7

題及第 12 題沒有作答,編號 497 受試者在第 1 題沒有作答,編號 498 受試者在第 4 題沒有作答,編號 499 受試者在第 5 題沒有作答,編號 500 受試者在第 8 題沒有作答。

表 1-8

編號	AX01	AX02	AX03	AX04	BX05	BX06	BX07	BX08	CX09	CX10	CX11	CX12
495	3	3	4	3	2	3	3	3	4	4	4	4
496	5	5	99	5	2	3	99	3	5	4	4	99
497	99	3	3	3	4	3	3	3	3	3	3	3
498	4	4	4	99	4	4	4	4	5	99	5	5
499	4	4	5	4	99	4	4	5	5	5	3	5
500	5	5	4	5	4	4	4	99	4	4	4	4

　　500 位受試者在「專業成長.sav」資料檔之描述性統計量摘要表,由於有五位受試者在十二個測量題項變數中有遺漏值,因而有效樣本數為 495 位。描述性統計量摘要表的最大值為 5,表示沒有資料檔中沒有鍵入錯誤的資料或有極端值。

表 1-9　專業成長量表十二個測量指標變項之敘述統計摘要表 (有遺漏值的資料檔)

觀察變項	個數	範圍	最小值	最大值	平均數	標準差	變異數
AX01	499	4	1	5	3.98	.765	.586
AX02	500	4	1	5	3.98	.806	.649
AX03	499	4	1	5	3.94	.783	.613
AX04	499	3	2	5	3.99	.771	.594
BX05	499	4	1	5	3.87	.823	.677
BX06	500	3	2	5	3.99	.774	.599
BX07	499	4	1	5	3.97	.770	.593
BX08	499	4	1	5	3.92	.760	.578
CX09	500	4	1	5	4.25	.724	.524
CX10	499	4	1	5	4.09	.754	.569
CX11	500	4	1	5	3.98	.849	.721
CX12	499	4	1	5	4.06	.767	.589
有效的 N (完全排除)	495						

樣本資料「專業成長.sav」在 SPSS 資料檢視視窗中的畫面如下：

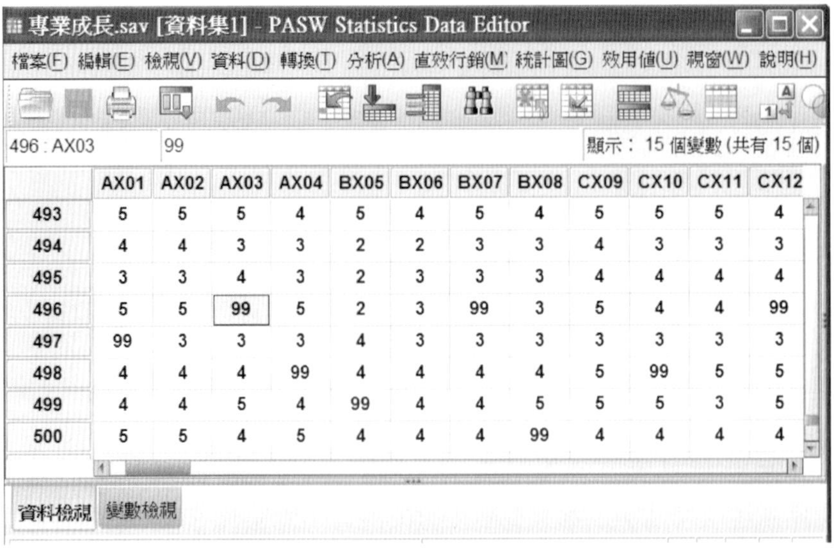

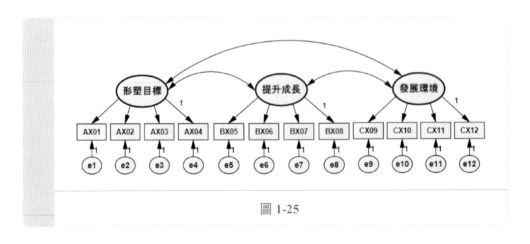

圖 1-24

　　校長教學領導量表三個因素構念之 CFA 假設模型圖如下，每個因素構念對測量變項的徑路係數有一條徑路係數界定為固定參數，其數值限定為 1。

圖 1-25

按「計算估計值」 (Calculate estimates) 工具圖像鈕後，出現「Amos」警告視窗。視窗內容提示：嘗試適配模式時有錯誤發生，此錯誤處為樣本資料檔有遺漏值 (missing observations)。如果要分析有遺漏觀察值 (遺漏值) 的資料檔，研究者必須增列估計平均數與截距項選項，其操作為按「Analysis Properties」 (分析屬性) 工具圖像鈕，於「Analysis Properties」 (分析屬性) 視窗之「Estimation」 (估計) 次對話視窗中勾選「☑ Estimate means and intercepts」 (估計平均數與截矩項) 選項。

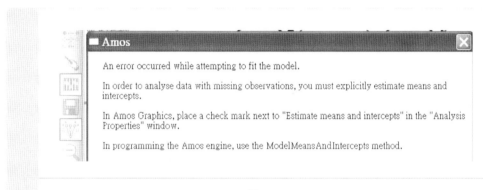

圖 1-26

校長教學領導量表三個因素構念之 CFA 模式中增列估計平均數與截距項的假設模型圖如下：

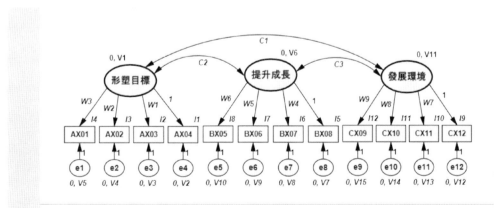

圖 1-27

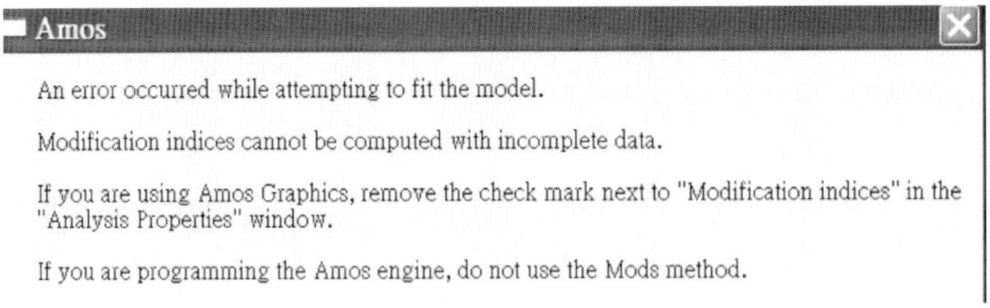

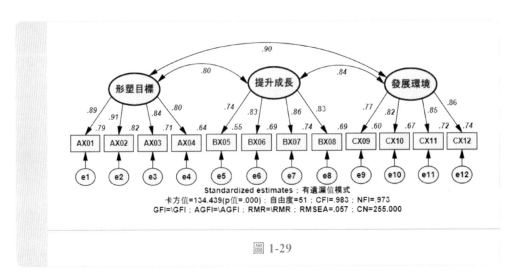

圖 1-28

圖 1-29

　　模式估計結果可以收斂識別，模式的卡方值為 134.439 (顯著性 p = .000
<.05)，模式的自由度為 51，三個因素構念的相關係數分別為 .80、.84、.90。
CFA 模式或 SEM 模式增列估計平均數與截距項，模式適配度指標值中的 GFI、
AGFI、RMR 等數值不會被估算出來 (SRMR 指標值也可以估算)。

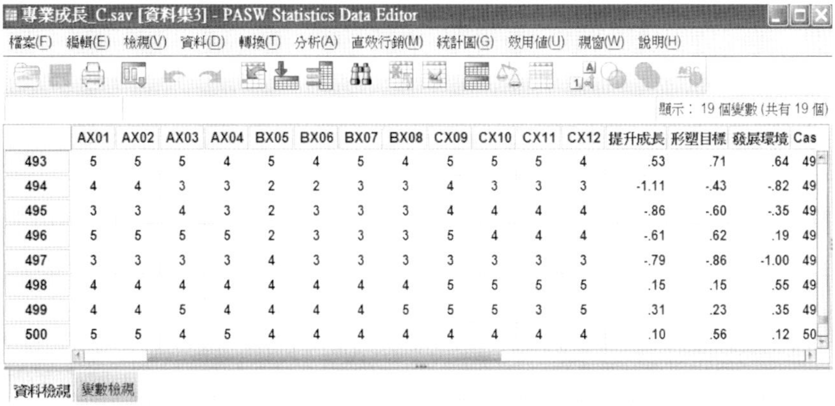

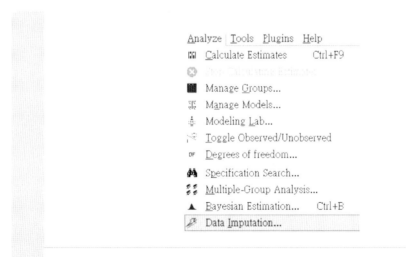

圖 1-30

執行功能列「Analyze」(分析)／「Data Imputation」(資料插補) 程序可以將遺漏觀察值增補為有效數值。

圖 1-31

在「Amos Data Imputation」(Amos 資料插補) 視窗中，有三種遺漏值替代方式：第一種為「⊙Regression imputation」(一般迴歸插補法，此種方法為內定選項)；第二種為「○Stochastic regression imputation」(隨機迴歸插補法)，第三

種為「○Bayesian imputation」 (貝氏插補法)。「Amos Data Imputation」 (Amos 資料插補) 視窗的下半部左邊「Incompleted Data Files」下的資料檔為原始不完整的資料檔,其 SPSS 資料檔名為「專業成長」;右邊「Completed Data Files」 (完整資料檔) 為遺漏值補齊後新的資料檔名,內定的新資料檔名稱為「舊資料檔」+「_C」,新資料檔預設的檔案名稱為「專業成長_C」 (副檔名為.sav),如果研究者要更改新資料檔的檔案名稱可按下方「File Names」 (檔案名稱) 按鈕更改,範例中的新的檔案名稱採用內定的「專業成長_C.sav」,所以檔案名稱不更改,直接按「Impute」 (插補) 鈕,將有遺漏值的細格以迴歸方法置換。

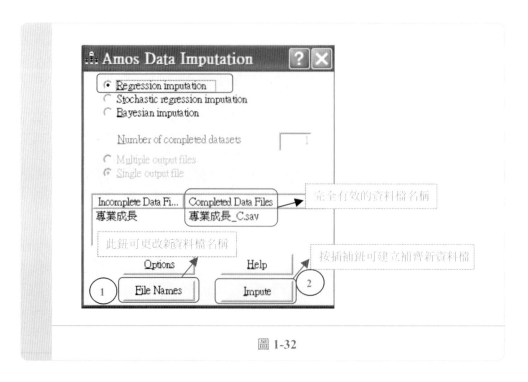

圖 1-32

按「Impute」 (插補) 鈕後,會出現「Summary」 (摘要表) 對話視窗,視窗內呈現「The following completed data file was created」 (下面完整的資料檔案已經被建立),遺漏值被置換後的新資料檔中沒有細格為遺漏值,且其數值會介於原先最小值 (1) 與最大值 (5) 間 (量表為李克特五點量表型態)。

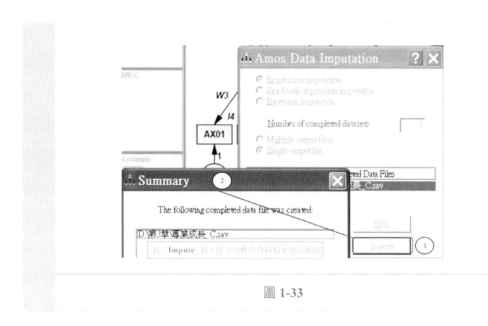

圖 1-33

　　新資料檔「專業成長_C.sav」的描述性摘要表如下，十二個測量變項的最大值為 5，有效樣本數為全部受試者個數 500 (之前有遺漏值之資料檔的有效樣本數為 495)。

表 1-10　專業成長量表十二個測量指標變項之敘述統計摘要表 (沒有遺漏值的資料檔)

測量變項名稱	個數	範圍	最小值	最大值	平均數	標準差	變異數
AX01	500	4	1	5	3.97	.766	.586
AX02	500	4	1	5	3.98	.806	.649
AX03	500	4	1	5	3.94	.782	.612
AX04	500	3	2	5	3.99	.770	.593
BX05	500	4	1	5	3.87	.822	.676
BX06	500	3	2	5	3.99	.774	.599
BX07	500	4	1	5	3.97	.770	.593
BX08	500	4	1	5	3.92	.759	.576
CX09	500	4	1	5	4.25	.724	.524
CX10	500	4	1	5	4.09	.754	.568
CX11	500	4	1	5	3.98	.849	.721
CX12	500	4	1	5	4.06	.767	.588
有效的 N (完全排除)	500						

新資料檔「專業成長_C.sav」中編號 495 至編號 500 受試者的測量值如下 (灰色細格原先為遺漏值 99)：

表 1-11

編號	AX01	AX02	AX03	AX04	BX05	BX06	BX07	BX08	CX09	CX10	CX11	CX12
495	3	3	4	3	2	3	3	3	4	4	4	4
496	5	5	5 (99)	5	2	3	3 (99)	3	5	4	4	4 (99)
497	3 (99)	3	3	3	4	3	3	3	3	3	3	3
498	4	4	4	4 (99)	4	4	4	4	5	5	5	5
499	4	4	5	4	4 (99)	4	4	5	5	5	3	5
500	5	5	4	5	4	4	4	4 (99)	4	4	4	4

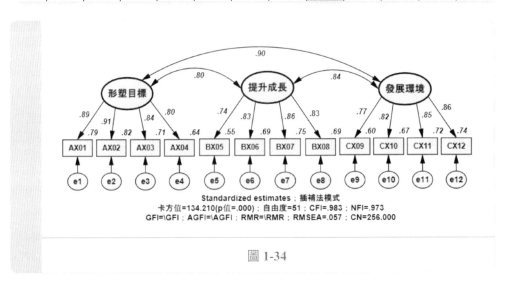

圖 1-34

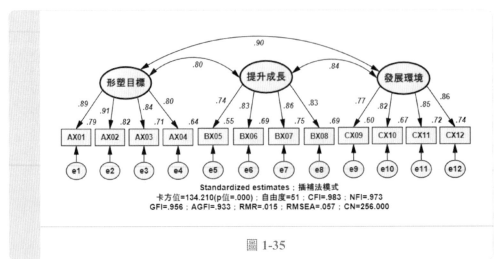

圖 1-35

以新資料檔作為樣本資料，校長教學領導三因素 CFA 模式估計結果可以收斂識別，模式的卡方值為 134.210 (顯著性 p<.001)，之前不完整樣本資料估計之卡方值為 134.439 (顯著性 p<.001)，模式的自由度為 51，三個因素構念的相關係數分別為 .80、.84、.90。因為 CFA 模式中沒有增列估計平均數與截距項，模式適配度指標值中的 GFI、AGFI、RMR 等數值均可估算，GFI 值為 .956、AGFI 值為 .933、RMR 值為 .015、RMSEA 值為 .057、CN 值為 256、CFI 值為 .983、NFI 值為 .973。

伍、模型估計程序

結構方程模式分析的六個階段 (Hair, Black, Babin, & Anderson, 2010, pp.655-676)：

一、定義個別的構念

模式中要探究的潛在因素構念有那些？構念的意涵必須有良好的理論定義，根據構念的概念定義可以設計或選擇指標項目，藉由選用的測量量表題項及型態 (如李克特量表或語意差異量表)，各構念可以界定其操作型定義，測量題項的定義及題項內涵可以從之前已研發的量表中選用或由研究者發展新的量表中選用，之後再進行前測以分析量表測量題項的適切性及量表的信效度。

二、發展及界定測量模式

已有合適的量表題項 (顯性變項或指標變項)，研究者必須進一步界定各測量模式，模式中的潛在構念 (latent construct) 必須可以被識別，測量指標變項 (題項) 被分派至相對應的潛在構念，測量模式的潛在構念通常指向多個測量指標變項，完整測量模式的關係通常有下列三種：構念與指標題項間的關係、構念與構念間的關係、測量誤差項與測量誤差間的關係。指標變項反映的潛在構念若超過二個，表示此指標變項具有跨負荷量 (cross-loading) 效度，測量誤差項與測量誤差間的關係有二種可能的界定：構念內誤差共變 (within-construct error covariance)、構念間誤差共變 (between-construct error covariance)。

三、設定研究以產出實徵結果

SEM 基本模式包括構念與測量變項／指標變項的界定，之後必須研究設計與模式估計，研究設計考量的是採用共變資料型態或相關資料型態進行分析、遺漏值如何處理、樣本大小的影響等。資料採用觀察變項的相關矩陣或共變矩陣，SEM 模式都可以估計，若可以的話研究者最好直接以第一手原始資料進行模式估計，之後再考量選用變項的共變數矩陣，若以相關矩陣為分析資料檔，表示內定的數估計值是標準化的，所有被估計的數值介於 −1.00 至 +1.00 間，不像共變數矩陣的元素沒有定義範圍，因而不適當估計值容易被識別發現，但使用共變數較容易產出標準化解值並較有彈性，從 SEM 統計估計原理，最好還是使用共變數矩陣作為分析資料檔。對於遺漏值資料 (missing data) 研究者除採用插補法或刪除法外，也可以選取可估計遺漏值之模式估計法，如遺漏值最大概似估計法 (ML) 和 EM 法，新的 SEM 程式也可以使用「完全資訊概似法」(full information likelihood approach) 直接估計有遺漏值的資料檔。在刪除法的使用上，傳統上 SEM 以使用整列刪除法 (listwise deletion method) 最為適當，若資料檔很多時，也可以考量使用配對刪除法 (pairwise deletion method)。

至於模式估計的議題包括模式結構界定、估計技巧、計算程式。模式結構中的參數有二種：一為自由參數 (free parameter)，二為固定參數 (fixed parameter)，自由參數為模式被估計的參數，固定參數是由研究者界定的固定數值，一般固定參數的徑路係數為 1，當固定參數界定二個變項的共變為 0，表示二個變項間沒有相關或相關參數不被估計。早期結構方程模式估計的方法為一般最小平方法 (ordinary least square；[OLS])，近年來以採用最大概似估計法 (maximum likelihood estimation；[MLE]) 最為普遍，對參數估計而言，MLE 是一個較有彈性的方法，可以估計出最可能合理的參數，以達模式最佳適配的標準，其他如非常態性資料結構，也可改採 WLS、GLS、ADF 等模式估計方法，漸進分配自由法特別適用於非常態化的觀察資料，但使用此方法時必須考量到樣本數的大小。

四、評估測量模式的效度

測量模式的效度可從下面二個向度評估：一為測量模式的適配度 (goodness-of-fit；[GOF]) 達到可以接受的範圍，二為構念效度的評估。當測量模式適配度

不佳時，研究者不應任意刪除因素構念之測量變項的數目，如簡化因素構念多個指標變項個數成只有二個或三個，甚至以一個指標變項來表示一個因素構念，當指標變項個數愈少時，所反映的因素構念效度愈差，測量模式應採用完整的指標題項，若是指標題項甚多，可將同一因素構念中指標變項相關較高的題項合併成「組合指標」 (composite indicators)，此種作法雖可簡化模式，但可能模糊個別題項的品質。此外，減少樣本數雖可以改善模式適配指值，但小樣本情況下，模式的代表性與類推性可能有問題，此外，會造成參數估計值不正確，降低統計考驗力。彈性作法可根據模式的不同型態及樣本數的大小，適當調整測量模式適配度指標臨界值。結合二個單維度的因素構念間的關係模式即為多維度因素構念模式，多維度的測量模式考驗即為一般 CFA 模式驗證，進行 CFA 模式檢定時，若是模式可以收斂估計，但估計出的參數不一定都是合理性的解值，如觀察變項的誤差項出現負的變異數，或有很大的標準誤 (standard errors)，或是構念間的相關係數值沒有介於 −1 至 +1 中間，或是因素構念對觀察變項的標準化徑路係數絕對值大於 1 或接近 1 等。模式識別有問題會導致估計所得的參數也有問題，此種情形可能是模式界定錯誤，或假設模式與觀察資料差異過大等。測量模式中不正確的指標界定包括：沒有連結測量變項到任一構念因素、連結一個指標變項到二個或多個構念、模式內同時選取二個相同的指標變項、指標變項沒有界定誤差項或沒有將誤差項與指標變項建立連結關係。

五、界定結構模式

　　測量模式表示的是因素構念與指標變項的關係，而結構模式表示的是因素構念與因素構念間的關係，把因素構念間只有共變沒有因果關係存在的模式為驗證性因素分析模式，如果因素構念間有因果關係，則不同測量模式構成的模型為結構方程模式，結構模式在於界定因素構念或變項間的因果關係。結構模式的潛在變項有二種：一為外因構念變項 (exogenous constructs；又稱外衍變項)，此變項類似迴歸分析中自變項，SEM 模式中使用測量的變異 (variate) 來代表潛在構念，之所以稱為外因變項或外衍變項表示影響此潛在變項的因素在整個假設模型之外，這些變項的變異無法被模式其他的構念或變項所解釋，外因變項沒有受到模型中其他變項的影響，因而變項屬性是一種自變項；二為內因構念變項 (endogenous constructs；又稱內衍變項)，此種變項構念理論上受到模式內其他因

素影響，因而變項屬性是一種依變項。結構模式的界定必須根據理論而來，它是一種理論導向模式。

六、評估結構模式的效度

結構模式效度的評估包括結構徑路係數統計顯著性檢定及徑路係數的方向性，如果徑路係數達到 .05 顯著水準，表示徑路係數顯著不等於 0，此外還包括標準化徑路係數是否介於 −1.00 至 +1.00 間，若是標準化徑路係數絕對值大於 1，表示違反模式估計準則。在模式適配度檢定方面，若是假設模型與觀察資料可以適配，表示理論導向建構的因果模式是個可以被接受的模型，此時研究者可進一步進行「巢套模式」(nested models) 的比較。巢套模式即進行初始假設模式與另一替代模式間的比較，巢套模式的比較的條件為二個模式必須是「巢套模型」，所謂巢套模式是指二個模型中一個模型為另一個模型的簡約模型，簡約模式表示只能同時釋放一個參數或固定一個參數，如刪除或增列一條徑路係數，或釋放一個共變參數。巢套模型比較常用的統計量為二個模型卡方值統計量的差異值 $(\Delta\chi^2)$，卡方值差異量為限制較少的替代模式卡方值與基線模式卡方值的相減的數值，模式中若增加一個被估計的徑路係數 (自由參數增加 1)，則模式的自由度會減少 1，巢套模型卡方值差異與自由度的差異計算公式如下：

$$\Delta\chi^2_{\Delta df} = \chi^2_{df(B)} - \chi^2_{df(A)} \text{、} \Delta df = df(B) - df(A)$$

二個卡方值差異值的分配也是一種 χ^2 分配，因而根據自由度的差異值與卡方值差異量也可以進行統計顯著性檢定，如 Δdf 等於 1 表示模式 A 增加一個被估計的參數，因而跟基線模式 B 比較之下自由度會減少 1，在 .05 顯著水準下，若卡方值差異量 $\Delta\chi^2$ 大於 3.84，表示二個模型有顯著不同，在基線模式適配度可以接受的情形下，表示簡約模式有更好的適配度。

SEM 模式估計與識別流程的程序可以簡化如下圖所示。假設模型估計如果模式無法識別，表示模型界定有問題，此時，研究者必須重新進行模型的界定；若是模式可以識別，則要檢核模式估計參數是否有不適當解值，如果參數中有不適當解值 (不合理參數)，如負的誤差變異數，表示模型界定有問題，此時也必須進行模型的再界定。參數估計結果的估計值如果均為適當的解值，則可以進行模式內在適配度與模式外在適配度的考驗，整體模式適配度如果不佳，表示假

設模型與樣本資料無法契合，研究者是否修正初始假設模型應該參考相關理論文獻，不能因適配修正模型，否則修正的模式即使達到適配標準，可能會從驗證性程序導向探索性程序。此外，如果假設模型與樣本資料可以適配，研究者不應再對假設模型進行模型修正，否則會產生「過度適配」的問題，一個過度適配模型與一個適配模型其實是沒有差別的，研究者從修正指標值修正假設模型，讓不同已經適配指標值再提高其實是沒有實質意義的。

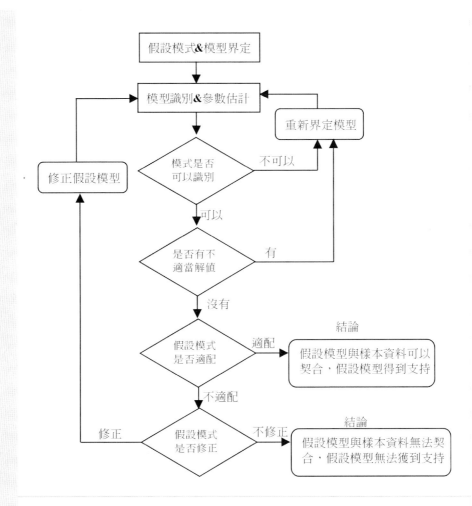

圖 1-36　假設模式的模式識別與參數估計判別流程圖

主要參考書目

Byrne, B. M. (2010). Structural equation modeling with AMOS: Basic concepts, application, and programming. New York: Routledge.

Chan, F., Lee, G. K., Lee, E., Kubota, C., & Allen, C. A. (2007). Structural equation modeling in rehabilitation counseling research. Rehabilitation Counseling Bulletin, 51(1), 44-57.

Kaplan, D., & Ferguson, A. J. (1999). One the utilization of sample weights in latent variable models. Structural Equation Modeling, 6(4), 305-321.

MacCallum, R. C., Browne, M. W., & Sugawara, H. M. (1996). Power analysis and determination of sample size for covariance structure modeling. Psychological Methods, 1, 130-149.

Martens, M. P. (2005). The use of structural equation modeling in counseling psychology research. Counseling Psychologist, 33, 269-298.

Hahs-Vaughn, D. L., & Lomax, R. G. (2006). Utilization of sample weights in single level structural equation modeling. The Journal of Experimental Education, 2006, 74(2), 163-190.

Hair, J. F., Black, W. C, Babin, B. J., & Anderson, R. E. (2010). Multivariate data analysis: A Global Perspective. Upper Sadder River, NJ: Prentice-Hall.

Hu, L-T., & Bentler, P. M. (1999). Cutoff criteria for fit indexes in covariance structure analysis: Conventional criteria versus new alternatives. Structural Equation Modeling, 6, 1-55.

Pohlmann, J. T. (2004). Use and interpretation of factor analysis in the Journal of Education Research: 1992-2002. The Journal of Educational Research, 98, 14-23.

Schreiber, J. B., Stage, F. K., & King, J. (2006). Reporting structural equation modeling and confirmatory factor analysis results: A review. The Journal of Educational Research, 99(6), 323-337.

Singh, R. (2009). Does my structural model represent the real phenomenon? a review of the appropriate use of Structural Equation Modeling(SEM) model fit indices. The Marketing Review, 9(3). 199-212.

Sivo, S. A., Fan, X., Witta, E. L., & Willse, J. T. (2006). The search for "optimal" cutoff properties: Fit index criteria in structural equation modeling. The Journal of Experimental Education, 74(3), 267-288.

Tabachnick, B. G., & Fidell, L. S. (2007). Using multivariate statistics. New York: Allyn and Bacon.

方惠麗 (2009)。高雄市國小級任教師知識管理能力與班級經營效能之相關研究。國立高雄師範大學教育學系課程與教學碩士班碩士論文 (未出版)。

吳明隆 (2009)。結構方程模式──方法與實務應用。高雄：麗文。

吳明隆 (2010)。論文寫作與量化研究 (二版)。台北：五南。

Chapter

02

測量模式的驗證與模式
聚斂效度檢定

　　驗證性因素模式有包括一階 CFA 模式、二階 CFA 模式，CFA 模式中每個潛在變項的測量指標個數最少應有三個以上，如此測量指標變項才能有效反映潛在構念的效度。CFA 模型的提出必須根據測量理論，每個測量變項能實際反映理論潛在構念，如此 CFA 模型才會有良好的構念效度 (construct validity)。測量模式構念效度的內涵又包括四個效度內容：聚斂效度、區別效度、法則效度與表面效度。

　　測量模式的建構應掌握以下原則：每個因素構念儘可能使用四個或四個以上指標變項 (題項)；多構面之因素構念量表如果多數因素構念的指標變項超過三個以上，則其中少部分因素構念的指標變項 (題項) 只有三個時也可以；只包含二個或一個的指標變項 (題項) 之因素構念最好不要使用 (Hair et al., 2010, p.701)。

壹、測量模式驗證的相關理論

　　測量模式中潛在構念 (初階因素) 間沒有因果關係，只有共變關係，若是共變數界定為 0，表示潛在構念間沒有相關，此種測量模式稱為「直交測量模式」(在 EFA 程序中，採用直交轉軸法表示因素軸間的夾角呈直角 90 度，因素軸間的相關為 0)；如果共變數沒有限定為 0，則同一量表之潛在構念 (因素) 間通常會有某種程度的相關，此種測量模式稱為「斜交測量模式」(在 EFA 程序中，採用斜交轉軸法表示因素軸間的夾角不是呈直角 90 度，因素軸間的相關不為 0)。進行 CFA 模式考驗時，每個潛在構念 (初階因素) 必須有多個指標變項 (測量題項／顯性變項／觀察變項)，一般最少的準則為一個潛在構念的指標變項 (測量題項) 至少要有三題以上，若是測量指標題項少於三題，指標變項反映的潛在特質效度不足。

　　一個最佳 CFA 模型除了測量模式與觀察資料可以適配之外，還應包括：

- 測量變項誤差項間獨立，彼此間沒有共變關係。
- 每個測量變項只反映一個潛在構念 (因素)，模式中沒有跨因素之測量指標題項。

　　測量誤差項獨立、沒有跨因素測量指標的 CFA 假設模式圖如下，其中的測量模式為反映性構念 (reflective constructs) 而非形成性構念 (formative

constructs)，反映性測量理論與形成性測量理論中之構念與測量變項的因果關係
剛好相反，反映性測量理論的因果關係是從潛在構念指向測量變項，測量誤差是
潛在變項對測量變項無法解釋的變異，反映性測量模式和古典測驗理論的內涵
一致；相對地，形成性測量理論模式的假定因果關係是從測量變項指向潛在構
念，測量指標變項可以完全解釋潛在構念，因而沒有測量誤差項，每個測量變項
都是一個因變項。形成性構念模式與反映性構念模式理論基礎與實務導向應用均
不相同。

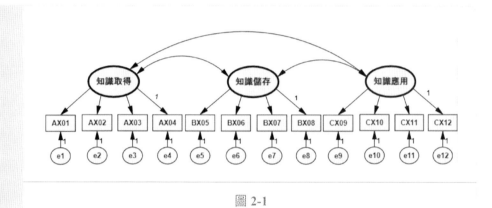

圖 2-1

如果一個測量模式初始假設模式圖與觀察資料無法適配，研究者根據修正指
標值進行模式修正時，應先考量釋放測量誤差項間的共變關係，界定二個測量
變項的誤差項 (error terms) 的共變關係有二種型態：第一種共變型態為同一潛在
構念內測量變項誤差項間的共變關係，此種共變關係稱為「構念內誤差共變」
(within-construct error covariance)；第二種共變型態為不同潛在構念之測量變項
誤差項間的共變關係，此種共變關係稱為「構念間誤差共變」 (between-construct
error covariance)。範例之修正測量模式圖中，誤差項 e1、e2 間的共變關係，誤
差項 e6、e7 間的共變關係，屬於測量指標變項「構念內誤差共變」的界定；誤
差項 e3、e6 間的共變關係，誤差項 e8、e11 間的共變關係，屬於測量指標變項
「構念間誤差共變」的界定。

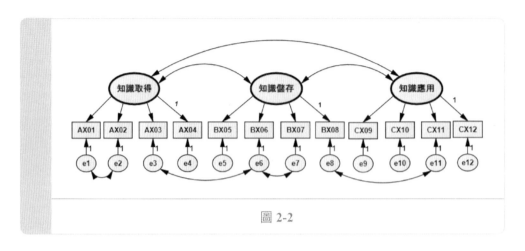

圖 2-2

第二種測量模式的修正為增列潛在構念對其他潛在構念測量指標變項的路徑，此種界定的測量模式之指標變項具有跨因素負荷量的效度，釋放這些被估計的路徑或增列誤差項間的共變關係均可能讓模式適配度卡方值降低，但可能使構念的構念效度出現問題，組間構念誤差項共變的設定對結構模式會產生影響，組內構念誤差項共變關係的釋放會威脅到模式的構念效度。顯著的組間構念誤差項共變關係表示這些測量指標的誤差項彼此間有高度的相關，有顯著跨因素負荷量的測量指標表示測量模式的區別效度不佳，因而進行測量模式修正時，必須同時考量到這些因素。範例圖中測量指標變項「AX03」同時反映「知識取得」構念及「知識儲存」構念，測量指標變項「BX08」同時反映「知識儲存」構念及「知識應用」構念，這二個測量變項均具有跨負荷量的性質。

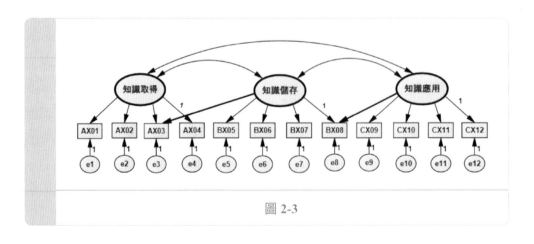

圖 2-3

下面修正的測量模式同時界定構念內測量指標變項誤差共變關係、構念間測量指標變項誤差共變關係，測量指標具跨負荷量性質。

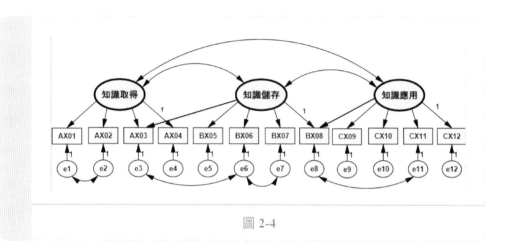

圖 2-4

二階 CFA 模式 (second-order CFA) 指的是一階因素構念同時反映至一個更高階的潛在構念，二階 CFA 模式是由一階 CFA 模式延伸的測量模式。範例中一階因素構念「知識取得」、「知識儲存」、「知識應用」共同反映的高階因素構念為「知識管理能力」。假設模型的一般初始假定為：

- 一階因素構念對測量變項影響的徑路係數符號相同；
- 每個測量題項對其反映的一個初階因素構念有一個非 0 的負荷量，對於其他因素構念的因素負荷量為 0；
- 測量變項的誤差項彼此間假定沒有相關；
- 初階因素間的共變可完全由高階因素構念對其影響的迴歸所解釋。

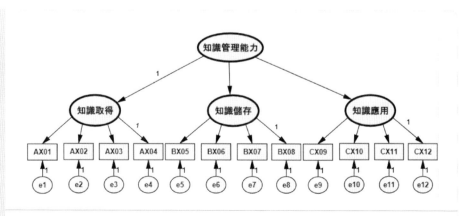

圖 2-5

貳、測量模式的識別

在第一個 CFA 模式中，潛在構念「知識取得」的測量指標變項有三個：AX01、AX02、AX04。測量變項資料點的數目等於 $3 \times (3 + 1) \div 2 = 6$，觀察變項估算出的共變異數矩陣 S 為：

$$S = \begin{bmatrix} VAR(AX01) & & \\ COV(AX01, AX02) & VAR(AX02) & \\ COV(AX01, AX04) & COV(AX02, AX04) & VAR(AX04) \end{bmatrix}$$

CFA 測量模式中待估計的自由參數有六個，其中有四個變異數 (V1、V2、V4、V5)、二個徑路係數 (W1、W2)，樣本共變異數矩陣個數與模式中待估計的參數個數相等，模式的自由度為 0 $(= 6 - 6)$，SEM 模式中，一個自由度為 0 的模式稱為「飽和模式」(saturated model)，測量變項之樣本共變異數矩陣個數與自由參數個數相同，表示剛好有足夠的自由度可以估計所有的參數，CFA 的分析可以識別再製樣本共變異數矩陣，此種假設模式稱為正好識別模式 (just-identified models)，正好識別模式的適配度統計量卡方值為 0。正好識別模式的自由度與卡方值數值均為 0，因而無法進行理論模式的檢定，假設模型是無法進行考驗的。

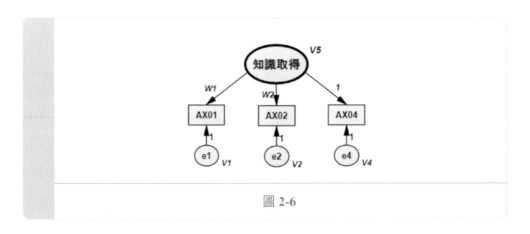

圖 2-6

三個測量指標變項的 CFA 假設模式圖中被估計的自由參數有六個。

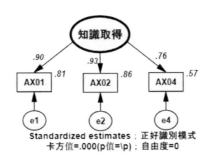

圖 2-7

　　三個指標變項的單維度測量模式為正好識別模式，正好識別模式的適配度卡方值為 .000，模式的自由度也為 0，因而理論模式無法進行適配度的考驗。

　　模式中如果資料點的個數 (獨特變異數與共變數的個數) 少於被估計的自由參數，則模式的自由度為負值，此時模式是一種低度識別 (underidentified) 模式，一個低度識別的模式中，被估計的參數比獨特指標變項構成的變異數及共變數個數還多 (觀察變項變異數／共變數矩陣)，因而被估計自由參數無法順利被估計出來。以範例而言，潛在構念有二個指標變項 AX01、AX04，共變數矩陣為 2×2，資料點個數＝ (p)×(p + 1)÷2 = 2×3÷2 = 3，觀察變項之共變異數矩陣如下 (對角線為指標變項的變異數)：

$$S = \begin{bmatrix} VAR(AX01) & \\ COV(AX01, AX04) & VAR(AX01) \end{bmatrix}$$

　　CFA 模式中被估計的自由參數有四個，三個變異數 (V1、V4、V5) 及一個徑路係數 (W1)，模式的自由度為 3 － 4 = －1。如果 CFA 模式直接界定潛在構念知識取得的變異數為 1，則被估計自由參數也是四個：二個徑路係數 (因素負荷量)、二個誤差項變異數，模式自由度為負值時參數唯一解值無法解估算，計算摘要表的卡方值無法計算，會直接顯示：「Iteration 1 Writing output」的提示語。

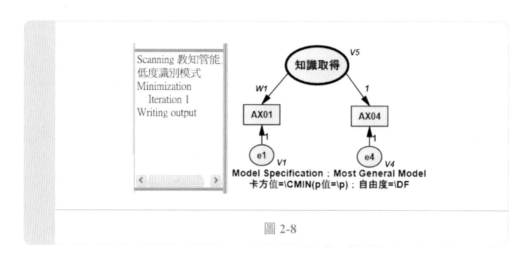

圖 2-8

在第三個 CFA 模式中，潛在構念「知識取得」的測量指標變項有四個：AX01、AX02、AX03、AX04。測量變項資料點的數目等於 $4 \times (4 + 1) \div 2 = 10$，觀察變項估算出的共變異數矩陣 S 為：

$$S = \begin{bmatrix} VAR(AX01) \\ COV(AX01, AX02) & VAR(AX02) \\ COV(AX01, AX03) & COV(AX02, AX03) & VAR(AX03) \\ COV(AX01, AX04) & COV(AX02, AX04) & COV(AX03, AX04) & VAR(AX04) \end{bmatrix}$$

CFA 測量模式中待估計的自由參數有八個，其中有五個變異數 (V1、V2、V3、V4、V5)、三個徑路係數 (W1、W2、W3)，樣本共變異數矩陣個數多於模式中待估計的參數個數，模式的自由度為 $10 - 8 = 2$，當觀察資料獨特共變數與變異數項目比模式中待估計的參數個數還多，模式的自由度為正值，此時測量模式中的自由參數會有唯一的解值，且模式適配度的卡方值可以順利估算出來，自由度為正值的模式稱為「過度識別模式」(overidentified models)，一個四個測量指標變項、單維度測量模式可以產出一個過度識別模式，當測量題項的個數增加，模型才會成為過度識別模式，CFA 或 SEM 假設模型建構的目標就是要讓模型成為一個過度識別模式／構念。學者 Hair 等人 (2010, p.701) 對 CFA 模式之個別構念指標個數的建議如下：

- 每個個別潛在構念儘可能使用四個以上的測量指標變項；
- 如果有某些個別潛在構念的測量指標變項在三個以上，其中一個或少數潛

在構念的測量變項 (題項) 只有三個也可以；

● 個別構念的指標變項 (測量題項) 避免少於三個。

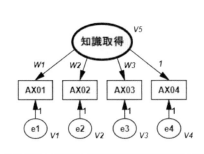

圖 2-9

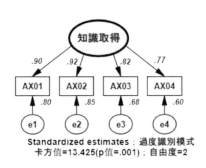

圖 2-10

　　單維度潛在構念「知識取得」的指標變項有四個，CFA 模型為過度識別模式，模式的自由度為 2，模式適配度的卡方值及被估計的自由參數均有唯一的解值，範例中的適配度的卡方值為 13.425 (p = .001<.05)。

參、量表或測驗之 CFA 模式驗證

　　「教師知識管理能力量表」共有十二個測量題項，在 EFA 程序中共萃取三個共同因素：知識取得、知識儲存、知識應用。

教師知識管理能力量表

因素一：知識取得

01. 我會閱讀教育書籍、期刊、報章雜誌，以獲取班級經營的新知。
　　【AX01】

02. 我會參加各種教師研習活動，以增進自己的班級經營知能。【AX02】

03. 我會透過與其他教師的討論，來取得班級經營的經驗與知能。【AX03】

04. 我會藉由教學觀摩或其他教師的教學檔案，來獲取班級經營的經驗和新
　　知。【AX04】

因素二：知識儲存

05. 我會將閱讀到的班級經營相關資料，以書面或電腦儲存建檔。【BX05】

06. 我會將日常教學及班級經營的情形，以拍照或攝影記錄保存。【BX06】

07. 我會將日常教學及班級經營的情形，以書面或電子檔記錄保存。【BX07】

08. 我會將其他專家或教師對我班級經營的意見記錄下來並分類。【BX08】

因素三：知識應用

09. 我會將網路蒐集的資訊知能應用於自己的班級經營活動。【CX09】

10. 我會將觀摩其他教師的教學活動或檔案，實際應用於自己的班級經營。
　　【CX10】

11. 我會將研習進修所獲取的新知，應用於班級經營活動。【CX11】

12. 我會運用其他教師或專家學者的方法，來解決班級經營的問題。
　　【CX12】

增列參數標籤名稱的假設模型圖如下，初始假設模式假定有二個：

- 所有指標變項的測量誤差項間互為獨立，彼此間沒有共變關係。
- 每個指標變項均反映一個潛在構念，模式中沒有跨因素負荷量的測量變項。

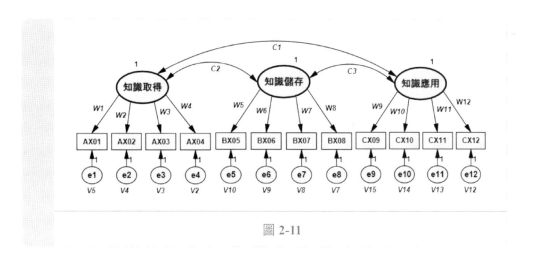

圖 2-11

在上述測量模式的假設模式圖中界定三個潛在構念變項的變異數為 1 (固定係數)，因而每個潛在構念之測量變項中不用再界定參照指標變項。

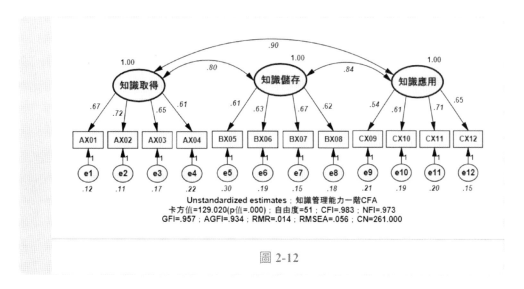

圖 2-12

CFA 假設模型徑路圖之模型估計結果模式可以辨識收斂，非標準化估計值模式圖中沒有出現負的誤差項變異數，表示沒有違反模式辨認規則。模式整體適配度卡方值為 129.020 (顯著性 p<.001)、模式自由度為 51，GFI 值等於 .957 (符合大於 .900 適配標準)、AGFI 值等於 .934 (符合大於 .900 理想標準)、RMR 值等於 .014 (符合小於 .050 理想標準)、RMSEA 值等於 .056 (符合小於 .060 理想標準)、CFI 值等於 .983 (符合大於 .950 適配標準)、NFI 值等於 .973 (符合大於 .950

適配標準)、CN 值等於 261.000 (α = .05 時，符合大於 200 適配標準)。從適配度各項統計量來看，教師知識管理能力量表之 CFA 假設模型與觀察資料可以適配，教師知識管理能力量表之 CFA 模式圖可以得到支持。

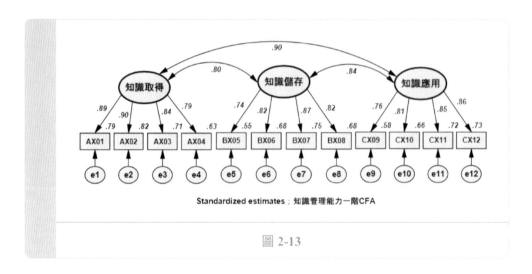

Standardized estimates：知識管理能力一階CFA

圖 2-13

標準化估計值模式圖中沒有出現標準化徑路係數絕對值大於 1 或接近 1 的情形，表示沒有違反模式辨認規則，「知識取得」因素構念四個測量指標的因素負荷量分別為 .89、.90、.84、.79；「知識儲存」因素構念四個測量指標的因素負荷量分別為 .74、.82、.87、.82；「知識應用」因素構念四個測量指標的因素負荷量分別為 .76、.81、.85、.86。「知識取得」潛在變項與「知識儲存」潛在變項間的相關為 .80，「知識儲存」潛在變項與「知識應用」潛在變項間的相關為 .84，「知識取得」潛在變項與「知識應用」潛在變項間的相關為 .90。

一、圖示操作說明

CFA 操作程序簡要說明圖示如下：

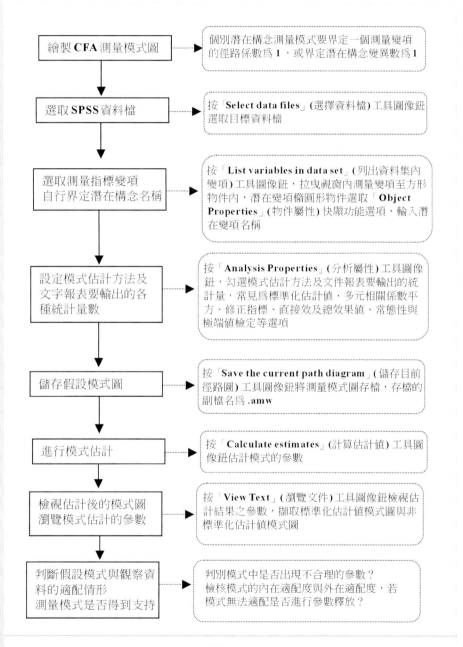

圖 2-14

二、瀏覽文件內容

Sample size = 490

Variable counts (全體樣本)

    Number of variables in your model: 27

    Number of observed variables: 12

    Number of unobserved variables: 15

    Number of exogenous variables: 15

    Number of endogenous variables: 12

　　變項個數摘要表顯示：模式中變項的總個數有 27 個，觀察變項有 12 個 (長方形物件內的測量變項有 12 個題項)，無法觀察的變項有 15 個 (知識取得、e4、e3、e2、e1、知識儲存、e8、e7、e6、e5、知識應用、e12、e11、e10、e9)，橢圓形物件內變數包括 3 個潛在構念、12 個測量變項的誤差項，外因變項有 15 個，內因變項有 12 個 (12 個內因變項均為測量變項)。

表 2-1　**Parameter summary (全體樣本)**

	Weights (徑路係數)	Covariances (共變數)	Variances (變異數)	Means (平均數)	Intercepts (截距項)	Total
Fixed (固定參數)	12	0	3	0	0	15
Labeled (加註標籤名稱)	12	3	12	0	0	27
Unlabeled (未加註標籤名稱)	0	0	0	0	0	0
Total (全部參數)	24	3	15	0	0	42

　　參數摘要表顯示：模式中共有 24 個迴歸係數參數，其中 12 個是固定參數，12 個是待估計的自由參數，12 個固定參數是誤差變項的徑路係數，參數數值固定值為 1，變異數參數中固定參數有 3 個 (三個潛在因素變項的變異數限定為 1)。待估計的徑路係數 12 個、待估計的共變量參數有 3 個、待估計的變異數參數有 12 個 (12 個測量誤差項變項的變異數)，因而待估計的參數有 12 + 3 + 12 = 27 個，這 27 個待估計的參數均有命名，因而參數個數出現於「Labeled」(加註標籤名稱) 列，27 個自由參數加上 15 個固定參數，全部的參數有 15 + 27 = 42 個。

表 2-2　**Assessment of normality (全體樣本)【常態性評估】**

Variable	min (最小值)	max (最大值)	skew (偏態係數)	c.r. (臨界比)	kurtosis (峰度係數)	c.r. (臨界比值)
CX09	1.000	5.000	-.872	-7.881	1.446	6.536
CX10	1.000	5.000	-.486	-4.396	.028	.126
CX11	1.000	5.000	-.591	-5.339	.222	1.003
CX12	1.000	5.000	-.637	-5.761	.737	3.329
BX05	1.000	5.000	-.481	-4.350	.165	.747
BX06	2.000	5.000	-.357	-3.222	-.394	-1.780
BX07	1.000	5.000	-.422	-3.814	-.016	-.073
BX08	1.000	5.000	-.367	-3.320	.022	.101
AX01	1.000	5.000	-.667	-6.031	.944	4.266
AX02	1.000	5.000	-.723	-6.531	1.027	4.640
AX03	1.000	5.000	-.565	-5.104	.588	2.658
AX04	2.000	5.000	-.384	-3.474	-.280	-1.267
Multivariate					66.577	40.199
最大值			-0.357		1.446	
最小值			-0.872		-0.394	

　　SEM 分析的一個重要假定是資料結構要呈多變量常態性，且資料結構的樣本必須是大樣本。就常態性的檢定而言，SEM 關注的是資料的多變量峰度情況，不同多變量常態性分配的觀察資料其多變量分配的尾部與頂端會有所不同。統計研究顯示，偏態對於平均數的差異檢定有重要影響，而峰度對於變異數與共變數的影響則較為顯著，SEM 的分析是根據資料的共變結構，因而資料結構多變量峰度變化情況顯得較為重要。常態分配的標準化峰度指標值約為 3，若是峰度係數值較大表示資料結構為正向峰 (高狹峰)，峰度係數值較小表示資料結構為負向峰 (資料結構呈平坦分配，尾部較細，此種分配又稱為低闊峰)，電腦程式軟體呈現的峰度係數為原峰度參數減 3，因而數值 0 表示資料結構為常態分配，正負號表示的是正向峰或負向峰，至於峰度係數不是 0 時，其參數數值多大才是極端峰度，並沒有一致的共識。West 等人 (1995) 提出若是報表呈現的峰度係數數值大於 7，表示資料結構偏離常態。有時當觀察變項單符合變項常態性分配，但多變量分配可能為多變項非常態性分配。實務應用上，Bentler (2005) 建議多變量峰度係數臨界值大於 5.00，顯示資料結構是非常態性分配。SEM 的

分析程序中，若是資料結構屬極端的分配，即偏離常態性資料結構情形嚴重，則不宜採用內定之最大概似估計法 (Maximum likelihood estimates；簡稱 ML 法) 或一般化最小平方法 (Generalized least squares；簡稱 GLS 法)，此時應改用漸進自由分配法 (Asymptotically distribution-free)，估計方法的選取操作程序：點選「Analysis properties」(分析屬性) 工具列圖像鈕，切換到「Estimation」(估計) 次對話視窗，內有五種統計量估計方法，內定選項為 ML 法。漸進自由分配估計法適用於資料結構非多元常態的分配，但使用此方法時樣本數必須為大樣本，否則會影響模式估計結果的正確性，若是樣本數小於 1000，ADF 法估計的估計值會產生不良參數，估計值與標準誤的參數會被扭曲，最近統計研究建議，最少需求樣本數應為模式中被估計自由參數的 10 倍以上，否則 ADF 法估計結果欠缺真實性。當資料結構的分配嚴重偏離常態時，Hu 等人 (1992) 認為不需要採用不同的模式估計方法，可改用卡方統計的校正法 $(S - B\chi^2)$，在不同分配結構與樣本大小下，對平均數與共變數結構的考驗，$S - B\chi^2$ 方法已被證實為最可靠的檢定統計法，在小樣本情況下，此方法也有很好的強韌性 (robust)，只是此方法 AMOS 軟體並不提供 (EQS 軟體有提供此種方法) (Byrne, 2010, pp.103-105)。

常態性評估選項可以就觀察變項的分配情形進行判斷，第一欄為觀察變項名稱、第二欄為最小值、第三欄為最大值、第四欄為偏態係數、第五欄為偏態係數的顯顯性檢定、第六欄為峰度係數、第七欄為峰度係數的顯著性檢定。以測量題項「AX01」變項而言，其資料數據中最小值為 1、最大值為 5，偏態係數值為 −.667，偏態係數臨界比值為 −6.031，峰度係數值為 .944，峰度係數臨界比值為 4.266，臨界比值的絕對值大於 1.96。在常態分配下，偏態係數值與峰度係數值應接近 0，其係數顯著性檢定應未達 .05 顯著水準，若是達 .05 顯著水準，表示其偏態係數值或峰度係數值顯著不等於 0。變項的偏態係數絕對值若大於 3、峰度係數絕對值若大於 10 (較嚴格標準為 8)，表示資料結構的分配可能不是常態，如果峰度係數絕對值大於 20，則偏離常態的情形可能較為嚴重。資料結構中十二個測量變項的偏度係數值介於 −.872 至 −.357 之間，其絕對值小於 1.000，峰度係數介於 −.394 至 1.446 之間，其絕對值小於 2，資料結構符合常態分配的假定，因而採用最大概似法作為模式各參數統計量的估計法較為適宜。

表 2-3　**Sample Moments (全體樣本)【樣本動差】**
　　　　Sample Covariances (全體樣本)【樣本共變數矩陣】

	CX09	CX10	CX11	CX12	BX05	BX06	BX07	BX08	AX01	AX02	AX03	AX04
CX09	.495											
CX10	.340	.554										
CX11	.368	.429	.706									
CX12	.340	.383	.486	.579								
BX05	.289	.325	.346	.342	.669							
BX06	.293	.334	.355	.341	.382	.592						
BX07	.306	.343	.371	.361	.399	.437	.589					
BX08	.306	.348	.373	.352	.386	.386	.407	.568				
AX01	.325	.351	.428	.383	.339	.312	.369	.335	.577			
AX02	.346	.382	.439	.407	.346	.341	.373	.357	.504	.631		
AX03	.318	.356	.443	.395	.325	.351	.358	.357	.428	.465	.601	
AX04	.302	.341	.441	.363	.302	.320	.335	.306	.396	.424	.406	.584

　　樣本共變數矩陣為根據觀察資料計算所有得的共變異數矩陣 (S 矩陣)，共變異數矩陣的對角線為觀察變項 (題項變數) 的變異數，對角線外的數值為二個測量題項的共變數。

表 2-4　**Sample Correlations (全體樣本)【樣本相關係數矩陣】**

	CX09	CX10	CX11	CX12	BX05	BX06	BX07	BX08	AX01	AX02	AX03	AX04
CX09	1.000											
CX10	.649	1.000										
CX11	.623	.686	1.000									
CX12	.635	.677	.760	1.000								
BX05	.502	.535	.504	.550	1.000							
BX06	.541	.584	.549	.582	.607	1.000						
BX07	.566	.601	.576	.617	.636	.740	1.000					
BX08	.578	.620	.589	.613	.626	.666	.702	1.000				
AX01	.608	.620	.671	.662	.545	.534	.633	.586	1.000			
AX02	.620	.647	.658	.673	.533	.558	.612	.596	.835	1.000		
AX03	.583	.617	.679	.670	.512	.589	.601	.611	.726	.755	1.000	
AX04	.562	.600	.687	.625	.484	.545	.571	.531	.682	.700	.686	1.000

　　樣本相關係數矩陣為根據觀察資料計算所有得的相關係數矩陣，相關係數矩陣對角線為測量變項與測量變項間相關，因而其相關係數為 1.000。同一潛在構念之測量變項間的相關若是太高 (有高度相關)，則可能有共線性問題，測量模式估計結果，潛在構念對指標變項的徑路係數可能出現不合理的解值或無法解釋的參數。

Notes for Model (知識管理能力一階 CFA)【模式註解】

Computation of degrees of freedom (知識管理能力一階 CFA)【自由度的計算】

Number of distinct sample moments:【獨特樣本動差個數】 78

Number of distinct parameters to be estimated:【被估計之獨特參數的個數】

27

Degrees of freedom (78 − 27) :【自由度】 51

　　模式中有 12 個觀察變項，獨特樣本動差個數為[(12)×(12+1)]÷2 = 78，模式中被估計的參數有 27 個 (自由參數個數)，模式的自由度為 78 − 27 = 51，自由度為正數表示模式過度識別模式，過度識別模式才可以順利估計出參數。

表 2-5　**Regression Weights: (全體樣本 - 知識管理能力一階 CFA)**【原始徑路係數】

	Estimate 估計值	S.E. 標準誤	C.R. 臨界比值	P 顯著性	Label
AX04<---知識取得	.606	.029	20.737	***	W4
AX03<---知識取得	.654	.029	22.767	***	W3
AX02<---知識取得	.718	.028	25.573	***	W2
AX01<---知識取得	.675	.027	24.787	***	W1
BX08<---知識儲存	.622	.029	21.731	***	W8
BX07<---知識儲存	.665	.028	23.496	***	W7
BX06<---知識儲存	.634	.029	21.703	***	W6
BX05<---知識儲存	.609	.033	18.701	***	W5
CX12<---知識應用	.652	.028	23.210	***	W12
CX11<---知識應用	.715	.031	22.973	***	W11
CX10<---知識應用	.605	.028	21.417	***	W10
CX09<---知識應用	.536	.028	19.479	***	W9

　　上表為採用最大概似法所估計的未標準化迴歸係數，在模式設定上界定三個潛在構念「知識取得」、「知識儲存」、「知識應用」的變異數為 1，在單維度測量模式中若界定潛在構念的變異數為 1，潛在構念的多個測量變項中就不能再界定參照指標變項 (不能將潛在構念對某一測量變項的徑路係數固定為 1)。臨界比 (critical ratio) 值等於參數估計值 (Estimate) 與估計值標準誤 (the standard error of estimate) 的比值，相當於 t 檢定值，如果此比值絕對值大於 1.96，則參數估計值達到 .05 顯著水準，臨比值絕對值大於 2.58，則參數估計值達到 .01 顯著水準。顯著性的機率值若是小於 .001，則「p」值欄會以「***」符號表示；顯著性的機率值如果大於 .001，則「p」值欄會直接呈現其數值大小。徑路係數估計值考驗在於判別迴歸徑路係數估計值是否等於 0，如果達到顯著水準 (p<.05)，表示迴歸係數顯著的不等於 0。上述 12 個測量變項的徑路係數之臨界比值介於 18.701 至 25.573 之間，顯著性機率值 p 均小於 .001，表示 12 個徑路係數均達 .05 顯著水準，表示這些徑路係數參數均顯著不等於 0。

表 2-6　**Standardized Regression Weights: (全體樣本 - 知識管理能力一階 CFA)** 【標準化徑路係數】

	Estimate
AX04<---知識取得	.793
AX03<---知識取得	.843
AX02<---知識取得	.905
AX01<---知識取得	.888
BX08<---知識儲存	.825
BX07<---知識儲存	.867
BX06<---知識儲存	.824
BX05<---知識儲存	.744
CX12<---知識應用	.856
CX11<---知識應用	.851
CX10<---知識應用	.813
CX09<---知識應用	.762

　　「Standardized Regression Weights」為標準化迴歸係數，在驗證性因素分析中也稱為「因素加權值」(factor weights) 或「因素負荷量」(factor loading)，標準化的徑路係數代表的是共同因素對測量變項的影響。以「知識取得--->

AX01」而言，其標準化的迴歸係數值為 .888，表示潛在因素對測量指標 AX01 的直接效果值為 .888，其預測力 (解釋變異量) 為 .888×.888 = .789。標準化的迴歸係數係由變項轉化為標準分數 (z 分數) 後，計算出來的估計值，從因素負荷量的數值可以瞭解測量變項在各潛在因素之相對重要性。因素負荷量係數值愈大，表示指標變項能被構念解釋的變異愈大，指標變項能有效反映其要測得之潛在構念特質。因素負荷量的大小可以作為評估量表聚斂效度 (converge validity) 的指標值。因素負荷量的臨界值為 .71，範例中 12 個測量變項的因素負荷量介於 .744 至 .905 間，12 個測量變項的因素負荷量均高於 .71，表示三個潛在構念之測量模式的聚斂效度良好。

表 2-7　**Covariances: (全體樣本 - 知識管理能力一階 CFA)** 【共變數估計值摘要表】

	Estimate	S.E.	C.R.	P	Label
知識取得<-->知識儲存	.802	.021	38.146	***	C2
知識儲存<-->知識應用	.843	.019	44.306	***	C3
知識取得<-->知識應用	.895	.014	62.984	***	C1

表 2-8　**Correlations: (全體樣本 - 知識管理能力一階 CFA)** 【相關係數估計值摘要表】

	Estimate
知識取得<-->知識儲存	.802
知識儲存<-->知識應用	.843
知識取得<-->知識應用	.895

未標準化估計值模式圖中的潛在變項之共變關係參數為共變數，共變數估計值除以標準誤等於臨界比值 (C.R.)，若是臨界比值達 .05 顯著水準，則有足夠證據拒絕虛無假設 $H_0 : COV(X_1, X_2) = 0$，接受對立假設 $H_1 : COV(X_1, X_2) \neq 0$，二個因素構念之共變數估計值顯著不等於 0 (即二個構念變項間的相關係數顯著不等於 0，二個構念變項間有顯著的相關)。在標準化估計值模式圖中二個潛在變項的共變關係參數為相關係數，相關係數與共變數間的關係為：$r_{XY} = \dfrac{COV_{XY}}{SD_X \times SD_Y}$

$= \dfrac{COV_{XY}}{\sqrt{VAR_X} \times \sqrt{VAR_Y}}$，當二個潛在構念的變異數限定為 1 時，共變數的估計值即

相關係數：$r_{XY} = \dfrac{COV_{XY}}{\sqrt{1} \times \sqrt{1}} = COV_{XY}$。表中共變數估計值欄數值與相關係數估計值欄數值相同，「知識取得」與「知識儲存」二個構念間的相關為 .802 (p<.001)，「知識儲存」與「知識應用」二個構念間的相關為 843 (p<.001)，「知識取得」與「知識應用」二個構念間的相關為 .895 (p<.001)，三個相關係數均達 .05 顯著水準。

表 2-9　**Variances: (全體樣本 - 知識管理能力一階 CFA)**

	Estimate (變異數)	S.E. (估計標準誤)	C.R. (臨界比值)	P (顯著性)	Label (參數標籤名稱)
知識取得	1.000				
知識儲存	1.000				
知識應用	1.000				
e4	.217	.016	13.887	***	V2
e3	.174	.013	13.081	***	V3
e2	.114	.011	10.880	***	V4
e1	.122	.010	11.698	***	V5
e8	.182	.015	12.416	***	V7
e7	.146	.013	11.035	***	V8
e6	.190	.015	12.433	***	V9
e5	.298	.022	13.778	***	V10
e12	.155	.013	12.141	***	V12
e11	.195	.016	12.309	***	V13
e10	.188	.014	13.181	***	V14
e9	.207	.015	13.903	***	V15

　　三個潛在變項 (因素構念) 與十二個誤差變項的測量殘差項變異量估計值，後者即十二個測量指標的測量誤差 (measured error/residual)，三個潛在因素的變異數為固定參數，其數值為 1，十二個測量指標的測量誤差值之變異數均為正數且達到 .05 顯著水準，其變異量標準誤估計值均很小，其數值介於 .010 至 .022，表示無模式界定錯誤的問題，三個潛在變項的變異數估計值分別為 1.000、1.000、1.000 (三個數值為固定參數)。估計參數中沒有出現負的誤差變異量且標準誤估計值均很小，表示模式的基本適配度良好。SEM 模式考驗結果若出現負的誤差變異數，會出現以下的警告訊息：「The following variances are negative.」(下列的變異數為負值),變異數中出現負值表示模式界定有問題 (因為統計參數中的變異數為標準差的平方值,不應出現負數),此時 CFA 測量模式應重新界定,尤其是參數的限制部分可能要放寬,或移除參數限制參數。

表 2-10 **Squared Multiple Correlations: (全體樣本 - 知識管理能力一階 CFA)【多元相關係數平方】**

	Estimate
CX09	.581
CX10	.661
CX11	.724
CX12	.733
BX05	.554
BX06	.679
BX07	.752
BX08	.680
AX01	.789
AX02	.819
AX03	.710
AX04	.629

觀察變項 (測量變項) 多元相關的平方 (Squared Multiple Correlations),與複迴歸中 R^2 的性質相同,表示個別觀察變項 (測量指標) 被其潛在變項解釋的變異量,此解釋變異量的數值也就是個別測量變項的信度係數。以測量指標「AX01」而言,其 R^2 值等於 .789,表示潛在變項 (因素構念)「知識管理」可以解釋測量變項「AX01」78.9% 的變異量 (知識管理→AX01),無法解釋的變異量 (誤差變異量) 為 1 - .789 = .211。模式中各誤差變項除具有誤差變異量成份外,也包含了「隨機誤差」(random error),因而多元相關平方值被視為是信度的最小界限估計值。模式中個別測量指標的信度值若高於 0.50,表示模式的內在品質檢定良好,CFA 各測量模式 (measured model) 中,測量變項因素負荷量的平方即為各測量變項 (觀察變項) 的信度係數,信度係數也是測量模式中各潛在變項的聚斂效度指標之一。

表 2-11 **Matrices** (全體樣本 - 知識管理能力一階 **CFA)**
Implied Covariances (全體樣本 - 知識管理能力一階 **CFA)**【隱含共變異數矩陣】

	CX09	CX10	CX11	CX12	BX05	BX06	BX07	BX08	AX01	AX02	AX03	AX04
CX09	.495											
CX10	.325	.554										
CX11	.383	.432	.706									
CX12	.350	.394	.466	.579								
BX05	.275	.311	.367	.335	.669							
BX06	.287	.323	.382	.348	.386	.592						
BX07	.301	.340	.401	.366	.405	.422	.589					
BX08	.281	.317	.375	.342	.378	.394	.414	.568				
AX01	.324	.365	.432	.394	.329	.343	.360	.337	.577			
AX02	.345	.389	.460	.419	.351	.365	.384	.358	.485	.631		
AX03	.314	.354	.418	.381	.319	.332	.349	.326	.441	.470	.601	
AX04	.291	.328	.388	.353	.296	.308	.323	.302	.409	.435	.396	.584

「Implied Covariances」摘要表為根據假設測量模型參數函數推導而得的結構化母群體共變異數矩陣 $\Sigma(\theta)$，經由觀察資料直接計算而得的共變異數矩陣為未結構化母群體共變數矩陣 S。當隱含共變異數矩陣 (Implied Covariances) $\Sigma(\theta)$ 與樣本資料計算而得的共變異數矩陣 S 愈接近，表示假設模型的適配情形愈佳。

表 2-12 **Implied Correl ations** (全體樣本 - 知識管理能力一階 **CFA)**【隱含相關矩陣】

	CX09	CX10	CX11	CX12	BX05	BX06	BX07	BX08	AX01	AX02	AX03	AX04
CX09	1.000											
CX10	.620	1.000										
CX11	.649	.692	1.000									
CX12	.653	.696	.728	1.000								
BX05	.479	.510	.534	.538	1.000							
BX06	.530	.565	.591	.595	.613	1.000						
BX07	.558	.595	.622	.626	.645	.714	1.000					
BX08	.530	.566	.592	.596	.614	.679	.715	1.000				
AX01	.606	.646	.676	.681	.530	.587	.618	.588	1.000			
AX02	.617	.658	.689	.693	.540	.598	.629	.599	.804	1.000		
AX03	.575	.613	.642	.646	.503	.557	.586	.558	.749	.763	1.000	
AX04	.541	.577	.604	.608	.474	.524	.552	.525	.704	.717	.668	1.000

「Implied Correlations」摘要表為根據假設測量模式參數函數推導而得的結構化母群體測量變項的相關矩陣 $\Sigma(r)$ 摘要表。

表 2-13　**Residual Covariances (全體樣本 - 知識管理能力一階 CFA)【殘差共變異數矩陣】**

	CX09	CX10	CX11	CX12	BX05	BX06	BX07	BX08	AX01	AX02	AX03	AX04
CX09	.000											
CX10	.015	.000										
CX11	−.015	−.004	.000									
CX12	−.010	−.011	.020	.000								
BX05	.014	.015	−.020	.008	.000							
BX06	.006	.011	−.027	−.008	−.004	.000						
BX07	.005	.003	−.030	−.005	−.006	.015	.000					
BX08	.025	.031	−.002	.010	.007	−.008	−.007	.000				
AX01	.001	−.015	−.003	−.011	.009	−.031	.009	−.001	.000			
AX02	.002	−.007	−.021	−.013	−.005	−.025	−.010	−.002	.019	.000		
AX03	.004	.002	.025	.014	.005	.019	.009	.031	−.013	−.005	.000	
AX04	.011	.013	.053	.010	.006	.012	.011	.004	−.013	−.011	.010	.000

「Residual Covariances」為殘差共變異數矩陣摘要表，表中的細格元素為結構化母群體共變異數矩陣 $\Sigma(\theta)$，與觀察資料直接計算而得的未結構化母群體共變數矩陣 S 的差異值 (被估計共變異數項目與觀察共變異數項目間的差異)，當殘差值的差異量愈小，表示二個共變異數矩陣愈接近，即結構化母群體共變異數矩陣 $\Sigma(\theta)$ 與 未結構化母群體共變數矩陣 S 的差異愈小，此種情形表示假設模型與觀察資料的契合度良好。

表 2-14　**Standardized Residual Covariances (全體樣本 - 知識管理能力一階 CFA)【標準化殘差共變異數矩陣】**

	CX09	CX10	CX11	CX12	BX05	BX06	BX07	BX08	AX01	AX02	AX03	AX04
CX09	.000											
CX10	.544	.000										
CX11	−.473	−.102	.000									
CX12	−.330	−.350	.562	.000								
BX05	.473	.483	−.581	.238	.000							
BX06	.217	.365	−.796	−.256	−.110	.000						

表 2-14 （續）

	CX09	CX10	CX11	CX12	BX05	BX06	BX07	BX08	AX01	AX02	AX03	AX04
BX07	.170	.114	−.870	−.166	−.164	.458	.000					
BX08	.925	1.049	−.049	.327	.225	−.253	−.222	.000				
AX01	.043	−.480	−.092	−.341	.290	−1.006	.281	−.038	.000			
AX02	.052	−.213	−.571	−.378	−.137	−.762	−.315	−.052	.548	.000		
AX03	.146	.076	.700	.443	.169	.612	.290	1.040	−.403	−.130	.000	
AX04	.404	.431	1.570	.322	.200	.411	.371	.135	−.400	−.318	.317	.000

　　「Standardized Residual Covariances Covariances」為標準化殘差共變異數矩陣摘要表，標準化殘差為原始化殘差值與殘差標準誤的比值，標準化殘差值與實際測量尺度範圍無關，其數值作為診斷測量模式較為有用。被估計的共變異數矩陣元素可能小於／大於相對應觀察資料共變異數矩陣元素數值，因而殘差值可能為正值也可能為負值，研究者可以根據配對的殘差值數值大小來預測被估計的共變異數矩陣與觀察資料的共變異數矩間的適配情形，標準化殘差的性質與 z 分數的性質類似，一般而言，當標準化殘差值的絕對值大於 4.0 以上時，表示有無法接受的自由誤差，此標準化殘差值視為是足夠大的殘差，如果標準化殘差值的絕對值小於 2.5 (或 2.58 以下，α = .05 顯著水準時，z 值的臨界值為 1.96；α = .01 顯著水準時，z 值的臨界值為 2.58；α = .001 顯著水準時，z 值的臨界值為 3.29) 顯示模式界定沒有問題。模式估計中出現很大的標準化殘差值，可能是抽樣誤差導致，絕對值相 |4.0| 對應的顯著水準 p 約為 .001，如果只有一個或二個的標準化殘差值較大，假設模式也可以接受，若是某個單維度測量模式中某個指標題的標準化殘差值大於 |4.0| 以上，可考量將此測量題項刪除或作為模式修正的優先參考，如果標準化殘差值絕對值介於 2.5 至 4.0 中間，而模式參數又可順利估計出來，這些標準化殘差值對應的變項不應刪除 (Hair et al., 2010, p.711)。

【表格範例】

表 2-15 教師知識管理能力量表量表驗證性因素分析之模式參數估計摘要表 (N = 575)

參數	非標準化參數			R^2	標準化參數估計值
	非標準化參數估計值	標準誤	臨界比值 (C.R.)		
λ_1 (知識取得→AX01)	0.675	0.027	24.787***	0.789	0.888

表 2-15 （續）

參數	非標準化參數			R^2	標準化參數估計值
	非標準化參數估計值	標準誤	臨界比值(C.R.)		
λ_2 (知識取得→AX02)	0.718	0.028	25.573***	0.819	0.905
λ_3 (知識取得→AX03)	0.654	0.029	22.767***	0.710	0.843
λ_4 (知識取得→AX04)	0.606	0.029	20.737***	0.629	0.793
λ_5 (知識儲存→BX05)	0.609	0.033	18.701***	0.554	0.744
λ_6 (知識儲存→BX06)	0.634	0.029	21.703***	0.679	0.824
λ_7 (知識儲存→BX07)	0.665	0.028	23.496***	0.752	0.867
λ_8 (知識儲存→BX08)	0.622	0.029	21.731***	0.680	0.825
λ_9 (知識應用→CX09)	0.536	0.028	19.479***	0.581	0.762
λ_{10} (知識應用→CX10)	0.605	0.028	21.417***	0.661	0.813
λ_{11} (知識應用→CX11)	0.715	0.031	22.973***	0.724	0.851
λ_{12} (知識應用→CX12)	0.652	0.028	23.21 ***	0.733	0.856
Φ_{21} (知識取得↔知識儲存)	.802	.021	38.146***		.802
Φ_{32} (知識儲存↔知識應用)	.843	.019	44.306***		.843
Φ_{31} (知識取得↔知識應用)	.895	.014	62.984***		.895
δ_1 (e1→AX01)	0.122	0.010	11.698***		
δ_2 (e2→AX02)	0.114	0.011	10.880***		
δ_3 (e3→AX03)	0.174	0.013	13.081***		
δ_4 (e4→AX04)	0.217	0.016	13.887***		
δ_5 (e5→BX05)	0.298	0.022	13.778***		
δ_6 (e6→BX06)	0.190	0.015	12.433***		
δ_7 (e7→BX07)	0.146	0.013	11.035***		
δ_8 (e8→BX08)	0.182	0.015	12.416***		
δ_9 (e9→CX09)	0.207	0.015	13.903***		
δ_{10} (e10→CX10)	0.188	0.014	13.181***		
δ_{11} (e11→CX11)	0.195	0.016	12.309***		
δ_{12} (e12→CX12)	0.155	0.013	12.141***		
知識取得	1.000 (固定參數)				
知識儲存	1.000 (固定參數)				
知識應用	1.000 (固定參數)				

表 2-16　**Model Fit Summary【模式適配度摘要表】**
CMIN

Model	NPAR (自由參數)	CMIN (卡方值)	DF (自由度)	P (顯著性)	CMIN/DF (卡方自由度比值)
知識管理能力一階 CFA	27	129.020	51	.000	2.530

　　模式摘要表中只呈現測量模式的數據，獨立模式與飽和模式的數據沒有顯示。

　　獨特樣本動差元素的數目即樣本資料點數目，其數值 $= \frac{1}{2} k(k + 1) = \frac{1}{2}$ (12)(12 + 1) = 78，其中 k 為假設模型中觀察變項的個數 (範例中觀察變項的個數為 12)，飽和模式表示模型中所有的參數都要估計，因而待估計的自由參數等於樣本資料點數目；模式中待估計的自由參數共有 27 個，模式的自由度等於 78 − 27 = 51，卡方值等於 129.020 (CMIN 欄數值)，顯著性機率值 p = .000<.05，拒絕虛無假設，表示觀察資料所導出變異數共變數 S 矩陣與假設模式導出之變異數共變數 $\hat{\Sigma}$ 矩陣相等的假設無法獲得支持，即假設模式圖與觀察資料無法適配。由於卡方值易受樣本數大小的影響，當樣本數很大時，所有假設模型的卡方值之顯著性 p 值幾乎都會達到 .05 顯著水準 (p<.05)，此時，若單以卡方檢定的估計值作為模型適配度的考驗指標，則研究者所提的假設模型可能都無法獲得支持。因而若是樣本數很大時，卡方檢定估值只能作為假設模型的參考指標即可 (因 SEM 模式分析都需要大樣本，因而模式適配度卡方值統計量若作為假設模式是否契合的指標之一，通常皆列為參考指標統計量即可)。卡方自由度比值 (CMIN/DF) 為 2.530，卡方自由度比值的判別標準為其數值小於 3.000，卡方自由度比值由於是以卡方檢定估計值作為分母，以模式的自由度作為分子，因而受樣本數大小的影響較小，一般判別標準為此數值若小於 3.000 (較為嚴格要求為卡方自由度比值小於 2.000)，表示假設模型的適配度良好。

表 2-17　**RMR, GFI**

Model	RMR	GFI	AGFI	PGFI
知識管理能力一階 CFA	.014	.957	.934	.626

　　模式適配度指標中的 RMR 值等於 .014<.050 適配指標值、GFI 值等於 .957>.950 適配指標值、AGFI 值等於 .934>.900 適配指標值、PGFI 值等於 .626>.500 適配指標值，均達模式可以適配的標準。RMR 為平均殘差值，此平均殘差值為假設模型 $\Sigma(\theta)$ 變異數共變數矩陣與樣本資料變異數共變數矩陣 S 的差異值，由於觀察變項變異數與共變數的單位尺度不同，此數值較不易解釋。如果將數值以相關矩陣的公制單位表示，則標準化 RMR (SRMR) 數值較具客觀性，SRMR 數值介於 0 至 1 間，其數值小於 .05，表示假設模型與樣本資料的適配良好 (AMOS 適配度的 SRMR 指標要另外估算)。由於 GFI 值與 AGFI 值一般歸於適配度指標中的絕對適配度指標值，其數值介於 0 至 1 間，數值愈接近 1，表示假設模型的適配度愈好。PGFI 值為簡約適配度指標值，評估整體模型適配度時，PGFI 值用以解釋假設模型的複雜度情形 (被估計參數的個數)，與其他適配度指標值相較之下，可接受模型之簡約適配度指標值臨界值較低。可接近模型之適配度臨界值，GFI 值與 AGFI 值一般建議在 .90 以上，而 PGFI 值為 .50 以上。

表 2-18　**Baseline Comparisons**

Model	NFI Delta1	RFI rho1	IFI Delta2	TLI rho2	CFI
知識管理能力一階 CFA	.973	.965	.983	.978	.983

　　AMOS 輸出之基準線比較適配統計量又稱為增值適配指標 (incremental indices of fit) 或比較適配指標 (comparative indices of fit)。增值適配指標包括 NFI、RFI、IFI、TLI、CFI 五種，五種適配指標值若是大於 .950，表示假設模型與樣本資料可以契合。模式適配度指標中的 NFI 值等於 .973>.950、RFI 值等於 .965>.950、IFI 值等於 .983>.950、TLI 值等於 978>.950、CFI 值等於 .983>.950，均符合模式「良好」適配標準，表示假設理論模式與觀察資料的整體適配度佳。一般的判別標準為上述指標值若大於 .90，表示假設模型是個可接受的模型 (acceptably close fit)，如果基準線比較適配統計量數值大於 .95，表示假設模型的適配度良好 (excellent fit)。早期 CFI 等增值適配指標適配度統計量的臨界值為>.90，但最近學者將其適配度良好的臨界點定為>.95 (Hu & Bentler, 1999)，然而 Bentler (1990) 認為二個臨界值都可以，重要的是還須參考其他適配度統計量較適宜。

表 2-19　**Parsimony-Adjusted Measures**

Model	PRATIO	PNFI	PCFI
知識管理能力一階 CFA	.773	.752	.760

「簡約調整後的測量值」(Parsimony-Adjusted Measures) 摘要表中的 PRATIO 欄為「簡約比」(parsimony ratio)，此數值可進一步估計計算「簡約 NFI」值與「簡約 CFI」值，PRATIO 欄之值等於「預設模式」的自由度除以「獨立模式」的自由度。表中的 PNFI 值等於 .752>.500、PCFI 值等於 .760>.500，均大於模式可接受的要求值 .500。在模式適配度判別方面，基本簡約指標值 (PGFI、PNFI、PCFI) 若大於 .500，表示假設模型與樣本資料可以適配。PNFI 值、PCFI 值與之前 PGFI 值性質類似，三個適配度指標值都歸於簡約適配度指標。

表 2-20　**RMSEA**

Model	RMSEA	LO 90	HI 90	PCLOSE
知識管理能力一階 CFA	.056	.044	.068	.197

RMSEA 為「漸進殘差均方和平方根」(root mean square error of approximation)，其值愈小，表示模式的適配度愈佳，表中的 RMSEA 值等於 .056，小於 0.80 模式可以接受的標準，RMSEA 值 90% 的信賴區間為〔.044，.068〕。RMSEA 值一般的判別標準為 RMSEA <.05 時表示模式適配度佳，RMSEA <.08 時表示模式適配度尚可 (Browne & Cudeck, 1993)，假設模型是個可以被接受的模型。MacCallum 等人 (1996) 則認為 RMSEA 值介於 .08 至 .10 間，表示假設模型適配度普通，RMSEA 值大於 .10，表示假設模型的適配度不佳，Hu 與 Bentler (1999) 則建議 RMSEA 值適配度良好的臨界值為 .06 以下，當 RMSEA 值 <.06，表示假設模型與觀察資料適配度佳，如果樣本太少，RMSEA 值與 TLI 值較易過度拒絕真實母群體模式。

表 2-21　**AIC**

Model	AIC	BCC	BIC	CAIC
知識管理能力一階 CFA	183.020	184.494	296.269	323.269

AIC 為「Akaike 訊息效標」(Akaike information criterion)，其值愈小表示模式的適配度愈佳且愈精簡。AIC 估計值主要用於判斷理論模式所要估計的參數數目是否符合精簡的指標，常用於數個模式的比較。四個類似的 AIC 指標值 (AIC = 183.020、BCC = 184.494、BIC = 296.269、CAIC = 323.269) 通常用於多個模式的「跨效度」(cross-validate) 或複核效度的比較，若是作為單一模式適配度的判別，則模式的 AIC 指標值要小於飽和模式與獨立模式的 AIC 指標值。多個模式的競爭比較時，AIC 指標值愈小的假設模型，其與樣本資料的適配情形會愈佳。

表 2-22　**ECVI**

Model	ECVI	LO 90	HI 90	MECVI
知識管理能力一階 CFA	.374	.314	.451	.377

ECVI 為「期望跨效度指數」(expected cross-validation index)，其 90% 的信賴區間為〔.314，.451〕。ECVI 指標值通常用於數個模式的競爭比較，如果進行多個模式的競爭比較或選替模式時，則應挑選 ECVI 值較小的模式，較能與觀察資料契合，ECVI 摘要表中呈現二個適配度指標值 ECVI (數值為 .374)、MECVI (數值為 .377)。AIC 與 ECVI 值較常適用於單群組數個競爭模式的選擇，或研究者想從多個模式中挑選一個最佳的模型，則 ECVI 指標值、AIC 指標值、MECVI 指標值是較為理想的適配度指標值，因為這幾個指標值可同時考量到模式的複雜度與樣本數的大小，數個競爭模式比較時較佳的假設模型為三個指標值的數值較小者，其指標值數值愈小，表示模式愈簡約，愈簡約的模型與觀察資料的適配情形會愈好。

表 2-23　**HOELTER**

Model	HOELTER (.05)	HOELTER (.01)
知識管理能力一階 CFA	261	294

HOELTER 為「Hoelter's Critical N」適配度指標值，在 .05 顯著水準時，CN 值 (Critical N) = 261 > 200；於 .01 顯著水準時，CN 值 = 294 > 200，CN 值的判別指標為 HOELTER 的數值大於 200，當 HOELTER 的數值大於 200 時，表示假設模式適配情形良好。

AMOS 輸出的整體模式適配度指標中沒有 SRMR 指標值，SRMR 為標準化均方根殘差 (standardized root mean square residual)，SRMR 指標值介於 0 至 1 之間，其數愈接近 0 表示假設模式的適配度愈佳，假設模式要獲得支持的判別指標值為 SRMR<.05。

若是要輸出 SRMR 適配度指標值，其操作如下：

- 執行功能列「Plugins」(增列)／「Standardized RMR」(標準化 RMR 值) 程序，開啟「Standardized RMR」(標準化 RMR 值) 對話視窗，此時視窗內沒有數值。
- 在「Standardized RMR」(標準化 RMR 值) 視窗開啟之下，按工具列「Calculate estimates」(計算估計值) 圖像鈕，若是模式可以識別收斂，則 SRMR 值會出現於原先開啟的「Standardized RMR」視窗內。範例中，教師知識管理量表一階三因素斜交模式適配度的 SRMR 值等於 .0234。

圖 2-15

【表格範例】

表 2-24 教師知識管理對班級經營效能影響之因果模式圖的整體模式適配度檢定摘要表

統計檢定量	適配的標準或臨界值	檢定結果數據	模式適配判斷
自由度		51	
絕對適配度指數			
X^2 值	p>.05 (未達顯著水準)	129.020 (p=.000<.001)	否 (參考指標)
RMR 值	<0.05	.014	是
RMSEA 值	<0.08 (若 <.05 良好；<.08 普通)	.056	是

表 2-24 （續）

統計檢定量	適配的標準或臨界值	檢定結果數據	模式適配判斷
SRMR	<0.08 (若 <.05 良好；<.08 普通)	.0234	是
GFI 值	>.90 普通 (≧.95 良好)	.957	是
AGFI 值	>.90 普通 (≧.95 良好)	.934	是
增值適配度指數			
NFI 值	≧.95 良好 (普通適配為 >.90)	.973	是
RFI 值	≧.95 良好 (普通適配為 >.90)	.965	是
IFI 值	≧.95 良好 (普通適配為 >.90)	.983	是
TLI 值 (NNFI 值)	≧.95 良好 (普通適配為 >.90)	.978	是
CFI 值	≧.95 良好 (普通適配為 >.90)	.983	是
簡約適配度指數			
PGFI 值	>.50	.626	是
PNFI 值	>.50	.752	是
PCFI 值	>.50	.760	是
CN 值	>200	261 ($\alpha = .05$)	是
χ^2 自由度比	<2.00 (良好)，<3.00 (普通)	2.530	是

在整體模式適配度指標值的診斷方面 (共十六個判別指標值)，除卡方值外、其餘十五個非參考指標皆符合模式適配標準值，由於卡方值易受到樣本數大小而波動，在大樣本的情況下卡方值幾乎均會達 .05 顯著水準，所有假設模式都可能被拒絕，因而在大樣本的情況下，適配度卡方值最好只作為參考用。排除卡方值統計量，整體模式的適配度統計量均達到學者所提的適配臨界值，可見研究者所建構的教師知識管理能力量表之 CFA 測量模式與樣本資料可以契合。

【表格範例】

表 2-25 各測量指標變項之因素負荷量及信效度檢驗摘要表

因素構念	測量指標	因素負荷量	信度係數	測量誤差	組合信度	平均變異量抽取值
知識取得	AX01	0.888	0.789	0.211		
	AX02	0.905	0.819	0.181		
	AX03	0.843	0.711	0.289		
	AX04	0.793	0.629	0.371		
					.9178	.7638

表 2-25　（續）

因素構念	測量指標	因素負荷量	信度係數	測量誤差	組合信度	平均變異量抽取值
知識儲存	BX05	0.744	0.554	0.446		
	BX06	0.824	0.679	0.321		
	BX07	0.867	0.752	0.248		
	BX08	0.825	0.681	0.319		
					.8884	.6662
知識應用	CX09	0.762	0.581	0.419		
	CX10	0.813	0.661	0.339		
	CX11	0.851	0.724	0.276		
	CX12	0.856	0.733	0.267		
					.8922	.6746
	適配標準值	>.700	>.500	<.500	>.600	>.500

註：#表示未達最低標準值，因素負荷量<.70　信度係數<.50。

肆、測量模式之聚斂效度

聚斂效度或稱聚合效度 (convergent validity) 是指在測驗過程中，測量相同潛在特質或構念的指標變項 (觀察變項) 會位於相同的因素層面中，此時，測量相同潛在行為特質的指標變項在此因素構念上會有較高的因素負荷量，這些測量指標變項間會有高度的相關，當一潛在構念的指標變項間有較高的相關，且這些指標變項測得的心理潛在特質的同質性愈大，表示這些測量指標變項反應的潛在構念效度良好。

CFA 模式之聚斂效度 (convergent validity) 的評估可從下列幾個方面加以檢核 (Hari, et al., 2010, pp.709-710；吳明隆，2009)：

一、因素負荷量 (factor loading)

一個因素構念對測量指標變項有高的負荷量，表示這些測量變項可以有效反映一個共同因素 (潛在構念)，其評鑑的內容為因素負荷量徑路係數均達顯著，且因素負荷量的數值要高於 .50，理想狀態是 .70 以上，因素負荷量 (標準

化徑路係數) 應介於 -1.00 至 +1.00 間。因素負荷量的平方為測量題項的共同性 (communality)，表示的測量題項可以被潛在因素解釋的變異程度，共同性又稱為題項變異的被抽取量，當因素負荷量在 .71 以上時，潛在共同因素可以解釋測量變項的變異量會大於 50.0%，因此潛在變項對測量變項的標準化徑路係數高於 .71，表示因素構念的聚斂效度良好。

教師知識管理能力量表 CFA 模式中，「知識取得」潛在構念四個測量變項的因素負荷量分別為 .888、.905、.843、.793，「知識儲存」潛在構念四個測量變項的因素負荷量分別為 .744、.824、.867、.825，「知識應用」潛在構念四個測量變項的因素負荷量分別為 .762、.813、.851、.856，十二個測量變項的因素負荷量均高於 .71，表示個別潛在構念可以解釋測量變項的解釋變異量均大於 50.0% (因素負荷量平方 R^2 介於 .554 至 .819 間)，就三個潛在構念而言，每個潛在構念 (共同因素) 之測量指標變項可以有效反映其相對應的潛在特質。

二、平均變異數抽取量

「平均變異數抽取量」 (average variance extracted；[AVE]；[ρ_V]) 表示的是被潛在構念所解釋的變異量有多少的變異量是來自測量誤差，若是平均變異數抽取量愈大，指標變項被潛在變項構念解釋的變異量百分比愈大，相對的測量誤差就愈小，一般判別的標準是平均變異數抽取量要大於 0.50。平均變異數抽取量是潛在變項可以解釋其指標變項變異量的比值，是一種聚斂效度的指標，其數值愈大，表示測量指標愈能有效反應其共同因素構念的潛在特質。平均變異數抽取量為共同性平均或完全標準化因素負荷量平方的平均值，如果 AVE 值小於 .50 表示測量模式中潛在因素可以解釋指標變項的變異量小於誤差項可以解釋的變異量，此種結果顯示的指標變項反映的共同因素效度不佳。

「平均變異數抽取量」的估算公式如下：

$$\rho_V = \frac{(\Sigma\lambda^2)}{[(\Sigma\lambda^2) + \Sigma(\theta)]} = \frac{(\Sigma標準化因素負荷量^2)}{[(\Sigma標準化因素負荷量^2) + \Sigma(\theta)]}$$

教師知識管理能力量表三個潛在構念之平均變異數抽取量分別為 .7638、.6662、.6746，均高於臨界值 .500。就「知識取得」潛在構念而言，其平均變異數抽取量分別為 .7638，表示 AX01、AX02、AX03、AX04 四個測量變項的總變異量可以被潛在變項解釋的變異量為 76.38%，由其他測量誤差解釋的變

異為 23.62%。由於三個潛在構念之平均變異數抽取量均高於 50.0%，表示測量模式的聚斂效度良好。

三、信度

在探索性因素分析程序中，研究者利用探索性因素分析建構量表的建構效度後 (如以專家審核方式建構的效度稱為內容效度，有些研究者將之稱為專家效度)，通常會以內部一致性 α 係數作為各因素構念的信度指標，內部一致性 α 係數愈高，表示各因素構念的信度愈佳。在 CFA 的分析中，量表的信度指標則從測量指標的信度係數及潛在變項的組合信度係數值來判別。

信度 (reliability) 也是聚斂效度的指標值之一，探索性因素分析程序中各因素構念的信度通常是採用一致性 α 係數，但 CFA 模式的信度採用的是「構念信度」 (construct reliability；[CR])，潛在變項的構念信度又稱為「組合信度」 (composite reliability)，構念信度為模式內在品質的判別準則之一，組合信度是 SEM 測量模式中用以檢定潛在變項 (因素／構念) 的信度品質的指標，若是潛在變項的組合信度值在 .60 至 .70 中間，表示測量模式的構念效度佳，如果組合信度值在 .70 中以上，表示測量模式的構念效度良好。構念信度表示的一組測量指標變項一致性的程度，若是建構信度係數值愈高，表示這組測量指標變項間的關聯程度愈大，即測量指標變項的同質性愈高，測量指標所測得的潛在特質或因素構念的一致性愈高，題項所測得的潛在構念有很高的一致性。

上述三個潛在變項的組合信度係數值分別為 .9178、.8884、.8922，潛在構念之組合信度指標值均大於 .60，表示模式內在品質佳，當組合信度指標值愈大，表示潛在構念同一組之所有測量變項反映的潛在特質或心理行為的同質性愈高，測量變項間的一致性較較大，這些測量變項所共同分享的潛在構念愈相似。組合信度公式如下：

$$\rho_c = \frac{(\Sigma\lambda)^2}{[(\Sigma\lambda)^2 + \Sigma(\theta)]} = \frac{(\Sigma標準化因素負荷量)^2}{[(\Sigma標準化因素負荷量)^2 + \Sigma(\theta)]}$$

上述公式符號中 ρ_c 為組合信度、λ 為指標變項在潛在變項上的標準化參數估計值 (因素負荷量；indicator loading)、θ 為觀察變項的誤差變異量 (indicator error variances) (是 δ 或 ε 的變異量)。

伍、一階因素模式與二階因素模式

上述教師知識管理能力量表的 CFA 模式一般稱為「一階因素模式」 (first-order factor model)，一階因素模式又稱為「初階因素模式」，一階因素模式中的潛在構念為探索性因素分析程序中萃取的共同因素，測量變項為量表的題項，一個一階因素模式通常會有二個以上的潛在構念 (共同因素)，測量模式中可以界定潛在構念共變關係，如果將潛在構念間的共變關係界定為 0，表示測量模式之潛在構念為直交關係，共同因素間的相關為 0。行為及社會科學領域之量表編製中，同一量表中的因素構念間通常會有某種程度的關聯，因而潛在構念間的共變最好讓模式自由估計，即將潛在構念間相關界定為被估計的自由參數。此外，一階因素測量模式中的潛在構念間是種平行關係，彼此間沒有上下隸屬關係，一階因素模式表示的是多個測量變項被單一潛在因素解釋，這些潛在因素間有共變關係而沒有因果關係，每個潛在因素的變異數可以估計或加以限定 (通常界定為 1.00)，潛在構念的階層屬於同一層次。

如果研究者假定的一階測量模式之潛在構念間共同反映一個更高階的潛在因素，這個高階的潛在因素位階位於一階因素潛在構念之上，此種測量模式稱為「二階因素模式」 (second-order factor model)，二階因素模式又稱為高階因素模式 (higher-order factor model)，二階因素模式包含二個階層的潛在構念。二階因素模式中高階潛在因素指向多個一階因素模式之潛在構念 (每個潛在構念又指向多個測量變項)，理論上量表的測量模式可以擴展為多元階層模式。在下面二階因素模式中，二階因素潛在構念為「知識管理能力」，一階因素潛在構念為「知識取得」、「知識儲存」、「知識應用」，二階因素測量模式中，一階潛在構念為「果變項」 (箭頭所指向的變項)，因而均要增列一個預測殘差項，果變項無法估計變異數，因而一階因素測量模式之個別潛在構念要界定一個測量變項為參照指標變項。

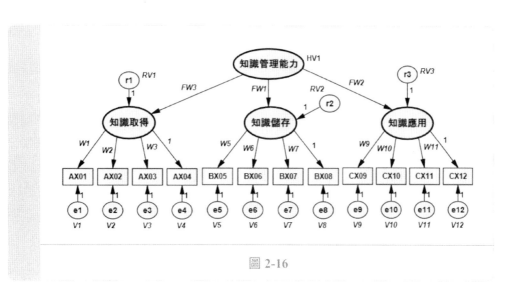

圖 2-16

上圖為教師知識管理能力量表二階因素測量模式。

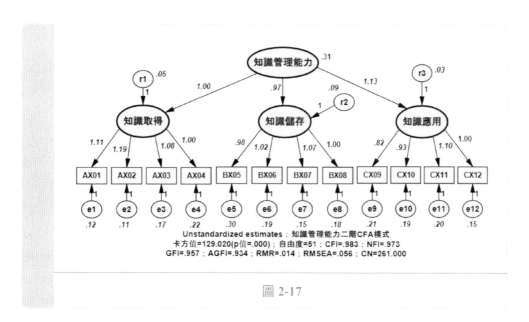

圖 2-17

　　二階測量模式 CFA 假設模型徑路圖之模型估計結果模式可以辨識收斂，非標準化估計值模式圖中沒有出現負的誤差項變異數，表示沒有違反模式辨認規則。模式整體適配度卡方值為 129.020 (顯著性 p = .000<.05)、模式自由度為 51，GFI 值等於 .957 (符合大於 .900 適配標準)、AGFI 值等於 .934 (符合大於 .900 理想標準)、RMR 值等於 .014 (符合小於 .050 理想標準)、RMSEA 值等於

.056 (符合小於 .060 理想標準)、CFI 值等於 .983 (符合大於 .950 適配標準)、NFI
值等於 .973 (符合大於 .950 適配標準)、CN 值等於 261.000 (α = .05 時，符合大
於 200 適配標準)。從適配度各項統計量來看，教師知識管理能力量表之 CFA 假
設模型與觀察資料可以適配，教師知識管理能力量表之 CFA 模式圖可以得到支
持。

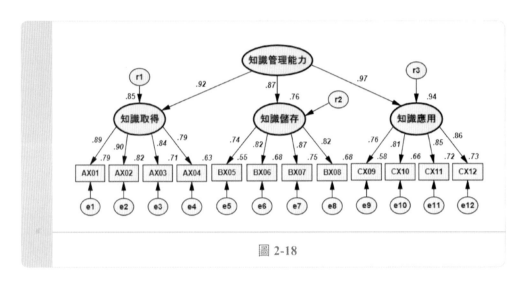

圖 2-18

標準化估計值模式圖中沒有出現標準化徑路係數絕對值大於 1 或接近 1 的
情形，表示參數估計值均為可接受的解值。「知識取得」因素構念四個測量指
標的因素負荷量分別為 .89、.90、.84、.79；「知識儲存」因素構念四個測量指
標的因素負荷量分別為 .74、.82、.87、.82；「知識應用」因素構念四個測量指
標的因素負荷量分別為 .76、.81、.85、.86。高階因素「知識管理能力」對初
階因素「知識取得」、「知識儲存」、「知識應用」的標準化徑路係數分別為
.92、.87、.97。

Amos 除可直接讀取原始 SPSS 資料檔外，也可以讀取測量變項的相關矩陣
或共變異數矩陣，其基本格式如下：第一列「rowtype_」為字串變數格式，此變
數可以界定觀察值人數 (N)、相關矩陣 (CORR)、共變異數矩陣 (COV)、平均數
(MEAN) 與標準差 (STDDEV)，第二列「varname_」為字串變數格式，內容為測
量變項的名稱。

表 2-26

rowtype_	varname_	VA1	VA2	VA3	VA4	VB1	VB2	VB3	VB4	VC1	VC2	VC3	VC4
N		400	400	400	400	400	400	400	400	400	400	400	400
CORR	VA1	1.000	.	.	.	.	.	.	.	.	.	.	.
CORR	VA2	0.798	1.000	.	.	.	.	.	.	.	.	.	.
CORR	VA3	0.785	0.589	1.000	.	.	.	.	.	.	.	.	.
CORR	VA4	0.687	0.650	0.875	1.000	.	.	.	.	.	.	.	.
CORR	VB1	0.352	0.347	0.336	0.301	1.000	.	.	.	.	.	.	.
CORR	VB2	0.336	0.280	0.304	0.288	0.667	1.000	.	.	.	.	.	.
CORR	VB3	0.291	0.294	0.262	0.252	0.658	0.701	1.000	.	.	.	.	.
CORR	VB4	0.303	0.327	0.289	0.345	0.669	0.698	0.705	1.000	.	.	.	.
CORR	VC1	0.422	0.425	0.372	0.343	0.546	0.452	0.356	0.458	1.000	.	.	.
CORR	VC2	0.417	0.372	0.363	0.351	0.456	0.654	0.655	0.658	0.567	1.000	.	.
CORR	VC3	0.423	0.418	0.420	0.353	0.652	0.456	0.559	0.592	0.666	0.702	1.000	.
CORR	VC4	0.298	0.392	0.358	0.524	0.421	0.356	0.328	0.587	0.654	0.569	0.564	1.000
STDDEV		0.990	1.451	1.350	1.340	1.030	0.987	1.110	1.120	1.030	1.120	1.050	1.070

　　如果研究者在「rowtype_」欄的統計量數關鍵詞輸入錯誤，執行計算估計值程序，Amos 會出現錯誤訊息，如將相關矩陣的關鍵詞「CORR」誤鍵入為「COR」，則 AMOS 程序會告知使用者群組中有遺漏值發生，模式無法順利估計，「rowtype_」欄的變數數值只有下列五種：N (有效樣本數)、COV (共變異數矩陣)、CORR (相關矩陣)、STDDEV (測量變項的標準差)、MEAN (測量變項的平均數)。

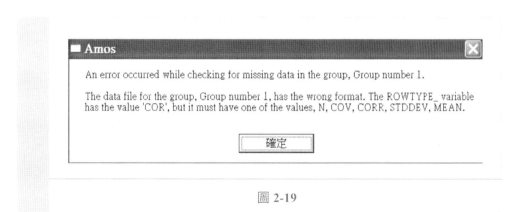

圖 2-19

　　國中生學習壓力量表一階 CFA 模式中，三個潛在因素為「課業壓力」、

「考試壓力」、「同儕壓力」，因素模式中的成份與初始假定為：1. CFA 模式中有三個潛在因素，三個潛在因素以橢圓形物件表示；2. 每個潛在因素有內在相關 (intercorrelated)，彼此間關係以雙箭頭表示；3. 整個測量模式有 12 個觀察變項，這些變項均以方形物件表示；4. 三個潛在因素均為反映性測量模式，每個潛在變項只負荷及反映於一個因素；5. 每個觀察變項的測量誤差 (errors of measurement) 彼此間沒有相關；6. 學習壓力量表三個因素與理論建構有關。

學習壓力量表題項是根據先前相關的研究及國中生實際的學習狀況編製而成，每個測量項目的內容或指向的意義均與國中學生學習有密切關係，因而量表 CFA 模式的表面效度 (face validity) 良好 (楊環華，2010)。

學習壓力問卷

	非常不符合	少部分符合	一半符合	大部分符合	完全符合
課堂壓力構面					
1. 學校學習的科目太多，我覺得有壓力。	□	□	□	□	□
2. 學校的功課太多，我感到壓力很大。	□	□	□	□	□
3. 課堂上的學習對我而言壓力很大。	□	□	□	□	□
4. 每科老師所規定的作業花樣很多，我感到很吃力。	□	□	□	□	□
考試壓力構面					
5. 我常擔心學業成績表現不好。	□	□	□	□	□
6. 父母會拿別人小孩的成績與我比較，我感到壓力很大。	□	□	□	□	□
7. 我很擔心考試的分數會輸給別人。	□	□	□	□	□
8. 我很擔心考試未達父母、老師的標準而被處罰。	□	□	□	□	□
同儕壓力構面					
9. 活動分組時，同學不喜歡和我同一組。	□	□	□	□	□
10. 同學會因我的外表特徵而嘲笑我。	□	□	□	□	□
11. 同學會因我的成績不好而瞧不起我。	□	□	□	□	□
12. 有些同學會欺侮我。	□	□	□	□	□

一、一階 CFA 模型

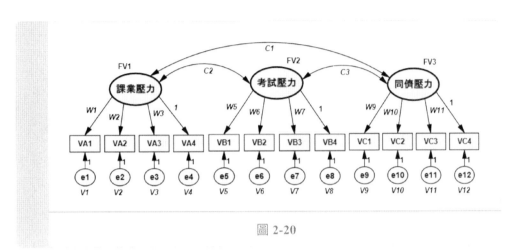

圖 2-20

　　學習壓力量表一階 CFA 之假設模型中,誤差獨特矩陣只有估計誤差項變異數,所有誤差共變數被假定為 0,三個參照指標變項的徑路係數被固定為 1,其餘潛在構念對觀察變項的徑路係數為自由參數 (被自由估計),測量變項誤差項的徑路係數被界定為 1。

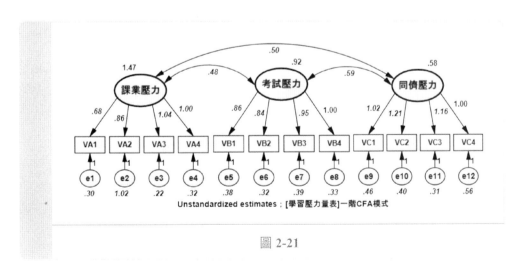

圖 2-21

　　學習壓力量表一階 CFA 假設模型模式估計結果,模式可以收斂估計,模式中沒有出現負的誤差變異數,表示模式中的參數沒有不合理的解值。

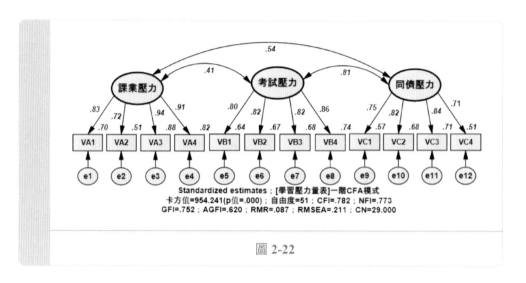

圖 2-22

　　標準化計值模式中沒有出現大於 1 的標準化迴歸係數或解釋變異量大於 1 的數值，表示模式估計的參數均為合理的解值，「課業壓力」因素四個測量變項的因素負荷量分別為 .83、.72、.94、.91，「考試壓力」因素四個測量變項的因素負荷量分別為 .80、.82、.82、.86，「同儕壓力」因素四個測量變項的因素負荷量分別為 .75、.82、.84、.71，十二個測量變項的因素負荷量均高於 .70，表示因素構念的聚斂效度良好。

二、二階 CFA 模式

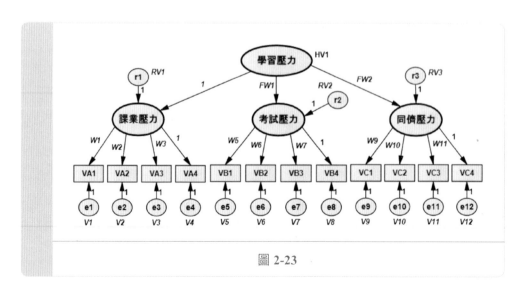

圖 2-23

學習壓力量表二階 CFA 之假設模型中，誤差獨特矩陣只有估計誤差項變異數，所有誤差共變數被假定為 0，三個參照指標變項的徑路係數被固定為 1，其餘潛在構念對觀察變項的徑路係數為自由參數 (被自由估計)，測量變項誤差項的徑路係數被界定為 1，測量變項的誤差項彼此間沒有相關，一階因素模式中每個測量變項反映其對應的潛在因素之負荷量不為 0，但反映其他二個因素的因素負荷量為 0，三個一階因素變項的變異完全由二階因素「學習壓力」變項所解釋。

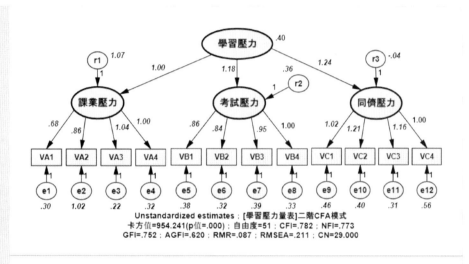

圖 2-24

二階因素模式假設模型估計結果，模式可以收斂識別，十二個測量變項的誤差項沒有出現負的誤差變異數，但一階因素「同儕壓力」的殘差項「r3」的變異數等於 –.04，變異數的數值為負值，表示此參數為不適當的參數或不合理的解值，此種情形表示模式界定有問題，不論假設模型與觀察資料是否適配，假設模型均需要加以修正，或重新界定，當模式估計的參數出現不合理解值時，即使假設模型與觀察資料可以契合，假設模型也無法合理解釋。

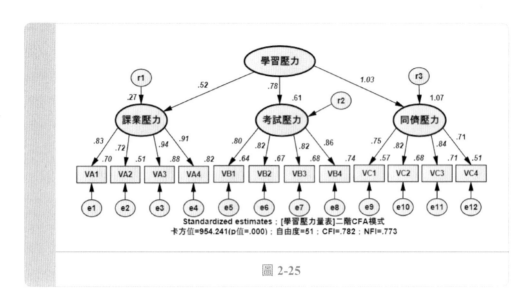

Standardized estimates：[學習壓力量表]二階CFA模式
卡方值=954.241(p值=.000)；自由度=51；CFI=.782；NFI=.773

圖 2-25

　　當非標準化估計值出現負的誤差或殘差項變異數時，其對應徑路係數的標準化迴歸係數會大於 1，學習壓力量表二階因素 CFA 模型中，二階因素構念「學習壓力」對一階因素「同儕壓力」的標準化迴歸係數為 1.03，二階因素構念「學習壓力」可以解釋一階因素「同儕壓力」的變異為 107%，這是一個不適當解值。

　　就學習壓力量表一階 CFA 模型與二階 CFA 模型比較而言，二階 CFA 模型估計時由於出現不適當的參數，造成假設模型變項間關係無法合理的解釋，因而二階 CFA 模型是不適當的。

陸、反映性測量與形成性測量

　　SEM 之結構模式中的潛在構念間的關係 (構念間相關或獨立) 所代表模式是不同的，如果潛在構念間只有共變關係，表示這些潛在構念均為外因變項。在 Amos 內定的測量模式界定中，潛在構念間只有界定共變關係 (共變數也可以界定為 0，表示構念間沒有相關)，此種測量模式的影響路徑是潛在構念指向測量變項，此時潛在構念變項為因，測量變項為果，此種測量模式稱為「反映性測量模式」 (reflective measurement model)；相對地，如果潛在構念變項與測量變項的因果路徑相反，因測量變項為因，潛在構念變項為果，則導出的測量模式稱為

「形成性測量模式」 (formative measurement model)。形成性測量模式的單維度模型圖範例如下，其中的測量變項為原因指標變項 (外因變項)，潛在變項為效果變項 (內因變項)：

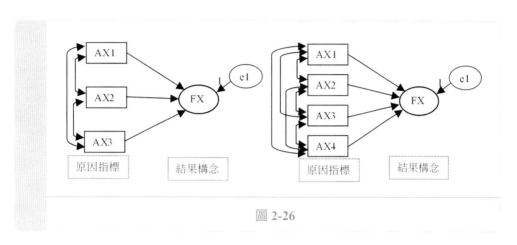

圖 2-26

　　反映性測量理論基於潛在構念對測量變項有直接的影響，且構念解釋測量變項的變異時會有誤差，測量指標變項不能百分之百反映潛在構念，路徑的方向為潛在構念指向測量變項，測量變項的誤差項間有某種程度的關聯，測量變項測得的潛在特質一致性，通常可用構念效度 (construct validity) 表示。

　　反映性測量模式表示的所有指標項目是受到相同潛在構念的影響，同一構念內的測量項目彼此間有很高的相關 (若是相關過大會產生多元共線性問題)，個別測量項目是內在可改變的變項，反映性測量理論必須滿足下列二個要件：一為構念必須有足夠的信度；二為避免模式識別問題產生每個構念至少要有三個測量指標項目。社會科學領域中，反映性指標模式是一個優勢的測量理論 (Bollen, 2002)，典型的社會科學構念如態度、人格特質、行為意向等都適用於反映性測量模式。形成性測量理論背後的假定為測量變項引發構念，典型的例子是社經地位指數，社經地位指標被視為是個人教育程度、職業聲望與經濟收入的組合，社經地位指數不會引發這些測量指標變項；相對地，教育程度、職業聲望與經濟收入三個測量變項都是社經地位指數構念的「因變項」，形成性測量理論通常不考量測量變項間的一致性信度問題，當每個指標變項對潛在構念都是因變項時，形成性測量模式會較反映性測量模式適合，由於形成性測量模式的指標變項是一個因變項，因而可視為外因變項，外因變項在測量模式中並沒有測量誤差項，彼此

間只有共變關係。形成性測量理論通常需要二個獨立的測量變項或外因構念變項作為因變項，否則構念作為果變項 (內因變項) 時，模式識別或估計可能有問題 (Hair et al., 2010)。

　　反映性測量模式中每個測量變項被假定個別反映相同的潛在概念，因而當移除某個測量變項時對於潛在構念意義的影響不大，從反映性測量模式刪除某個因素負荷量較低的指標變項對於潛在構念不會造成嚴重後果 (如果潛在構念指標變項的個數足夠的話)，而當測量變項間有共線性關係時，表示測量變項反映的潛在構念之聚斂效度良好。在形成性測量模式中，測量變項定義潛在構念，因而刪除或增列一個測量項目對構念意義會有重大的改變，一個形成性因素被完整的母群體指標變項所影響，構念間沒有共同原因變數，測量項目間也不需要任何相關，每個測量變項甚至是獨立指標變項，形成性指標之共線性可能會產生顯著問題，估計時測量變項間的共線性會使測量變項對構念之負荷量的可靠性降低 (類似複迴歸中多元共線性的影響)，如果估計參數不可靠，則測量項目的效度便無法檢核，此時，研究者因測量指標變項之共線性而將測量變項刪除，會使形成性測量模式的指標變得不完全，但測量變項沒有刪除會導致估計參數不可靠，這是建構形成性測量模式所應考量的議題 (Diamantopoulos & Siguaw, 2006)。

　　社會科學領域的測量模式傳統上多數均採用反映性測量模式，對於個人特質或知覺感受的量測一般是使用反映性測量模式而不使用形成性測量模式，不正確的測量模式會誤導結果的解釋，產生有問題而不正確的結論，測量模式型態的決定最好根據探究構念的真正本質而定 (Jarvis, Mackenzie, & Paksakoff, 2003)。反映性構念與形成性構念間的主要差異可以統整如下表所列 (Hair et al., 2010, p.753)：

表 2-27　反映性與形成性構念間的差異比較摘要表

特性	反映性測量模式	形成性測量模式
構念與項目關係	構念影響測量項目 構念決定指標	構念由測量項目構成 指標組成構念
模型繪圖的比較	箭頭從潛在構念指向測量變項 (效果指標變項)	箭頭從測量變項 (原因指標變項) 指向潛在構念
測量項目間概念關係	所有測量項目概念上是有關係的，因為項目間有共同的原因建構變數	項目與其他項目間沒有概念性的連結，每個項目是獨立的

表 2-27 （續）

特性	反映性測量模式	形成性測量模式
項目的領域	代表樣本之潛在題項	所有可能題項的探究
項目間的共變	測量項目間期待有共線性	不希望測量項目間有共線性，形成性項目指標若有高度共線性，模式會有問題
內在一致性 (信度)	需要	不需要
構念效度的型式	內在效度與外在效度	只有外在效度

SEM 模式分析中，測量模式一般為反映性模式，指標變項為果，潛在構念為因，各指標變項是潛在構念的外顯觀察變項，因素構念改變會造成測量指標變項的改變，而少數測量指標變項的增刪對因素構念的影響程度較低，這是因為測量指標變項為因素構念所決定。由於測量指標變項反映相同的潛在因素特質，因而測量指標變項間有較高的同質性；相對地，形成性測量模式中的因變項為測量變項、果變項為因素構念，這些測量變項是一組互為獨立的變項，測量指標變項的改變會造成因素構念意涵的改變，形成性測量其實是多個觀察變項對某個潛在因素構念的路徑分析，此種路徑分析的模型，模式估計結果多數是無法識別的模式，模式的參數無法估計；此外，形成性測量模式與 EFA 程序量表構念的建構意涵不同，非特殊緣由或理論支持，SEM 模式分析程序中研究者不宜採用形成性測量模式。如 Bagozzi (2007) 指出，形成性測量的運用會受到許多本質與實務上的限制，如單獨存在的模式通常是無法識別模式，其參數無法順利估計，而模式的信效度又不易建立，因而，在使用的範疇上比反映性測量來得狹隘 (李茂能，2009)。

一、形成性測量模式範例 I

表 2-28　形成性指標範例模式的測量變項之相關矩陣資料檔如下

rowtype_	varname_	AX1	AX2	AX3	AX4	BY1	BY2	BY3	BY4	CY1	CY2	CY3	CY4
N		400	400	400	400	400	400	400	400	400	400	400	400
CORR	AX1	1.000	.	.	.	.	.	.	.	.	.	.	.
CORR	AX2	0.798	1.000	.	.	.	.	.	.	.	.	.	.
CORR	AX3	0.785	0.589	1.000	.	.	.	.	.	.	.	.	.
CORR	AX4	0.687	0.650	0.875	1.000	.	.	.	.	.	.	.	.

表 2-28　（續）

rowtype_	varname_	AX1	AX2	AX3	AX4	BY1	BY2	BY3	BY4	CY1	CY2	CY3	CY4
CORR	BY1	0.352	0.347	0.336	0.301	1.000	.	.	.	.	.	.	.
CORR	BY2	0.336	0.280	0.304	0.288	0.667	1.000	.	.	.	.	.	.
CORR	BY3	0.291	0.294	0.262	0.252	0.658	0.701	1.000	.	.	.	.	.
CORR	BY4	0.303	0.327	0.289	0.345	0.669	0.698	0.705	1.000	.	.	.	.
CORR	CY1	0.422	0.425	0.372	0.343	0.289	0.452	0.356	0.359	1.000	.	.	.
CORR	CY2	0.417	0.372	0.363	0.351	0.456	0.393	0.386	0.456	0.567	1.000	.	.
CORR	CY3	0.423	0.418	0.420	0.353	0.358	0.456	0.287	0.398	0.666	0.702	1.000	.
CORR	CY4	0.298	0.392	0.358	0.524	0.421	0.356	0.328	0.326	0.654	0.569	0.564	1.000
STDDEV		0.990	1.451	1.350	1.340	1.030	0.987	1.110	1.120	1.030	1.120	1.050	1.070
MEAN		4.520	3.980	4.510	3.960	2.980	4.010	3.020	2.570	4.670	4.340	3.970	3.790

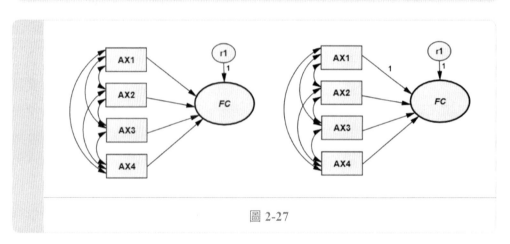

圖 2-27

　　單維度形成性指標測量的模型為低度識別模式，模型通常無法估計。範例中原因測量變項有四個，二個形成性測量模式均為低度識別模式，以第一個形成性測量模式而言，模式的自由度為 −5，模式無法識別，若是讓模式可以識別，參數可以估計，至少要增列五個參數限制。

```
Computation of degrees of freedom (形成性指標)
        Number of distinct sample moments:    10
Number of distinct parameters to be estimated:    15
        Degrees of freedom  (10 − 15)：   −5
```

單維度反映性指標測量的模型，如果測量變項在四個以上，測量模式為過度識別模式，模式參數通常可以順利估計。

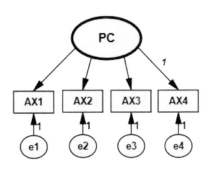

圖 2-28　四個測量變項 (為指標變項) 之反映性測量模式，模式估計結果的卡方值為 **285.727 (p = .000 <.05)**，模式的自由度為 **2**

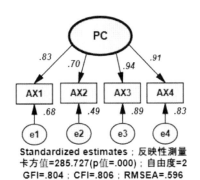

圖 2-29

形成性構念所構成的不同假設識別模型範例：

(一)形成性構念包含四個反映性指標

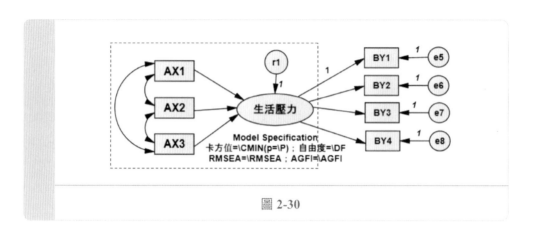

圖 2-30

　　第一個範例中，左邊原因指標變項有三個，與潛在構念「生活壓力」構成的測量模式為形成性測量模式；潛在構念「生活壓力」與右邊四個結果測量變項構成的測量模式為反映性測量模式，反映性測量模式中的反映指標變項有四個，四個測量變項均要設定測量誤差項。

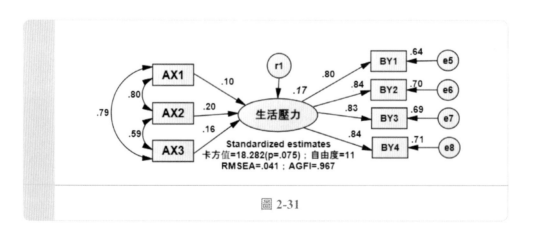

圖 2-31

　　形成性構念中包含四個反映性測量變項 (BY1、BY2、BY3、BY4) 的假設模型，模式可以收斂識別，標準化估計值模式圖中沒有出現大於 1 的標準化迴歸係數，表示模式的參數均為合理的解值，模式估計的卡方值為 18.282 (p = .075 > .05)，自由度為 11，由於卡方值顯著性機率值 p>.05，表示假設模型與樣本資料的適配情形良好。

(二)形成性構念結合二個反映性構念模型

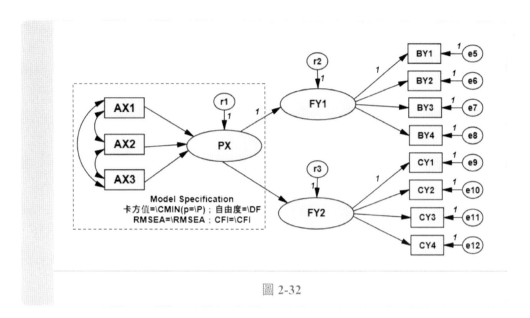

圖 2-32

假設模型圖，形成性潛在構念「PX」的三個原因指標變項為 AX1、AX2、AX3，二個反映性測量模式之潛在構念分別為 FY1、FY2，二個反映性構念各有四個測量指標變項。

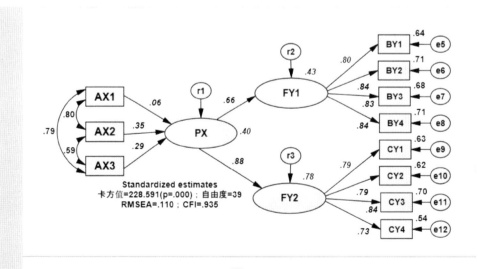

圖 2-33

　　結合二個反映性構念之形成性構念的因果關係假設模型，模式可以收斂識別，標準化估計值模式圖中沒有出現大於 1 的標準化迴歸係數，表示模式的參數均為合理的解值，模式估計的卡方值為 228.591 (p<.001)，模式的自由度等於 39，模式適配度的 RMSEA 值等於 .110 (未符合小於 .080 的適配值)、CFI 值等於 .935 (未符合大於 .950 的適配值)。

(三)形成性構念結合一個反映性構念與一個反映性指標

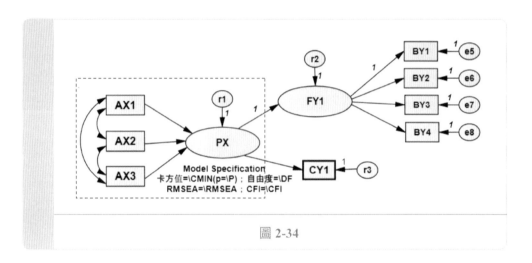

圖 2-34

　　第三種假設模式圖為形成性構念結合一個反映性構念與一個反映性指標，反映性構念「FY1」包含四個測量變項，此反映性構念為一個內因潛在變項，另一個內因變項為為「CY1」，此變項為一個反映性指標 (測量變項)。

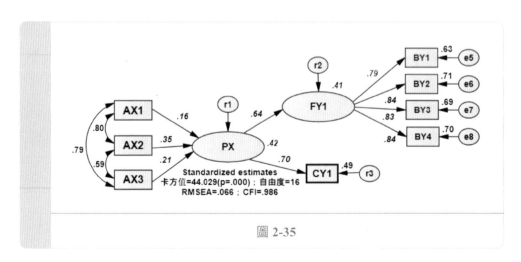

圖 2-35

　　結合一個反映性構念與一個反映性指標之形成性構念的因果關係假設模型，模式可以收斂識別，標準化估計值模式圖中沒有出現大於 1 的標準化迴歸係數，表示模式的參數均為合理的解值，模式估計的卡方值為 44.029 (p = .000<.05)，模式的自由度等於 16，模式適配度的 RMSEA 值等於 .066 (符合小於 .080 的適配值)、CFI 值等於 .986 (符合大於 .950 的適配值)，表示假設因果模式圖與觀察資料可以契合。

二、形成性指標範例 II

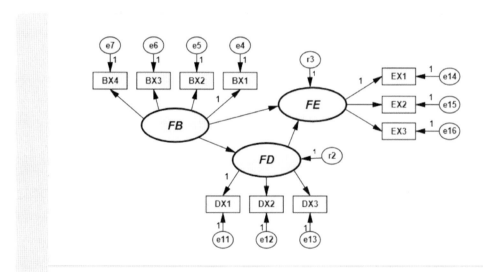

圖 2-36

　　圖中顯示結構模式三個潛在構念的測量模式均為反映性構念，測量指標變項為構念變數所決定，同一測量模式中，每個測量指標反映相同的潛在心理特質或潛在構念。假設模型圖中「FB」為潛在外因變項、「FD」、「FE」潛在內因變項。

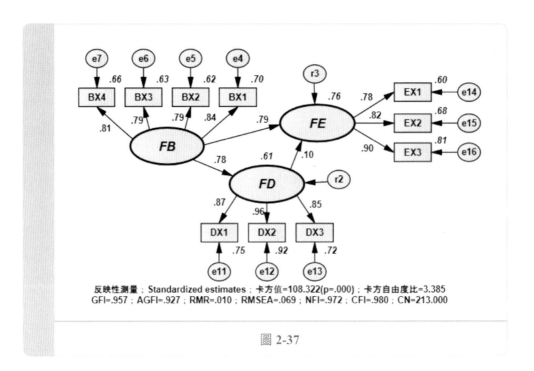

圖 2-37

　　反映性構念建構的因果模式圖，模型估計結果可以識別，標準化估計值模式圖中沒有出現大於 1 的標準化迴歸係數，表示模式參數估計值沒有不合理解值。整體模式適配度的卡方值統計量為 108.322 (p<.001)，GFI 值為 .957、AGFI值為 .927、RMR 值為 .010、RMSEA 值為 .069、NFI 值為 .972、CFI 值為 .980、CN 值為 213.000 都達到模式適配標準，假設模型與樣本資料的契合度良好。

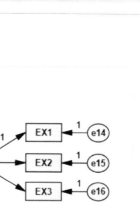
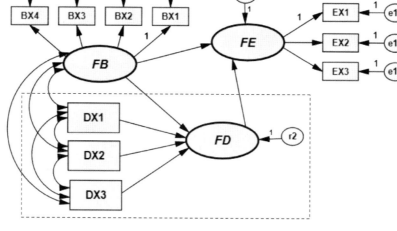

圖 2-38

在上述因果假設模式圖中，潛在構念「FB」、「FE」之測量模式為反映性指標，潛在構念「FD」為形成性指標，建構形成性指標效果構念「FD」的原因指標變項有 DX1、DX2、DX3。此種 SEM 模型為結合反映性測量指標與形成性測量指標的混合模式。就因觀察變項 DX1、DX2、DX3 對潛在構念「FD」而言，其實是一種徑路分析模式，此徑路分析圖內的依變項「FD」為一潛在構念，它不是一個反映性測量模式，也不是一個觀察變項，因而模式估計結果通常無法識別，模型的參數無法順利估計出來。

Computation of degrees of freedom (形成性測量)

Number of distinct sample moments: 55
Number of distinct parameters to be estimated: 30
Degrees of freedom (55 − 30): 25

The model is probably unidentified. In order to achieve identifiability, it will probably be necessary to impose 3 additional constraints.

按計算估計值工具圖像鈕，模式中待估計的自由參數有三十個 (十一個徑路

係數、六個共變數、十三個變異數)，模式的自由度為 25，模式的自由度雖為正值但模式無法識別收斂，若是要讓假設模型可以識別必須再增列三個參數限制條件。

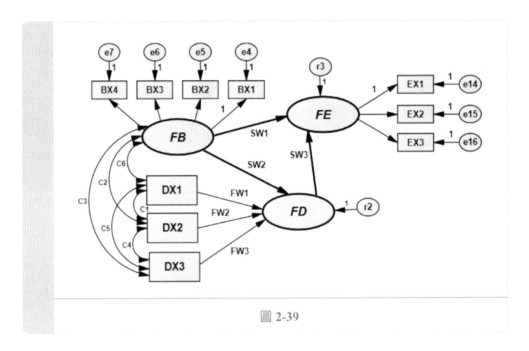

圖 2-39

　　模型重新界定中，將 FW1 的徑路係數固定為 1，或將 FW1、FW2、FW3 三條徑路係數的估計值界定為相同 (FW1 = FW2 = FW3)，假設模型還是無法識別，模式中的參數均無法估計。

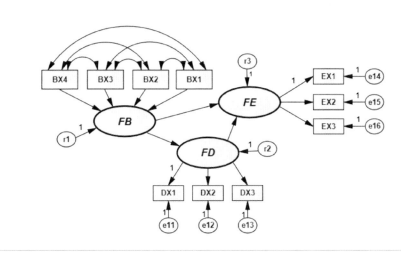

圖 2-40

　　在上述因果假設模式圖中，潛在構念「FD」、「FE」之測量模式為反映性指標，潛在構念「FB」為形成性指標，建構形成性指標效果構念「FB」的原因指標變項有 BX1、BX2、BX3、BX4，此種 SEM 模型為結合二個反映性測量指標與一個形成性測量指標的混合模式。就觀察變項 (自變項) BX1、BX2、BX3、BX4 對潛在構念「FB」而言，其實是一種徑路分析模式，此徑路分析圖內的依變項「FB」為一潛在構念 (由於 FB 為依變項，因而形成性模式中須增列預測殘差項 r1)，它不是一個反映性測量模式，也不是一個觀察變項，因而模式估計結果通常無法識別，模型的參數無法順利估計出來。

Notes for Model (形成性測量)【模式註解】

Computation of degrees of freedom (形成性測量)

　　　　Number of distinct sample moments:　55

Number of distinct parameters to be estimated:　30

　　　　Degrees of freedom　(55 − 30)：　25

The model is probably unidentified. In order to achieve identifiability, it will probably be necessary to impose 2 additional constraints.

按計算估計值工具圖像鈕，模式中待估計的自由參數有三十個 (十一個徑路係數、六個共變數、十三個變異數)，模式的自由度為 25，模式的自由度雖為正值但模式無法識別收斂，若是要讓假設模型可以識別必須再增列二個參數限制條件。

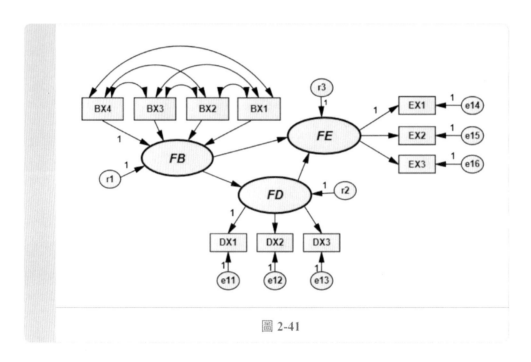

圖 2-41

混合模型中，形成性測量模式「FB」構念增列因觀察變項 BX4 對果變項「FB」的徑路係數值為 1 (由自由參數改為固定參數)。

Computation of degrees of freedom (形成性測量)

Number of distinct sample moments: 55

Number of distinct parameters to be estimated: 29

Degrees of freedom (55 − 29)：   26

The model is probably unidentified. In order to achieve identifiability, it will probably be necessary to impose 1 additional constraint.

形成性測量模式中，界定觀察變項 BX4 對潛在變項 FB 的徑路係數值為 1

(固定參數) 按計算估計值工具圖像鈕，模式中待估計的自由參數有三十個 (十個徑路係數、六個共變數、十三個變異數)，模式的自由度為 26，模式的自由度雖為正值但模式無法識別收斂，若是要讓假設模型可以識別必須再增列一個參數限制條件。

主要參考書目

Bentler, P. M. (2005). EQS 6 Structural equations program manual. Encino, CA: Multivariate Software.

Byrne, B. M. (2010). Structural equation modeling with AMOS: Basic concepts, application, and programming. New York: Routledge.

Hair, J. F., Black, W. C, Babin, B. J., & Anderson, R. E. (2010). Multivariate data analysis: A Global Perspective. Upper Sadder River, NJ: Prentice-Hall.

West S. G., Finch, J. F., & Curran, P. J. (1995). Structural equation models with nonnormal variables: Problems and remedies. In R. H. Hoyle (Ed.), Structural equation modeling: Concepts, issues, and applications (pp. 56-75). Thousand Oaks, CA: Sage.

楊環華 (2010)。國中學生父母期望、學習壓力與因應策略之研究。國立高雄師範大學教育系親職教育研究所碩士論文 (未出版)。

Chapter

03

因素構念之區別效度的
檢定

CFA 測量模式若是模式識別有問題，研究者應首先檢核誤差項的界定是否有問題，遵守因素構念變項至少三個指標變項法則，並抽取大樣本 (最好超過 300 位) 作為觀察資料進行模型檢定時比較能避免 Heywood 案例 (Heywood cases)。CFA 測量模式效度的評估包括以下幾方面 (Hair et al., 2010, p.695; p.713)：

1. 因素負荷量估計值要達到統計顯著水準 (p<.05)，如果標準化負荷量絕對值小於 .50，表示個別題項的品質不佳，品質不佳 (低因素負荷量) 的題項 (指標變項) 應優先從模式中刪除。

2. 標準化徑路係數 (因素負荷量) 的數值大於 +1.00 或小於 −1.00，均超出統計量數合理範圍，表示資料有問題或模型界定有誤。

3. 模式估計結果標準化殘差絕對值小於 2.5 (|2.5|)，表示測量模式與樣本資料可能適配：

   (1) 如果標準化殘差絕對值大於 4.0 (|4.0|) 是較無法被接受的誤差項自由度，此種結果可能要刪除相對應之不佳的題項 (指標變項)。

   (2) 任何配對題項的標準化殘差絕對值介於 2.5 至 4.0 中間，如果模式估計沒有其他違反合理性問題，此種題項不必過度關注。

4. 研究者使用修正指標作為唯一模型改善的準則時，必須注意修正模型與理論的結合。

5. 界定搜尋 (specification searches) 程序完全根據經驗法則而來，此種方法與根據理論文獻建構的 CFA 或 SEM 模型不符合，模型驗證中研究者不應採用。

6. CFA 結果顯示如果採用較多的修正指標進行模式修正，最好以一新的樣本數或資料集作為模型評估的資料檔，如果超過 20% 的測量變項被刪除，則修正指標建構的模式就不應被視為小幅修正的模型。

7. 量表的構念效度評估：

   (1) 標準化負荷量估計值絕對值最少應在 .50 以上，最佳的指標值是 .70 以上。

   (2) 平均變異數抽取量 (AVE) 指標值應在 .50 以上，如此因素構念才有良好的聚斂效度。

(3) 二個因素的 AVE 估計值應該高於二個因素構念間相關係數的平方值，如此因素構念間具有良好的區別效度。

(4) 構念信度指標值應高於 .70，如此量表才能適切的聚斂效度或內部一致性信度。

　　量表或測驗的 CFA 模式，若是假設測量模式與觀察資料可以適配，研究者應檢核假設模型是否具有良好的聚斂效度、區別效度 (discriminant validity) 與法則效度 (nomological validity)。一個多因素的測量模式，若是聚斂效度佳，表示測量變項可以有效反映相對應的潛在構念，同一因素構念指標變項所要測得的潛在心理特質之同質性很高，此時，同一因素構念測量變項的內部一致性信度很高。所謂區別效度是因素構念間所表示的潛在心理特質或行為態度間的差異，若是一個多因素測量模式的區別效度不佳，則表示不同因素所代表的潛在心理構念間沒有顯著不同。此時，多個因素之測量假設模式可以合併為單一因素構念 (單維度) 的測量模式，單維度的測量模式表示量表所有的指標題項所測得的潛在心理特質或因素構念是相同的，一個區別效度良好的多因素測量模式，因素構念之指標變項所反映的潛在特質間是有顯著不同的。法則效度指的是因素構念間的相關、指標變項的因素負荷量與原先量表編製依據的理論架構相符合。

壹、區別效度的意涵

　　所謂「區別效度」是指構面所代表的潛在特質與其他構面所代表的潛在特質間有低度相關或有顯著的差異存在，構念間的區別效度指的是個別測量題項應該只反映至一個潛在構念，測量模式中應該沒有跨因素指標存在，一個測量模式中若有高的跨因素指標存在，則表示測量模式的區別效度不是很好。以一個包含二種因素構念的量表而言，若是二個因素構念 (潛在變項) 的相關係數顯著不等於 1，表示二個因素構念間有顯著區別效益，測量不同潛在特質的測量指標變項 (觀察變項) 會落在其反映的潛在變項上面。就 Amos 的操作而言，一般為採用「卡方差異檢定法」 (Chi-square difference test) 來判別量表是否具有區別效度，求二個構面或面向間區別效度的簡單考驗方法，就是利用單群組二個模式的方法，二個模式分別為未限制模式 (潛在構念間的共變關係不加以限制，潛在構

念間的共變參數為自由估計參數) 與限制模式 (潛在構念間的共變關係限制為 1，潛在構念間的共變參數為固定參數)，接著進行二個模式之卡方值差異比較，若是卡方值差異量愈大且達到顯著水準 ($\Delta\chi^2 > \chi^2_{(1.05)} = 3.84$，p < .05)，就有足夠證據拒絕虛無假設 ($H_0：\rho = 1$)，接受對立假設 ($H_1：\rho \neq 1$)，表示二個因素構念間的關係不是完全相關 (即潛在變項間的相關係數為 1 是錯誤的)，二個因素構念間的相關不等於完全相關，表示二個因素構念是有區別的。相反地，未限制模式與限制模式的卡方差異值小於 3.84 ($\Delta\chi^2 < \chi^2_{(1.05)} = 3.84$，p > .05)，表示沒有足夠證據拒絕虛無假設 ($H_0：\rho = 1$)，因而須接受虛無假設 ($H_0：\rho = 1$)、拒絕對立假設 ($H_1：\rho \neq 1$)，表示二個因素構念 (潛在變項) 間的相關係數為 1，此時由於二個因素構念呈現完全相關，因而二個因素構念間是沒有區別的。

由於積差相關是二個變項的共變數除以二個變項的標準差 (標準差等於變異數平方根)：$r_{XY} = \dfrac{COV_{XY}}{SD_X \times SD_Y} = \dfrac{COV_{XY}}{\sqrt{VAR_X} \times \sqrt{VAR_Y}}$，因而若將二個變項的變異數設定為 1，而共變數也設定為 1，則二個變項的相關係數即為 1：$r_{XY} = \dfrac{1}{\sqrt{1} \times \sqrt{1}} = 1$。在 AMOS 的操作中，二個潛在變項 (因素構念) 相關等於 1 的設定，即將二個潛在變項間的共變數固定為 1，而二個潛在變項的個別變異數也設定為 1 (此時測量變項中不能再界定參照指標變項)。未受限的假設模型圖與受限的假設模型圖範例如下，左邊未受限模式圖中二個因素構念的變異數界定為 1，二個因素構念的共變數參數不加以界定，為一個被估計的自由參數；右邊受限模式圖中，二個因素構念的變異數界定為 1，二個因素構念的共變數界定為固定參數，共變數的數值固定為 1。

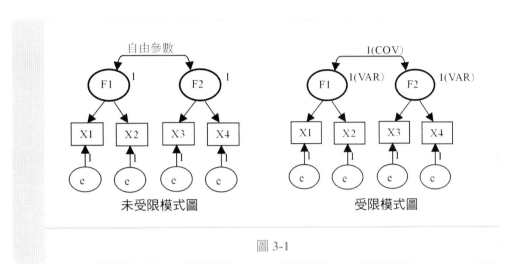

圖 3-1

　　下面的測量模式為一個初階三因素測量模式圖，三個潛在構念各有四個測量變項，量表可由三個因素解釋，三個因素間彼此間有相關，每個測量變項都有唯一的測量誤差或測量獨特項。

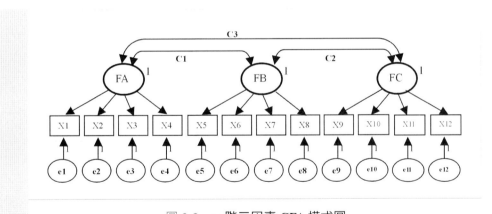

圖 3-2　一階三因素 CFA 模式圖

　　由於測量模式有三個因素構念，因而因素構念間之區別效度必須進行三組未受限模式與受限模式的比較。

一、因素構念 FA 與因素構念 FB 之區別效度分析

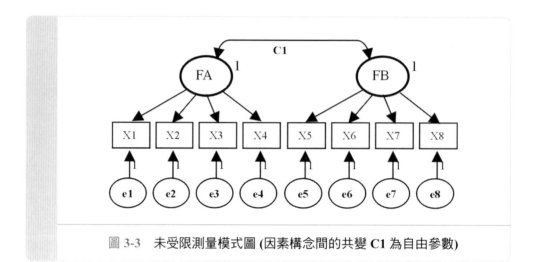

圖 3-3　未受限測量模式圖 (因素構念間的共變 C1 為自由參數)

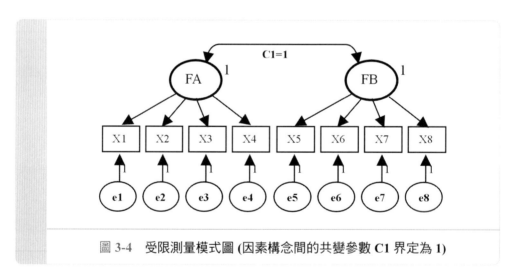

圖 3-4　受限測量模式圖 (因素構念間的共變參數 C1 界定為 1)

二、因素構念 FB 與因素構念 FC 之區別效度分析

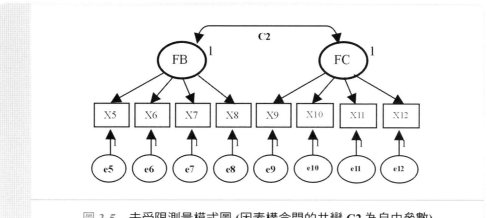

圖 3-5 未受限測量模式圖 (因素構念間的共變 C2 為自由參數)

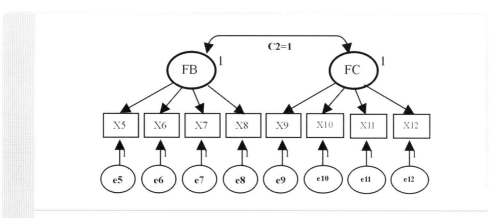

圖 3-6 受限測量模式圖 (因素構念間的共變參數 C2 界定為 1)

三、因素構念 FA 與因素構念 FC 之區別效度分析

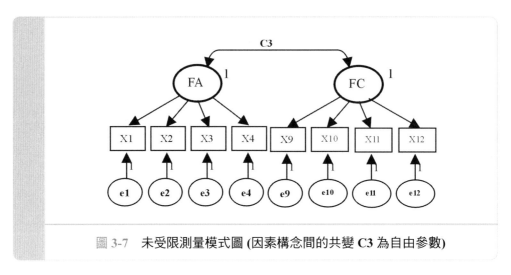

圖 3-7　未受限測量模式圖 (因素構念間的共變 C3 為自由參數)

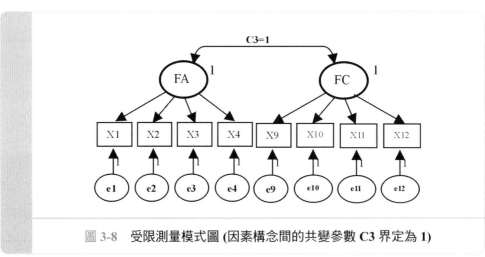

圖 3-8　受限測量模式圖 (因素構念間的共變參數 C3 界定為 1)

　　在上述三個未受限測量模式中，共變數 C1、C2、C3 均為被估計的自由參
數，參數數值由模式自行估計；三個受限測量模式中，共變數 C1、C2、C3 均為
固定參數，其數值界定為 1，由於二個潛在因素變項的變異數也界定為 1，當把
二個潛在因素變項的共變數設為 1，表示二個潛在因素變項的相關為完全相關，
其相關係數值為 1.00，每對受限模式與未受限模式的估計參數中，被估計的自
由參數相差一個，因而受限模式與未受限模式的自由度均相差 1 (受限模式 df −
未受限模式 = Δdf = 1)。

　　一份測驗或量表內有多個不同的因素構念時，任何二個因素構念 (潛在變項) 間的相關係數顯著均不等於 1 時 (任二個因素構念間均不是完全相關)，表示此量表或測驗具有良好的區別效度，測量不同潛在特質的測量指標變項 (觀察變項) 會落在其反映的因素構念上。以上面教師知識管理能力量表為例，如果量表之 CFA 假設模式與觀察資料可以適配，則進一步可探究量表的區別效度。

　　測量模式區別效度第二種作法是將二個不同個別構念的測量變項合併在一起作為一個潛在變項的指標變項，之後再比較二個個別潛在構念之測量模式卡方值與單維度潛在構念卡方值的差異量，如果二個模式的適配度有顯著差異，表示單維度潛在構念的測量變項反映出二個潛在構念；相對地，若是單維度潛在構念的測量變項模式與雙維度潛在構念的測量變項模式可以適配 (二個模式沒有差異)，表示測量變項可以反映同一個潛在因素構念 (Hair et al., 2010, p.723)。

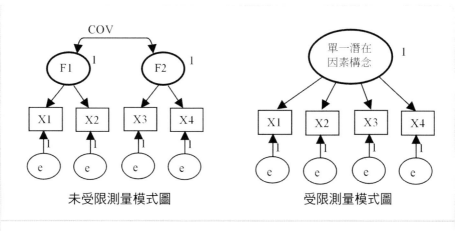

圖 3-9

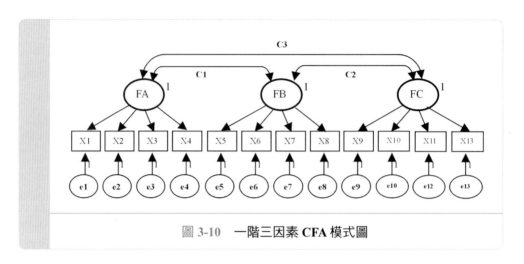

圖 3-10　一階三因素 CFA 模式圖

就上面一階三因素 CFA 測量模式假設模式圖而言，潛在構念 FA、潛在構念 FB 各有四個測量指標變項，未受限模式為二個潛在構念分別指向其對應的測量變項，二個潛在構念的變異數界定為 1，此種模式為未受限模式，這個模式為原先 CFA 測量模式的一部分，未受限測量模式圖的共變數 C1 為被估計的自由參數。

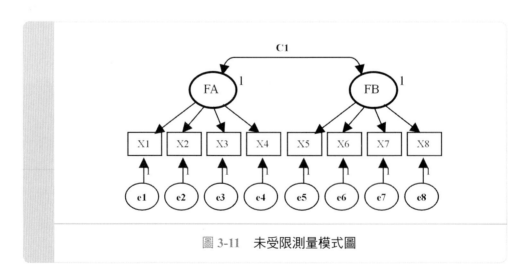

圖 3-11　未受限測量模式圖

受限模式為將二個單維度潛在構念的測量變項反映至同一潛在因素，此潛在因素變項名稱以「FAB」表示，潛在構念「FAB」的變異數界定為 1，此時八個測量變項均為自由參數，不能再界定其中一個測量變項為參照指標變項 (徑路係

數固定為 1)。

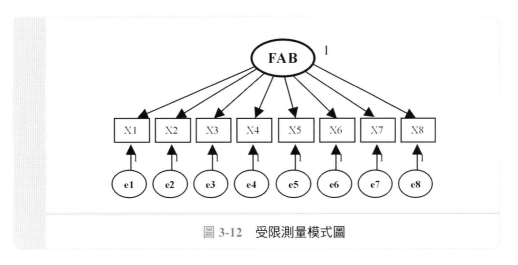

圖 3-12　受限測量模式圖

　　如果原先初階因素模型中第三個因素 FC 也有四個測量變項,則進行潛在構念 FA 與潛在構念 FC 之區別效度分析時,其未受限測量模式與受限測量模式圖如下。未受限測量模式圖的共變數 C2 為被估計的自由參數。

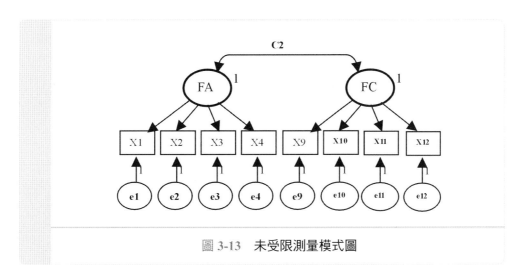

圖 3-13　未受限測量模式圖

　　受限模式中潛在構念 FA 的測量變項與潛在構念 FC 的測量變項反映至同一潛在因素,此構念名稱設定為「FAC」。

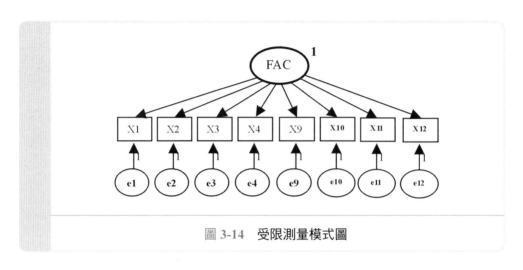

圖 3-14　受限測量模式圖

　　潛在構念 FB 與潛在構念 FC 之區別效度分析的未受限測量模式與受限測量
模式如下，未受限測量模式圖的共變數 C3 為被估計的自由參數。

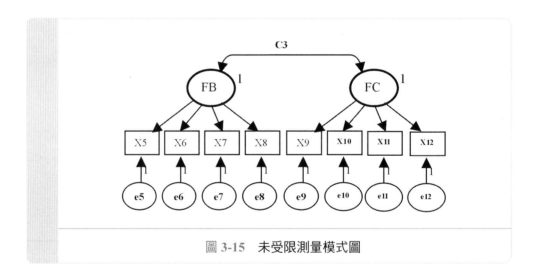

圖 3-15　未受限測量模式圖

　　受限模式中潛在構念 FB 的測量變項與潛在構念 FC 的測量變項反映至同一
潛在因素，構念名稱設定為「FBC」。

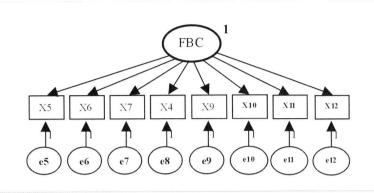

圖 3-16　受限測量模式圖

　　區別效度第三種更嚴謹的作法為比較二個構念的個別平均變異量抽取值與二個構念間的相關係數，如果二個構念變異量抽取值大於二個構念變項的相關係數平方，表示二個構念間有良好的區別效度，其理論基於一個潛在構念被其題項 (測量變項) 解釋的變異量應高於被另一個潛在構念解釋的變異量，在上述三種區別效度的檢定方法，以第三種考驗方法的效度最佳 (Hair et al., 2010, p.710)。

　　一階因素測量模式中，若有四個因素構念，四個潛在構念變項為因素 A、因素 B、因素 C、因素 D，四個構念因素的平均變異量抽取值分別為 AVE[A]、AVE[B]、AVE[C]AVE[D]，如果量表因素構念變項之 AVE 高於二個因素構念間之內在構念相關平方，則表示量表有良好的區別效度。

- 潛在構念 A 與潛在構念 B 因素間之區別效度：
  AVE[A] $> R^2_{AB}$ 且 AVE[B] $> R^2_{AB}$。
- 潛在構念 A 與潛在構念 C 因素間之區別效度：
  AVE[A] $> R^2_{AC}$ 且 AVE[C] $> R^2_{AC}$。
- 潛在構念 A 與潛在構念 D 因素間之區別效度：
  AVE[A] $> R^2_{AD}$ 且 AVE[D] $> R^2_{AD}$。
- 潛在構念 B 與潛在構念 C 因素間之區別效度：
  AVE[B] $> R^2_{BC}$ 且 AVE[C] $> R^2_{BC}$。
- 潛在構念 B 與潛在構念 D 因素間之區別效度：
  AVE[B] $> R^2_{BD}$ 且 AVE[D] $> R^2_{BD}$。
- 潛在構念 C 與潛在構念 D 因素間之區別效度：
  AVE[C] $> R^2_{CD}$ 且 AVE[D] $> R^2_{CD}$。

表 3-1 四個因素構念相關矩陣及相關係數平方摘要表

因素構念＼因素構念	因素 A	因素 B	因素 C	因素 D
因素 A	AVE[A])	R^2_{AB}	R^2_{AC}	R^2_{AD}
因素 B	R_{AB}	AVE[B]	R^2_{BC}	R^2_{BD}
因素 C	R_{AC}	R_{BC}	AVE[C]	R^2_{CD}
因素 D	R_{AD}	R_{BD}	R_{CD}	AVE[D]

註：對角線數值 AVE 為因素構念的平均變異抽取量；下三角形數值為構念間之相關係數；上三角形為構念間之相關係數平方。

貳、量表區別效度的操作實務

　　CFA 模型的整體適配度分析，若是假設模型 (hypothesized model) 與樣本資料可以適配，表示根據觀察資料計算出的樣本共變數矩陣 S 與依據模型推導的隱含母群體共變數矩陣 $\Sigma (\theta)$ 相等：$S = \Sigma (\theta)$，研究者進一步要驗證的是量表的聚斂效度與區別效別，若是量表區別效別效度不佳，表示量表因素所代表的潛在構念間無法有效區隔，此時，一階因素中的因素便可合併成單維度的因素。以教師知識管理能力量表三因素之 CFA 模式為例，此假設模式有三個潛在構念：知識取得、知識儲存、知識應用，每個潛在構念各有四題指標變項。

一、將一階因素的共變關係界定為 1

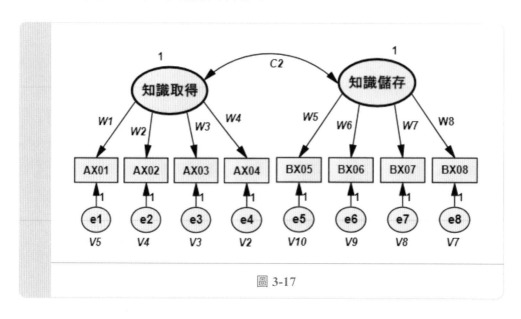

圖 3-17

　　配對潛在變項為「知識取得」與「知識儲存」的 CFA 假設模型，二個潛在變項間的共變數為自由參數 (未限定二個潛在變項間的共變為 1) 時，表示模型為未受限模式，當把共變參數 C2 限制為 1，表示模型為受限模式。

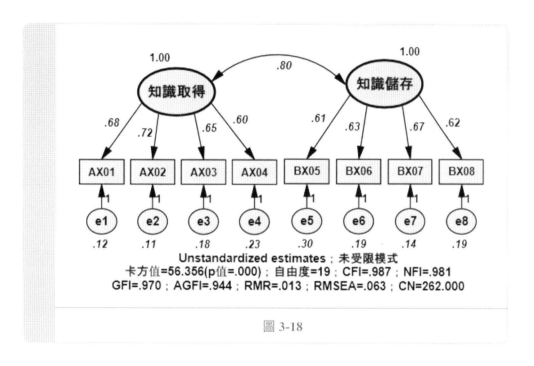

圖 3-18

　　配對潛在變項為「知識取得」與「知識儲存」之 CFA 模型的未受限模式估計結果，模式的自由度為 19，模式概似比卡方值統計量為 56.356，二個潛在變項間的相關係數等於 .80。

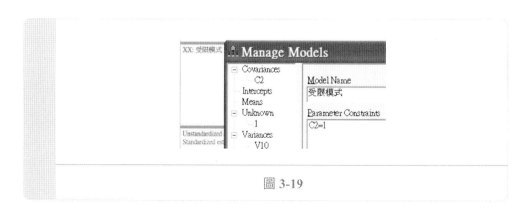

圖 3-19

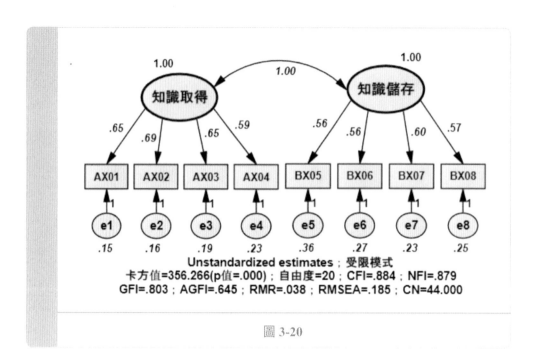

圖 3-20

　　配對潛在變項為「知識取得」與「知識儲存」之 CFA 受限模式估計結果，模式的自由度為 20，模式概似比卡方值統計量為 356.266，二個潛在變項間的相關係數等於 1.00 (當二個變項的變異數限定為 1，共變關係又限定為固定參數 1 時，表示二個變項的相關係數為 1.00)。

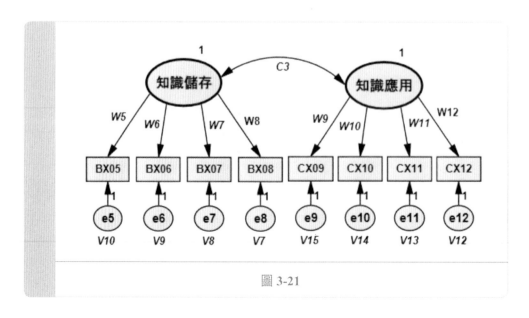

圖 3-21

　　模式為配對潛在變項為「知識儲存」與「知識應用」之 CFA 模型，二個潛在變項間的共變數為自由參數 (未限定二個潛在變項間的相關為 1) 時，表示模型為未受限模式，當把共變參數 C3 限制為 1，表示模型為受限模式。

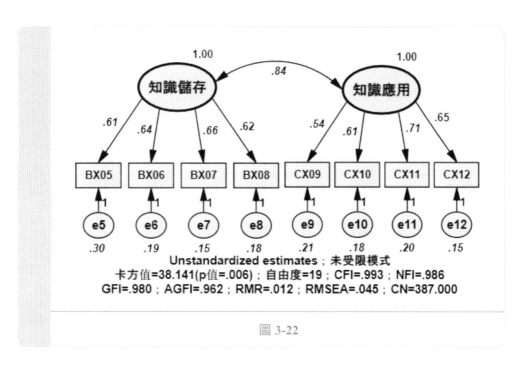

圖 3-22

　　配對潛在變項為「知識儲存」與「知識應用」 CFA 模型之未受限模式估計結果，模式的自由度為 19，模式概似比卡方值統計量為 38.141，二個潛在變項間的相關係數等於 .84。

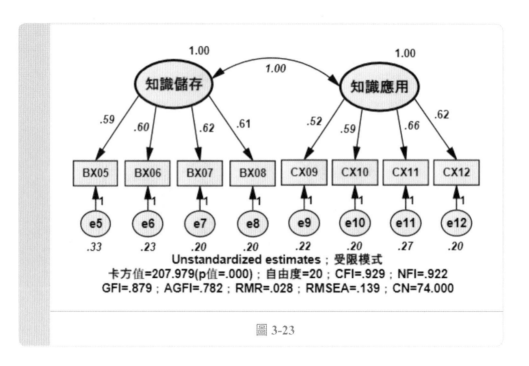

圖 3-23

　　配對潛在變項為「知識儲存」與「知識應用」之 CFA 受限模式估計結果，模式的自由度為 20，模式概似比卡方值統計量為 207.979，二個潛在變項間的相關係數等於 1.00 (當二個變項的變異數限定為 1，共變關係又限定為固定參數 1 時，表示二個變項的相關係數為 1.00)。

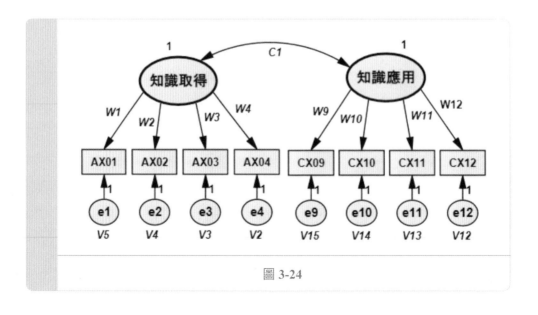

圖 3-24

　　配對潛在變項為「知識取得」與「知識應用」的 CFA 假設模型，二個潛在變項間的共變數為自由參數 (未限定二個潛在變項間的共變為 1) 時，表示模型為未受限模式，當把共變參數 C1 限制為 1，表示模型為受限模式。

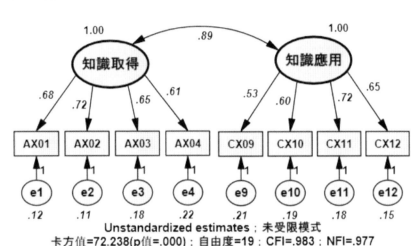

圖 3-25

　　配對潛在變項為「知識取得」與「知識應用」CFA 模型之未受限模式估計結果，模式的自由度為 19，模式概似比卡方值統計量為 72.238，二個潛在變項間的相關係數等於 .89。

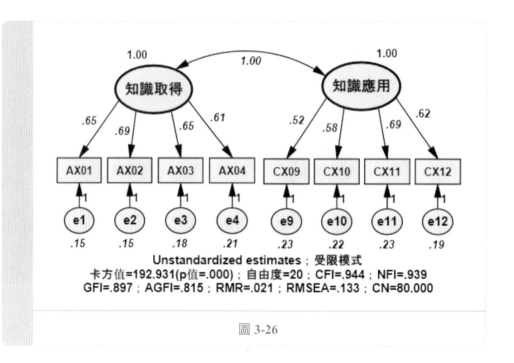

圖 3-26

　　配對潛在變項為「知識取得」與「知識應用」之 CFA 受限模式估計結果，模式的自由度為 20，模式概似比卡方值統計量為 192.931，二個潛在變項間的相關係數等於 1.00 (當二個變項的變異數限定為 1，共變關係又限定為固定參數 1 時，表示二個變項的相關係數為 1.00)。

【表格範例】

表 3-2　教師知識管理能力量表之區別效度檢定分析摘要表

模式與統計量　　　配對潛在變項	受限模式 (B)(相關係數固定為 1)			未受限模式 (A)(相關係數為自由估計)			卡方值差異量(模式 B-模式 A)	自由度差異值
	ρ_2	df	χ^2	ρ_1	df	χ^2	$\Delta \chi^2$	Δ df
知識取得─知識儲存	1.00	20	356.266	.80	19	56.356	299.91***	1
知識儲存─知識應用	1.00	20	207.979	.84	19	38.14	169.839***	1
知識取得─知識應用	1.00	20	192.931	.89	19	72.238	120.693***	1

註：* 受限模式與未受限模式卡方值差異量 ($\Delta\chi^2$) 大於 3.841，達 .05 顯著水準。
　　*** 受限模式與未受限模式卡方值差異量 ($\Delta\chi^2$) 大於 10.827，達 .001 顯著水準。

　　從教師知識管理能力量表之區別分析摘要表中可以發現：三個受限模式與非受限模式間的卡方值差異量分別為 364.766、194.971、145.737，均大於臨界

指標值 3.84，表示三個受限模式與非受限模式間的卡方值差異量均達 .05 顯著水準，任何二個配對潛在變項間的相關為完全相關 ($\rho = 1$) 的假設均無法成立，量表中三個潛在變項 (因素構念) 間所表示的潛在特質是有顯著區別的，量表具有良好的區別效度。

二、將二個因素的測量指標反映成單一因素

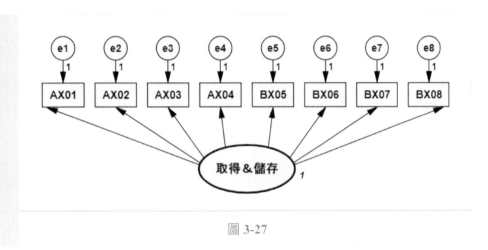

圖 3-27

潛在構念「知識取得」與潛在構念「知識儲存」二個構念測量模式合併為一個潛在構念，構念名稱為「取得&儲存」，八個測量指標變項為 AX01、AX02、AX03、AX04、BX05、BX06、BX07、BX08，八個測量指標變項原先反映二個不同潛在構念 (未受限模式)，受限模式為八個測量指標變項同時反映一個潛在因素構念。

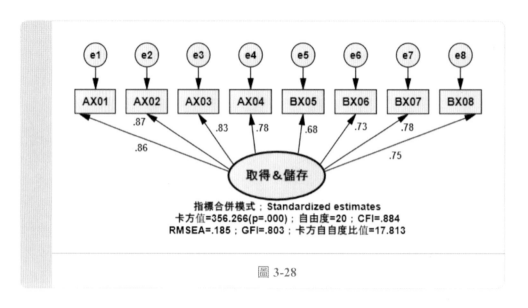

圖 3-28

第一個受限模式測量模式的卡方值為 356.266 (p = .000<.05)，模式自由度為 20，標準化估計值模型圖中沒有出現絕對值大於 1 的不合理解值。

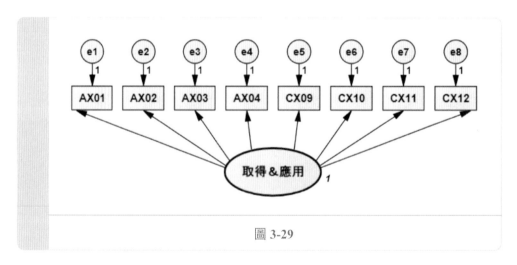

圖 3-29

潛在構念「知識取得」與潛在構念「知識應用」二個構念測量模式合併為一個潛在構念，構念名稱為「取得&應用」，八個測量指標變項為 AX01、AX02、AX03、AX04、CX09、CX10、CX11、CX12，八個測量指標變項原先反映二個不同潛在構念 (未受限模式)，受限模式為八個測量指標變項同時反映一個潛在因素構念「取得 & 應用」。

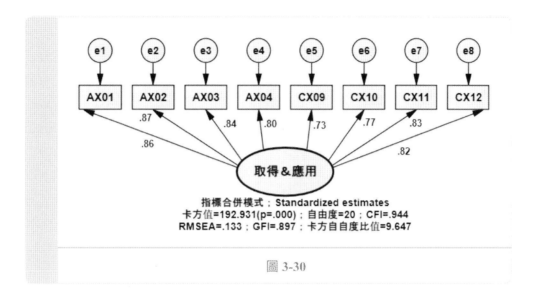

指標合併模式：Standardized estimates
卡方值=192.931(p=.000)；自由度=20；CFI=.944
RMSEA=.133；GFI=.897；卡方自由度比值=9.647

圖 3-30

　　第二個受限模式測量模式的卡方值為 192.931 (p = .000<.05)，模式自由度為 20，標準化估計值模型圖中沒有出現絕對值大於 1 的不合理解值。

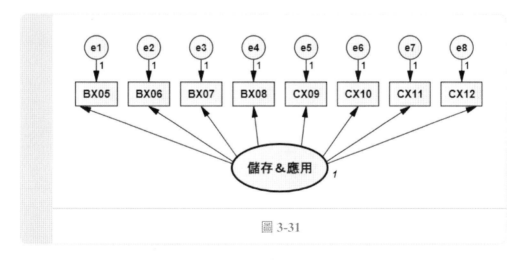

圖 3-31

　　潛在構念「知識儲存」與潛在構念「知識應用」二個構念測量模式合併為一個潛在構念，構念名稱為「儲存&應用」，八個測量指標變項為 BX05、BX06、BX07、BX08、CX09、CX10、CX11、CX12，八個測量指標變項原先反映二個不同潛在構念 (未受限模式)，受限模式為八個測量指標變項同時反映一個潛在因素構念「儲存 & 應用」。

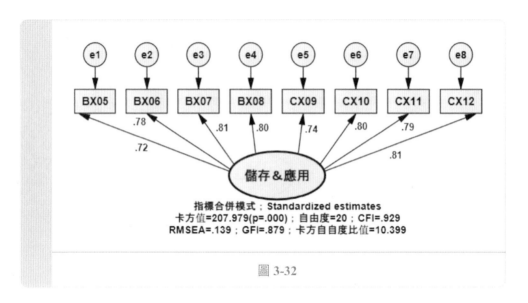

圖 3-32

第三個受限模式測量模式的卡方值為 207.979 (p = .000<.05)，模式自由度為 20，標準化估計值模型圖中沒有出現絕對值大於 1 的不合理解值。

【表格範例】

表 3-3 教師知識管理能力量表受限模式與未受限模式之模式卡方值、自由度及相關適配度統計量

	模式	χ^2	df	AIC	BCC	BIC	CAIC	ECVI	MECVI
知識取得& 知識儲存	未受限模式	56.356	19	90.356	90.993	161.661	178.661	.185	.186
	受限模式	356.266	20	388.266	388.866	455.377	471.377	.794	.795
	受限－未受限	299.910***	1	297.910	297.873	293.716	292.716	0.609	0.609
知識儲存& 知識應用	未受限模式	38.141	19	72.141	72.778	143.446	160.446	.148	.149
	受限模式	207.979	20	239.979	240.579	307.090	323.090	.491	.492
	受限－未受限	169.838***	1	167.838	167.801	163.644	162.644	0.343	0.343
知識取得& 知識應用	未受限模式	72.238	19	106.238	106.876	177.543	194.543	.217	.219
	受限模式	192.931	20	224.931	225.531	292.041	308.041	.460	.461
	受限－未受限	120.693***	1	118.693	118.655	114.498	113.498	0.243	0.242

註： * 受限模式與未受限模式卡方值差異量 ($\triangle\chi^2$) 大於 3.84 ($\triangle$df = 1)，達 .05 顯著水準。

　　** 受限模式與未受限模式卡方值差異量 ($\triangle\chi^2$) 大於 6.64 ($\triangle$df = 1)，達 .01 顯著水準。

　　*** 受限模式與未受限模式卡方值差異量 ($\triangle\chi^2$) 大於 10.83 ($\triangle$df = 1)，達 .001 顯著水準。

從教師知識管理能力量表潛在構念測量指標反映的潛在因素構念個數的未受限模式與受限模式摘要表中可以發現：三個受限模式與非受限模式間的卡方值差

異量分別為 299.910、169.838、120.693，均大於臨界指標值 10.83，表示三個受限模式與非受限模式間的卡方值差異量均達 .001 顯著水準，任何二個配對潛在變項的測量指標變項合併為單一潛在構念的假設模式均無法成立，量表中同維度個別測量變項反映的潛在構念 (因素) 之特質是有顯著不同的，顯示量表具有良好的區別效度。此外，從 AIC、BCC、BIC、CAIC、ECVI、MECVI 競爭模式選擇指標來看，三組受限模式的數值均高於未受限模式的數值，若從競爭模式選擇的觀點而言，三組未受限模式均較受限模式為佳。

三、個別因素 AVE 與 R^2 因素間的比較法

表 3-4 因素 AVE 與 R^2 間的差異比較摘要表

因素 A	因素 B	因素間相關係數	R^2	因素 A 平均變異抽取量
知識取得	知識儲存	0.802	0.643	0.764 (知識取得)
知識儲存	知識應用	0.843	0.711	0.666 (知識儲存)
知識應用	知識取得	0.895	0.801	0.675 (知識應用)

表 3-5 因素 AVE 與 R^2 間的差異比較摘要表

構念變項 ＼ 構念變項	知識取得 AVE = 0.764	知識儲存 AVE = 0.666	知識應用 AVE = 0.675
知識取得	1.000	0.643	0.801
知識儲存	0.802***	1.000	0.711
知識應用	0.895***	0.843***	1.000

註：對角線數值 1 為構念之變異數；下三角形數值為構念間之相關係數；上三角形為構念間之相關係數平方；***p<.001。

　　每個因素的 AVE (average variance extracted) 須大於構念間相關係數的平方 (R^2)。就「知識取得」因素構念與「知識儲存」因素構念的區別效度來看，「知識取得」因素構念的 AVE 為 .764、「知識儲存」因素構念的 AVE 為 .666，「知識取得」因素構念與「知識儲存」因素構念間的相關係數為 .802，R^2 等於 .643，二個因素構念的 AVE 值均高於二個因素構念相關的 R^2 值，表示二個因素間的區別效度良好。

　　就「知識儲存」因素構念與「知識應用」因素構念的區別效度來看，「知識

儲存」因素構念的 AVE 為 .666、「知識應用」因素構念的 AVE 為 .675，「知識儲存」因素構念與「知識應用」因素構念間的相關係數為 .843，R^2 等於 .711，二個因素構念的 AVE 值並未高於二個因素構念相關的 R^2 值 (= .711)，表示此二個因素間的區別效度不佳。

就「知識取得」因素構念與「知識應用」因素構念的區別效度來看，「知識取得」因素構念的 AVE 為 .744、「知識應用」因素構念的 AVE 為 .675，「知識取得」因素構念與「知識應用」因素構念間的相關係數為 .895，R^2 等於 .801，二個因素構念的 AVE 值並未高於二個因素構念相關的 R^2 值 (=.801)，表示此二個因素間的區別效度不佳。

二個因素區別效度的判別若採用個別因素構念的 AVE 與因素構念間解釋變異 (R^2) 的數值進行比較，其所得的結果與上述採用受限模式與未受限模式卡方值差異量的判別有些不同，如果因素聚斂效度良好，且因素構念間的相關只呈現中度相關，則三種區別分析方法所得結果會相同。

測量模式中的跨因素指標及測量變項誤差間跨因素共變關係也可作為量表區別效度的指標值之一。如果量表的假設測量模式與觀察資料適配度良好，且測量模式中沒有跨因素的測量指標變項，及沒有跨因素的測量變項誤差間共變關係，表示每個測量指標變項只反映唯一的潛在因素，此種結果表示量表的測量模式有良好的區別效度。

CFA 模式中另一個效度稱為「法則效度」 (nomological)，法則效度表示的是因素構念間相關係數的符號與量表編製之原先理論架構相符合，一個因素構念與其他因素構念間的關係的方向若與原先架構相違背，則量表便缺乏「法則效度」。教師知識管理能力量表中界定三種教師知識管理能力間有正向關係，測量指標變項的分數愈高，反映的知識管理能力愈佳，因而單維度因素構念對測量變項的因素負荷量應為正值，「知識取得」、「知識儲存」與「知識應用」三個因素構念的測量指標變項之因素負荷量皆為正數，三個因素構念彼此間呈現顯著正相關，測量變項與潛在因素構念間的關係，潛在因素構念間的關係皆與原先理論期望相符合，此結果表示量表有良好的法則效度。

參、區別效度解析_以父母期望量表為例

　　一個測量模式如果是多因素構念的模式，若假定所有測量指標變項間沒有構念間誤差項共變關係，也沒有構念內誤差項共變關係，表示所有測量指標變項的誤差項之共變數均固定為 0，則此測量模式稱為相同類型模型，相同類型測量模式 (congeneric measurement model) 被認為限制條件最充足，具有最佳測量屬性的模型，但此種測量模式也需要有良好的構念效度，並能與實用的測量本質一致。一個良好的測量模式是儘量減少每個因素構念的指標變項 (題項) 數，但研究者一方面喜愛使用較多的指標變項以完全代表構念特質及有最大的信度，因為若是測量指標過少，可能無法完全反映指標變項所要測得的心理特質，降低測量指標變項的信度；另一方面從簡約模型觀點而言，SEM 理論觀點希望研究者能使用最小的測量指標個數以適切地代表因素構念，愈簡約的模型比較能符合實際樣本資料特性。較多的題項 (測量變項或指標變項) 在 CFA 模式中並不是最佳的方式，因為較多的題項雖然可以產製較高信度估計值及推論力，但較多題項的量表也需要更多的樣本數，要反映單維度因素構念十分不易。當研究者增加量表的測量題項數 (指標變項) 來表示單一構念 (因素) 時，可能無法反映單維度的因素構念，測量題項數愈多反映的潛在心理特質可能是多維度的因素構念，而不再是單維度的因素構念。在實務應用方面，量表的每個單維度構念 (個別因素) 最少的指標變項應在三題以上，四題較佳，CFA 模型的檢定除了評估各潛在構念 (單維度因素構面) 是否有良好的聚斂效度外，也應評估不同潛在構念間是否有良好的區別效度，如果一個多因素量表缺乏區別效度，表示多個因素構念其實可以整合成單一因素構念，如此整個量表便成為「單一維度構念」的測量工具 (Hair et al., 2010, p.698)。

父母期望量表

	從不如此	很少如此	有時如此	經常如此	總是如此

課業期望構面

1. 父母會鼓勵我多閱讀課外讀物，以幫助提升學業成績。 【AX01】 ☐ ☐ ☐ ☐ ☐

2. 當我獲得良好成績時，父母會感到很滿意。【AX02】 ☐ ☐ ☐ ☐ ☐

3. 父母會鼓勵我向班上成績優良的同學看齊。【AX03】 ☐ ☐ ☐ ☐ ☐

4. 當我的成績未達到父母所定的目標時，父母會督促我再努力。【AX04】 ☐ ☐ ☐ ☐ ☐

5. 只要有助於提高學業成績的事情，父母總是熱心支持。 【AX05】 ☐ ☐ ☐ ☐ ☐

升學期望構面

6. 父母對我未來學校的選擇要求很高。【BX06】 ☐ ☐ ☐ ☐ ☐

7. 父母會跟我說一些高中名校，例如：高雄中學、高雄女中。【BX07】 ☐ ☐ ☐ ☐ ☐

8. 父母希望我就讀第一志願的學校。【BX08】 ☐ ☐ ☐ ☐ ☐

9. 父母期望我未來能有很高的教育程度 (例如研究所、大學)。【BX09】 ☐ ☐ ☐ ☐ ☐

行為期望構面 ☐ ☐ ☐ ☐ ☐

10. 父母會和我的老師聯繫，以注意我在學校的行為表現。 【CX10】 ☐ ☐ ☐ ☐ ☐

11. 父母對於我良好的行為表現常給予讚賞。【CX11】 ☐ ☐ ☐ ☐ ☐

12. 父母會帶我去參觀藝文活動 (例如音樂會、美術展覽等)。【CX12】 ☐ ☐ ☐ ☐ ☐

職業期望構面

13. 父母非常關心我將來的職業成就。【DX13】 ☐ ☐ ☐ ☐ ☐

14. 父母會和我討論將來從事的職業。【DX14】 ☐ ☐ ☐ ☐ ☐

15. 父母會為我樹立一個理想的職業標準。【DX15】 ☐ ☐ ☐ ☐ ☐

16. 父母希望我以後能不要做純勞力的工作。【DX16】 ☐ ☐ ☐ ☐ ☐

註：量表取自楊環華 (2010)。

父母期望量表十六個題項 (指標變項) 間的相關矩陣摘要表如下，摘要表中的最後二列分別為測量變項的平均數與標準差。

表 3-6　父母期望量表十六個題項 (指標變項) 之相關矩陣摘要表 (N = 240)

A01	A02	A03	A04	A05	B06	B07	B08	B09	C10	C11	C12	D13	D14	D15	D16
1															
.696	1														
.684	.802	1													
.717	.715	.766	1												
.687	.717	.792	.790	1											
.258	.222	.297	.340	.303	1										
.295	.288	.354	.352	.372	.739	1									
.239	.197	.299	.249	.344	.716	.780	1								
.265	.199	.167	.221	.275	.712	.723	.641	1							
.259	.189	.188	.256	.250	.374	.270	.309	.297	1						
.307	.234	.184	.282	.214	.300	.282	.290	.295	.762	1					
.224	.171	.148	.192	.210	.177	.107	.213	.161	.687	.778	1				
.228	.276	.251	.278	.262	.353	.437	.352	.311	.320	.347	.223	1			
.239	.313	.284	.260	.262	.298	.413	.340	.307	.141	.132	.060	.724	1		
.185	.174	.182	.195	.164	.370	.418	.369	.340	.338	.300	.234	.728	.637	1	
.230	.278	.280	.300	.245	.232	.309	.229	.187	.215	.262	.207	.778	.664	.673	1
3.54	3.85	3.98	3.79	3.67	3.05	2.98	2.87	3.14	2.94	3.09	2.88	3.52	3.29	3.27	3.75
1.29	1.24	1.28	1.33	1.33	1.23	1.29	1.34	1.23	1.07	1.08	1.08	1.29	1.17	1.25	1.36

註：相關矩陣摘要表中的最後二列的數值分別為平均數與標準差，題項的全距為 4。

一、假設模型的界定

父母期望量表為一個四個因素構念變項之多向度量表，四個因素構念分別為「課業期望」、「升學期望」、「行為期望」、「職業期望」。課業期望因素構念包含題項 1 至題項 5 (觀察變項名稱為 A01、A02、A03、A04、A05)、升學期望因素構念包含題項 6 至題項 9 (觀察變項名稱為 B06、B07、B08、B09)、行為期望因素構念包含題項 10 至題項 12 (觀察變項名稱為 C10、C11、C12)、職業期望因素構念包含題項 13 至題項 16 (觀察變項名稱為 D13、D14、D15、D16)。

CFA 初始模型假定：

- 四個因素構念間有共變關係,量表因素構念間的關係為斜交模式非直交模式 (直交模式表示量表因素構念間彼此獨立,因素構念間的共變數為 0)。
- 每個觀察變項負荷在唯一的因素構念上。
- 每個觀察變項的測量誤差項互為獨立,測量指標誤差項間沒有共變關係。

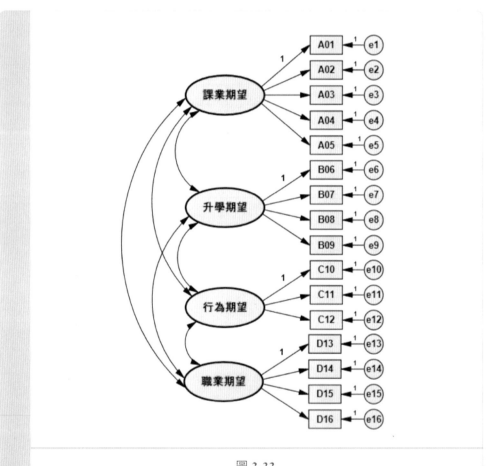

圖 3-33

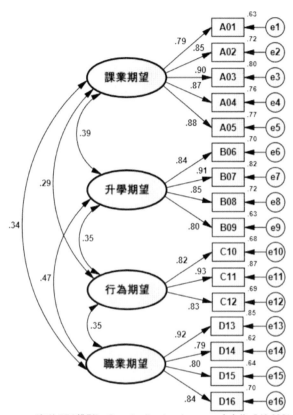

[初始CFA模型]；Standardized estimates；卡方值=243.006(p=.000)
自由度=98；卡方自由度比值=2.480；GFI=.892；RMSEA=.079；CFI=.950

圖 3-34

　　初始假設模型圖可以收斂估計，模式評估結果之參數沒有不適當解值，標準
化估計值模型圖沒有出現大於 1 的不可接受解。整體模式的自由度為 98、模式
適配度統計量卡方值為 243.006 (p<.001)，卡方自由度比值為 2.480、RMSEA 值
為 .079、CFI 值為 .950、GFI 值為 .892。

表 3-7　**Modification Indices (Group number 1 - [初始 CFA 模型])**
　　　　Covariances: (Group number 1 - [初始 CFA 模型])

	M.I.	Par Change
e16<-->升學期望	13.410	-.179
e14<-->行為期望	18.617	-.180
e2<-->e3	10.185	.093
e9<-->e3	18.175	-.144
e7<-->e12	10.486	-.095
e6<-->e10	11.320	.108

　　重新界定父母期望量表的假設模型包含增列自由待估計的共變參數，根據修正指標修正假設模型時必須考量釋放參數的合理性，根據修正指標及期望參數改變量來看，為了使量表為較佳的區別效度，研究者應優先界定同一因素構念之測量變項誤差項的共變關係，當界定測量變項誤差項 e2 與測量變項誤差項 e3 間有共變關係時，期待參數改變的數值為 .093，其數值為正，表示二個誤差項呈顯著正相關，其次是模式的卡方值大約可降低 10.185。

表 3-8　**Regression Weights: (Group number 1 - [初始 CFA 模型])**

	M.I.	Par Change
D14<---行為期望	12.116	-.206
D14<---C12	10.604	-.149
D14<---C11	12.262	-.162
C12<---B07	14.256	-.127
C10<---B06	10.692	.115

　　CFA 模式重新界定時，也可增列因素構念對觀察變項的徑路係數，如此的參數釋放表示測量指標變項可能同時反映二個潛在因素特質，測量指標變項具有跨因素屬性。從徑路係數修正摘要表中「行為期望→D14」列的數據來看，增列「行為期望→D14」的徑路係數後，整體模式卡方值統計量約可降低 12.116，期望參數改變量為 -.206，期望參數改變量的數值為負數，表示此條徑路係數的估計值與標準化徑路係數 (因素負荷量) 均為負數，當測量模式因素負荷量的正負號不同，表示可能測量指標變項未反向計分，或是此種界定後 (參數釋放) 模型無法解釋。

二、修正假設模型[1]

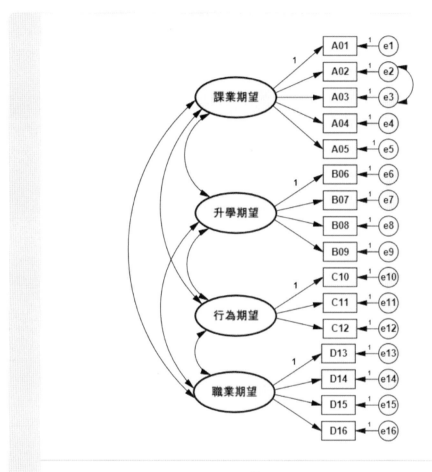

圖 3-35

　　修正假設模型[1]增列同一因素構念課業期望的測量指標變項 A02、A03 的誤差項間有共變關係，由於一個參數被釋放，表示待估計的自由參數個數增加1，因而整體模式的自由度會少1。

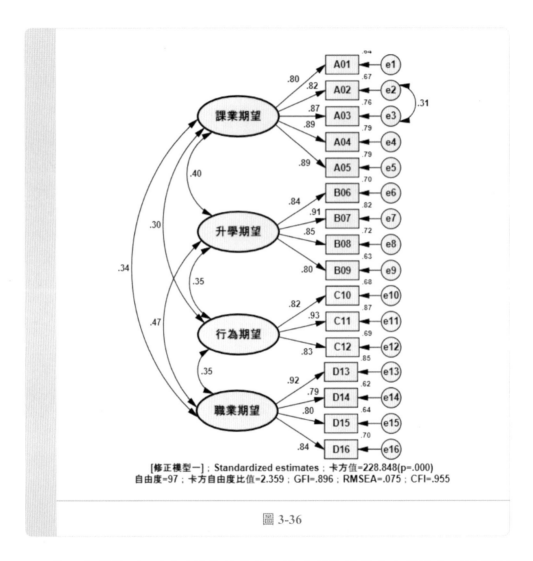

[修正模型一]；Standardized estimates；卡方值=228.848(p=.000)
自由度=97；卡方自由度比值=2.359；GFI=.896；RMSEA=.075；CFI=.955

圖 3-36

　　修正假設模型[1]圖可以收斂估計，模式評估結果之參數沒有不適當解值，標準化估計值模型圖沒有出現大於 1 的不可接受解。整體模式的自由度為 97、模式適配度統計量卡方值為 228.848 (p<.001)，卡方自由度比值為 2.359、RMSEA 值為 .075、CFI 值為 .955、GFI 值為 .896。初始模型[0]的 $\chi^2_{(98)}$ = 243.006、修正模型[1] $\chi^2_{(97)}$ = 228.848，二個模型卡方值的差異量為 $\Delta\chi^2_{(1)}$ = 14.158 (p<.001，當顯著水準 α 為 .001 時，$\chi^2_{(1)}$ = 10.827)。

表 3-9　**Modification Indices (Group number 1 - [修正模型一])**
Covariances: (Group number 1 - [修正模型一])

	M.I.	Par Change
e16<-->升學期望	13.485	-.179
e14<-->行為期望	18.528	-.179
e5<-->e11	11.713	-.090
e9<-->e3	18.931	-.144
e7<-->e12	10.477	-.095
e6<-->e10	11.292	.107

　　修正指標之誤差項共變數釋放均為因素構念間誤差共變，而非是同一因素構念內誤差共變，因而這些誤差項共變數都不予釋放。

表 3-10　**Regression Weights: (Group number 1 - [修正模型一])**

	M.I.	Par Change
D14<---行為期望	12.100	-.205
D14<---C12	10.589	-.149
D14<---C11	12.244	-.162
C12<---B07	14.268	-.127
C10<---B06	10.687	.114

　　徑路係數修正指標中，釋放「行為期望→D14」的路徑，雖可降低卡方值 12.100 的差異量，但期望參數改變的數值為 -.205，表示此條路徑反映的因素負荷量為負值，此種結果無法有效解釋整個測量模式，因而此路徑不予釋放。

表 3-11　**Standardized Regression Weights: (Group number 1 - [修正模型一])**

	Estimate
B06<---升學期望	.840
B07<---升學期望	.906
B08<---升學期望	.846
B09<---升學期望	.797
A01<---課業期望	.797
A02<---課業期望	.818
A03<---課業期望	.872

表 3-11 （續）

	Estimate
A04<---課業期望	.886
A05<---課業期望	.889
C10<---行為期望	.822
C11<---行為期望	.934
C12<---行為期望	.829
D13<---職業期望	.921
D14<---職業期望	.788
D15<---職業期望	.799
D16<---職業期望	.839

根據標準化徑路係數表可以求出各因素構念的平均變異數抽取量及構念信度 (組合信度)，表中的數據可作為量表因素構念是否具有良好聚斂效度的評估指標。

表 3-12 Covariances: (Group number 1 - [修正模型一])

	Estimate	S.E.	C.R.	P	Label
升學期望<-->課業期望	.428	.084	5.105	***	
升學期望<-->行為期望	.314	.070	4.503	***	
行為期望<-->職業期望	.359	.079	4.548	***	
升學期望<-->職業期望	.575	.097	5.902	***	
課業期望<-->行為期望	.270	.068	3.968	***	
課業期望<-->職業期望	.409	.092	4.451	***	
e2　　<-->e3	.139	.041	3.376	***	

因素構念變項間的共變數估計值均達 .001 顯著水準，表示父母期望量表四個因素構念間的相關均達顯著，此外，課業期望構念測量變項 A02、A03 二個誤差項 e2、e3 間的共變關係也達 .001 顯著水準。

表 3-13 Correlations: (Group number 1 - [修正模型一])

	Estimate
升學期望<-->課業期望	.402
升學期望<-->行為期望	.346

表 3-13　（續）

	Estimate
行為期望<-->職業期望	.345
升學期望<-->職業期望	.470
課業期望<-->行為期望	.299
課業期望<-->職業期望	.336
e2　　　<-->e3	.313

　　量表中課業期望因素構念變項與升學期望、行為期望、職業期望因素構念變項間的相關分別為 .402、.299、.336，升學期望因素構念變項與行為期望、職業期望因素構念變項間的相關分別 .346、.470，行為期望因素構念變項與職業期望因素構念變項間的相關為 .345，父母期望量表四個因素構念間的相關為中低度關係。

三、CFA 模型區別效度評估一

　　父母期望量表有四個因素構念，當量表的因素構念有二個以上時，表示量表為多因素構念測量工具，或稱多構面的量表，既然是多構面的量表，表示這些構面所表示的潛在特質或潛在行為與其他構面間應有所不同，若是因素構念間所代表的潛在心理特質相同，那量表細分為多個因素構念就沒有實質意義，二個因素構念間所代表的潛在特質如果有顯著的不同，表示二個因素構念間有良好的區別效度，測量指標變項所反映的潛在心理特質或潛在行為間是有顯著不同的，一個良好的量表除了要有良好的聚斂效度外，也要有不錯的區別效度。CFA 模式中因素構念間區別效度的檢定方法有三種，前二種方法為求出因素構念間未受限模式與受限模式之卡方值的差異量，若是二個模式卡方值的差異量很大，並達到 .05 或 .01 顯著水準，表示二個因素構念間有良好的區別效度 (當自由度為 1 時，顯著水準 α 為 .05 時，卡方值為 3.841；顯著水準 α 為 .01 時，卡方值為 6.635；顯著水準 α 為 .001 時，卡方值為 10.827)。

【範例一】

　　範例一進行「課業期望」因素構念與「升學期望」因素構念的區別效度檢核。

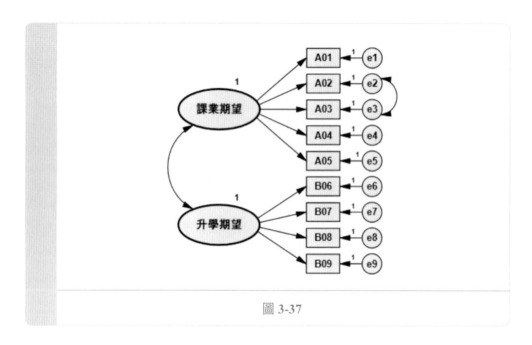

圖 3-37

　　未受限模式的模型圖,二個因素構念間的共變關係不加以界定 (共變數為待估計的自由參數),二個因素構念潛在變項的變異數參數固定為 1,個別因素構念沒有界定參照指標變項。

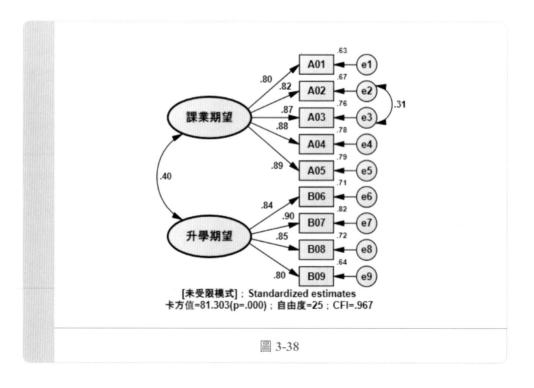

[未受限模式];Standardized estimates
卡方值=81.303(p=.000);自由度=25;CFI=.967

圖 3-38

未受限模式估計結果模式的自由度為 25，模式適配度的卡方值為 81.303 (p<.001)，課業期望構念變項與升學期望構念變項間的相關係數為 .40。

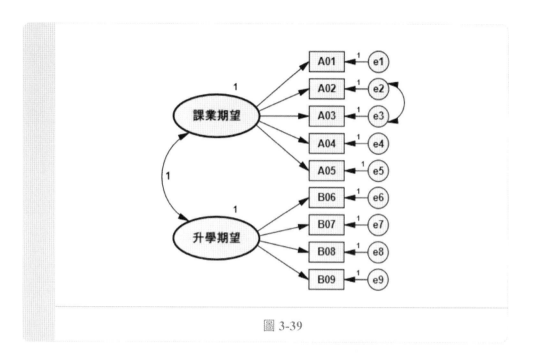

圖 3-39

受限模式的模型圖，二個因素構念間的共變關係固定為常數 1，共變數由待估計的自由參數改為固定參數，二個潛在因素構念變項的變異數參數固定為 1，個別因素構念沒有界定參照指標變項，因為二個潛在因素構念變項的變異數也固定為 1，因而二個因素構念間的相關係數為 1.00，當二個構念變項的相關為 1，表示九個測量變項或指標變項是反映同一個潛在因素構念，而不是二個不同的因素構念。

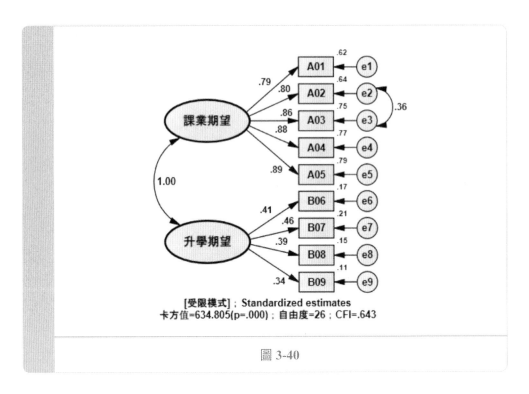

[受限模式]；Standardized estimates
卡方值=634.805(p=.000)；自由度=26；CFI=.643

圖 3-40

受限模式估計結果模式的自由度為 26，模式適配度的卡方值為 634.805 (p<.001)，受限模式與未受限模式卡方值的差異量為 634.805 − 81.303 = 553.502，模式相差的自由度為 1，$\Delta \chi^2_{(1)} = 553.502 > \chi^2_{(1, .001)} = 10.827$，表示受限模式與未受限模式有顯著的不同。當二個模式卡方值的差異值：$\chi^2_{(受限模式)} - \chi^2_{(未受限模式)}$ 或 $\chi^2_{(B 模式)} - \chi^2_{(A 模式)}$ 達到 .05 顯著水準，表示二個模式有顯著不同，二個因素構念間有良好的區別效度，九個測量變項 (題項) 反映的是二個不同的因素構念，即九個測量變項 (題項) 受到二個潛在構念變項的影響。

【範例二】

範例二進行「行為期望」因素構念與「職業期望」因素構念的區別效度檢核。

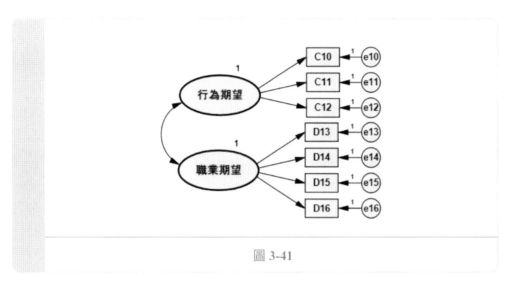

圖 3-41

　　未受限模式的模型圖，行為期望潛在構念與職業期望潛在構念二個因素構念間的共變關係不加以界定 (共變數為待估計的自由參數而非固定參數)，二個因素構念潛在變項的變異數參數固定為 1，個別因素構念變項沒有界定參照指標變項。

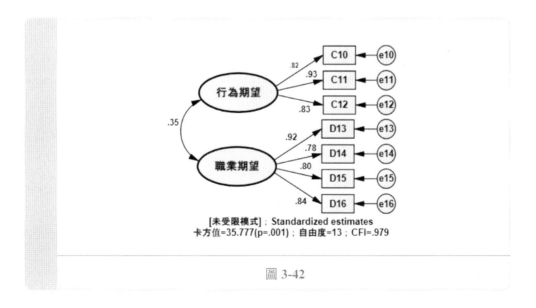

[未受限模式] ; Standardized estimates
卡方值=35.777(p=.001) ; 自由度=13 ; CFI=.979

圖 3-42

　　未受限模式估計結果模式的自由度為 13，模式適配度的卡方值為 35.777 (p<.01)，CFI 值為 .979，行為期望構念變項與職業期望構念變項間的相關係數為

.35，二個潛在構念變項間有顯著正相關，二者的關係程度為低度相關，二個潛在構念變項間互為解釋的變異量為 12.25% ($r^2 = .1225$)。

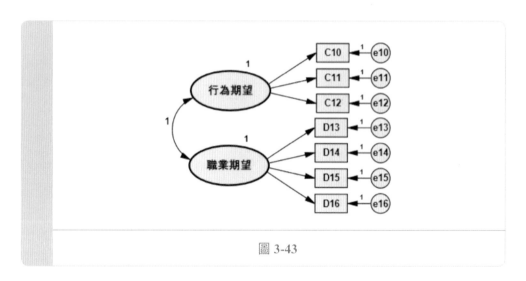

圖 3-43

受限模式的模型圖，二個因素構念間的共變關係固定為常數 1，共變數由待估計的自由參數改為固定參數，二個潛在因素構念變項的變異數參數固定為 1，個別因素構念沒有界定參照指標變項，因為二個潛在因素構念變項的變異數也固定為 1，因而二個因素構念間的相關係數為 1.00。當二個構念變項的相關為 1，表示七個測量變項或指標變項是反映同一個潛在因素構念，而不是二個不同的因素構念。

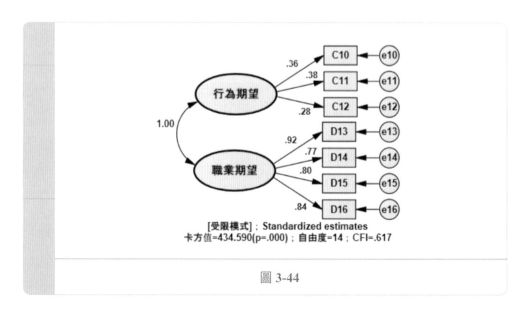

圖 3-44

受限模式估計結果模式的自由度為 14，模式適配度的卡方值為 434.590 (p<.001)，CFI 值為 .617，受限模式與未受限模式卡方值的差異量為 434.590 − 35.777 = 398.813，模式相差的自由度 14 − 13 = 1，$\Delta\chi^2_{(1)} = 553.502 > \chi^2_{(1, .001)} = 10.827$，受限模式與未受限模式有顯著的不同。當二個模式卡方值的差異值：$\chi^2_{(受限模式)} - \chi^2_{(未受限模式)}$ 或 $\chi^2_{(B 模式)} - \chi^2_{(A 模式)}$ 達到 .05 顯著水準 (嚴格的顯著水準可將 α 設為 .001)，表示二個模式有顯著不同，二個因素構念間有良好的區別效度，七個測量變項 (題項) 反映的是二個不同的因素構念，即七個測量變項 (題項) 受到二個潛在構念變項的影響。

父母期望量表中有四個構念變項，採用受限模式 (模式 B) 與未受限模式 (模式 A) 的卡方值差異檢定需要求出六組的 $\Delta\chi^2_{(1)}$，六個配對的組別為：

- 「課業期望」構念變項與「升學期望」構念變項的區別效度分析。
- 「課業期望」構念變項與「行為期望」構念變項的區別效度分析。
- 「課業期望」構念變項與「職業期望」構念變項的區別效度分析。
- 「升學期望」構念變項與「行為期望」構念變項的區別效度分析。
- 「升學期望」構念變項與「職業期望」構念變項的區別效度分析。
- 「行為期望」構念變項與「職業期望」構念變項的區別效度分析。

如果六個潛在構念配對組的 $\Delta\chi^2_{(1)}$ 差異值均達到 .05 顯著水準，表示父母期望量表四個因素構念間有良好的區別效度，十六個題項 (測量變項或指標變項) 反映出四個不同的因素構念，第一題至第五題題項主要測得的是「課業期望」構念、第六題至第九題題項主要測得的是「升學期望」構念、第十題至第十二題題項主要測得的是「行為期望」構念、第十三題至第十六題題項主要測得的是「職業期望」構念 (潛在心理特質)。

四、CFA 模型區別效度評估二

【範例一】

範例一進行「課業期望」因素構念與「升學期望」因素構念的區別效度檢核。

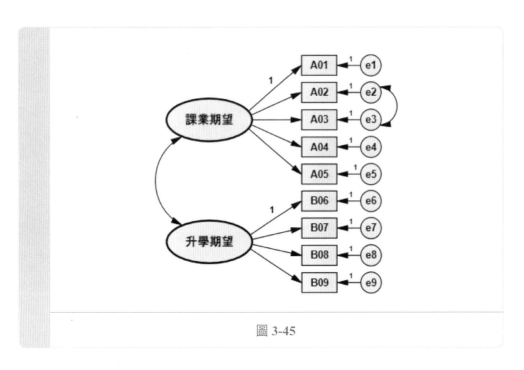

圖 3-45

　　未受限模式中「課業期望」、「升學期望」二個潛在因素構念變項間的共變關係為待估計自由參數,二個因素構念的測量變項中有一個為參照指標變項,其徑路係數固定為 1。

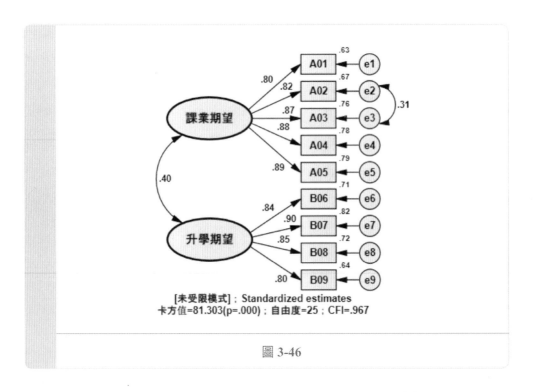

圖 3-46

　　未受限模式估計結果模式的自由度為 25，模式適配度的卡方值為 81.303
(p<.001)、CFI 值為 .967，「課業期望」、「升學期望」二個因素構念間的相關
為 .40，二個潛在因素構念變項間互為解釋的變異量為 16% ($r^2 = .16$)。

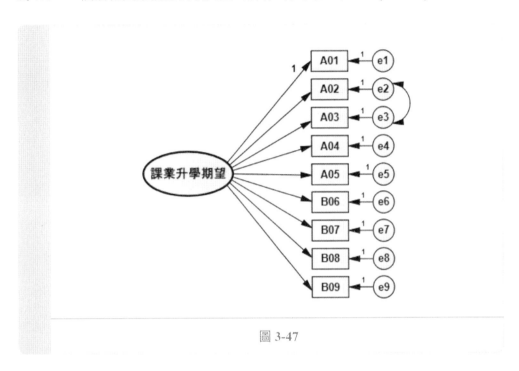

圖 3-47

　　受限模式中「課業期望」、「升學期望」二個潛在因素構念變項的九個測量
指標變項同時只反映一個潛在因素構念 (構念名稱設為課業升學期望)，表示九個
測量變項或指標變項只由一個潛在構念變項所影響，二個因素構面的測量模式變
為單構面測量模式 (unidimensional measures)，單構面測量模式中九個指標變項
沒有被二個以上因素構念所決定，因而測量模式中沒有跨因素負荷的設定。

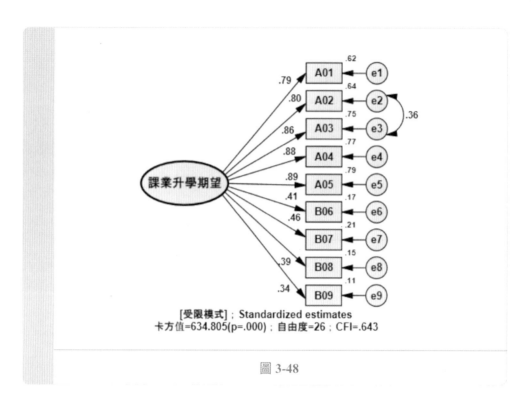

圖 3-48

　　單構面測量受限模式之模型 (九個指標變項測得同一個潛在心理特質) 估計結果，模式的自由度為 26，整體模式適配度卡方值統計量為 634.805 (p<.001)，CFI 值為 .643。受限模式 (模式 B) 與未受限模式 (模式 A) 的自由度差異值為 26 − 25 = 1，卡方值差異量 $\Delta\chi^2_{(1)} = 634.805 − 81.303 = 553.502$，$\Delta\chi^2_{(1)} > \chi^2_{(1, .001)} = 10.827$，受限模式與未受限模式有顯著不同，九個測量變項 (指標變項) 建構的單維度因素構念模式顯著較二個因素構念模式較不適配，表示九個題項 (測量變項／指標變項) 所反映的二個因素構念變項間有顯著不同。

【範例二】

　　範例二進行「行為期望」因素構念與「職業期望」因素構念的區別效度檢核。

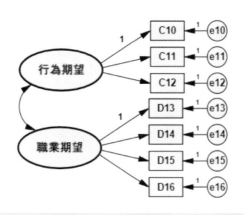

圖 3-49

　　未受限模式中，「行為期望」、「職業期望」二個潛在因素構念變項間的
共變關係為待估計自由參數，二個因素構念的測量變項中有一個為參照指標變
項，其徑路係數固定為1。

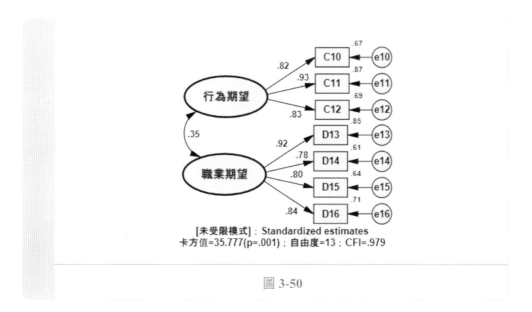

[未受限模式]：Standardized estimates
卡方值=35.777(p=.001)；自由度=13；CFI=.979

圖 3-50

　　未受限模式估計結果模式的自由度為 13，模式適配度的卡方值為 35.777
(p<.01)、CFI 值為 .979，「行為期望」與「職業期望」二個因素構念間的相關為
.35，二個潛在因素構念變項間互為解釋的變異量為 12.25% (r^2 = .1225)。

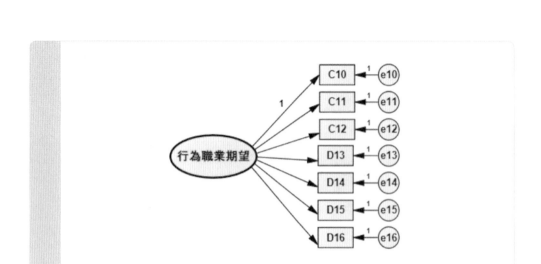

圖 3-51

受限模式中「行為期望」、「職業期望」二個潛在因素構念變項的七個測量指標變項同時只反映一個潛在因素構念 (構念名稱設為課業升學期望)，表示七個測量變項或指標變項只有由一個潛在構念所解釋，二個因素構面的測量模式變為單構面測量模式 (unidimensional measures)，單構面測量模式中七個指標變項沒有被二個以上因素構念所決定，七個指標變項所測得的潛在心理特質是相同，此潛在心理特質的因素構念名稱命名為「行為職業期望」。

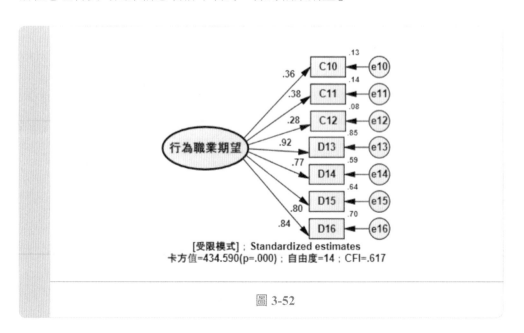

圖 3-52

　　單構面測量受限模式模型估計結果，模式的自由度為 14，整體模式適配度卡方值統計量為 434.590 (p<.001)，CFI 值為 .617。受限模式 (模式 B) 與未受限模式 (模式 A) 的自由度差異值為 14 − 13 = 1，卡方值差異量 $\Delta\chi^2_{(1)}$ = 434.590 − 35.777 = 398.813，$\Delta\chi^2_{(1)}$ = 398.813 > $\chi^2_{(1,\,.001)}$ = 10.827，受限模式與未受限模式有顯著不同，七個測量變項 (指標變項) 建構的單維度因素構念模式顯著較二個因素構念模式較差，表示七個題項 (測量變項／指標變項) 所反映的二個因素構念變項間有顯著不同。當單維度因素構念測量模式與二維度因素構念測量模式間的卡方值達 .05 顯著水準，表示二維度因素構念的測量模式不能將二個因素構念合而為一，七個測量變項所測得的潛在心理特質是二個不同的構念因素，二個構念因素間具有良好的區別效度。

　　父母期望量表中有四個構念變項，採用受限模式 (模式 B) 與未受限模式 (模式 A) 的卡方值差異檢定需要求出六個配對組的 $\Delta\chi^2_{(1)}$，六個配對的組別為：

- 「課業期望」構念變項與「升學期望」構念變項的區別效度分析。
- 「課業期望」構念變項與「行為期望」構念變項的區別效度分析。
- 「課業期望」構念變項與「職業期望」構念變項的區別效度分析。
- 「升學期望」構念變項與「行為期望」構念變項的區別效度分析。
- 「升學期望」構念變項與「職業期望」構念變項的區別效度分析。
- 「行為期望」構念變項與「職業期望」構念變項的區別效度分析。

　　其餘四個因素構念變項配對組之區別效度的未受限模式與受限模式估計結果如下：

(一)「課業期望」構念與「行為期望」構念區別效度

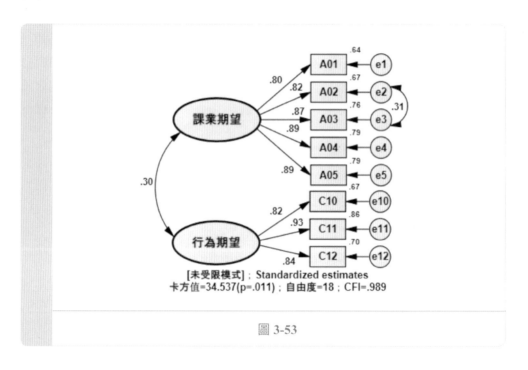

圖 3-53

「課業期望」構念與「行為期望」構念未受限測量模式的卡方值為 34.537 (p<.001)，自由度為 18、CFI 值為 .989。

圖 3-54

　　指標變項反映同一個因素構念的測量模式為單維度構面模型，測量模式由二個因素構念合併為單一因素構念的模型為受限模式。「課業期望」構念與「行為期望」構念受限測量模式的卡方值為 444.519 (p<.001)、自由度為 19、CFI 值為 .706 (未受限模式的卡方值為 34.537，自由度為 18、CFI 值為 .989，受限模式與未受限模式的自由度相差 1)。

(二)「課業期望」構念與「職業期望」構念區別效度

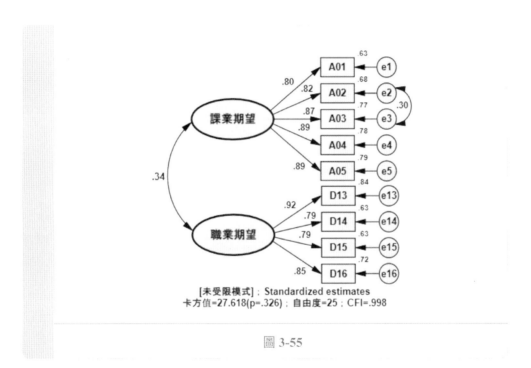

圖 3-55

　　「課業期望」構念與「職業期望」構念未受限測量模式的卡方值為 27.618 (p>.05)，自由度為 25、CFI 值為 .998。「升學期望」構念與「職業期望」構念變項間的相關為 .34。

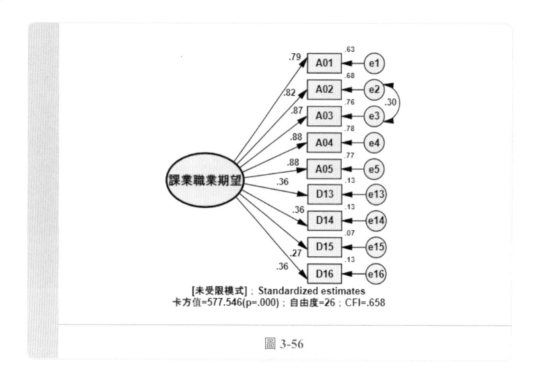

圖 3-56

　　指標變項反映同一個因素構念的測量模式為單維度構面模型，測量模式由二個因素構念合併為單一因素構念的模型為受限模式。「課業期望」構念與「職業期望」構念受限測量模式的卡方值為 577.546 (p<.001)、自由度為 26、CFI 值為 .658。

(三)「升學期望」構念與「行為期望」構念區別效度

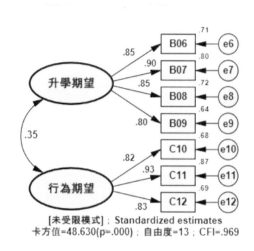

[未受限模式]；Standardized estimates
卡方值=48.630(p=.000)；自由度=13；CFI=.969

圖 3-57

　　「升學期望」構念與「行為期望」構念未受限測量模式的卡方值為 48.630 (p<.001)，自由度為 13、CFI 值為 .969。「升學期望」構念與「行為期望」構念變項間的相關為 .35。

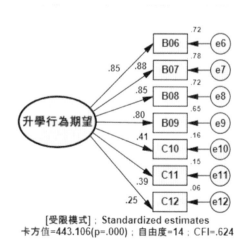

[受限模式]；Standardized estimates
卡方值=443.106(p=.000)；自由度=14；CFI=.624

圖 3-58

指標變項反映同一個因素構念的測量模式為單維度構面模型，測量模式由二個因素構念合併為單一因素構念的模型為受限模式。「升學期望」構念與「行為期望」構念受限測量模式的卡方值為 443.106 (p<.001)、自由度為 14、CFI 值為 .624。

(四)「升學期望」構念與「職業期望」構念區別效度

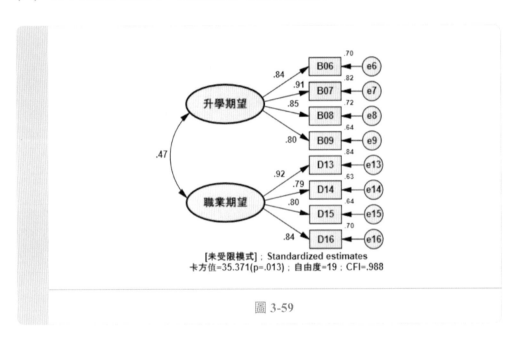

圖 3-59

「升學期望」構念與「職業期望」構念未受限測量模式的卡方值為 35.371 (p<.05)，自由度為 19、CFI 值為 .988，「升學期望」構念與「職業期望」構念變項間的相關為 .47。

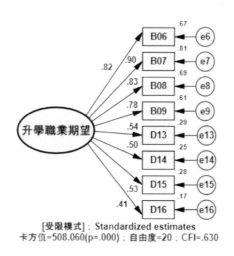

[受限模式]：Standardized estimates
卡方值=508.060(p=.000)；自由度：20；CFI=.630

圖 3-60

　　指標變項反映同一個因素構念的測量模式為單維度構面模型，測量模式由二個因素構念合併為單一因素構念的模型為受限模式。「升學期望」構念與「職業期望」構念受限測量模式的卡方值為 508.060 (p<.001)、自由度為 20、CFI 值為 .630。

【表格範例】

表 3-14　「父母期望量表」因素構念間之區別效度分析摘要表

模式與統計量 潜在變項	受限模式 (B) (單維度構念測量模式)		未受限模式 (A) (相關係數自由參數)			卡方值差異量 (模式 B-模式 A)	自由度 差異值
配對潜在變項	df	X^2	ρ	df	X^2	X^2	△df
課業期望－升學期望	26	634.805	.40	25	81.303	553.502***	1
課業期望－行為期望	19	444.519	.30	18	34.537	409.982***	1
課業期望－職業期望	26	577.546	.34	25	27.618	549.928***	1
升學期望－行為期望	14	443.106	.35	13	48.630	394.476***	1
升學期望－職業期望	14	434.590	.35	13	35.777	398.813***	1
行為期望－職業期望	20	508.060	.47	19	35.371	472.689***	1

註：*** 受限模式與未受限模式卡方值差異量 ($\Delta\chi^2$) 大於 10.83，達 .001 顯著水準；
　　受限模式 (模式 B) 之指標變項 (題項) 只反映一個因素構念變項；
　　非受限模式 (模式 A) 之指標變項反映其理論建構的因素構念變項。

五、CFA 模型區別效度評估三

根據參數估計結果的標準化因素負荷量可以計算各因素構念的平均變異數抽取量 (AVE) 與構念信度 (CR)。

【表格範例】

表 3-15 父母期望量表測量指標變項的因素負荷量、因素構念的平均變異數抽取量與構念信度摘要表

測量變項	課業期望	升學期望	行為期望	職業期望
A01	.797			
A02	.818			
A03	.872			
A04	.886			
A05	.889			
B06		.840		
B07		.906		
B08		.846		
B09		.797		
C10			.822	
C11			.934	
C12			.829	
D13				.921
D14				.788
D15				.799
D16				.839
AVE	.728	.719	.745	.703
CR	.930	.911	.897	.904

表 3-16 父母期望量表因素構念間相關係數與平均變異數抽取量摘要表

因素構念	課業期望	升學期望	行為期望	職業期望
課業期望	.728 (AVE)	.162 (r^2)	.089 (r^2)	.113 (r^2)
升學期望	.402***	.719 (AVE)	.12 (r^2)	.221 (r^2)
行為期望	.299***	.346***	.745 (AVE)	.119 (r^2)
職業期望	.336***	.470***	.345***	.703 (AVE)

註：對角線為因素構念平均變異數抽取量 (AVE 符號)；
下三角形為因素構念間的相關係數、上三角形為因素構念間相關係數平方。

從表 3-16 因素構念間相關係數與平均變異數抽取量摘要表中可以發現：

- 「課業期望」因素構念的 AVE 值為 .728，「升學期望」因素構念的 AVE 值為 .719，「課業期望」因素構念變項與「升學期望」因素構念變項間的相關係數為 .402，r^2 值為 .162，二個因素構念的 AVE 值均高於二個因素構念間的 r^2 值，表示二個因素構念間有良好的區別效度。

- 「課業期望」因素構念的 AVE 值為 .728，「行為期望」因素構念的 AVE 值為 .745，「課業期望」因素構念變項與「行為期望」因素構念變項間的相關係數為 .299，r^2 值為 .089，二個因素構念的 AVE 值均高於二個因素構念間的 r^2 值，表示二個因素構念間有良好的區別效度。

- 「課業期望」因素構念的 AVE 值為 .728，「職業期望」因素構念的 AVE 值為 .703，「課業期望」因素構念變項與「行為期望」因素構念變項間的相關係數為 .336，r^2 值為 .113，二個因素構念的 AVE 值均高於二個因素構念間的 r^2 值，表示二個因素構念間有良好的區別效度。

- 「升學期望」因素構念的 AVE 值為 .719，「行為期望」因素構念的 AVE 值為 .745，「升學期望」因素構念變項與「行為期望」因素構念變項間的相關係數為 .346，r^2 值為 .120，二個因素構念的 AVE 值均高於二個因素構念間的 r^2 值，表示二個因素構念間有良好的區別效度。

- 「升學期望」因素構念的 AVE 值為 .719，「職業期望」因素構念的 AVE 值為 .703，「升學期望」因素構念變項與「職業期望」因素構念變項間的相關係數為 .470，r^2 值為 .221，二個因素構念的 AVE 值均高於二個因素構念間的 r^2 值，表示二個因素構念間有良好的區別效度。

- 「行為期望」因素構念的 AVE 值為 .745，「職業期望」因素構念的 AVE 值為 .703，「行為期望」因素構念變項與「職業期望」因素構念變項間的相關係數為 .345，r^2 值為 .119，二個因素構念的 AVE 值均高於二個因素構念間的 r^2 值，表示二個因素構念間有良好的區別效度。

從表中的數值顯示：任何二個因素構念的 AVE 估計值均高於二個因素構念間內在構念相關係數的平方值，此種指標檢定數據顯示父母期望量表 CFA 模式有良好的區別效度，指標變項所反映的因素構念間有顯著不同，同一因素構念之指標變項所測得的潛在心理特質與其他指標變項所測得的潛在心理特質有顯著的不同。

chapter

04

潛在變項路徑分析

完全潛在變項模型 (full latent variable model; [LV]) 除測量模式外，也允許界定潛在變項間的迴歸結構關係，研究者可假定某個潛在變項受到模式中另一個潛在變項的直接影響，完全模式 (full/complete model) 顯示的是假設模型中包含測量模式與結構模式，測量模式在於說明潛在變項與測量模式中觀察變項的連結關係，結構模式在於說明模型中所有潛在構念的關係。假設模型與樣本資料的關係為：樣本資料＝假設模型＋殘差，假設模型的建構通常根據相關理論、實徵研究或經驗法則；樣本資料是根據抽取樣本在測量工具 (觀察變項) 上的分數測量值來表示，如果假設模式與觀察資料的差異很小，表示殘差值很小，此時假設模型與樣本資料的適配度 (goodness-of-fit) 愈佳；相對地，如果殘差值很大，表示假設模型與樣本資料的適配度愈差。

每個測量模式的假定如下：

- 每個觀察變項只有反映在一個相對應的潛在變項上面，測量指標變項沒有跨二個因素構念的情形。
- 每個觀察變項的測量誤差項間彼此互為獨立，沒有共變關係。
- 因素構念 (潛在變項) 與觀察變項的測量誤差項彼此互為獨立，沒有共變關係。

壹、AMOS 的操作流程

一、繪製假設模型圖

研究者利用浮動工具列圖像鈕或功能表選項繪製下列假設模型圖。在假設模型圖中指標變項 (顯性變項／觀察變項／測量變項) 的誤差項之徑路係數內定值為 1，測量模式中潛在變項 (因素／無法觀察變項) 對指標變項的徑路係數中要設定其中一個為 1 (此為 AMOS 的內定值)，被設定為 1 者稱為「固定指標參數」，未界定之指標變項稱為自由指標參數，範例中外因潛在變項之五個指標變項中界定為固定參數者為「知識取得」觀察變項，內因潛在變項界定為固定參數者為「班級常規」；此外，在因果模式圖中作為依變項 (內因觀察變項或內因潛在變項) 者必須增列一個預測殘差項，殘差項的徑路係數與測量模式之誤差項一樣，要界定其徑路係數為 1。

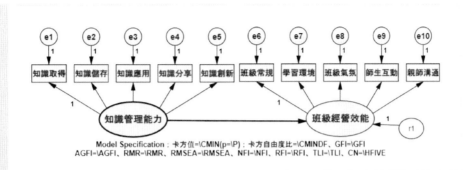

圖 4-1

　　假設模型圖的繪製要使用到界面視窗的工具列圖像鈕，工具列圖像鈕的功能簡介摘要表如下，假設模型圖的繪製、修改與模式估計，可使用工具圖像鈕較為便利與快速。

	描繪觀察變項	描繪無法觀察變項 (描繪潛在變項)	描繪潛在變項或增加潛在變項的指標變項
	描繪單向箭頭的因果路徑	描繪雙向箭頭的共變關係	在已有的變項 (內因變項)增列一個誤差變項
	設定假設模型之標題內容	開啟模式中所有變數的對話視窗	開啟資料檔所有觀察變數的對話視窗
	一次選取一個物件	一次選取所有物件	取消所有選取的物件
	複製物件	移動物件	刪除物件
	變更物件形狀的大小(調整物件大小)	旋轉潛在變項的指標變項 (一次 90 度)	映射潛在變項之指標變項
	移動物件參數的位置	重新調整徑路圖在螢幕中的位置	物件最適排列
	選擇分析之資料檔案	開啟分析屬性的對話視窗	計算估計值
	複製徑路圖到剪貼簿中	瀏覽文字 (開啟文件檔視窗)	儲存目前的徑路圖 (存檔)
	開啟物件性質視窗	複製物件格式到其他物件	測量模式對稱性的保留
	擴大選取的區域	將徑路圖放大顯示 (實際大小不變)	將徑路圖縮小顯示 (實際大小不變)
	將徑路圖整頁顯示於螢幕中	配合繪圖視窗重新調整徑路圖的大小	以放大鏡模式檢視徑路圖
	貝氏估計	多群組分析	印出目前的徑路圖
	還原先前的改變	重做先前改變的程序	模式界定的搜尋

圖 4-2

二、開啟資料檔

　　點選「選擇資料檔」 (Select data files) 工具圖像鈕，出現「資料檔案」 (Data Files) 對話視窗，按『File Name』 (檔案名稱) 鈕選取資料檔，範例中為「知管.sav」→按『OK』 (確定) 鈕 (範例中的有效樣本數有 600 位)。在尚未選取資料檔前，「資料檔案」對話視窗中第二欄「File」 (檔案) 下的地方會呈現「<working>」的訊息，第一欄「Group Name」 (群體名稱) 為之前設定的群體，若進行多群體分析，則每個群體均要選取資料檔，內定的群組名稱為「Group number 1」。

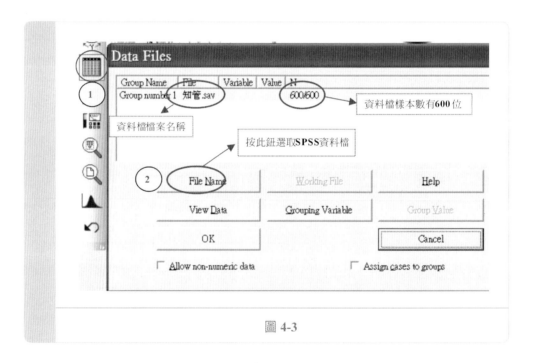

圖 4-3

三、選取指標變項 (觀察變項)

　　點選「列出資料組內的變數名稱」 (List variables in data set) 工具圖像鈕，出現「Variables in Dataset」 (資料組中的變數) 的對話視窗，選取每個變數，按住滑鼠左鍵不放，直接拉曳至觀察變數方框中。在 AMOS 的操作中，作為指標變項之變數 (方框內的變數) 必須出現於 SPSS 資料檔中，SPSS 資料檔中的所有變數名稱只能拉曳至假設模型圖的方框物件內 (正方形或長方形物件)，不能拉曳至

表示潛在變項的橢圓形或圓形物件內，橢圓形或圓形物件內設定的變數名稱不能與 SPSS 資料檔中的原始變數名稱相同，否則執行計算估計值時會出現錯誤的訊息。

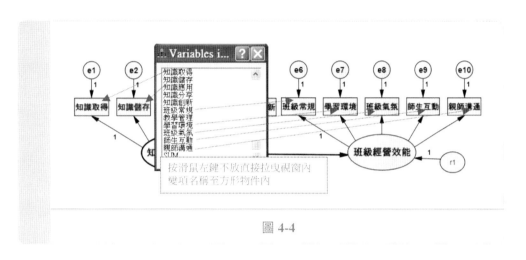

圖 4-4

四、設定潛在變項

無法觀察變項 (潛在變項) 包括外因潛在變項、內因潛在變項、各測量模式指標變項的誤差項 (假設模型中所有橢圓形的物件均為潛在變項／無法觀察之變項)，個別設定方法為在橢圓形的圖示上按右鍵或連按左鍵滑鼠二下，選取「物件性質」 (Object Properties...) 快速選單，出現「Object Properties」 (物件屬性) 對話視窗，切換到「Text」 (文字) 標籤對話視窗，在「Variable name」 (變數名稱) 方盒鍵入潛在變項的名稱，如「知識管理能力」、「班級經營效能」、「e1」、「e2」等。快速設定方法為：按功能列「Plugins」 (增列)，選取「Name Unobserved Variables」 (命名無法觀察之變項) 次功能列，其內定的潛在變項之變數名稱為 F1、F2、F3、……，誤差項或殘差項之潛在變項內定的變數名稱為 e1、e2、e3、……。

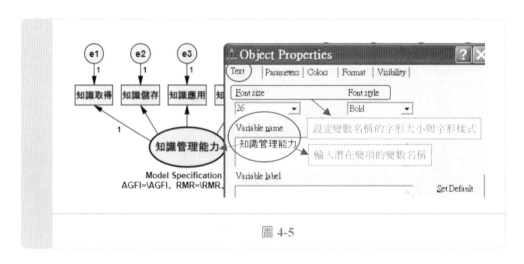

圖 4-5

　　AMOS18 軟體之「Object Properties」(物件屬性) 對話視窗之「Colors」(顏色) 標籤對話視窗可以設定物件背景中的漸層顏色,按「Fill color」(填充顏色) 方盒中的顏色可以開啟「Color Gradient」次對話視窗,「Color1」下選項可以選取第一種顏色、「Color2」下選項可以選取第二種顏色 (研究者可以拉曳中間的各顏色鈕的位置,也可以設定顏色)。

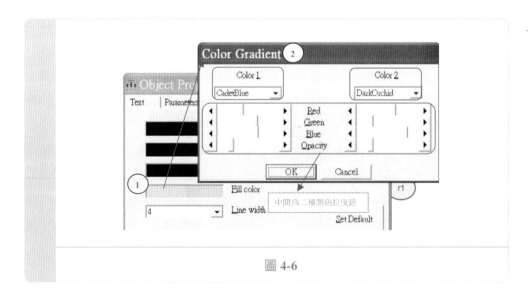

圖 4-6

　　「Colors」(顏色) 標籤對話視窗除可以設定物件背景中的漸層顏色外,也可以設定文字的顏色 (Text color)、物件參數的顏色 (Parameter color)、物件邊框的顏色 (Border color)、物件邊框的粗細 (Line width)。

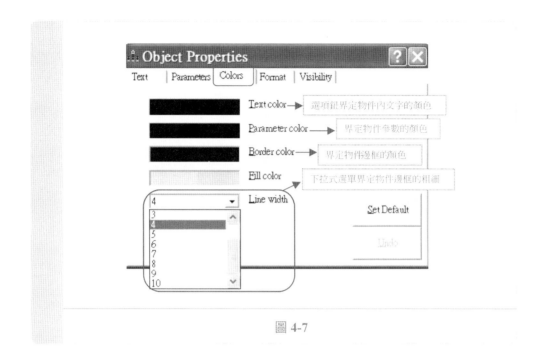

圖 4-7

五、設定文字報表要呈現的統計量

　　點選「分析的性質」(Analysis Properties) 工具圖像鈕，出現「Analysis Properties」(分析屬性) 對話視窗，按『Output』(輸出結果) 標籤鈕，勾選要呈現的統計量，此部分研究者可根據模式圖所需加以選取，輸出的統計量包括：「最小化過程」(□Minimization history)、「標準化估計值」(□Standardized estimates)、「多元相關的平方」(□Squared multiple estimates)、「間接效果、直接效果與總效果值」(□Indirect, direct & total effects) 選項、「觀察樣本共變異數矩陣」(□Sample moments)、「隱含共變異數矩陣」(□Implied moments)、「所有隱含共變數矩陣」(□All implied moments)「殘差共變異數矩陣」(□Residual moments)、「修正指標」(□Modification indices)、「考驗常態性與極端值」(□Tests for normality and outliers)、「因素分數加權值」(□Factor score weights)、「估計共變異數」(□Covariances of estimates)、「估計相關係數」(□Correlations of estimates)、「差異臨界比值」(□Critical ratios for difference)。勾選要輸出的統計量數後，按「Analysis Properties」對話視窗右上角的視窗關閉鈕「×」。範例之輸出統計量勾選以下幾個：「☑Standardized estimates」(標準

化估計值)、「☑Modification indices」 (修正指標) (內定修正指標臨界值為 4)、「☑Squared multiple estimates」 (多元相關係數平方)、「☑Tests for normality and outliers」 (常態性及極端值檢定)、「☑Indirect, direct & total effects」 (間接效果、直接效果與總效果) 等選項。

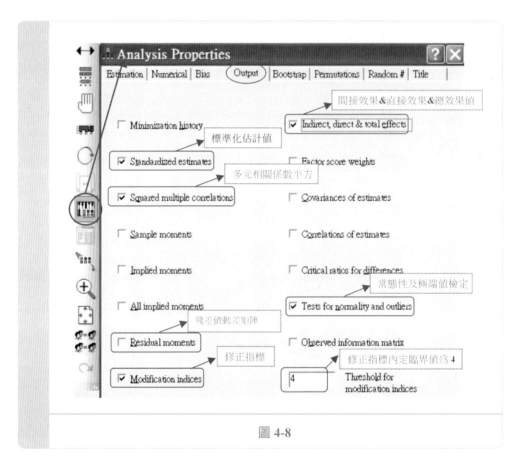

圖 4-8

「Analysis Properties」 (分析屬性) 對話視窗中,按『Estimation』 (估計) 標籤鈕,可選取模式估計的方法,在「Discrepancy」下的方盒中有五種模式估計方法:「⊙Maximum likelihood」 (最大概似法,簡稱為 ML 法,ML 法為 AMOS 模式估計的內定選項)、「○Generalized least squares」 (一般化最小平方法,簡稱為 GLS 法)、「○Unweighted least squares」 (無加權最小平方法,簡稱 ULS 法)、「○Scale-free least squares」 (尺度自由最小平方法,簡稱為 SFLS 法)、「○Asymptotically distribution-free」 (漸近分配自由法,簡稱 ADF 法)。當變項

之資料結構未符合多變量常態性假定時，一般採用 ADF 法；相對地，如果變項之資料結構符合多變量常態性的假定，模式參數的估計一般採用內定的 ML 法。AMOS 模式估計時，模式估計的參數未包括變項平均數與截距項，其內定的參數為共變數、徑路係數與變異數，若要增列模式中變項的平均數與截距項參數，必須先勾選「☑Estimate means and intercepts」(估計平均數與截距項) 選項。

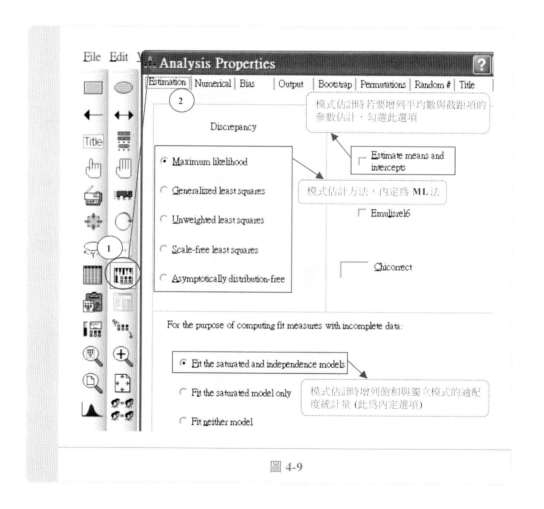

圖 4-9

六、儲存假設模式圖與計算估計值

點選「儲存目前的徑路圖」(Save the current path diagram) 工具圖像鈕，將假設模式圖存檔，其存檔類型為「Input file (*.amw)」，存檔後的副檔名為

「*.amw」→點選「計算估計值」 (Calculate estimates) 工具圖像鈕估計假型模型圖的統計量。

　　如果假設模型圖可以收斂估計，則「檢視輸出徑路圖」 (View the output path diagram) 鈕會由灰色變成明亮，「Computation summary」 (計算摘要) 方盒會出現疊代次數、卡方值及模式自由度；相對地，如果模式無法收斂估計，表示模式無法識別，此時模式的自由參數無法估計，「Computation summary」 (計算摘要) 方盒不會出現疊代次數、卡方值及模式自由度，「檢視輸出徑路圖」 (View the output path diagram) 鈕還是呈現灰色 (灰色表示無選取)。

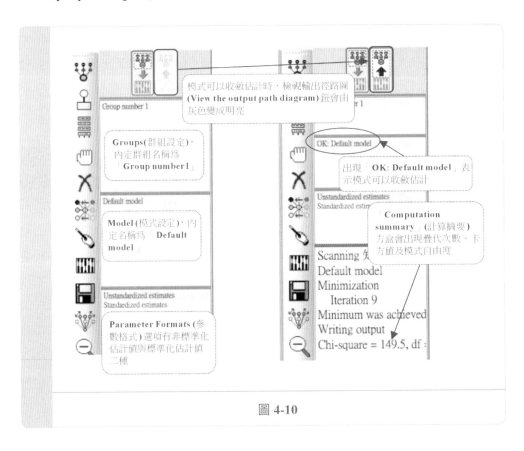

圖 4-10

AMOS 理論模式定的步驟，簡要流程圖如下：

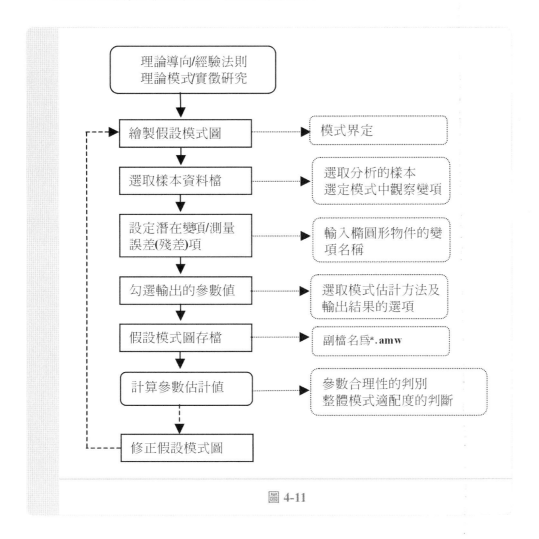

圖 4-11

七、呈現估計值模型圖

模式估計結果，若是假設模式圖無法辨識收斂，則模式的卡方值無法估計，此時「Computation summary」(計算摘要) 方盒中會出現以下訊息：

Default model (預設模式)

Minimization (最小化歷程)

Iteration 1 (疊代次數等於 1)

Writing output

　　如果模式可以辨識收斂，則「Computation summary」 (計算摘要) 方盒中會出現模式適配度的卡方值及模式的自由度，疊代運算次數會大於 1。模式可以收斂估計只表示模式中待估計的自由參數可以計算出來，這些參數是否全部為合理或可解釋的參數，研究者必須加以再判別，模式中不合理或無法解釋的參數如變異數為負數 (統計學上變異數的最小值為 0，若出現負的變異數，表示此變異數參數是不合理的)，標準化估計值模型圖之徑路係數大於 1.00 (標準化迴歸係數絕對值必須小於 1)，外因變項對內因變項的解釋變異量 R^2 大於 100.0%，共變異數矩陣無法正定等。

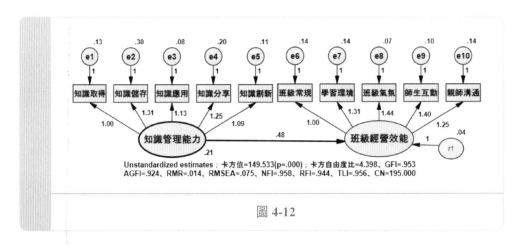

圖 4-12

　　在「Parameter Formats」 (參數格式) 選項中選取「Unstandardized estimates」 (未標準化估計值) 選項，再按『檢視輸出結果徑路圖』圖像鈕 (View the output path diagram)，可呈現非標準化估計值模式圖。非標準化估計模式圖中的參數包括外因潛在變項 (知識管理能力)、誤差項 (e1 至 e10)、殘差項 (r1) 的變異數，各測量模式中潛在變項對觀察變項的徑路係數 (非標準化迴歸係數)，其中徑路係數數值 1.00 者為「參照指標」，外因潛在變項「知識管理能力」對「內因潛在變項」的徑路係數 (B = .48)。

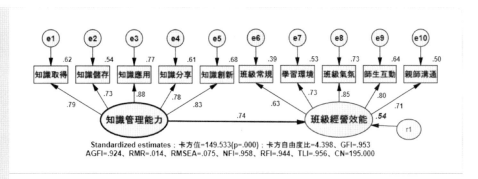

圖 4-13

　　在「Parameter Formats」(參數格式) 選項中選取「Standardized estimates」(標準化估計值) 選項，再按『檢視輸出結果徑路圖』圖像鈕 (View the output path diagram)，可呈現標準化估計值模式圖。測量模式中潛在變項對各觀察變項的標準化徑路係數為因素負荷量，因素負荷量的平方為指標變項的「信度係數」，一個可以有效反映潛在變項的指標變項其信度係數必須在 .500 以上 (即因素負荷量的數值要高於 .700)，外因潛在變項對內因潛在變項的標準化迴歸係數 β 為直接效果值 (β =.74)，多元相關係數平方為外因變項 (自變項) 對內因變項 (依變項) 聯合的解釋變異量。

貳、界定參照指標之徑路係數

　　在「知識管理能力」對「知識儲存」之徑路物件 (單向箭號) 上按滑鼠右鍵或連按二次滑鼠左鍵選取或開啟「Object Properties」(物件屬性) 對話視窗，按「Parameters」標籤鈕，會出現物件相對應的參數名稱，範例中的參數為「Regression weight」(徑路係數)，徑路係數下的方盒中沒有數值表示此參數為自由參數，若是界定為某個數值 (一般為 1)，表示此徑路係數參數為固定參數，在測量模式中界定為 1 的徑路係數稱為參照指標。

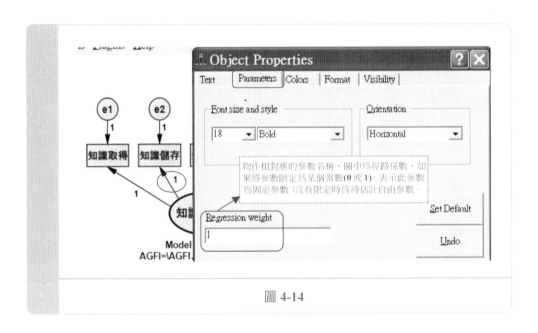

圖 4-14

　　每個測量模式只能界定一個參照指標，之前將「知識管理能力」潛在變項對「知識儲存」的徑路係數界定為 1，則原先「知識管理能力」潛在變項對「知識取得」的徑路係數 1 必須刪除。在「Object Properties」 (物件屬性) 對話視窗，按「Parameters」標籤鈕，將「Regression weight」 (徑路係數) 下的數值 1 刪除，此時「知識管理能力」潛在變項對「知識取得」的徑路係數由固定參數變為自由參數 (已經不是參照指標)。

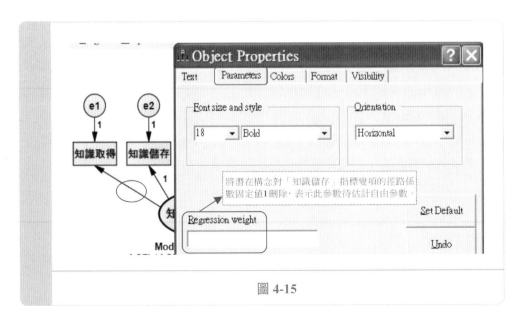

圖 4-15

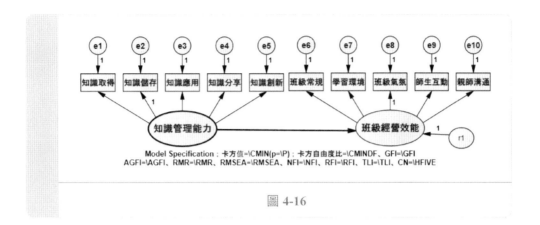

圖 4-16

　　在上述假設模型圖中，「知識管理能力」潛在變項五個指標變項中參照指標為潛在變項對指標變項「知識儲存」的徑路係數，此徑路係數值為固定參數，其數值界定為 1，其餘四條徑路係數為自由參數；「班級經營效能」潛在變項五個指標變項中參照指標為潛在變項對指標變項「班級氣氛」的徑路係數，此徑路係數值為固定參數，其數值界定為 1，其餘四條徑路係數為自由參數。

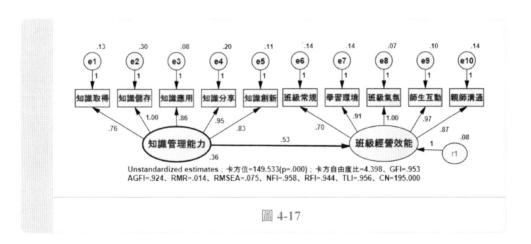

圖 4-17

　　在「Parameter Formats」(參數格式) 選項中選取「Unstandardized estimates」(未標準化估計值) 選項，再按『檢視輸出結果徑路圖』圖像鈕 (View the output path diagram)，呈現非標準化估計值模式圖。外因潛在變項「知識管理能力」測量模式五個觀察變項的徑路係數 (非標準化迴歸係數) 分別為 .76、1.00 (參照指標變項為知識儲存)、.86、.95、.83，「內因潛在變項」測量模式五個觀察變項的徑路係數 (非標準化迴歸係數) 分別為 .70、.91、1.00 (參照指標變項為

班級氣氛)、.97、.87。在迴歸分析中，由於自變項的測量尺度並非完全相同，原始數值的基礎點並不一樣，因而以非標準化迴歸係數 (原始估計的徑路係數) 作為影響依變項重要性的判斷參數會有很大的偏誤，此時若將自變項的迴歸係數進行標準化轉換，則自變項的起始點與測量尺度會相同，原始迴歸係數標準化轉換後的參數稱為標準化徑路係數。標準化估計值模式中呈現的徑路係數即為標準化迴歸係數。

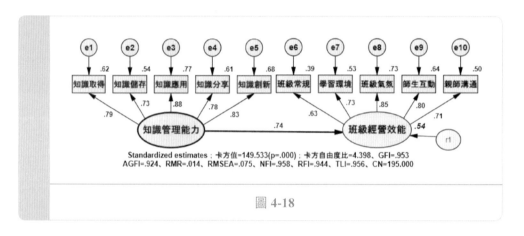

圖 4-18

在「Parameter Formats」 (參數格式) 選項中選取「Standardized estimates」 (標準化估計值) 選項，再按『檢視輸出結果徑路圖』圖像鈕 (View the output path diagram)，呈現標準化估計值模式圖，界定外因潛在變項「知識管理能力」之觀察變項「知識儲存」為參照指標時，此潛在變項五個指標變項的標準化迴歸係數 (因素負荷量) 分別為 .79、.73、.88、.78、.83；內因潛在變項「班級經營效能」的指標變項中，界定觀察變項「班級氣氛」為參照指標時，五個指標變項中的標準化迴歸係數 (因素負荷量) 分別為 .63、.73、.85、.80、.71，「知識管理能力」對「班級經營效能」影響之標準化徑路係數為 .74 (直接效果值)，解釋變異量為 .54。

AMOS 之測量模式中，要界定潛在變項對一個觀察變項的徑路係數值為 1，徑路係數被界定為 1 者為固定參數，沒有被界定為某一數值者均為自由參數；第二種界定方法是潛在變項若是為外因變項 (自變項)，可以直接界定外因潛在變項的變異數為 1，此時測量模式之觀察變項不用再界定參照指標。

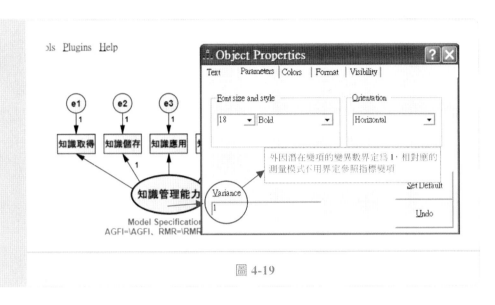

圖 4-19

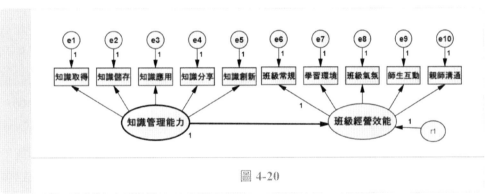

圖 4-20

　　外因潛在變項「知識管理能力」的變異數界定為 1 時，潛在變項的觀察變項不能再界定參照指標。上述假設模型圖中外因潛在變項「知識管理能力」的五個指標變項均為自由參數，沒有界定固定參數。因果模式中作為依變項 (或中介變項者) 無法估計潛在變項的變異數，所以內因潛在變項的參數沒有變異數，此時內因潛在變項的測量模式不能界定潛在變項的變異數為 1，必須界定觀察變項的徑路係數中有一個為參照指標變項，此參照指標變項為固定參數。

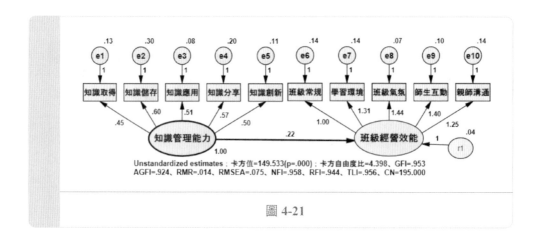

圖 4-21

　　非標準化估計值模式圖中，外因潛在變項「知識管理能力」的變異數界定為 1.00，測量模式五個觀察變項的徑路係數 (非標準化迴歸係數) 分別為.45、.60、.51、.57、.50，「知識管理能力」外因變項對「班級經營效能」內因變項的迴歸係數為 .22。從估計值瀏覽文件中顯示「知識管理能力」潛在變項五個觀察變項的徑路係數值分別 .453、.596、.514、.569、.496，如果以第一個徑路係數估計值為參照點，五個徑路係數值分別除以 .453，則五個觀察變項的徑路係數分別為 .453/.453：.596/.453：.514/.453：.569/.453：.496/.453 = 1.000：1.315：1.133：1.254：1.093，表示將「知識取得」徑路係數界定為 1.000 (固定參數)，知識儲存、知識應用、知識分享、知識創新四個觀察變項 (自由參數) 的徑路係數分別為 1.315、1.133、1.254、1.093，測量模式中觀察變項徑路係數 (未標準化迴歸係數) 間的比值是相同。

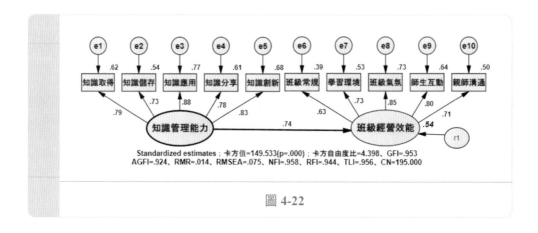

圖 4-22

在「Parameter Formats」(參數格式) 選項中選取「Standardized estimates」(標準化估計值) 選項，再按『檢視輸出結果徑路圖』圖像鈕 (View the output path diagram)，呈現標準化估計值模式圖，界定外因潛在變項「知識管理能力」的變異數為 1 時，此潛在變項五個指標變項的標準化迴歸係數 (因素負荷量) 分別為 .79、.73、.88、.78、.83；內因潛在變項「班級經營效能」五個指標變項的標準化迴歸係數 (因素負荷量) 分別為 .63、.73、.85、.80、.71，「知識管理能力」對「班級經營效能」影響之標準化徑路係數為 .74 (直接效果值)，解釋變異量 R^2 為 .54。

按「View Text」(檢視文字) 工具圖像鈕，可開啟「Amos Output」(Amos 輸出) 對話視窗，此對話視窗為模式估計後所有的註解說明與參數，視窗的排列為綱要式的條列，其界面與操作類似檔案總管，左邊為大綱項目，右邊為大綱項目的內容。

圖 4-23

參、參數估計與模式檢定

「Amos Output」(Amos 輸出) 對話視窗內相關參數的解析如下：

Analysis Summary【分析摘要】

The model is recursive.【模式是遞迴的】

Sample size = 600【有效樣本個有有 600 位】

Variable Summary (Group number 1)【變數摘要】

Your model contains the following variables (Group number 1)【群組 1 之模式包含下列的變項】

Observed, endogenous variables【觀察內因變項-十個觀察變項】

知識取得

知識儲存

知識應用

知識分享

知識創新

班級常規

學習環境

班級氣氛

師生互動

親師溝通

Unobserved, endogenous variables【潛在內因變項--依變項】

班級經營效能

Unobserved, exogenous variables【潛在外因變項，包含知識管理能力、十個誤差項及殘差項】

知識管理能力

e1

e2

e3

e4

e5

e6

e7

e8
e9
e10
r1

　　測量模式中所有指標變項 (觀察變項) 均為內因變項 (endogenous variables)，測量模式中的潛在變項如作為依變項 (效標變項)，則稱為潛在內因變項 (unobserved endogenous variables)，潛在變項如作為自變項 (解釋變項)，則稱為潛在外因變項 (unobserved exogenous variables)，範例中教師「知識管理能力」為潛在外因變項 (或稱外因潛在變項或外衍變項)，「班級經營效能」為潛在內因變項 (或稱內因潛在變項或內衍變項)。測量模式中每個觀察變項可以直接由其相對應的潛在變項來預測，因而每個觀察變項 (長方形物件) 均為內因變項 (內衍變項)，每個觀察變項的誤差項 (ε 項或 δ 項) (以橢圓形物件表示) 為外因變項 (外衍變項)，「班級經營效能」變項之殘差項 (以橢圓形物件表示) 亦為外因變項 (外衍變項)。

Variable counts (Group number 1) 【變項個數】

　　Number of variables in your model: (模式中變項的個數)　　23

　　Number of observed variables: (觀察變項的個數)　　　　　10

　　Number of unobserved variables: (無法觀察變項的個數)　13

　　Number of exogenous variables: (外因變項的個數)　　　　12

　　Number of endogenous variables: (內因變項的個數)　　　11

　　模式中的變項總共有 23 個，觀察變項 (指標變項／測量變項) 有 10 個 (10 個指標變項)、無法觀察變項 (橢圓形物件) 有 13 個，包括觀察變項的誤差項 10 個、「知識管理能力」、「班級經營效能」2 個潛在變項及班級經營效能的殘差項 (r1)；外因變項的個數有 12 個，包括觀察變項的誤差項 10 個、殘差項 (r1) 1 個、模式的自變項「知識管理能力」1 個；內因變項的個數有 11 個，包括 10 個指標變項及 1 個效標變項「班級經營效能」。

表 4-1 **Parameter summary (Group number 1)** 【參數摘要】

	Weights (徑路係數)	Covariances (共變數)	Variances (變異數)	Means (平均數)	Intercepts (截距項)	Total
Fixed (固定參數)	13	0	0	0	0	13
Labeled (加註標籤名稱)	0	0	0	0	0	0
Unlabeled (未加註標籤名稱)	9	0	12	0	0	21
Total (全部參數)	22	0	12	0	0	34

　　模式中共有 22 個迴歸係數參數，其中 13 個是固定參數，9 個是待估計的自由參數，13 個固定參數中有 2 個是測量模式潛在變項的參照指標項、10 個是誤差變項、1 個是殘差變項，其徑路參數值固定值為 1。待估計的共變量參數有 0 個、待估計的變異數參數有 12 個 (1 個是外因潛在變項知識管理能力的變異數、10 個是觀察變項之測量誤差項變項的變異數、1 個是殘差項的變異數)，因而待估計參數有 9 + 0 + 12 = 21 個，這 21 個待估計的參數均未命名 (因為測量模式中沒有設定參數標籤名稱)，加上 13 個固定迴歸係數，全部的參數有 21 + 13 = 34 個。

表 4-2 **Assessment of normality (Group number 1)** 【常態性評估】

Variable (指標變項)	min (最小值)	max (最大值)	skew (偏態係數)	c.r. (臨界比)	kurtosis (峰度係數)	c.r. (臨界比值)
親師溝通	1.750	5.000	−.305	−3.052	.717	3.583
師生互動	1.000	5.000	−.516	−5.164	1.918	9.591
班級氣氛	2.000	5.000	−.315	−3.146	.698	3.491
學習環境	1.750	5.000	−.344	−3.440	.460	2.301
班級常規	1.750	5.000	−.238	−2.378	1.297	6.486
知識創新	1.333	5.000	−.629	−6.293	1.181	5.905
知識分享	1.000	5.000	−.531	−5.307	.425	2.126
知識應用	1.333	5.000	−.722	−7.222	1.778	8.889
知識儲存	1.000	5.000	−.577	−5.767	.091	.457
知識取得	1.500	5.000	−.678	−6.781	1.504	7.518
最大係數值			−0.238		1.918	
最小係數值			−0.722		0.091	
Multivariate					26.403	20.873

　　SEM 的分析程序中，若是資料結構屬極端的分配，即偏離常態性資料結構情形嚴重，則不宜採用內定之最大概似估計法 (Maximum likelihood estimates；簡稱 ML 法) 或一般化最小平方法 (Generalized least squares；簡稱 GLS 法)，此時應改用漸進自由分配法 (Asymptotically distribution-free)，估計方法的選取操作程序：點選「Analysis properties」(分析屬性) 工具列圖像鈕，切換到「Estimation」(估計) 次對話視窗，內有五種統計量估計方法，內定選項為 ML 法。漸進自由分配估計法適用於資料結構非多元常態的分配，但使用此方法時樣本數必須為大樣本，否則會影響模式估計結果的正確性。

　　常態性評估選項可以就觀察變項的分配情形進行判斷，第一欄為觀察變項名稱、第二欄為最小值、第三欄為最大值、第四欄為偏態係數、第五欄為偏態係數的顯著性檢定、第六欄為峰度係數、第七欄為峰度係數的顯著性檢定。以觀察變項「親師溝通」變項而言，其資料數據中最小值為 1.750、最大值為 5，偏態係數值為 −.305，偏態係數臨界比值為 −3.052，峰度係數值為 .717，峰度係數臨界比值為 3.583，其絕對值小於 1.96。在常態分配下，偏態係數值與峰度係數值應接近 0，其係數顯著性檢定應未達 .05 顯著水準，若是達 .05 顯著水準，表示其偏態係數值或峰度係數值顯著不等於 0，資料結構之偏態係數值或峰度係數值顯著不等於 0，表示資料結構偏離常態分配。變項的偏態係數絕對值若大於 3、峰度係數絕對值若大於 10 (較嚴格標準為 7 或 8)，表示資料結構的分配可能不是常態，若是峰度係數絕對值大於 20，則偏離常態的情形可能較為嚴重。資料結構中十個指標變項的偏度係數值介於 −.722 至 −.238 之間，其絕對值小於 1，峰度係數介於 .091 至 1.918 之間，其絕對值小於 2，表示資料結構符合常態分配的假定，因而採用最大概似法作為模式各參數統計量的估計法較為適宜。當常態性評估結構，觀察變項之資料結構嚴重偏離常態分配的假定，模式估計的方法應改用「漸近自由分配法」(ADF 法)，在大樣本情況下，雖然如果觀察變項之資料結構不符合多變量常態性假定，但資料結構偏離常態分配的情形不嚴重，採用最大概似估計法 (ML 法) 進行模式參數估計，估計所得參數也不會有所偏誤。

Notes for Model (Default model) 【模式的註解】

Computation of degrees of freedom (Default model)

　　　　Number of distinct sample moments:　　55

Number of distinct parameters to be estimated: 21

Degrees of freedom (55 − 21)： 34

　　文件檔內容中從之前參數摘要表可以發現：模式內固定參數的個數 13 個，待估計的路徑係數有 9 個、待估計的變異數有 12 個，全部待估計的自由參數共有 21 個，「number of distinct parameters to be estimated」列為待估計的獨特參數個數，此列的數值為模式中待估計的自由參數。測量模式中有十個觀察變項，模式參數可以提供的資訊點共有 55 個，資訊點的個數 55 = 10×(10 + 1)÷2，由於模式中獨特樣本動差樣本點個數 (number of distinct sample moments) 有 55 個，待估計的個別自由參數有 21 個，模式的自由度為 55 − 21 = 34。如果模式的自由度為負數，則模式會出現無法識別 (unidentified) 的提示語，模式無法識別表示模式的自由參數無法被估計出來，此時必須修改假設模型。

Result (Default model)

Minimum was achieved

Chi-square = 149.533

Degrees of freedom = 34

Probability level = .000

　　模式估計若是可以收斂，此時可以求出模式適配度的卡方值，範例中整體模式適配度的卡方值為 149.533，模式的自由度為 34，顯著性機率水準 p = .000。就 SEM 統計量而言，χ^2 值是一個不佳的適配度測量值 (badness of fit measure)，因為概似比 χ^2 值統計量非常敏感，此統計量受到樣本大小的影響非常大，當樣本數擴大時，概似比 χ^2 值統計量也會跟著膨脹變大，顯著性 p 值會跟著變得很小，此時所有虛無假設都會被拒絕，而得出多數假設模型與樣本資料無法適配的結論：樣本資料推算之共變異數矩陣 Σ 與假設模型推導之共變異數矩陣 $\Sigma(\theta)$ 顯著不相等，因此在整體模式適配度的判別方面，在大樣本的情況下，概似比 χ^2 值只是一個參考指標，不要作為唯一的判別指標。

表 4-3　**Maximum Likelihood Estimates【最大概似估計法】**
Regression Weights: (Group number 1 - Default model)【徑路係數】

	Estimate (估計值)	S.E. (標準誤)	C.R. (臨界比值)	P (顯著性)	Label
班級經營效能 <---知識管理能力	.482	.037	13.017	***	
知識取得 <---知識管理能力	1.000				參照指標
知識儲存 <---知識管理能力	1.315	.069	19.102	***	
知識應用 <---知識管理能力	1.133	.047	23.884	***	
知識分享 <---知識管理能力	1.254	.061	20.681	***	
知識創新 <---知識管理能力	1.093	.049	22.105	***	
班級常規 <---班級經營效能	1.000				參照指標
學習環境 <---班級經營效能	1.314	.090	14.589	***	
班級氣氛 <---班級經營效能	1.436	.088	16.295	***	
師生互動 <---班級經營效能	1.397	.089	15.648	***	
親師溝通 <---班級經營效能	1.255	.088	14.340	***	

　　徑路係數為採用最大概似法所估計的未標準化迴歸係數，在模式設定上將「知識管理能力--->知識取得」、「班級經營效能---->班級常規」的未標準化迴歸係數參數設為固定參數，固定參數的數值為 1，所以這二個參數不需要進行徑路係數顯著性檢定，其標準誤 (S.E.)、臨界比 (C.R.)、顯著性 p 值欄的數值均為空白。臨界比 (critical ratio) 值等於參數估計值 (Estimate) 與估計值標準誤 (the standard error of estimate) 的比值，相當於 t 檢定值，如果此比值絕對值大於 1.96，則參數估計值達到 .05 顯著水準，臨比值絕對值大於 2.58，則參數估計值達到 .01 顯著水準。顯著性的機率值若是小於 .001，顯著性「p」值欄會以「***」符號表示；顯著性的機率值如果大於 .001，則「p」值欄會直接呈現其數值大小。徑路係數估計值考驗在於判別迴歸徑路係數估計值是否等於 0，如果達到顯著水準 (p<.05)，表示迴歸係數顯著的不等於 0。上述 10 個觀察變項的徑路係數除二個參照指標外，其餘 8 個徑路係數均達 .05 顯著水準，表示這些徑路係數參數均顯著不等於 0；結構模式之徑路係數值為 .482，估計值標準誤為 .037，顯著性 p 值小於 .001，亦達 .05 顯著水準，表示「知識管理能力」外因變項 (外衍變項) 影響「班級經營效能」內因變項 (內衍變項) 的徑路係數顯著不等於 0。

表 4-4　**Standardized Regression Weights: (Group number 1 - Default model)** 【標準化徑路係數】

	Estimate
班級經營效能 <---知識管理能力	.735
知識取得　　 <---知識管理能力	.788
知識儲存　　 <---知識管理能力	.735
知識應用　　 <---知識管理能力	.879
知識分享　　 <---知識管理能力	.783
知識創新　　 <---知識管理能力	.826
班級常規　　 <---班級經營效能	.627
學習環境　　 <---班級經營效能	.726
班級氣氛　　 <---班級經營效能	.853
師生互動　　 <---班級經營效能	.800
親師溝通　　 <---班級經營效能	.709

　　「Standardized Regression Weights」為標準化迴歸係數值，在測量模式中觀察變項的標準化徑路係數又稱為「因素加權值」(factor weights) 或「因素負荷量」(factor loading)，標準化的徑路係數代表的是共同潛在因素對觀察變項的影響。以「知識管理能力---> 知識取得」而言，其標準化的迴歸係數值為 .788，表示潛在因素構念對觀察變項 (指標變項)「知識取得」的直接效果值為 .788，其預測力 (解釋變異量) R^2 為 .788×.788 = .622 (R^2 為測量模式之觀察變項的信度指標值)。標準化的迴歸係數係由變項轉化為標準分數 (z 分數) 後，計算出來的估計值，從因素負荷量的數值可以瞭解觀察變項 (指標變項) 在各潛在因素之相對重要性。因素負荷量係數值愈大，表示指標變項能被構念解釋的變異愈大，指標變項能有效反映其要測得之潛在構念特質，因素負荷量的大小可以作為評估量表聚斂效度 (converge validity) 的指標值。在結構模式中的標準化迴歸係數為外因變項影響內因變項的直接效果值，範例中「知識管理能力」外因變項影響「班級經營效能」的標準化徑路係數為 .735，解釋變異量 R^2 為 .541。

表 4-5　**Variances: (Group number 1 - Default model) 【變異數】**

	Estimate (估計值)	S.E. (估計標準誤)	C.R. (臨界比)	P (顯著性)	Label (參數標籤名稱)
知識管理能力	.206	.018	11.250	***	
r1	.041	.005	7.558	***	
e1	.125	.009	14.627	***	
e2	.303	.020	15.406	***	
e3	.077	.007	11.708	***	
e4	.203	.014	14.715	***	
e5	.114	.008	13.778	***	
e6	.136	.009	15.919	***	
e7	.137	.009	14.900	***	
e8	.068	.006	11.470	***	
e9	.097	.007	13.400	***	
e10	.138	.009	15.122	***	

　　變異數摘要表包括十個觀察變項之誤差項的變異數、一個結構模式之殘差項的變異數、一個外因變潛在變項 (外衍潛在變項)「知識管理能力」的變異數，前者即十個觀察變項的測量誤差 (measured error/residual)。模式中十二個變項的變異數均為正數且達到 .05 顯著水準，其變異量標準誤估計值均很小，其數值介於 .005 至 .020，表示無模式界定錯誤的問題，估計參數中沒有出現負的誤差變異數且變異數估計值的標準誤數值均很小，顯示模式的基本適配度良好。SEM 模式考驗結果若出現負的誤差變異數，會出現以下的警告訊息：「The following variances are negative.」(下列的變異數為負值)，變異數中出現負值表示模式界定有問題 (因為統計參數中的變異數為標準差的平方值，不應出現負數)，此時的假設模型應重新界定，尤其是參數的限制部分可能要放寬，或將某些限制參數取消。

【表格範例】

表 4-6 二個因素構念變項測量模式之測量指標變項的因素負荷量及信效度檢驗摘要表

因素構念	測量指標	因素負荷量	信度係數	測量誤差	組合信度	平均變異量抽取值
教師知識管理能力	知識取得	0.735	0.540	0.460	0.8893	0.6174
	知識儲存	0.788	0.621	0.379		
	知識應用	0.735	0.540	0.460		
	知識分享	0.879	0.773	0.227		
	知識創新	0.783	0.613	0.387		
班級經營效能	班級常規	0.627#	0.393#	0.607#	0.8620	0.5581
	學習環境	0.726	0.527	0.473		
	班級氣氛	0.853	0.728	0.272		
	師生互動	0.800	0.640	0.360		
	親師溝通	0.709	0.503	0.497		
	適配標準值	>.700	>.500	<.500	>.600	>.500

註：#表示未達最低標準值，因素負荷量<.70　信度係數<.50；
　　組合信度<.600 平均變異量抽取值<.500。

表 4-7 Squared Multiple Correlations: (Group number 1 - Default model) 【多元相關係數的平方】

	Estimate
班級經營效能	.541
親師溝通	.503
師生互動	.641
班級氣氛	.728
學習環境	.527
班級常規	.393
知識創新	.682
知識分享	.614
知識應用	.773
知識儲存	.540
知識取得	.622

　　觀察變項 (測量變項) 多元相關的平方，與複迴歸中的 R^2 性質相同，表示個別觀察變項 (測量指標) 被其潛在變項解釋的變異量，此解釋變異量的數值也就是個別測量變項的信度係數。以測量指標「親師溝通」而言，其 R^2 值等於

.503，表示潛在變項 (因素構念)「班級經營效能」可以解釋觀察變項「親師溝通」50.3%的變異量 (班級經營效能→親師溝通)，無法解釋的變異量 (誤差變異量) 為 1 − .503 = .497。模式中各誤差變項除具有誤差變異量成份外，也包含了「隨機誤差」(random error)，因而多元相關平方值被視為是信度的最小界限估計值。測量模式中個別觀察變項的信度值若高於 0.50，表示模式的內在品質檢定良好，SEM 之各測量模式 (measured model) 中，指標變項因素負荷量的平方即為各指標變項 (觀察變項) 的信度係數。內因潛在變項 (潛在內衍變項) 的 R^2 為外因潛在變項 (潛在外衍變項) 可以解釋的變異部分，由於模式中只有一個外因潛在變項「知識管理能力」，因而「班級經營效能」的 R^2 (= .541)，為「知識管理能力」變項可以解釋的變異量 (54.1%)，外因潛在變項無法解釋的變異量為 45.9% (=1 − 54.1%)。

表 4-8　**Standardized Total Effects (Group number 1 - Default model)**

	知識管理能力	班級經營效能
班級經營效能	.735	.000
親師溝通	.522	.709
師生互動	.588	.800
班級氣氛	.627	.853
學習環境	.534	.726
班級常規	.461	.627
知識創新	.826	.000
知識分享	.783	.000
知識應用	.879	.000
知識儲存	.735	.000
知識取得	.788	.000

　　「Standardized Total Effects」表的數據為總效果值，總效果值等於直接效果值加上間接效果值。

表 4-9　Standardized Direct Effects (Group number 1 - Default model)

	知識管理能力	班級經營效能
班級經營效能	.735	.000
親師溝通	.000	.709
師生互動	.000	.800
班級氣氛	.000	.853
學習環境	.000	.726
班級常規	.000	.627
知識創新	.826	.000
知識分享	.783	.000
知識應用	.879	.000
知識儲存	.735	.000
知識取得	.788	.000

　　「Standardized Direct Effects」表中的數據為直接效果值，就測量模式而言，潛在變項對觀察變項的直接效果值為因素負荷量 (標準化徑路係數)，以教師「知識管理能力」潛在變項之測量模式為例，潛在因素構念對知識創新、知識分享、知識應用、知識儲存、知識取得的標準化徑路係數 (因素負荷量) 分別為.826、.783、.879、.735、.788，因素負荷量數值即為直接效果值；就結構模式而言，外因潛在變項對內因潛在變項直接影響路徑之標準化徑路係數即為直接效果值，範例中「知識管理能力」外因變項對「班級經營效能」內因變項之標準化徑路係數為 .735，因而直接效果值為 .735。

表 4-10　Standardized Indirect EffeCTS (gROUP NUMBER 1 - dEFAULT MODEL)

	知識管理能力	班級經營效能
班級經營效能	.000	.000
親師溝通	.522	.000
師生互動	.588	.000
班級氣氛	.627	.000
學習環境	.534	.000
班級常規	.461	.000
知識創新	.000	.000
知識分享	.000	.000
知識應用	.000	.000

表 4-10　（續）

	知識管理能力	班級經營效能
知識儲存	.000	.000
知識取得	.000	.000

　　「Standardized Indirect Effects」表中的數據為間接效果值，所謂間接效果值是自變項 (解釋變項) 對依變項 (效標變項) 的影響路徑是透過中介變項而產生的。假設模型圖中，外因變項「知識管理能力」對內因變項「班級經營效能」的影響並沒有探究藉由中介變項的影響情形，因而間接效果值為 .000。「知識管理能力」 (外因變項) 對內因潛在變項「班級經營效能」五個觀察變項影響的間接效果值分別為 .522、.588、.627、.534、.461。間效效果值乃是外因變項對中介變項的直接效果值乘於中介變項對效標變項的直接效果值，以「班級常規」觀察變項而言，外因潛在變項「知識管理能力」對其影響的間接效果值 = .735 (知識管理能力→班級經營效能)×.627 (班級經營效能→班級常規) = .461；再以「親師溝通」觀察變項而言，外因潛在變項「知識管理能力」對其影響的間接效果值 = .735 (知識管理能力→班級經營效能)×.709 (班級經營效能→親師溝通) = .522。潛在變項的路徑分析中，研究者關注的是結構模式間的因果關係，因而只要是探究外因潛在變項對內因潛在變項的直間接效果及總效果值，外因潛在變項對內因潛在變項各觀察變項之間接效果並不是分析的重點所在。

表 4-11　**Modification Indices (Group number 1 - Default model)【修正指標】**
Covariances: (Group number 1 - Default model)

	M.I.	Par Change
e9<-->知識管理能力	5.944	−.016
e9<-->r1	8.469	.010
e8<-->e9	11.310	.014
e6<-->e8	5.203	−.011
e6<-->e7	7.541	.017
e5<-->r1	15.772	.014
e4<-->r1	8.412	−.014
e4<-->e7	4.635	−.017
e4<-->e5	7.348	.020

表 4-11 （續）

	M.I.	Par Change
e3<-->e10	4.171	-.011
e3<-->e4	11.002	-.021
e2<-->r1	10.235	-.018
e2<-->e10	4.840	.020
e2<-->e9	18.480	-.035
e2<-->e5	15.962	-.035
e2<-->e4	14.748	.044
e2<-->e3	5.760	.018
e1<-->e5	4.085	-.012

　　當模式無法適配時，多數使用 AMOS 統計軟體進行模式檢定的研究者通常會根據 AMOS 提供的修正指標值 (Modification Indices) 進行假設模型的修正，AMOS 提供的修正指標值包括增列變項間共變關係 (Covariances)、增列變項的路徑係數 (Regression Weights)、增列變項的變異數 (Variances) 估計，假設模型修正程序中最常使用者為增列變項間的相關 (共變關係) 或增列變項間的影響路徑，AMOS 提供的修正指標值之計算是隱含假設所有增列之所有參數原先的數值均為 0，其中也包含某些參數明確界定為 0 或不是 0 的數值，當修正指標增列的指標值由原先參數為 0 改為修正指標數值時，整體模式檢定可能降低多少數值之 χ^2 值統計量，當 χ^2 值統計量變得愈小時，其餘整體模式適配度指標值會愈接近適配標準。「M.I.」(modification index) 欄呈現的數值為模式卡方值降低的差異量，「Par Change」(estimated parameter change) 欄為估計參數改變數值，此數值如果為正，則參數的數值會增加；相對的此數值如果為負，則參數的數值會減少，如果原先的共變關係估計值為 0，「Par Change」欄的數值為正，表示增列變項間的共變關係呈現正相關；若是原先的共變關係估計值為 0，「Par Change」欄的數值為負，表示增列變項間的共變關係呈現負相關。

　　由於 AMOS 提供的修正指標值中增列變項共變關係或增列變項路徑係數時，並沒有考量此種修正是否違反 SEM 的假定，或修改後之假設模型的意涵是否具實質意義，因而研究者不能只根據 AMOS 提供的所有修正指標值進行假設模型修正的參考，因為其中某些修正指標值是不具意義的，那研究者又會質疑：「既然某些修正指標值提供的共變或路徑不具意義，為何 AMOS 又要提供

這些修正指標值呢？」研究者心中的疑惑是可以理解的，這也是統計軟體應用的限制所在，AMOS 提供的修正指標只是將所有可以有效降低 χ^2 值統計量的方法告知使用者，至於要如何取捨及如何進行模型的修正，則必須根據理論文獻與假設模型而定，其中最重要的是所增列之變項間的關係要有實質意義，修正後的假設模型可以合理的解讀與詮釋，且修正後的假設模型之變項間關係不能違反 SEM 的基本假定。

以誤差項「e9」和「知識管理能力」列的修正指標而言，修正指標值 5.944 數值的文字說明為：

If you repeat the analysis treating the covariance between e9 and 知識管理能力 as a free parameter, the discrepancy will fall by at least 5.944.

如果將「e9」和「知識管理能力」間的共變關係界定為自由參數，則大約可降低卡方值 5.944 的差異量。

期望參數改變的數值 −.016 的說明為：

If you repeat the analysis treating the covariance between e9 and 知識管理能力 as a free parameter, its estimate will become smaller by approximately 0.016 than it is in the present analysis.

如果將「e9」和「知識管理能力」間的共變關係界定為自由參數，共變量的估計值大約會比目前估計分析結果的數值之估計值小 0.016。(期望參數改變的數值的若為正，則表示修正假設模型估計值會比目前分析結果所得的估計值為大)。

再以誤差項 e2 與誤差項 e9 列的共變關係為例，修正指標值 18.480 與期望參數改變估計值 −.035 的說明為：

If you repeat the analysis treating the covariance between e2 and e9 as a free parameter, the discrepancy will fall by at least 18.480.

如果將「e2」和「e9」二個誤差項間的共變關係界定為自由參數，則大約可

降低卡方值 18.480 的差異量。

If you repeat the analysis treating the covariance between e2 and e9 as a free parameter, its estimate will become smaller by approximately 0.035 than it is in the present analysis.

如果將「e2」和「e9」二個誤差項間的共變關係界定為自由參數，共變量的估計值大約會比目前估計分析結果的數值之估計值小 0.035。

表 4-12　**Variances: (Group number 1 - Default model)**【變異數修正指標】

	M.I.	Par Change

　　變異數分析的修正指標沒有呈現，表示如果增列變項之變異數後，卡方值的差異量沒有超過內定的數值「4」(If no modification indices are displayed, this means that none exceed the specified threshold.)，修正指標數值 4 為內定值，研究者也可以修改。

表 4-13　**Regression Weights: (Group number 1 - Default model)**【徑路係數修正指標】

	M.I.	Par Change
師生互動<---知識管理能力	5.944	−.080
師生互動<---知識分享	7.893	−.055
師生互動<---知識儲存	20.103	−.078
師生互動<---知識取得	7.270	−.066
學習環境<---班級常規	4.297	.071
知識創新<---班級經營效能	5.875	.132
知識創新<---師生互動	4.988	.066
知識創新<---班級氣氛	6.969	.081
知識創新<---學習環境	6.053	.070
知識創新<---班級常規	5.177	.073
知識創新<---知識儲存	6.779	−.049
知識分享<---師生互動	5.052	−.086
知識分享<---學習環境	6.754	−.096
知識分享<---知識儲存	6.219	.061
知識儲存<---師生互動	14.318	−.173

表 **4-13** （續）

	M.I.	Par Change
知識儲存<---班級氣氛	5.620	-.112
知識儲存<---知識創新	4.256	-.081
知識儲存<---知識分享	5.018	.073

If you repeat the analysis treating the regression weight for using 知識儲存 to predict 師生互動 as a free parameter, the discrepancy will fall by at least 20.103.

如果模型圖中增列「知識儲存」對「師生互動」預測之徑路係數為自由參數，則大約可降低卡方值 20.103 的差異量。

weight

If you repeat the analysis treating the regression weight for using 知識儲存 to predict 師生互動 as a free parameter, its estimate will become smaller by approximately 0.078 than it is in the present analysis.

如果模型圖中增列「知識儲存」對「師生互動」預測之徑路係數為自由參數，則其估計值會比目前估計分析結果的數值之估計值小 0.078 (由於原先「知識儲存」對「師生互動」預測之徑路係數為 0，新的徑路係數估計值比 0 為小，表示增列假設模型中此條路徑的徑路係數值為負數)。

　　在輸出報表中內定的修正指標值的內定界限值為「4」，範例中修正指標臨界值為「10」。若是假設模型與樣本資料無法適配，研究者要對假設模型進行模式的修正，可根據修正指標值之變更數值進行模型的簡化。模式修正應與理論或經驗法則相契合，或重新抽取一組樣本施測，以重新考驗修正後新模式的適配情形。當參數的修正指標值較大，表示可進行變項間的釋放或徑路係數的刪除，不論是進行變項間的參數釋放 (建立變項間的共變關係)，或變項間的因果關係路徑刪除，均不能違反 SEM 的假定或與理論模式假定相矛盾。

　　由於修正指標值所呈現增列變數間的共變或因果路徑包含飽和模式中所有參數，這些參數原先為 0，若將這些參數估計顯著不等於 0 時，卡方值減少的差異量。以共變關係為例，如果期望參數改變的數值為負數，則增列的二個變數間的相關為負；若是期望參數改變的數值為正數，則增列的二個變數間的相關為正，以下列的殘差項「r1」與誤差項「e5」的共變關係為例，原先模式這二個變

項沒有共變關係，若增列這二個變項的共變關係 (二個變項有相關)，則整體模式大約可減少 15.772 的卡方值，估計期望參數變化為二者呈正相關。

	M.I.	Par Change
e5<-->r1	15.772	.014

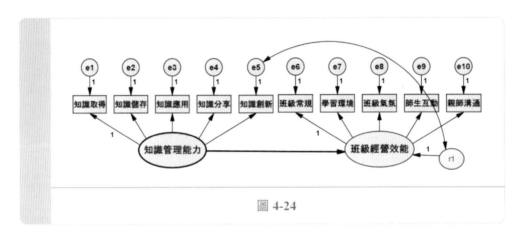

圖 4-24

增列殘差項「r1」與誤差項「e5」間有共變關係的假設模型圖如上。

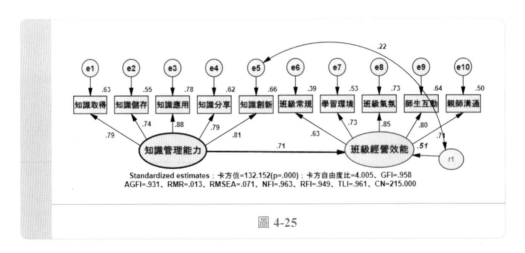

圖 4-25

增列殘差項「r1」與誤差項「e5」間有共變關係的假設模型圖估計結果，模式可以收斂估計，標準化估計值模式圖顯示：殘差項「r1」與誤差項「e5」間的相關係數為 .22，卡方值為 132.152，原先未修正模式之整體模式適配度卡方值為 149.533，卡方值差異量為 17.381，原先修正指標欄預估的卡方值差異量為

15.772。

　　再以徑路係數提供的修正指標為例，其中增列觀察變項「知識儲存」對「師生互動」直接路徑，約可降低卡方值 20.103 的差異量，估計參數改變值為負，表示增列之路徑的徑路係數估計值為負數。

	M.I.	Par Change
師生互動<---知識儲存	20.103	−.078

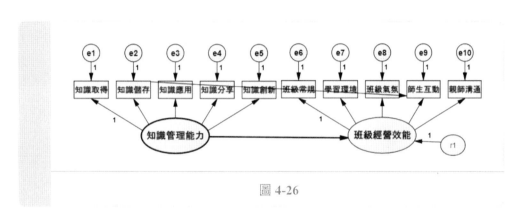

圖 4-26

　　增列觀察變項「知識儲存」對「師生互動」直接路徑之假設模型圖如上。

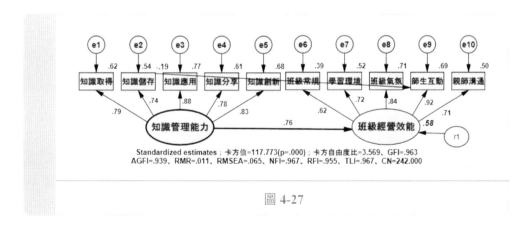

圖 4-27

　　增列觀察變項「知識儲存」對「師生互動」直接路徑之假設模型圖估計結果，模式可以收斂估計，標準化估計值模式圖顯示：「知識儲存」預測「師生互動」變項的標準化徑路係數為 −.19，卡方值為 117.773，原先未修正模式之整體

模式適配度卡方值為 149.533，卡方值差異量為 32.152，原先修正指標欄預估的卡方值差異量為 20.103。

上述二種修正指標值的確可以降低卡方值的數值，模式整體適配度檢定時，卡方值愈小，其餘適配度指標值愈會達到模式適配標準，因而修正的假設模設愈容易得到支持。但研究者增列的二種修正指標值是沒有意義的，以第一種修正指標而言，界定觀察變項誤差項與潛在變項殘差項間有相關 (有共變關係) 是違反 SEM 的假定；就第二種修正指標而言，界定測量模式之觀察變項對另一觀察變項的路徑是沒有實質意義的。潛在變項路徑分析中，研究者要探究的是結構模式內潛在變項間的關係，此外，可以增列的是觀察變項誤差項間的共變關係。

表 4-14　**Model Fit Summary【模式適配度摘要表】**
　　　　CMIN

Model	NPAR (待估計的自由參數)	CMIN (卡方值)	DF (自由度)	P (顯著性)	CMIN/DF (卡方自由度比值)
Default model (內定模式)	21	149.533	34	.000	4.398
Saturated model (飽和模式)	55	.000	0		
Independence model (獨立模式)	10	3542.846	45	.000	78.730

獨特樣本動差元素的數目即樣本資料點數目，其數值 $= \frac{1}{2} k (k + 1) = \frac{1}{2} (10) (10 + 1) = 55$，其中 k 為假設模型中觀察變項的個數 (範例中觀察變項的個數為 10)，飽和模式表示模型中所有的參數都要估計，因而待估計的自由參數等於樣本資料點數目；模式中待估計的自由參數共有 21 個，模式的自由度等於 55 − 21 = 34，卡方值等於 149.533 (CMIN 欄數值)，顯著性機率值 p = .000<.05，拒絕虛無假設，表示觀察資料所導出變異數共變數 S 矩陣與假設模式導出之變異數共變數 $\hat{\Sigma}$ 矩陣相等的假設無法獲得支持，即假設模式圖與觀察資料無法適配。由於卡方值易受樣本數大小的影響，當樣本數很大時，所有假設模型的卡方值之顯著性 p 值幾乎都會達到 .05 顯著水準 (p<.05)，此時，若單以卡方檢定的估計值作為模型適配度的考驗指標，則研究者所提的假設模型可能都無法獲得支持。因此

若是樣本數很大時，卡方檢定估值只能作為假設模型的參考指標即可。卡方自由度比值 (CMIN/DF) 為 4.398，卡方自由度比值的判別標準為其數值小於 3.000，卡方自由度比值由於是以卡方檢定估計值作為分母，以模式的自由度作為分子，因而受樣本數大小的影響較小，一般判別標準為此數值若小於 3.000 (較為嚴格要求為卡方自由度比值小於 2.000)，表示假設模型的適配度良好。

　　模式摘要表除呈現假設模型整體適配度統計量外，也增列飽和模式 (Saturated model) 與獨立模式 (Independence model) 二個模式整體適配度統計量，這二個模式是一種比較性的架構，以一個模式連續體為例，假設模型為界於二個極端模型 (飽和模式與獨立模式) 中的一個模式，假定連續體的左邊為飽和模式，連續體的右邊為獨立模式，研究者界定的假設模型則界於這二個模型中。所謂獨立模式是模型中所有變項均完全獨立，所有變項間均沒有關係 (所有變項的相關都假定為 0)，此種模型是最嚴格模型，由於此種模型實際上不可能存在，因而獨立模式又稱為虛無模式 (null model)；相對地，飽和模式中界定所有變項都有相關，因而被估計的自由參數個數等於觀察資料樣本點的個數，其自由度為 0，飽和模式為一種正好識別模式，也是一種限制最少的模型；假設模型由於只界定某些變項間有關係，某些變項的關係為獨立，因而模型是界定獨立模式與飽和模式中。三種模式在連續體的關係，可以圖示如下：

圖 4-28

表 4-15　**RMR, GFI**

Model	RMR	GFI	AGFI	PGFI
Default model	.014	.953	.924	.589

　　模式適配度指標中的 RMR 值等於 .014<.050 適配指標值、GFI 值等於

.953>.900 適配指標值、AGFI 值等於 .924>.900 適配指標值、PGFI 值等於 .589>.500 適配指標值，均達模式可以適配的標準 (表格中將飽和模式與獨立模式的適配度統計量刪除)。

表 4-16　**Baseline Comparisons**

Model	NFI Delta1	RFI rho1	IFI Delta2	TLI rho2	CFI
Default model	.958	.944	.967	.956	.967

　　AMOS 輸出之基準線比較適配統計量包括 NFI、RFI、IFI、TLI、CFI 五種，五種適配指標值若是大於 .900，表示假設模型與樣本資料可以契合。模式適配度指標中的 NFI 值等於 .958>.900、RFI 值等於 .944>.900、IFI 值等於 .967>.900、TLI 值等於 956>.900、CFI 值等於 .967>.900，均符合模式適配標準，表示假設理論模式與觀察資料的整體適配度佳。一般的判別標準為上述指標值若大於 .90，表示假設模型是個可接受的模型 (acceptably close fit)，如果基準線比較適配統計量數值大於 .95，表示假設模型的適配度良好 (excellent fit)。

表 4-17　**Parsimony-Adjusted Measures**

Model	PRATIO	PNFI	PCFI
Default model	.756	.724	.731

　　「簡約調整後的測量值」(Parsimony-Adjusted Measures) 摘要表中的 PRATIO 欄為「簡約比」(parsimony ratio)，此數值可進一步估計計算「簡約 NFI」值與「簡約 CFI」值，PRATIO 欄之值等於「預設模式」的自由度除以「獨立模式」的自由度。表中的 PNFI 值等於 .724>.500、PCFI 值等於 .731>.500，均大於模式可接受的要求值 .500。在模式適配度判別方面，基本簡約指標值 (PGFI、PNFI、PCFI) 若大於 .500，表示假設模型與樣本資料可以適配。

表 4-18　**NCP**

Model	NCP	LO 90	HI 90
Default model	115.533	81.370	157.248

　　NCP 為「非中心性參數」 (Noncentrality parameter)，是評量估計參數偏離程度的指標。非集中化的參數值愈大，則模式的適配情形愈不理想。範例中的 NCP 值為 115.533，其 90% 的信賴區間為〔81.370，157.248〕，區間值未包含 0，表示 NCP 估計值未達 .10 的顯著水準。

表 4-19　**FMIN**

Model	FMIN	F0	LO 90	HI 90
Default model	.250	.193	.136	.263

　　FMIN 為最小差異值函數 (minimum discrepancy function)。範例中的 FMIN 值等於 .250，此值為「最小差異值」，「F0」為母群差異函數值，其 90% 的信賴區間為〔.136，.263〕，FMIN 估計量的數值愈接近 0 表示理論模式與實際資料的適配度愈佳。

表 4-20　**RMSEA**

Model	RMSEA	LO 90	HI 90	PCLOSE
Default model	.075	.063	.088	

　　RMSEA 為「漸進殘差均方和平方根」 (root mean square error of approximation)，其值愈小，表示模式的適配度愈佳，表中的 RMSEA 值等於 .075，小於 .08 模式可以接受的標準。RMSEA 值 90% 的信賴區間為〔.063，.088〕。RMSEA 值的判別標準為 RMSEA <.05 時表示模式適配度佳，RMSEA <.08 時表示模式適配度尚可，所以假設模型是個可以被接受的模型。

表 4-21　**AIC**

Model	AIC	BCC	BIC	CAIC
Default model	191.533	192.319	283.869	304.869

AIC 為「Akaike 訊息效標」(Akaike information criterion)，其值愈小表示模式的適配度愈佳且愈精簡。AIC 估計值主要用於判斷理論模式所要估計的參數數目是否符合精簡的指標，常用於數個模式的比較。四個類似的 AIC 指標值 (AIC = 191.533、BCC = 192.319、BIC = 283.869、CAIC = 304.869) 通常用於多個模式的「跨效度」(cross-validate) 或複核效度的比較，若是作為單一模式適配度的判別，則模式的 AIC 指標值要小於飽和模式與獨立模式的 AIC 指標值。多個模式的競爭比較時，AIC 指標值愈小的假設模型，其與樣本資料的適配情形會愈佳。

表 4-22 **ECVI**

Model	ECVI	LO 90	HI 90	MECVI
Default model	.320	.263	.389	.321

ECVI 為「期望跨效度指數」(expected cross-validation index)，其 90% 的信賴區間為〔.263，.389〕。ECVI 指標值通常用於數個模式的競爭比較，如果進行多個模式的競爭比較或選替模式時，則應挑選 ECVI 值較小的模式，較能與觀察資料契合，ECVI 摘要表中呈現二個適配度指標值 ECVI (=.320)、MECVI (=.321)。AIC 與 ECVI 值較常適用於單群組數個競爭模式的選擇。

表 4-23 **HOELTER**

Model	HOELTER .05	HOELTER .01
Default model	195	225

HOELTER 為「Hoelter's Critical N」適配度指標值，在 .05 顯著水準時，CN 值 = 195 < 200；於 .01 顯著水準時，CN 值 = 225 > 200，CN 值的判別指標為 HOELTER 的數值大於 200，當 HOELTER 的數值大於 200 時，表示假設模式適配情形良好。

AMOS 輸出的整體模式適配度指標中沒有 SRMR 指標值，SRMR 為標準化均方根殘差 (standardized root mean square residual)，SRMR 指標值介於 0 至 1 之間，其數愈接近 0 表示假設模式的適配度愈佳，假設模式要獲得支持的判別指標值為 SRMR<.05。

若是要輸出 SRMR 適配度指標值,其操作如下:

- 執行功能列「Plugins」(增列)╱「Standardized RMR」(標準化 RMR 值)
  程序,開啟「Standardized RMR」(標準化 RMR 值) 對話視窗,此時視窗
  內沒有數值。

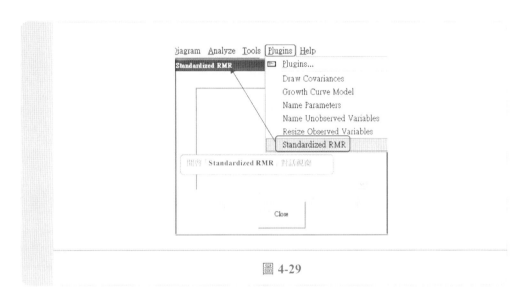

圖 4-29

- 在「Standardized RMR」(標準化 RMR 值) 視窗開啟之下,按工具列
  「Calculate estimates」(計算估計值) 圖像鈕,若是模式可以識別收斂,則
  SRMR 值會出現於原先開啟的「Standardized RMR」視窗內。範例中,校
  長教學領導量表一階三因素斜交模式適配度的 SRMR 值等於 0.378。

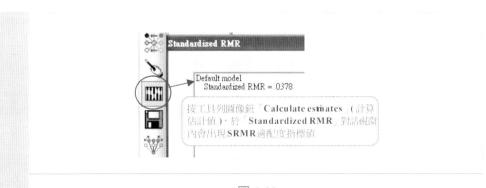

圖 4-30

【表格範例】

表 4-24 教師知識管理對班級經營效能影響之因果模式圖的基本適配度檢定摘要表

評鑑項目	檢定結果數據	模式適配判斷
誤差變異數是否沒有出現負數	均為正數	是
因素負荷量是否介於 0.5 至 0.95 之間	.735～.879 .627～.853	是
參數估計值是否沒有出現很大的標準誤	徑路係數標準誤介於 .037 至 .090 間。 潛在變項變異數標準誤介於 .005 至 .018 間。	是

表 4-25 教師知識管理對班級經營效能影響之因果模式圖的整體模式適配度檢定摘要表

統計檢定量	適配的標準或臨界值	檢定結果數據	模式適配判斷
自由度		34	
絕對適配度指數			
χ^2 值	p>.05 (未達顯著水準)	149.533 (p<.001)	適配指標參考統計量
RMR 值	<0.05	0.014	是
RMSEA 值	<0.08 (若<.05 優良；<.08 良好)	0.075	是
SRMR 值	<0.05	0.038	是
GFI 值	>.90 以上	0.953	是
AGFI 值	>.90 以上	0.924	是
CN 值	>200	195	否
χ^2 自由度比	<3.00	4.398	否
增值適配度指數			
NFI 值	>.95 以上	0.958	是
RFI 值	>.95 以上	0.944	否 (<.95)／是 (>.90)
IFI 值	>.95 以上	0.967	是
TLI 值 (NNFI 值)	>.95 以上	0.956	是
CFI 值	>.95 以上	0.967	是
簡約適配度指數			
PGFI 值	>.50 以上	0.589	是
PNFI 值	>.50 以上	0.724	是
PCFI 值	>.50 以上	0.731	是

在整體模式適配度指標值的診斷方面 (共十六個判別指標值)，除卡方值、卡方自由度比值 ($\frac{\chi^2}{df}$ = 4.398 > 3.000) 及 CN 值未符合模式適配標準外，其餘十三個指標皆符合模式適配標準值 (如果增值適配度統計採用較嚴格標準，RFI 值未達模式適配標準，七個絕對適配度指標有五個達到適配門檻，五個增值適配度指標有四個達到適配門檻；三個簡約適配度指標均達到適配門檻)，由於卡方值易受到樣本數大小而波動，在大樣本的情況下卡方值幾乎均會達 .05 顯著水準，所有假設模式都可能被拒絕，因而在大樣本的情況下，適配度卡方值最好只作為參考用。排除卡方值，整體模式的適配度統計量只有三個未達標準值，可見研究者所建構的教師知識管理能力影響班級經營效能之因果模式圖可以獲得支持，即假設模式與樣本資料可以契合。

研究者如果要進行多群組分析，以驗證假設模型的跨群組效度，假設模型必須增列參數標籤名稱，若是只進行單群組分析／單一樣本資料，或多群組分析不進行參數不變性或參數等同性限制模型的考驗，則假設模型可以不用增列物件的參數標籤名稱。增列參數標籤的操作為：執行功能列「Plugins」(增列)／「Name Parameters」(參數命名) 程序，開啟「Amos Graphics」對話視窗，對話視窗中可以界定五種參數名稱：共變數 (內定起始字母為 C)、徑路係數 (內定起始字母為 W)、變異數 (內定起始字母為 V)、平均數 (內定起始字母為 M)、截距項 (內定起始字母為 I)，平均數與截距項參數標籤的配列，必須先於「分析屬性」(Analysis Properties) 對話視窗之「Estimation」(估計) 次視窗中勾選「Estimate means and intercepts」(估計平均數與截距項) 選項，否則假設模型不會估計平均數與截距項。

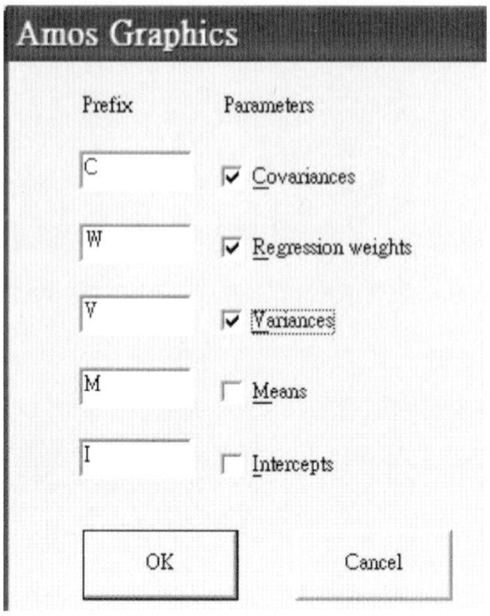

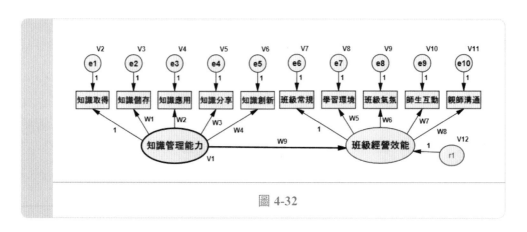

圖 4-31

圖 4-32

　　增列參數標籤的假設模型圖如上：徑路係數 (內定起始字母為 W) 的參數標籤名稱依序為 W1、W2、W3、……；共變數 (內定起始字母為 C) 的參數標籤名稱依序為 C1、C2、C3、……；變異數 (內定起始字母為 V) 的參數標籤名稱依序為 V1、V2、V3、……。由於假設模型中沒有共變異數參數，因而沒有出現共變異數的參數標籤名稱。

　　在「Analysis Properties」(分析屬性) 對話視窗之『Estimation』(估計) 標籤

鈕中勾選「☑Estimates means and intercepts」(估計平均數與截距項) 選項後，增
列的參數標籤名稱之假設模型圖如下：

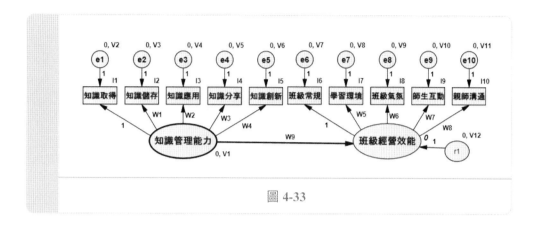

圖 4-33

若是假設模型圖沒有增列參數標籤名稱，則會呈現潛在變項平均數估計值的
預設數值 0。

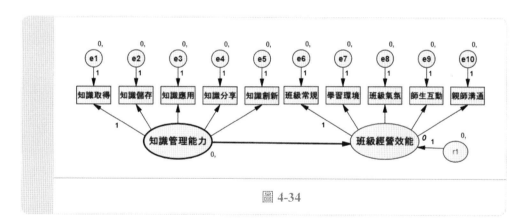

圖 4-34

執行功能列「Plugins」(增列)／「Name Parameters」(參數命名) 程序，
開啟「Amos Graphics」對話視窗，在「Parameters」(參數) 欄下勾選「☑
Covariances」(共變數)、「☑Regression weights」(徑路係數)、「☑Variances」
(變異數)、「☑Means」(平均數)、「☑Intercepts」(截距項)。

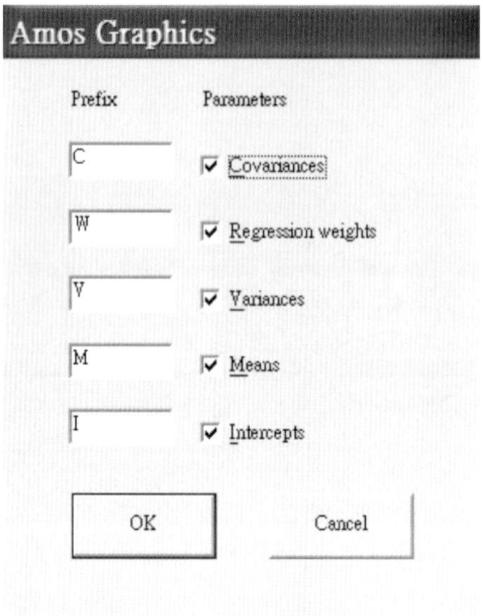

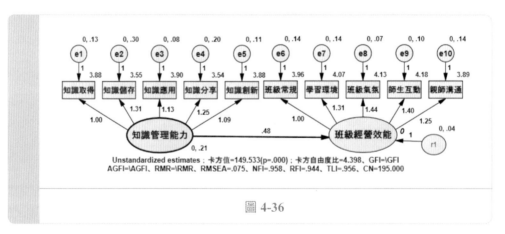

圖 4-35

圖 4-36

　　非標準化估計值模式圖顯示，增列估計潛在變項的平均數與截距項參數，整體模式適配度各項統計量均與原先相同，測量模式各原始徑路係數也與原先相同。知識管理能力五個觀察變項的平均數分別為 3.88、3.55、3.90、3.54、3.88；班級經營效能五個觀察變項的平均數分別為 3.96、4.07、4.13、4.18、3.89。

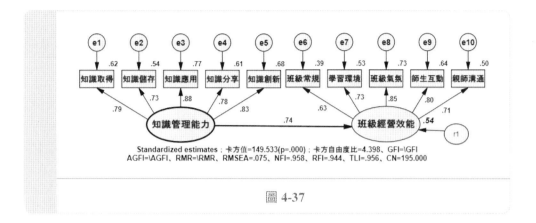

圖 4-37

　　標準化估計值模式圖顯示，增列估計潛在變項的平均數與截距項參數，測量模式之標準化徑路係數與原先相同，知識管理能力測量模式五個觀察變項的因素負荷量分別為 .79、.73、.88、.78、.83；班級經營效能測量模式五個觀察變項的因素負荷量分別為 .63、.73、.85、.80、.71，結構模式之標準化徑路係數 β 等於 .74。

　　測量模式中界定不同觀察變項為參照指標時，模式估計所得的標準化徑路係數均是相同的，不同的是非標準化徑路係數的數值，以知識管理能力潛在變項五個觀察變項為例，將指標變項「知識取得」界定為參照指標 (固定參數)，四個指標變項的徑路係數估計結果分別為 1.315、1.133、1.254、1.093，五個指標變項的比為：1.000：1.315：1.133：1.254：1.093，此時，若改為第二個指標變項「知識儲存」為參照指標 (徑路係數值為 1.000)，則其餘四個指標變項的徑路係數估計結果分別為 0.760、0.862、0.954、0.831，「知識儲存」參照指標的徑路係數值由原先的 1.315 變為 1.000，即將估計值除以 1.315 (分母為 1.315)，五個指標變項的比為：1.000/1.315：1.315/1.315：1.133/1.315：1.254/1.315：1.093/1.315 = 0.760：1.000 (參照指標值)：0.862：0.954：0.831，如果原先五個徑路係數估計值改除以 1.133，五個指標變項的比為：1.000/1.133：1.315/1.133：1.133/1.133：1.254/1.133：1.093/1.133 = 0.883：1.161：1.000：1.107：0.965，此時參照指標觀察變項為「知識應用」 (其徑路係數界定為 1.000)，餘四個觀察變項為自由參數。測量模式中設定不同的指標變項為參照指標變項，雖然原始徑路係數 (非標準化迴歸係數) 的數值不同，但轉換為標準化徑路係數後，測量模式及結構模式中所有路徑之標準化徑路係數值都是相同的。

表 4-26　測量模式界定不同觀察變項為參照指標之徑路係數估計值摘要表

潛在變項	觀察變項	徑路係數估計值	徑路係數估計值	徑路係數估計值	徑路係數估計值	徑路係數估計值
知識管理能力	知識取得	1.000 (參照指標)	0.760	0.883	0.797	0.915
	知識儲存	1.315	1.000 (參照指標)	1.161	1.049	1.203
	知識應用	1.133	0.862	1.000 (參照指標)	0.904	1.037
	知識分享	1.254	0.954	1.107	1.000 (參照指標)	1.147
	知識創新	1.093	0.831	0.965	0.872	1.000 (參照指標)
班級經營效能	班級常規	1.000 (參照指標)	0.761	0.696	0.716	0.797
	學習環境	1.314	1.000 (參照指標)	0.915	0.941	1.047
	班級氣氛	1.436	1.093	1.000 (參照指標)	1.028	1.144
	師生互動	1.397	1.063	0.973	1.000 (參照指標)	1.113
	親師溝通	1.255	0.955	0.874	0.898	1.000 (參照指標)

　　知識管理能力潛在變項之測量模式的參照指標為「知識儲存」(界定徑路係數值為 1)、班級經營效能潛在變項之測量模式的參照指標為「學習環境」(界定徑路係數值為 1)，模式估計結果之非標準化估計值模型圖中之觀察變項的徑路係數摘要表如下，其中外因變項「知識管理能力」對內因變項「班級經營效能」的徑路係數為 .482，臨界比值為 13.954 (p = 000<.05)。

表 4-27　**Regression Weights: (Group number 1 - Default model)**

	Estimate	S.E.	C.R.	P	Label
班級經營效能 <---知識管理能力	.482	.035	13.954	***	
知識取得　　<---知識管理能力	.761	.040	19.102	***	
知識儲存　　<---知識管理能力	1.000				參照指標
知識應用　　<---知識管理能力	.862	.040	21.367	***	
知識分享　　<---知識管理能力	.954	.050	18.975	***	

表 4-27　（續）

		Estimate	S.E.	C.R.	P	Label
知識創新	<---知識管理能力	.831	.041	20.059	***	
班級常規	<---班級經營效能	.761	.052	14.589	***	
學習環境	<---班級經營效能	1.000				參照指標
班級氣氛	<---班級經營效能	1.093	.055	19.710	***	
師生互動	<---班級經營效能	1.064	.057	18.608	***	
親師溝通	<---班級經營效能	.955	.058	16.517	***	

　　知識管理能力潛在變項之測量模式的參照指標為「知識應用」(界定徑路係數值為 1)、班級經營效能潛在變項之測量模式的參照指標為「班級氣氛」(界定徑路係數值為 1)，模式估計結果之非標準化估計值模型圖中之觀察變項的徑路係數摘要表如下，其中外因變項「知識管理能力」對內因變項「班級經營效能」的徑路係數為 .611，臨界比值為 17.822 (p = 000<.05)。

表 4-28　**Regression Weights: (Group number 1 - Default model)**

		Estimate	S.E.	C.R.	P	Label
班級經營效能	<---知識管理能力	.611	.034	17.822	***	
知識取得	<---知識管理能力	.883	.037	23.884	***	
知識儲存	<---知識管理能力	1.160	.054	21.367	***	
知識應用	<---知識管理能力	1.000				參照指標
知識分享	<---知識管理能力	1.107	.047	23.640	***	
知識創新	<---知識管理能力	.965	.037	25.813	***	
班級常規	<---班級經營效能	.696	.043	16.295	***	
學習環境	<---班級經營效能	.915	.046	19.710	***	
班級氣氛	<---班級經營效能	1.000				參照指標
師生互動	<---班級經營效能	.973	.043	22.526	***	
親師溝通	<---班級經營效能	.874	.046	19.114	***	

　　知識管理能力潛在變項之測量模式的參照指標為「知識分享」(界定徑路係數值為 1)、班級經營效能潛在變項之測量模式的參照指標為「師生互動」(界定徑路係數值為 1)，模式估計結果之非標準化估計值模型圖中之觀察變項的徑路係數摘要表如下，其中外因變項「知識管理能力」對內因變項「班級經營效能」的徑路係數為 .537，臨界比值為 15.615 (p = 000<.05)。

表 4-29　**Regression Weights: (Group number 1 - Default model)**

	Estimate	S.E.	C.R.	P	Label
班級經營效能<---知識管理能力	.537	.034	15.615	***	
知識取得　<---知識管理能力	.797	.039	20.681	***	
知識儲存　<---知識管理能力	1.048	.055	18.975	***	
知識應用　<---知識管理能力	.903	.038	23.640	***	
知識分享　<---知識管理能力	1.000				參照指標
知識創新　<---知識管理能力	.872	.040	21.910	***	
班級常規　<---班級經營效能	.716	.046	15.648	***	
學習環境　<---班級經營效能	.940	.051	18.608	***	
班級氣氛　<---班級經營效能	1.028	.046	22.526	***	
師生互動　<---班級經營效能	1.000				參照指標
親師溝通　<---班級經營效能	.898	.050	18.101	***	

　　知識管理能力潛在變項之測量模式的參照指標為「知識創新」(界定徑路係數值為 1)、班級經營效能潛在變項之測量模式的參照指標為「親師溝通」(界定徑路係數值為 1)，模式估計結果之非標準化估計值模型圖中之觀察變項的徑路係數摘要表如下，其中外因變項「知識管理能力」對內因變項「班級經營效能」的徑路係數為 .554，臨界比值為 14.734 (p = 000<.05)。

表 4-30　**Regression Weights: (Group number 1 - Default model)**

	Estimate	S.E.	C.R.	P	Label
班級經營效能<---知識管理能力	.554	.038	14.734	***	
知識取得　<---知識管理能力	.915	.041	22.105	***	
知識儲存　<---知識管理能力	1.203	.060	20.059	***	
知識應用　<---知識管理能力	1.036	.040	25.813	***	
知識分享　<---知識管理能力	1.147	.052	21.910	***	
知識創新　<---知識管理能力	1.000				參照指標
班級常規　<---班級經營效能	.797	.056	14.340	***	
學習環境　<---班級經營效能	1.047	.063	16.517	***	
班級氣氛　<---班級經營效能	1.144	.060	19.114	***	
師生互動　<---班級經營效能	1.113	.062	18.101	***	
親師溝通　<---班級經營效能	1.000				參照指標

模式界定與模型修正

　　一項以警察人員為研究對象，探究警察人員的婚姻態度、親子關係與幸福感受關係之研究中，研究者採用分層隨機取樣方法，從北、中、南各抽取樣本，回收問卷中有效樣本數有 538 位。測量工具包含「婚姻態度量表」、「親子關係量表」、「幸福感受量表」，每個量表經探索性因素分析結果各萃取三個構面 (因素) (三個量表個別探索性因素分析程序，萃取的共同因素個數，因素構向為測量模式之高階因素構念變項的觀察變項)。

- 「婚姻態度量表」：三個構面名稱為責任承諾、情感親密、體諒支持。
- 「親子關係量表」：三個構面名稱為相互信任、情感交流、民主溝通。
- 「幸福感受量表」：三個構面名稱為人際關係、身心健康、工作調適。

九個測量變項 (各構面為觀察變項) 及量表平均得分的描述性統計量如下：
　　表中各構面 (因素) 為單題平均分數，因而最小值為 1，最大值為 5，最大值若沒有超過 5，表示資料檔沒有偏離值出現。

表 5-1　測量模式九個觀察變項之描述性統計量摘要表

觀察變項	個數	範圍	最小值	最大值	平均數	標準差	變異數
責任承諾	538	4.00	1.00	5.00	3.7097	.64547	.417
情感親密	538	4.00	1.00	5.00	3.7598	.71498	.511
體諒支持	538	4.00	1.00	5.00	3.9094	.64643	.418
相互信任	538	4.00	1.00	5.00	3.3200	.84206	.709
情感交流	538	4.00	1.00	5.00	3.7019	.70542	.498
民主溝通	538	4.00	1.00	5.00	3.4492	.79752	.636
人際關係	538	4.00	1.00	5.00	3.5366	.74359	.553
身心健康	538	4.00	1.00	5.00	3.3947	.81253	.660
工作調適	538	4.00	1.00	5.00	3.4266	.75530	.570

表 5-2　測量模式九個觀察變項間之相關矩陣摘要表

變項名稱	統計量數	責任承諾	情感親密	體諒支持	相互信任	情感交流	民主溝通	人際關係	身心健康	工作調適
責任承諾	Pearson 相關	1								
	共變異數	.417								
情感親密	Pearson 相關	.705***	1							
	共變異數	.325	.511							

表 5-2　（續）

變項名稱	統計量數	責任承諾	情感親密	體諒支持	相互信任	情感交流	民主溝通	人際關係	身心健康	工作調適
體諒支持	Pearson 相關	.742***	.722***	1						
	共變異數	.310	.334	.418						
相互信任	Pearson 相關	.604***	.535***	.437***	1					
	共變異數	.328	.322	.238	.709					
情感交流	Pearson 相關	.700***	.657***	.614***	.699***	1				
	共變異數	.319	.332	.280	.415	.498				
民主溝通	Pearson 相關	.704***	.606***	.515***	.839***	.811***	1			
	共變異數	.362	.346	.266	.564	.456	.636			
人際關係	Pearson 相關	.638***	.574***	.531***	.811***	.705***	.773***	1		
	共變異數	.306	.305	.255	.508	.370	.459	.553		
身心健康	Pearson 相關	.621***	.532***	.522***	.638***	.592***	.657***	.646***	1	
	共變異數	.325	.309	.274	.437	.339	.426	.390	.660	
工作調適	Pearson 相關	.679***	.580***	.541***	.799***	.727***	.789***	.732***	.684***	1
	共變異數	.331	.313	.264	.508	.387	.475	.411	.420	.570

*** p<0.001。

　　九個觀察變項之相關係數摘要表顯示：觀察變項間均呈顯著正相關，尤其相關係數皆為正數，因而變項間之共變異數也均為正數。相關係數與共變數間的關係為：$r_{XY} = \dfrac{COV_{XY}}{SD_X \times SD_Y} = \dfrac{COV_{XY}}{\sqrt{VAR_X} \times \sqrt{VAR_Y}}$，$COV_{XY} = \sqrt{VAR_X} \times \sqrt{VAR_Y} \times r_{XY}$，由於變異的平方根 (標準差) 為正值，因而共變異數的正負值符號會與相關係數正負值符號相同，因而若界定二個變項間有共變關係，表示界定二個變項間有相關存在 (AMOS 非標準化估計值模式圖呈現的是二個變項間之共變異數，標準化估計值模式圖呈現的是二個變項間之相關係數)。以指標變項「責任承諾」與指標變項「情感親密」為例，二個指標變項的變異數估計值分別為 .417、.511，二個指標變項的標準差分別為 .645、.715，二個觀察變項的共變異數估計值為 .325，二個指標變項間的相關係數為 $r_{XY} = \dfrac{COV_{XY}}{\sqrt{VAR_X} \times \sqrt{VAR_Y}} = \dfrac{.325}{\sqrt{.417} \times \sqrt{.498}} = \dfrac{.325}{.645 \times .715} = .705$。

壹、模型的測量模式與結構模式

婚姻態度潛在變項理論建構之一般測量模式 (measurement model) 如下，e 為測量誤差項 (error term) 的簡稱，測量模式的誤差項符號為 δ 或 ε。

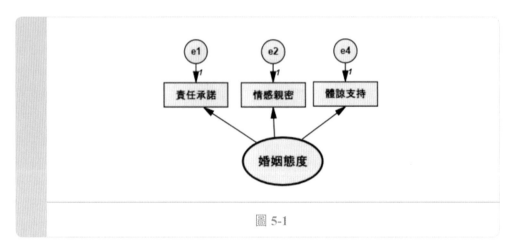

圖 5-1

幸福感受潛在變項理論建構之測量模式如下：

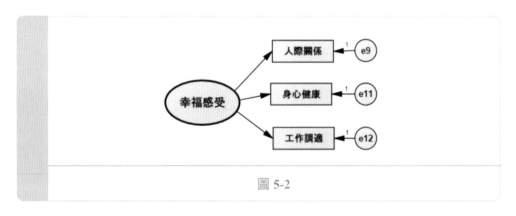

圖 5-2

親子關係潛在變項理論建構之測量模式如下：

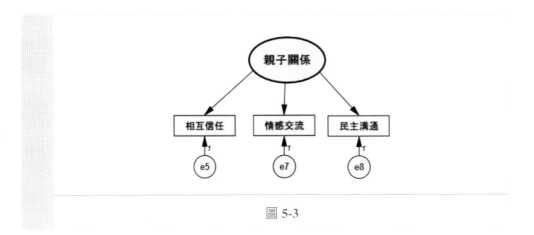

圖 5-3

　　三個因素構念的測量模式均為反映性測量模式，指標變項 (觀察變項) 為反映性指標而非形成性指標。結構模式 (structural model) 圖中二個外因潛在變項為「婚姻態度」、「親子關係」，內因潛在變項為「幸福感受」，內因變項類似迴歸分析程序的依變項 (dependent variables) 或結果變項 (outcome variables)，結構模式之內因變項都要增列一個殘差項 (residual terms)，於 AMOS 的視窗操作中，殘差項的徑路係數要界定為 1。

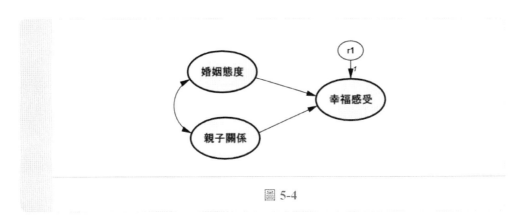

圖 5-4

一、AMOS 視窗模型界定

　　AMOS 的驗證性因素分析 (confirmatory factor analysis; [CFA]) 程序，測量模式中潛在變項 (因素構念／因素／構念／潛在因素) 對觀察變項的徑路係數中要界定一個參照指標變項，其徑路係數要固定為 1。測量模式被界定為固定係數

的個數為模式中待估計所有參數的最少數目，固定參數的係數界定為比 1 大的數值也可以，但這樣的界定很容易影響到誤差項的變異數，可能使誤差項的變異數變為負值。CFA 檢定在考驗假設模式 (hypothesized model) 是否與觀察資料 (observed data) 是否適配。婚姻態度潛在因素之測量模式中界定的固定係數有 4 個，其中包含 3 個誤差項的徑路係數、1 個參照指標徑路係數，測量模式中單因素構念所有指標變項的徑路係數如果都界定為 1，或三條徑路係數參數標籤名稱的數值界定為相同，且都等於常數 1 (如 W1 = W2 = W3 = 1)，表示因素構念變項對指標變項的影響相同，其徑路係數估計值 (非標準化負荷量) 的數值都相同。

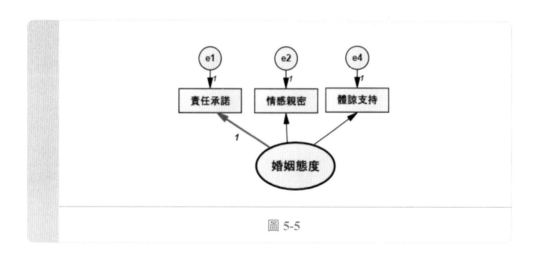

圖 5-5

　　幸福感受潛在因素之測量模式中界定的固定係數有 4 個，其中包含 3 個誤差項的徑路係數、1 個參照指標徑路係數，參照指標變項為「人際關係」。

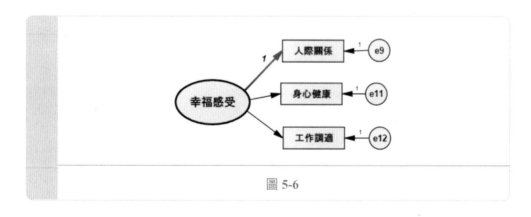

圖 5-6

　　親子關係潛在因素之測量模式中界定的固定係數有 4 個，其中包含 3 個誤差項的徑路係數、1 個參照指標徑路係數，參照指標變項為「相互信任」。

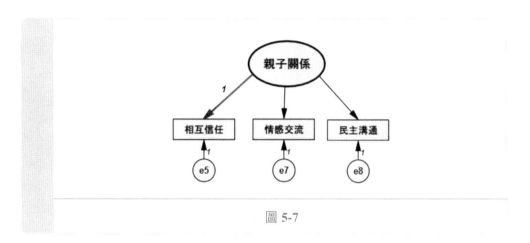

圖 5-7

　　三個測量模式結合之假設結構方程模式圖顯示：二個外因潛在變項為「婚姻態度」、「親子關係」，內因潛在變項為「幸福感受」，二個外因潛在變項沒有直接因果關係或沒有隱含有直接效果，因而以雙箭號符號連結二個潛在因素，表示二個潛在因素間只有共變關係。結構方程模式是潛在構念變項間關係的界定，作為因變項的構念稱為外因變項、作為果項的構念稱為內因變項，各潛在構念變項建構的測量模式包括潛在變項與觀察變項的關係，統計分析除探究潛在變項對觀察變項的直接影響效果外，更探究潛在變項 (因素構念) 彼此間的關係，結構方程模式關注的是建立一個有意義的模型，模型的參數可以順利估計，建構的模型能反映潛在共變結構的程度。

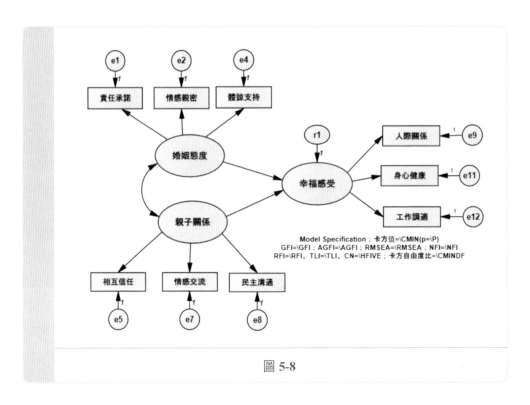

圖 5-8

　　上述理論建構結構方程模式之假設模式圖繪製於 AMOS 界面視窗中，增列參數標籤名稱的假設模式圖如下。假設模式圖之待估計的參數 (自由參數) 的參數標籤名稱如果一樣，表示二個參數值界定為相同，初始建構的假設模式圖不應直接界定有二個以上的估計係數之參數標籤名稱相同，因初始建構的假設模式與樣本資料是否適配尚未檢定，將模式限定為嚴苛形式是不恰當的。一個模型中待估計的參數愈少，模式的自由度愈大，表示模型較為簡約；相對地，模型中待估計的參數愈多，模式的自由度愈小，表示模型較為複雜，同一假設模式而言，模型愈複雜，整體模型適配度卡方值會愈小，但理論模型較無法反映真正的情境。

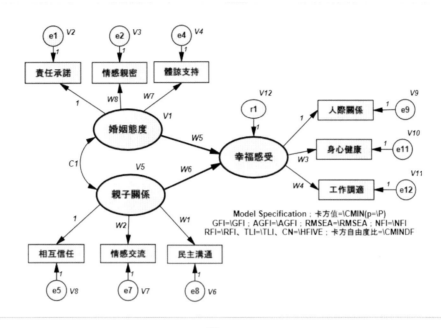

圖 5-9

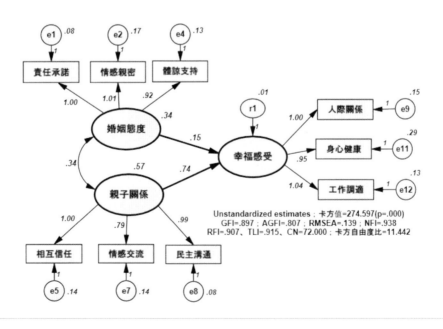

圖 5-10

　　初始建構之假設模式估計結構模式可以辨識收斂，非標準化估計值模式圖中沒有出現負的誤差變異數，表示沒有違反模式辨認規則。模式整體適配度卡方值為 274.597 (顯著性 p = .000<.05)、卡方自由度比值等於 11.442 (未符合小於 3.00 理想標準)、GFI 值等於 .897 (未符合大於 .900 適配標準)、AGFI 值等於 .807 (未符合大於 .900 理想標準)、RMSEA 值等於 .139 (未符合小於 .080 理想標準)、NFI 值等於 .938 (符合大於 .900 適配標準)、RFI 值等於 .907 (符合大於 .900 適配標準)、TLI 值等於 .915 (符合大於 .900 適配標準)、CN 值等於 72 (未符合大於 200 理想標準)。整體而言，假設模式與樣本資料的契合度不佳，研究者建構的結構方程模式之假設模式圖無法獲得支持 (範例結果顯示，在大樣本情況下如果增值適配度指標門檻值定在 .90 以上，會發生增值適配度值均達到模式適配標準，但 RMSEA、GFI 等主要適配度指標未達適配指標門檻值的歧異現象，因而於大樣本情況下，研究者最好將 CFI 等增值適配度指標值的適配門檻值設定為 .95 以上，此種適配度統計量檢定較為保守)。

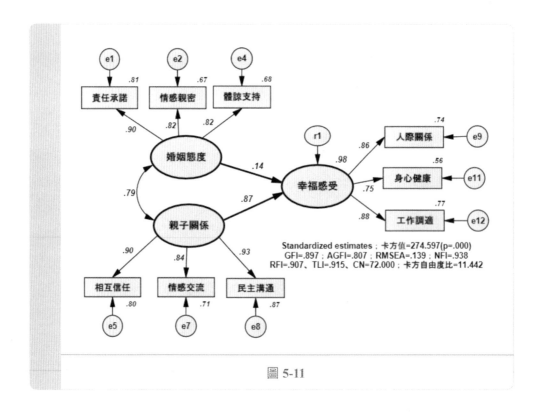

圖 5-11

　　標準化估計值模式圖顯示：二個外因潛在變項「婚姻態度」與「親子關係」間的相關為 .79 (共變異數為 .34)，外因潛在變項「婚姻態度」對內因潛在變項「幸福感受」的原始徑路係數為 .15，標準化迴歸係數為 .14；外因潛在變項「親子關係」對內因潛在變項「幸福感受」的原始徑路係數為 .74，標準化迴歸係數為 .87，表示二個外因潛在變項對內因潛在變項「幸福感受」的影響均為正向 (β 值均為正向)，二個外因潛在變項對內因潛在變項「幸福感受」的聯合解釋變異量 (R^2) 為 98.0%。

二、無法識別模型

　　另一假設模式中，「婚姻態度」變項對「親子關係」變項有直接影響效果，「婚姻態度」變項對「幸福感受」變項也有直接影響效果；「親子關係」變項對「幸福感受」變項有直接影響效果。就「親子關係」變項而言，其性質是一個中介變項，其對「婚姻態度」變項而言，它是單箭號所指向的變項，因而是一個「果」變項，果變項即為內因潛在變項 (依變項)，「婚姻態度」變項為外因潛在變項 (自變項)；「親子關係」變項對「幸福感受」變項的影響而言，它是單箭號起始變項，因而是一個「因」變項，因變項即為外因潛在變項 (自變項)，「幸福感受」變項為內因潛在變項 (依變項)；「婚姻態度」變項對「幸福感受」變項除假定直接影響效果外，也有間接影響效果，間接效果為「婚姻態度」外因變項，透過中介變項「親子關係」影響到內因變項「幸福感受」(結構模式圖的粗線單箭號順序為間接效果項)，結構模式中「FX1」對「FY2」的直接效果路徑為「FX1→FY2」，「FX1」對「FY2」的間接效果路徑為「FX1→FY1→FY2」。

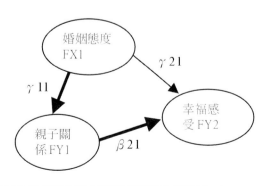

圖 5-12

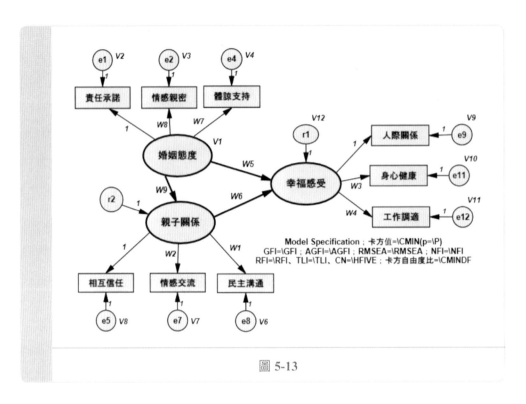

圖 5-13

「婚姻態度」、「親子關係」、「幸福感受」三個變項間之因果假設模式圖如上。假設模式圖中作為中介變項或結果變項 (有內因變項性質者) 均要增列預測殘差項，殘差項的徑路係數要固定為 1。

結構模式的預測殘差項之徑路係數如果沒有界定為 1，模式估計結果通常會出現無法識別並增加參數限制的文字。二個內因變項「親子關係」、「幸福感受」的預測殘差項之徑路係數沒有界定為 1 的假設模式圖估計結果之參數摘要表及模式註解為：

表 5-3　**Parameter summary (警察群組)【參數摘要表】**

	Weights 徑路係數	Covariances 共變數	Variances 變異數	Means 平均數	Intercepts 截距項	Total 參數總和
Fixed (固定參數)	12	0	0	0	0	12
Labeled (參數標籤)	9	0	12	0	0	21
Unlabeled (無參數標籤)	2	0	0	0	0	2
Total (參數總和)	23	0	12	0	0	35

　　參數摘要表顯示，固定參數有 12 個，12 個均為徑路係數，待估計的自由參數有 23 個，包括 11 個徑路係數、12 個變異數，11 個待估計的徑路係數中有二個未增列參數標籤名稱，這二個即為內因變項預測殘差項 r1、r2，模式全部的參數有 35 個。

Notes for Model (Default model)【模式註解】

Computation of degrees of freedom (Default model)

　　　　Number of distinct sample moments: 　45

Number of distinct parameters to be estimated: 　22

　　　　Degrees of freedom (45 − 22) : 　23

The model is probably unidentified. In order to achieve identifiability, it will probably be necessary to impose 2 additional constraints.

　　模式註解顯示：模式中獨特樣本動差個數為 45，模式中待估計的獨特參數個數有 22 個，模式的自由度為 23 (= 45 − 22)，模式的自由度雖然為正，但模式並無法識別 (identifiability)，假設模式中可能需要增列二個限制參數 (固定參數)。由於模式無法識別，因而所有徑路係數估計值、徑路係數估計值標準誤、臨界比值等參數均無法估計。

表 5-4　**Regression Weights: (警察群組 - Default model)**【徑路係數估計值】

親子關係<---婚姻態度	
親子關係<---r2	unidentified
幸福感受<---婚姻態度	
幸福感受<---親子關係	
幸福感受<---r1	unidentified
民主溝通<---親子關係	
情感交流<---親子關係	
相互信任<---親子關係	
人際關係<---幸福感受	
身心健康<---幸福感受	
工作調適<---幸福感受	
體諒支持<---婚姻態度	
情感親密<---婚姻態度	
責任承諾<---婚姻態度	

　　徑路係數摘要表中，由於殘差項 r1 對潛在變項「幸福感受」的徑路係數無法識別、殘差項 r2 對潛在變項「親子關係」的徑路係數無法識別，使得模式中所有徑路係數均無法估計，包括徑路係數估計值、估計值標準誤、臨界比值、顯著性等參數均無法估算出來。

表 5-5　**Variances: (警察群組 - Default model)**

婚姻態度	
r1	unidentified
r2	unidentified
e1	
e2	
e4	
e8	
e7	
e5	
e9	
e11	
e12	

　　變異數分析摘要表顯示：殘差項 r1、r2 無法識別，因而模式中外因潛在變項「婚姻態度」，三個測量模式九個觀察變項的誤差項、殘差項 r1、r2 的變異數均無法估算。

表 5-6　**CMIN**

Model	NPAR	CMIN	DF	P	CMIN/DF
Saturated model	45	.000	0		
Independence model	9	4436.378	36	.000	123.233

　　模式適配度摘要表的卡方值，只顯示飽和模式與獨立模式的卡方值、自由度、卡方自由度比值，並沒有呈現內定模式名稱的卡方值、自由度、卡方自由度比值，當模式無法識別時，模式中的徑路係數、變異數、共變數、標準化徑路係數、多元相關係數平方及整體模式適配度統計量等均無法估算。

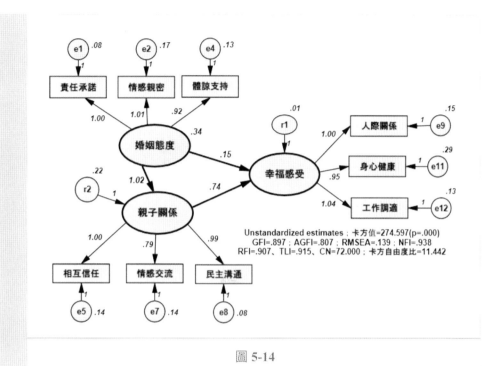

圖 5-14

　　初始建構之假設模式估計結構模式可以辨識收斂 (模型界定正確，二個內因潛在變項有增列殘差項，殘差項的徑路係數限定為 1)，非標準化估計值模式圖中沒有出現負的誤差變異數，表示沒有違反模式辨認規則。模式整體適配度卡方值為 274.597 (顯著性 p = .000<.05)、卡方自由度比值等於 11.442 (未符合小於 3.00 理想標準)、GFI 值等於 .897 (未符合大於 .900 適配標準)、AGFI 值等於 .807 (未符合大於 .900 理想標準)、RMSEA 值等於 .139 (未符合小於 .080 理想標準)、NFI 值等於 .938 (符合大於 .900 適配標準)、RFI 值等於 .907 (符合大於 .900 適配標準)、TLI 值等於 .915 (符合大於 .900 適配標準)、CN 值等於 72 (未符合大於 200 理想標準)。整體而言，假設模式與樣本資料的契合度不佳，研究者建構的結構方程模式之假設模式圖無法獲得支持。「婚姻態度」變項對「親子關係」變項影響的原始徑路係數值為 1.02 (非標準化徑路係數絕對值可能大於 1)，「婚姻態度」變項對「幸福感受」變項影響的原始徑路係數值為 .15，「親子關係」變項對「幸福感受」變項影響的原始徑路係數值為 .74。

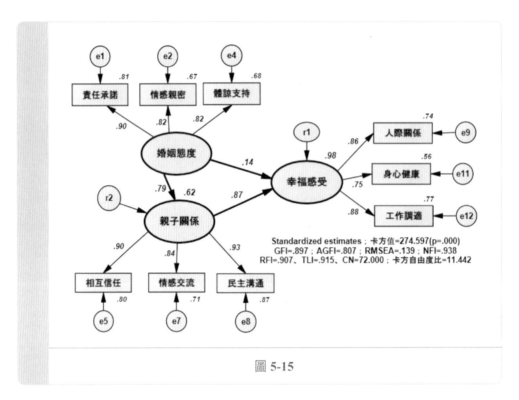

圖 5-15

標準化估計值模式圖顯示：外因潛在變項「婚姻態度」對「親子關係」變項間的標準化徑路係數為 .79，對內因潛在變項「幸福感受」的標準化迴歸係數為 .14；中介變項「親子關係」對內因潛在變項「幸福感受」的標準化迴歸係數為 .87，「婚姻態度」、「親子關係」二個變項對內因潛在變項「幸福感受」的影響均為正向 (β 值均為正向)，二個變項對內因潛在變項「幸福感受」的聯合解釋變異量 (R^2) 為 98.0%，「婚姻態度」外因變項對「親子關係」變項的影響亦為正向，其預測變異量 (R^2) 為 62.0%。

三、界定錯誤的模型

在結構方程模式中，界定不同的結構模式時，多數結構模式的徑路係數及估計的適配度指標值會不一樣，少數情況下之徑路係數或估計的參數會相同。結構方程模式通常是一種理論導向，也是一種驗證性程序 (confirmatory technique)，它結合了多元迴歸分析與驗證性因素分析，少數 SEM 也作為一種探索性目的，與 CFA 相較之下，它重視的是潛在變項間的關係，潛在變項間的關係即結構模式的界定。結構模式的辨認中，首先必須檢核外因變項對內因變項的徑路係數是

否顯著 (p<.05)；其次是標準化徑路係數是否出現大於 1 的不合理參數解值 (因為標準化迴歸係數絕對值必須小於 1.00)；最後是外因變項對內因變項影響的情形是否與理論建構的模型相符合，如假設模式假定外因變項對內因變項影響為正向，但模式估計結果的徑路係數符號卻為負值，此種情形表示模式估計結果與假設模式中變項影響之因果關係情形不同。

在結構模式的界定中，一般研究者常犯的錯誤是沒有界定「結果」變項 (endogenous variables—內因變項) 的預測殘差項，內因變項可能為無法觀察變項 (內因潛在變項)，也可能是觀察變項 (內因觀察變項)，結構模式中只要是單箭號所指向的變項 (可能為內因變項或中介變項)，這些變項均要增列一個預測殘差項。在下面範例中「幸福感受」潛在變項為一個內因變項，模式圖繪製中沒有增列預測殘差項，按『Calculate estimates』(計算估計值) 工具圖像鈕，會出現「Amos Warnings」(Amos 警告) 提示視窗：「The following variables are endogenous, but have no residual (error) variables. *幸福感受」，警告視窗出現：「幸福感受變項是內因變項，但模式圖中沒有增列殘差變項 (誤差變項)」，如果研究者表『Proceed with the analysis』(繼續分析程序)，表示強迫估計模式程序繼續執行，模式估計結果模式也可能可以收斂辨識，模式的卡方值及所有參數均可以估計出來，但此估計結果所得的參數部分是錯誤的。AMOS 執行程序若是出現「Amos Warnings」(Amos 警告) 提示視窗，研究者最好按『Cancel the analysis』(取消分析程序) 鈕，重新檢查模式的界定或物件是否有誤，這樣才能獲得正確的結果。

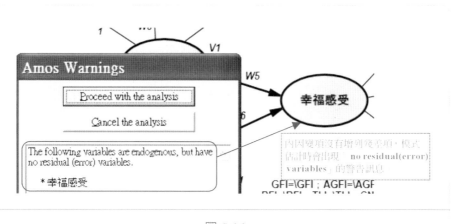

圖 5-16

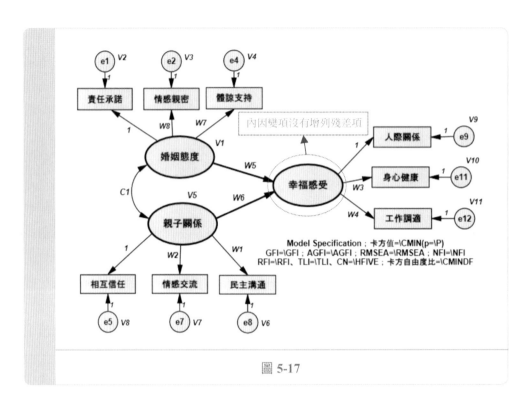

圖 5-17

　　結構模式的界定的第二個常見錯誤，為研究者沒有直接利用工具圖像鈕「Add a unique variable to an existing variable」(在已有變項中增列一個獨特變項) 來繪製殘差項，而是利用橢圓形物件 (描繪無法觀察變項) 及單箭號物件繪製殘差變項，但卻沒有將單箭號物件之徑路係數界定為 1。研究者若是利用前者工具圖像鈕「Add a unique variable to an existing variable」(在已有變項中增列一個獨特變項) 來繪製殘差項，則殘差項內定的徑路係數值為 1，如果是利用後者自行繪製橢圓形物件 (描繪無法觀察變項) 及單箭號物件，則殘差項的徑路係數值要開啟「物件屬性」對話視窗之「參數」標籤鈕自行輸入。內因觀察變項「幸福感受」的預測殘差變項之徑路係數沒有界定為 1 時，模式估計結果為模式無法識別，模式無法識別時，測量模式的參數均無法估計，此時，結構模式的徑路係數也無法估計出來。

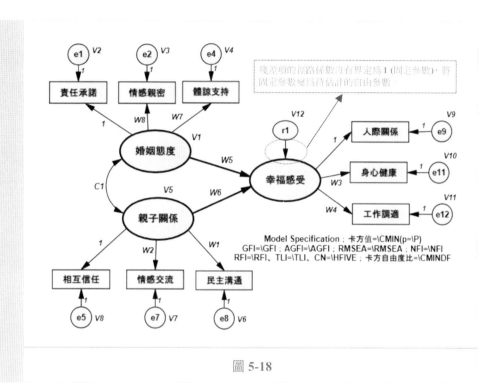

圖 5-18

Notes for Model (Default model) 【模式註解】

Computation of degrees of freedom (Default model)

Number of distinct sample moments:　45

Number of distinct parameters to be estimated:　22

Degrees of freedom (45 - 22):　23

The model is probably unidentified. In order to achieve identifiability, it will probably be necessary to impose 1 additional constraint.

　　模式註解顯示：模式中獨特樣本動差個數為 45，模式中待估計的獨特參數個數有 22 個，模式的自由度為 23 (= 45 – 22)，模式的自由度雖然為正，但模式並無法識別 (identifiability)，假設模式中可能需要增列一個限制參數 (固定參數)。由於模式無法識別，因而所有徑路係數估計值、徑路係數估計值標準誤、臨界比值等參數均無法估計。

表 5-7 **Regression Weights: (警察群組 - Default model) 【徑路係數估計值】**

幸福感受<---婚姻態度	
幸福感受<---親子關係	
幸福感受<---r1	unidentified
民主溝通<---親子關係	
情感交流<---親子關係	
相互信任<---親子關係	
人際關係<---幸福感受	
身心健康<---幸福感受	
工作調適<---幸福感受	
體諒支持<---婚姻態度	
情感親密<---婚姻態度	
責任承諾<---婚姻態度	

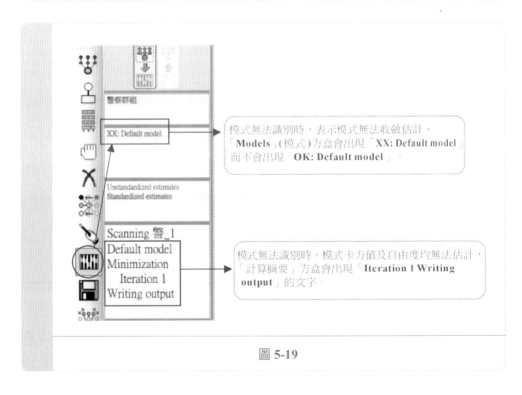

圖 5-19

結構模式圖中作為外因潛在變項者，由於其間沒有直間接因果關係存在，因而必須以雙箭號繪製二個潛在變項的共變關係，如果假設模式圖沒有繪製外因潛在變項間的共變關係，則按『Calculate estimates』(計算估計值) 工具圖像鈕，會

出現「Amos Warnings」(Amos 警告) 提示視窗。

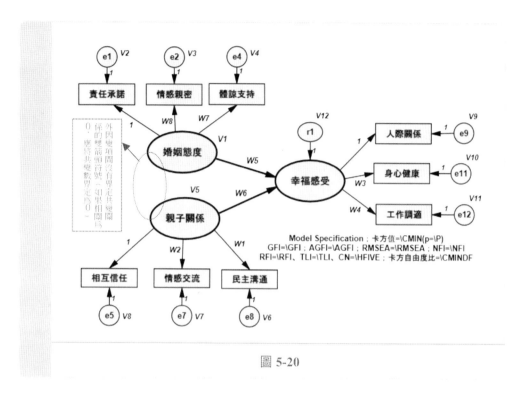

圖 5-20

「Amos Warnings」 (Amos 警告) 提示視窗內顯示：「Amos will require the following pairs of variables to be uncorrelated: *婚姻態度< >親子關係」，表示 Amos 視窗模式圖中需要將二個沒有相關的成對變項界定其間關係。此時，研究者應按『Cancel the analysis』(取消分析程序) 鈕，中斷模式參數的估計，否則所得的參數估計結果是錯誤的。

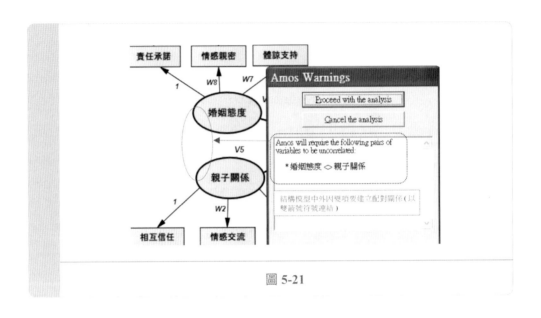

圖 5-21

四、不可接受解的模型

高中生生活壓力、自我焦慮、憂鬱傾向的結構方程模式圖中，外因潛在變項為生活壓力、中介潛在變項為自我焦慮、憂鬱傾向為內因潛在變項；生活壓力因素構念二個指標變項為學校壓力、家庭壓力，自我焦慮因素構念三個指標變項為身體焦慮、恐慌焦慮、主觀焦慮，憂鬱傾向因素構念二個指標變項為情緒低落、緊張擔憂。三個變項間因果關係的結構模式與測量模式如下，結構模式中的外因潛在變項「憂鬱傾向」的預測殘差變項為「r1」、中介潛在變項「自我焦慮」的預測殘差變項為「r2」，每個測量模式中的觀察變項之測量誤差變項簡稱為「e」(e 表示 error variables)，殘差變項及誤差變項的徑路係數均要界定為 1 (固定參數)。

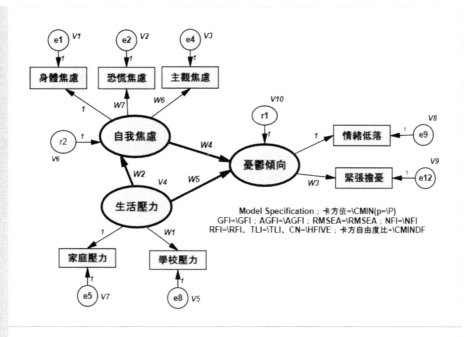

圖 5-22

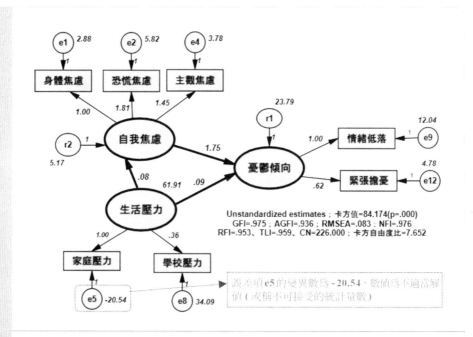

圖 5-23

　　初始建構之假設模式估計結果模式可以辨識收斂。模式整體適配度卡方值為 84.174 (顯著性 p= .000<.05)、卡方自由度比值等於 7.652 (未符合小於 3.00 理想標準)、GFI 值等於 .975 (符合大於 .900 適配標準)、AGFI 值等於 .936 (符合大於 .900 理想標準)、RMSEA 值等於 .083 (未符合小於 .080 理想標準)、NFI 值等於 .976 (符合大於 .900 適配標準)、RFI 值等於 .953 (符合大於 .900 適配標準)、TLI 值等於 .959 (符合大於 .900 適配標準)、CN 值等於 226 (符合大於 200 理想標準)。整體而言，假設模式與樣本資料的契合度尚佳，研究者建構的結構方程模式之假設模式圖可以獲得支持。「生活壓力」外因變項對「自我焦慮」變項及「憂鬱傾向」影響的原始徑路係數值為分別為 .08、.09，「自我焦慮」變項對「憂鬱傾向」變項影響的原始徑路係數值為 1.75。

　　從測量模式的誤差變項之變異數來看，「自我焦慮」潛在因素構念三個觀察變項之誤差項的變異數分別為 2.88、5.82、3.78，「憂鬱傾向」潛在因素構念二個觀察變項之誤差項的變異數分別為 12.04、4.78，「生活壓力」潛在因素構念二個觀察變項之誤差項的變異數分別為 −20.54、34.09，在七個觀察變項誤差項之變異數中，「家庭壓力」觀察變項誤差項之變異數為負值，此種結果顯示模式估計出現不合理的參數或無法解釋的估計值 (不適當的解值)，當模式估計時觀察變項誤差項之變異數出現負值，表示模式估計違反基本辨認準則，此參數估計值為不適當解值或不可接受的解。

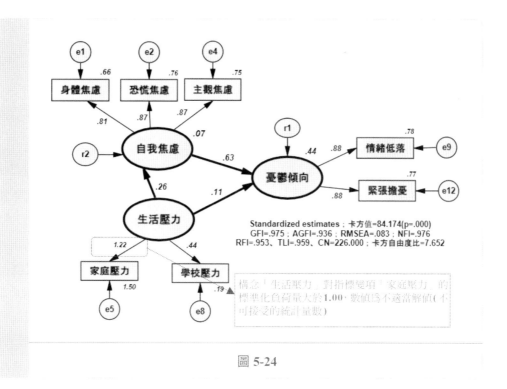

圖 5-24

　　標準化估計值模式圖顯示：「生活壓力」外因變項對「自我焦慮」變項及「憂鬱傾向」影響之標準化徑路係數值為分別為 .26、.11，「自我焦慮」變項對「憂鬱傾向」變項影響的標準化徑路係數值為 .63，「生活壓力」及「自我焦慮」二個潛在變項對「憂鬱傾向」內因潛在變項聯合解釋變異量為 44% (R^2 = .44)，「生活壓力」外因潛在變項對「自我焦慮」潛在變項的解釋變異為 7% (R^2 = .07)。結構模式之標準化迴歸係數的正負號與原先建構之假設模式符合。「自我焦慮」潛在因素構念三個觀察變項的因素負荷量分別為 .81、.87、.87，「憂鬱傾向」潛在因素構念二個觀察變項的因素負荷量分別為 .88、.88，這二個測量模式的信度良好；至於「生活壓力」潛在因素構念二個觀察變項的因素負荷量分別為 1.22 (R^2 = 1.50)、.44 (R^2 = .19)，測量模式中的因素負荷量為標準化迴歸係數 (β)，標準化迴歸係數與相關係數值一樣，其數值於 −1.00 至 +1.00 中間，若是標準化迴歸係數絕對值大於或等於 1，表示模式估計的參數有不合理或不適當的解值。SEM 模式估計結果，若是模式有不適當的解值或不合理的參數，即使假設模式整體適配度良好，假設模式也應修正或重新界定假設模式，因為模式估

計本身已經違反辨認準則，在模式估計本身違反辨認準則之下 (表示模式中有不合理的參數存在)，此時進行假設模式與樣本資料的檢定是沒有意義的。

貳、限定特殊群體為分析樣本資料

SEM 的分析除可以用全體有效樣本作為分析單位 (單一樣本資料)，也可以挑選某個特殊群體來檢定假設模式與此群體樣本資料是否適配，此種分析的觀察資料並非是全部有效樣本，而是有效樣本中某個獨特的群體。以家庭結構間斷變項為例，此變項為二分間斷變項，水準數值 1 為完整家庭群組、水準數值 2 為單親家庭群組。研究者所要檢定的是：高中生生活壓力、自我焦慮、憂鬱傾向的假設模式圖是否與單親家庭群組樣本資料適配，此時觀察資料為單親家庭群組，觀察樣本資料沒有包含完整家庭群組。分析程序按「Select data files」(選擇資料檔) 工具圖像鈕，開啟「Dada Files」(資料檔案) 對話視窗，按『File Name』(檔案名稱) 鈕選取 SPSS 資料檔，按『Grouping Variable』(分組變項) 鈕選取群組變項「家庭結構」(間斷變數)，按『Group Value』(群組數值) 鈕選取單親家庭的水準數值編碼 2。範例中「N」欄出現「302/965」，表示「焦慮.sav」資料檔有效樣本數有 965 位，家庭結構變項中水準數值編碼為 2 的樣本 (單親家庭) 有302 位。

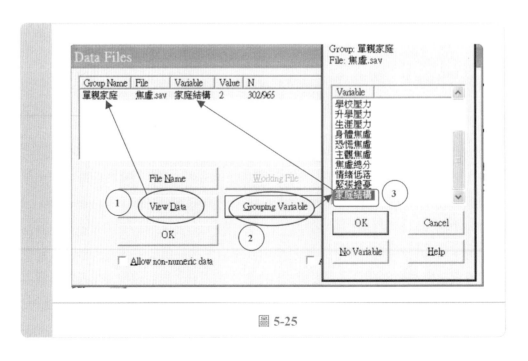

圖 5-25

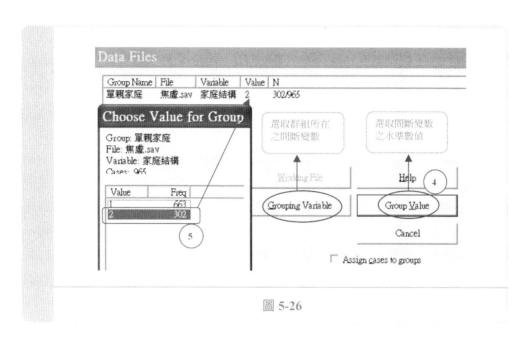

圖 5-26

表 5-8　**Regression Weights: (單親家庭 - Default model)** 【結構模式徑路係數估計值】

	Estimate	S.E.	C.R.	P	Label
自我焦慮<---生活壓力	.135	.044	3.094	.002	W2
憂鬱傾向<---自我焦慮	1.756	.215	8.171	***	W4
憂鬱傾向<---生活壓力	-.012	.070	-.171	.864	W5

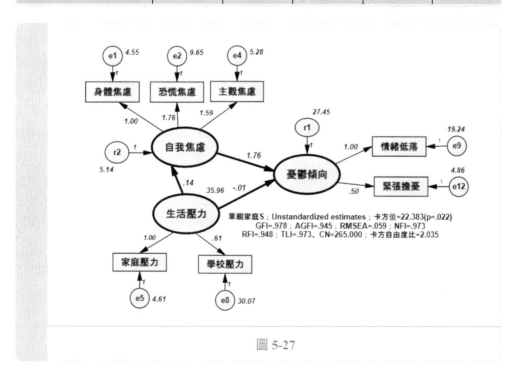

圖 5-27

　　就單親家庭群體觀察資料而言，初始建構之假設模式估計結果模式可以辨識收斂，測量模式觀察變項之誤差項的變異數沒有出現負值，表示沒有違反模式辨認準則。模式整體適配度卡方值為 22.383 (顯著性 p = .022<.05)、卡方自由度比值等於 2.035 (符合小於 3.00 理想標準)、GFI 值等於 .978 (符合大於 .900 適配標準)、AGFI 值等於 .945 (符合大於 .900 理想標準)、RMSEA 值等於 .059 (符合小於 .080 理想標準)、NFI 值等於 .973 (符合大於 .900 適配標準)、RFI 值等於 .948 (符合大於 .900 適配標準)、TLI 值等於 .973 (符合大於 .900 適配標準)、CN 值等於 265 (符合大於 200 理想標準)。整體而言，假設模式與單親家庭群組之樣本資料的適配度良好，研究者建構的結構方程模式之假設模式圖可以獲得支持。「生活壓力」外因變項對「自我焦慮」變項及「憂鬱傾向」影響的原始徑路係數值為分別為 .14、−.01，「自我焦慮」變項對「憂鬱傾向」變項影響的原始徑路係數值為 1.76。

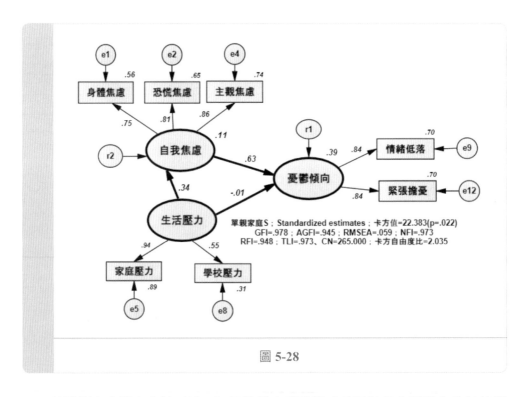

圖 5-28

　　就單親家庭觀察資料而言，初始建構之假設模式估計結果之標準化估計值模式圖顯示：生活壓力外因變項對自我焦慮、憂鬱傾向的標準化迴歸係數分別為

.34(p = .002<.05)、−.01(p = .864>.05)，自我焦慮變項對憂鬱傾向的標準化迴歸係數為 .63(p = .000<.05)，表示外因潛在變項「生活壓力」對內因潛在變項「憂鬱傾向」的直接效果不顯著，但對「自我焦慮」變項的直接效果顯著；此外「自我焦慮」中介變項對內因潛在變項「憂鬱傾向」的直接效果也顯著，「生活壓力」外因變項對「憂鬱傾向」內因變項的間接效果也顯著。

如果研究分析的標的群組為「完整家庭」 (背景變項為家庭結構，水準數值編碼 1 為完整家庭樣本)，分析程序按「Select data files」(選擇資料檔) 工具圖像鈕，開啟「Data Files」(資料檔案) 對話視窗，按『File Name』(檔案名稱) 鈕選取 SPSS 資料檔，按『Grouping Variable』(分組變項) 鈕選取群組變項「家庭結構」 (間斷變數)，按『Group Value』(群組數值) 鈕選取單親家庭的水準數值編碼 1。範例中「N」欄出現「663/965」，表示「焦慮.sav」資料檔有效樣本數有 965 位，家庭結構變項中水準數值編碼為 1 的樣本 (完整家庭) 有 663 位。

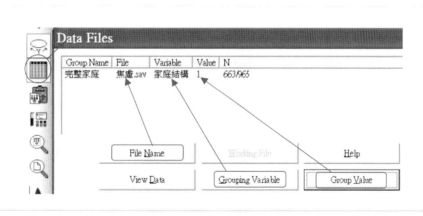

圖 5-29

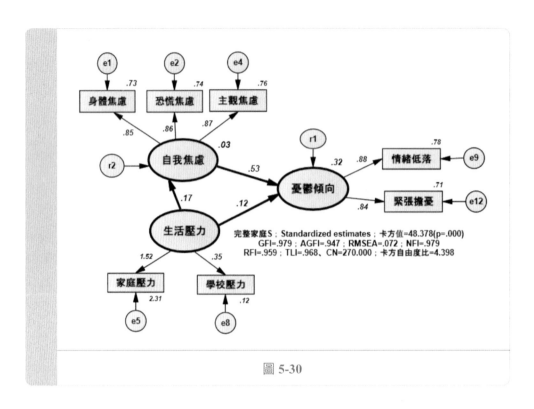

圖 5-30

　　由於非標準化估計值模式圖中出現負的誤差項變異數，標準化估計值模式圖中相對應的標準化迴歸係數值絕對值會大於 1 (此時 R 平方也會大於 1.00)，範例中生活壓力測量模式之觀察變項「家庭壓力」的標準化迴歸係數為 1.52，「生活壓力」因素構念可以解釋「家庭壓力」觀察變項的變異高達 231%，這二個參數均是不可接受的解或不合理的參數，此種結果可能是假定模式界定不適切，或假設模式與樣本資料的數據差異值太大導致。

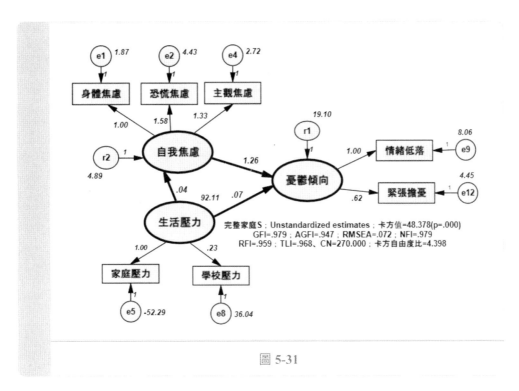

圖 5-31

　　就完整家庭群組而言，假設模式圖估計結果違反模式辨認準則，因為「生活壓力」測量模式中，觀察變項「家庭壓力」的誤差項變異數等於 -52.29，誤差項變異數負值為不合理的參數，表示模式界定有問題。整體模式適配度的卡方值為 48.378 (p<.001)，卡方自由度比值為 4.398。當參數估計值出現不適當解值時，即使假設模式適配度良好也沒有意義存在，此時，研究者應重新界定假設模式，或進行模型的簡約。

　　在「Models」(模式) 方盒中連按二下，可開啟「Manage Models」(管理模式) 對話視窗，此視窗的左邊選項為假設模式圖中增列的參數標籤名稱，包含六大項：共變數 (Covariances)、截距項 (Intercepts)、平均數 (Means)、自訂 (不在其餘五大項參數中的標籤)、變異數 (Variances)、徑路係數 (Weights)；右邊選項的上半部為模式名稱的增列或修改，「Model Name」(模式命名) 下的方盒為預設模式名稱「Default model」，右邊選項的下半部可以界定各種參數關係，如界定測量模式中潛在因素構念間的共變數相同 (C1 = C2，或 C1 = C2 = C3)，或界定同一測量模式觀察變項之誤差項的變異數相同 (V1 = V2 = V3 = V4)，或界定二個群組的相對應的徑路係數 (或平均數或截距項) 相同，或將某個參數界定為某

個固定數值 (通常為 0 或 1)，範例中「Parameter Constraints」(參數限制) 方盒中將徑路係數 W5 的係數值界定為 1 (婚姻態度外因變項對幸福感受的徑路係數固定為 1)。

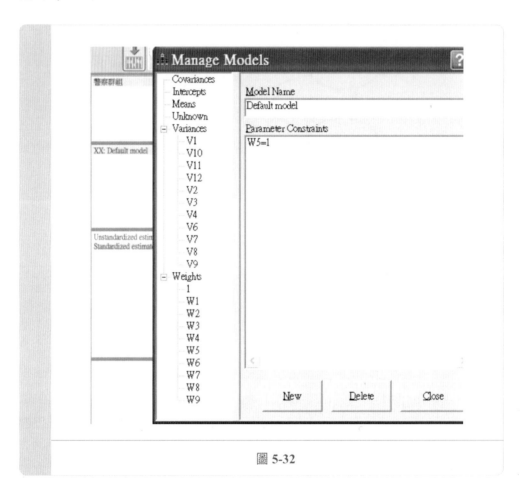

圖 5-32

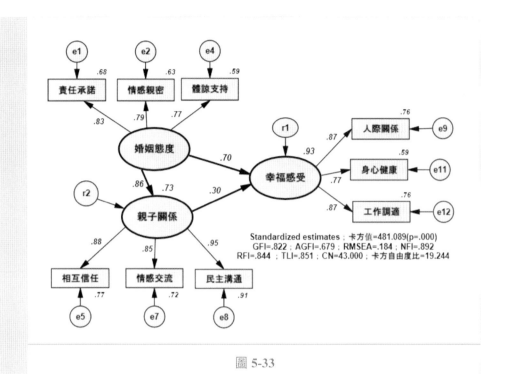

圖 5-33

　　結構模型圖中，界定「婚姻態度」外因變項對「幸福感受」內因變項的徑路係數為 1。標準化估計值模式圖顯示：「婚姻態度」外因變項對「幸福感受」內因變項的標準化徑路係數為 .70，「婚姻態度」外因變項對「親子關係」內因變項的標準化徑路係數為 .86，「親子關係」中介變項對「幸福感受」內因變項的標準化徑路係數為 .30，標準化迴歸係數絕對值沒有出現大於 1.00 的不合理解值。

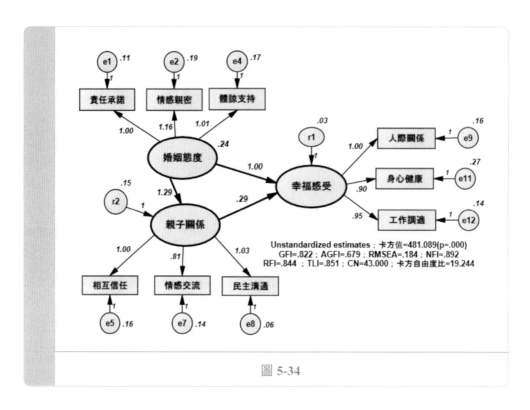

圖 5-34

結構模式圖中,界定「婚姻態度」外因變項對「幸福感受」內因變項的徑路係數為 1。非標準化估計值模式圖顯示:「婚姻態度」外因變項對「幸福感受」內因變項的徑路係數為 1.00 (此徑路係數由原先自由參數改為固定參數),「婚姻態度」外因變項對「親子關係」內因變項的徑路係數為 1.29,「親子關係」中介變項對「幸福感受」內因變項的徑路係數為 .29,整體模式適配度的卡方值為 481.089 (p = .000<.05),卡方自由度比值為 19.244。

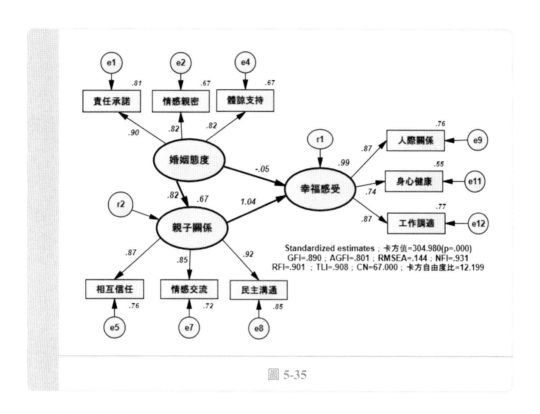

圖 5-35

　　結構模式圖中，界定「親子關係」內因變項對「幸福感受」內因變項的徑路係數為 1。標準化估計值模式圖顯示：「婚姻態度」外因變項對「幸福感受」內因變項的標準化徑路係數為 -.05，「婚姻態度」外因變項對「親子關係」內因變項的標準化徑路係數為 .82，「親子關係」中介變項對「幸福感受」內因變項的標準化徑路係數為 1.04，「婚姻態度」與「親子關係」對「幸福感受」內因變項的解釋變異高達 99%，模式估計結果所得之標準化迴歸係數絕對值大於 1 或解釋變異量接近 100%，都是不適當的解值或不合理的參數。

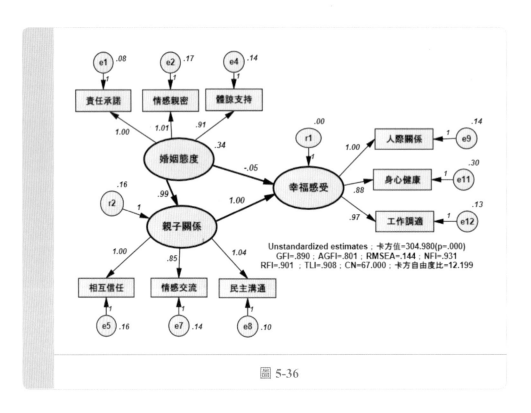

圖 5-36

　　結構模式圖中，界定「親子關係」內因變項對「幸福感受」內因變項的徑路係數為 1。非標準化估計值模式圖顯示：「婚姻態度」外因變項對「幸福感受」內因變項的徑路係數為 –.05，「婚姻態度」外因變項對「親子關係」內因變項的徑路係數為 .99，「親子關係」中介變項對「幸福感受」內因變項的徑路係數為 1.00 (限定為固定參數，徑路係數限定為 1)，整體模式適配度的卡方值為 304.980 (p<.001)，卡方自由度比值為 12.199。

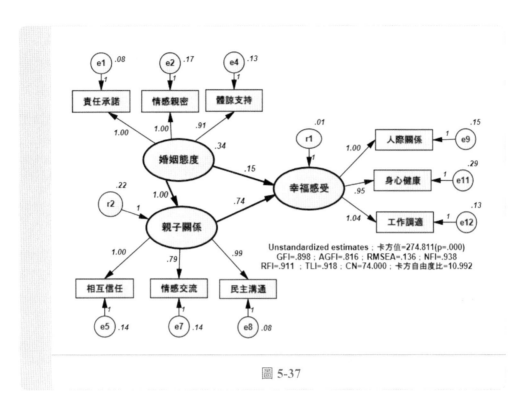

圖 5-37

結構模式圖中，界定「婚姻態度」外因變項對「親子關係」內因變項的徑路係數為 1，此條路徑參數由待估計自由參數改為固定參數。非標準化估計值模式圖顯示：「婚姻態度」外因變項對「幸福感受」內因變項的徑路係數為 .15，「婚姻態度」外因變項對「親子關係」內因變項的徑路係數為 1.00 (限定為固定參數，徑路係數限定為 1)，「親子關係」中介變項對「幸福感受」內因變項的徑路係數為 .74，整體模式適配度的卡方值為 274.811 (p<.001)，卡方自由度比值為 10.992。

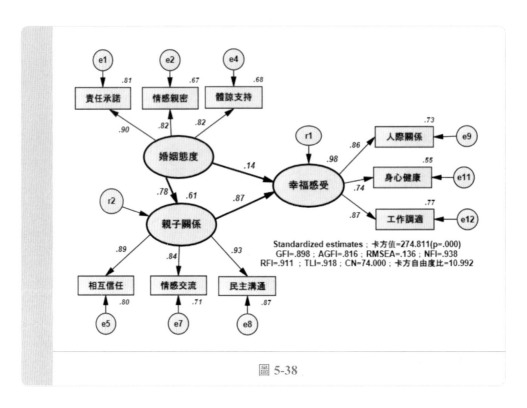

圖 5-38

　　結構模式圖中，界定「婚姻態度」外因變項對「親子關係」內因變項的徑路
係數為 1。標準化估計值模式圖顯示：「婚姻態度」外因變項對「幸福感受」內
因變項的標準化徑路係數為 .14，「婚姻態度」外因變項對「親子關係」內因變
項的標準化徑路係數為 .78，「親子關係」中介變項對「幸福感受」內因變項的
標準化徑路係數為 .87，「婚姻態度」與「親子關係」對「幸福感受」內因變項
的解釋變異為 98%，結構模式中內因變項被外因變項共同解釋的變異為 98% (R^2
= .98) 可能也是一個不適當的解值或不合理的參數。

表 5-9　結構模式徑路係數不當界定之參數估計結果摘要表

徑路係數及卡方值	婚姻態度→親子關係	婚姻態度→幸福感受	親子關係→幸福感受
原始徑路係數	1.29	1.00	.29
標準化徑路係數	.86	.70	.30
$\chi^2 = 481.089$			

表 5-9 （續）

徑路係數及卡方值	婚姻態度→親子關係	婚姻態度→幸福感受	親子關係→幸福感受
原始徑路係數	.99	–.05	1.00
標準化徑路係數	.82	–.05	1.04
$\chi^2 = 304.980$			
原始徑路係數	1.00	.15	.74
標準化徑路係數	.78	.14	.87
$\chi^2 = 274.811$			

　　結構模式探究的是潛在變項間的因果關係，每個潛在變項可能是一個測量模式，也可能是單一觀察變項 (潛在變項只有一個指標變項)，AMOS 的測量模式估計中，潛在因素構念對觀察變項的徑路係數中要界定一個為參照指標，參照指標為固定參數，其徑路係數固定為 1，但在結構模式中，模式估計的重點在於外因變項對內因變項的徑路係數是否顯著，即檢定是否有直接效果，若是直接效果值顯著，會進一步檢核是否有間接效果，結構模式變項間的徑路係數不能界定一個影響路徑為固定參數，因為這樣的界定是沒有意義的，模式估計結果之結構模式無法合理解釋，以範例而言，潛在變項的參數估計於「參數限制」方盒中界定下列三種參數限制均是沒有意義：「W1 = 1」或「W2 = 1」或「W3 = 1」。

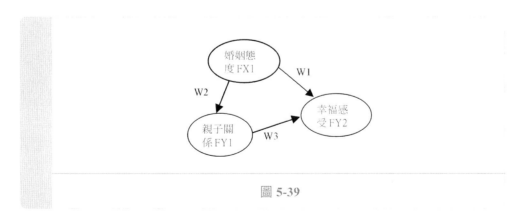

圖 5-39

　　初始模式估計結果，若是潛在變項間的三條徑路係數均達顯著 (p<.05)，且假設模式整體適配度與觀察資料可以適配，研究者才可以進一步就潛在變項間的徑路係數加以限定，以婚姻態度、親子關係、幸福感受變項之因果關係為例，如果初始假設模式得到支持，而 W1、W2、W3 三條直接效果值均達顯著，研究者

可進一步就下列的潛在變項間的關係加以考驗：假定「婚姻態度」外因變項對內因變項「親子關係」、「幸福感受」的影響中，其徑路係數是相同的，此種假定的結構模式之參數限制為「W1 = W2」(結構模式中 r1、r2 為預測殘差項)。

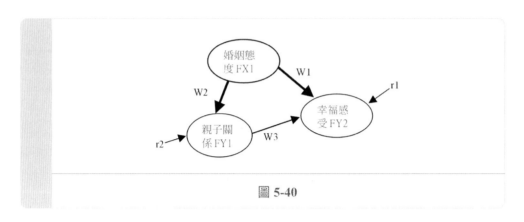

圖 5-40

結構模式的參數標籤中若是參數標籤名稱，表示二個徑路係數是獨立自由估計徑路係數估計值，如果結構模式增列參數標籤名稱，並把參數標籤名稱命名相同，表示其參數限制相同，上述將「婚姻態度」外因變項對內因變項「親子關係」的徑路係數 W2、「婚姻態度」外因變項對內因變項「幸福感受」的徑路係數 W1，二個徑路係數限定為相同，結構模式的假設模式圖也可以界定為：

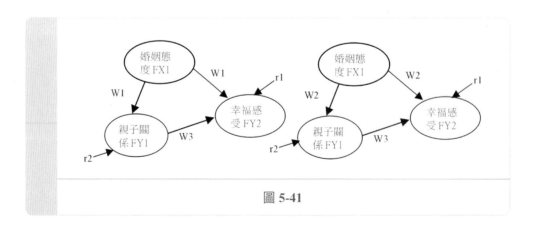

圖 5-41

上述二種結構模式的界定均表示「婚姻態度」構念變項對「親子關係」、「幸福感受」二個構念變項影響的徑路係數相同 (徑路係數相同表示非標準化徑路係數估計值一樣，由於各構念尺度或單位不同，標準化徑路係數參數值大小不

一定相同)。

參、模型的修正或再界定

　　在婚姻態度、親子關係與幸福感受的結構方程模式中，外因潛在變項為婚姻態度、內因潛在變項為親子關係與幸福感受。「婚姻態度量表」經探索性因素分析萃取三個因素構面：責任承諾、情感親密、體諒支持。「親子關係量表」經探索性因素分析萃取三個因素構面：相互信任、情感交流、民主溝通。「幸福感受量表」經探索性因素分析萃取三個因素構面，構面名稱分別命名為人際關係、身心健康、工作調適。婚姻態度、親子關係與幸福感受之結構方程模式的假設模型圖如下：

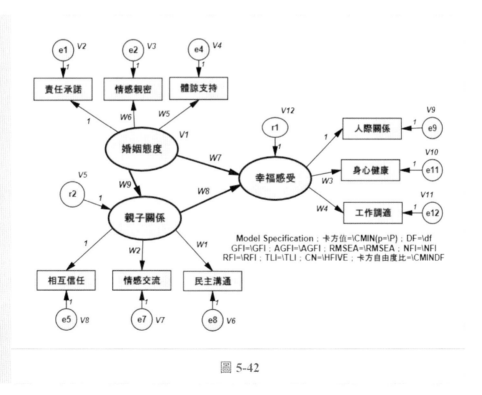

圖 5-42

　　假設模型圖中三個測量模式的參照指標變項分別為責任承諾、相互信任、人際關係，三個參照指標變項的徑路係數固定為 1，二個預測殘差項的徑路係數與九個觀察變項誤差項的徑路係數均限定為 1。初始假設模型之假定中，測量模式

的誤差項間彼此獨立沒有共變關係，而 SEM 本身的假定為各測量模式之潛在變項與誤差項間也彼此獨立，二階潛在因素與觀察變項 (構面) 的誤差項間沒有共變關係。

一、假設初始模型

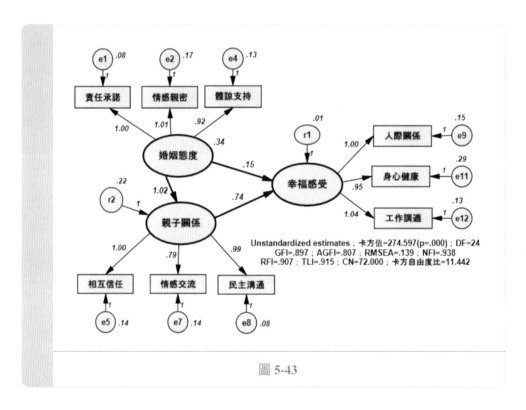

圖 5-43

初始建構之假設模型估計結果模式可以辨識收斂，非標準化估計值模式圖中沒有出現負的誤差變異數，表示沒有違反模式辨認規則。模式整體適配度卡方值為 274.597 (顯著性 p = .000<.05)、模式自由度為 24，卡方自由度比值等於 11.442 (未符合小於 3.00 理想標準)、GFI 值等於 .897 (未符合大於 .900 適配標準)、AGFI 值等於 .807 (未符合大於 .900 理想標準)、RMSEA 值等於 .139 (未符合小於 .080 理想標準)、NFI 值等於 .938 (符合大於 .900 適配標準)、RFI 值等於 .907 (符合大於 .900 適配標準)、TLI 值等於 .915 (符合大於 .900 適配標準)、CN 值等於 72 (未符合大於 200 理想標準)。整體而言，假設模型與樣本資料的契合度不佳，研究者建構的結構方程模式之假設模型圖無法獲得支持。「婚姻態

度」變項對「親子關係」變項影響的原始徑路係數值為 1.02，「婚姻態度」變項對「幸福感受」變項影響的原始徑路係數值為 .15，「親子關係」變項對「幸福感受」變項影響的原始徑路係數值為 .74。

當假設模型與觀察樣本無法適配時，AMOS 會提供修正指標值 (Modification Indices)，根據修正指標值摘要表的修正指標與期望參數改變值可作為假設模型修正的參考。AMOS 提供的修正指標值包括增列變項間共變關係 (Covariances)、增列變項的路徑係數 (Regression Weights)、增列變項的變異數 (Variances) 估計，假設模型修正程序中最常使用者為增列變項間的相關 (共變關係) 或增列變項間的影響路徑，AMOS 提供的修正指標值之計算是隱含假設所有增列之所有參數原先的數值均為 0，其中也包含某些參數明確界定為 0 或不是 0 的數值，當修正指標增列的指標值由原先參數為 0 改為修正指標數值時 (估計值不為 0 時)，整體模式檢定可能降低多少數值之 χ^2 值統計量，由於 χ^2 值的大小是模式適配度主要的判別指標值，當 χ^2 值統計量變得愈小時，其餘整體模式適配度指標值會愈接近適配標準。由於 AMOS 提供的修正指標值中增列變項共變關係或增列變項路徑係數時，並沒有考量此種修正是否違反 SEM 的假定，或修改後之假設模型的意涵是否具實質意義，因而研究者不能只根據 AMOS 提供的所有修正指標值進行假設模型修正的參考，因為其中某些修正指標值是不具意義的 (吳明隆，2010)。

其中有一點應該注意的是，原先初始模型之構念變項均為多構面測量模式，多構面觀察變項指的是潛在構念有二個以上的觀察變項 (最佳的測量模式是有三個以上的觀察變項)，AMOS 假定所有觀察變項之誤差項間均沒有關係，如果將同一潛在構念變項的觀察變項誤差項界定有共變關係，通常可以使整體適配度統計量 χ^2 值下降，因而研究者於開始初始模型的模型便界定同一潛在構念之觀察變項的誤差項間有共變關係，其圖示如下：

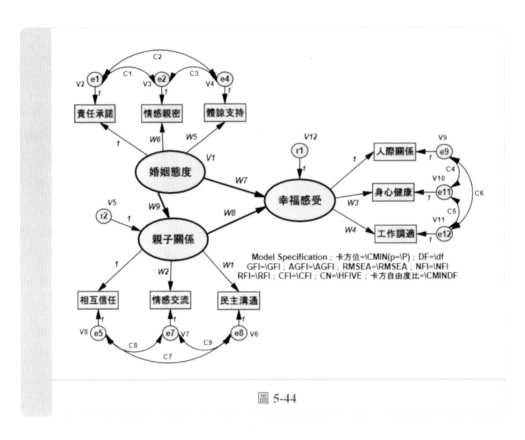

圖 5-44

　　上述假設模型界定並不適切，第一為待估計的自由參數變多，模式自由度變小，表示界定的假設模型變得更複雜，此種模型的界定並不符合 SEM 模型簡約原則；第二模型的界定違反多構面觀察變項的模式；第三同一潛在變項之觀察變項的誤差項間並非都有顯著相關 (p<.05)。因而研究者此種初始假設模型的界定是不適切的。

　　在結構方程模式中，研究者可以增刪的徑路係數為潛在變項間的因果關係，如果外因潛在變項對內因潛在變項的徑路係數不顯著 (γ 係數值，p>.05)，或內因潛在變項間關係的徑路係數不顯著 (β 係數值，p>.05)，則這些不顯著的直接效果路徑可以刪除，若是增列潛在變項間某條直接效果路徑，模式 χ^2 值會變小，則此徑路係數可以增列，但如果增加之路徑的徑路係數正負號與原先理論文獻或經驗法則相反，則此直接效果路徑就不應增列。在共變關係的增列上面，預測殘差項與任何變項間不能增列共變關係，誤差項與潛在變項間不能增列共變關係，因為此種共變關係是違反 SEM 假定且沒有實質意義的。就共變關係的修正指標而言，研究者首應考量增列同一測量模式觀察變項之誤差項間的共變關

係，其次是考量增列同為外因潛在變項不同測量模式觀察變項之誤差項間的共變關係，對於外因潛在變項觀察變項之誤差項間與內因潛在變項觀察變項之誤差項間間的共變關係沒有必要也不應增列，因為此種共變關係的解釋較不合理。二個變項間有共變關係，表示二個變項間有相關，就同一測量模式而言，觀察變項之誤差項間有共變關係，表示觀察變項 (量表向度) 間有相關，同一量表中向度 (或構面或因素) 間有某種程度相關是合理的，因為這些一階因素構念同時反映相同的二階因素構念 (高階構念)。

表 5-10　Regression Weights: (警察群組 - Default model)【徑路係數估計值】

	Estimate	S.E.	C.R.	P	Label
親子關係<---婚姻態度	1.023	.052	19.791	***	W9
幸福感受<---婚姻態度	.153	.045	3.431	***	W5
幸福感受<---親子關係	.740	.040	18.503	***	W6
民主溝通<---親子關係	.985	.028	34.654	***	W1
情感交流<---親子關係	.789	.029	27.568	***	W2
相互信任<---親子關係	1.000				參照指標變項
人際關係<---幸福感受	1.000				參照指標變項
身心健康<---幸福感受	.950	.046	20.858	***	W3
工作調適<---幸福感受	1.038	.038	27.415	***	W4
體諒支持<---婚姻態度	.918	.038	24.456	***	W7
情感親密<---婚姻態度	1.007	.042	24.114	***	W8
責任承諾<---婚姻態度	1.000				參照指標變項

在徑路係數顯著性檢定方面，除三個參照指標變項外，其餘徑路係數值均達 .001 顯著水準 (p<.001)，徑路係數估計值標準誤介於 .028 至 .052 之間。

表 5-11　Variances: (警察群組 - Default model)【變異數估計值】

	Estimate	S.E.	C.R.	P	Label
婚姻態度	.336	.026	12.937	***	V1
r2	.215	.020	10.619	***	V5
r1	.010	.006	1.529	.126	V12
e1	.080	.009	9.103	***	V2
e2	.170	.013	12.863	***	V3
e4	.134	.011	12.656	***	V4

表 5-11 （續）

	Estimate	S.E.	C.R.	P	Label
e8	.085	.008	10.431	***	V6
e7	.144	.010	14.234	***	V7
e5	.141	.011	12.771	***	V8
e9	.146	.011	13.437	***	V9
e11	.293	.019	15.205	***	V10
e12	.133	.010	12.740	***	V11

　　變異數值估計值沒有出現負值，表示模式中的參數沒有出現不合理的解值，變異數估計值的顯著性檢定除預測殘差項 r1 的估計值未達顯著外 (臨界比值 = 1.529，p = .126>.05)，其餘均達 .001 顯著水準，變異數估計值的標準誤介於 .006 至 .026 間，標準誤的數值均非常接近 0。

　　輸出結果摘要表若要顯示修正指標，於「Analysis Properties」(分析) 對話視窗中，按『Output』標籤鈕，勾選修正指標選項「☑ Modification indices」，於修正指標臨界值 (Threshold for modification indices) 前的方盒輸入某個內閾值，如 20，「20」的意思為修正指標摘要表中「M.I.」直行卡方值差異量大於 20 以上者的修正指標才顯示出來。卡方值差異量小於 20 的修正指標 (包含增列變項的共變關係、增列變項的變異數、增列變項的徑路係數) 不會呈現，AMOS 內定輸出的修正指標臨界值為 4。

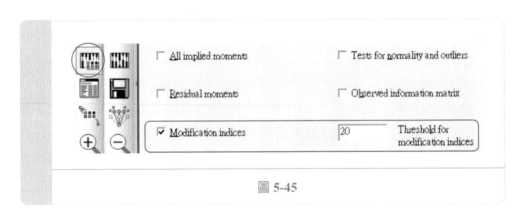

圖 5-45

表 5-12　**Modification Indices (警察群組 - Default model) 【修正指標】**
Covariances: (警察群組 - Default model) 【共變數修正指標】

	M.I.	Par Change
e5<-->r1	45.673	.035
e5<-->e9	40.615	.047
e7<-->r2	32.012	–.053
e7<-->e5	39.093	–.045
e4<-->r2	30.631	–.051
e4<-->e5	22.938	–.035
e4<-->e7	22.975	.034

　　初始假設模型的修正指標臨界值設定為 20，因而「M.I.」欄的數值均大於 20。M.I.共變數修正指標欄第一直行表示的是增列共變關係的二個變項，第二直行 (M.I.) 為模式 χ^2 值減少的差異量，第三直行為參數改變量，由於原先假定二個變項間沒有共變關係 (表示二個變項間的相關係數為 0)，當參數改變量為正值時，表示界定二個變項有共變關係時，參數改變量較目前估計值增加，當參數改變量增加，即二個變項間的共變數為正值 (即二個變項間的相關為正相關)；相對的當參數改變量為負值時，表示界定二個變項有共變關係時，參數改變量較目前估計值減少 (目前的估計值共變參數或相關係數為 0)，當參數改變量減少，即二個變項間的共變數為負值 (即二個變項間的相關為負相關)。共變關係最大的修正指標值為增列誤差項「e5」與預測殘差項「r1」間的共變關係，當假設模型增列誤差項「e5」與預測殘差項「r1」間有共變關係時，模式卡方值減少的差異量約為 45.673，參數改變數值約為 .035，其數值為正，表示誤差項「e5」與預測殘差項「r1」間為正相關 (相關係數大於 0)；相對地，輸出之共變數修正指標表之期望參數改變值為負，表示增列界定二個變項間的相關為負相關。

表 5-13　**Variances: (警察群組 - Default model)**【增列變異數修正指標】

	M.I.	Par Change

Regression Weights: (警察群組 - Default model)【增列徑路係數修正指標】

	M.I.	Par Change
相互信任<---體諒支持	24.271	-.138
情感交流<---體諒支持	31.626	.152
情感交流<---情感親密	24.407	.121
體諒支持<---相互信任	21.174	-.096

　　變異數修正指標中沒有大約 20 者。徑路係數修正指標中，最大卡方值差異量為增列觀察變項「體諒支持」對「情感交流」的直接效果路徑，增列此條因果路徑時，模式的卡方值約降低 31.626，參數改變的路徑係數為 .152，其數值為正值，表示「體諒支持」對「情感交流」有直接正向的影響效果。

二、修正模型[1]

　　修正模型[1]增列誤差項「e5」與預測殘差項「r1」間有共變關係

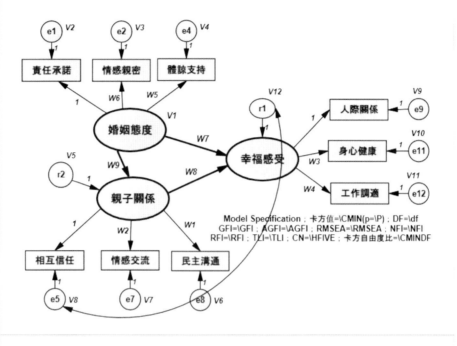

圖 5-46

　　第一次修正假設模型圖中為增列誤差項「e5」與預測殘差項「r1」間有共變關係，因為在初始假設模型提供的修正指標中，增列誤差項「e5」與預測殘差項「r1」間的共變關係，模式卡方值減少的差異值為最大 (約為 45.673)。

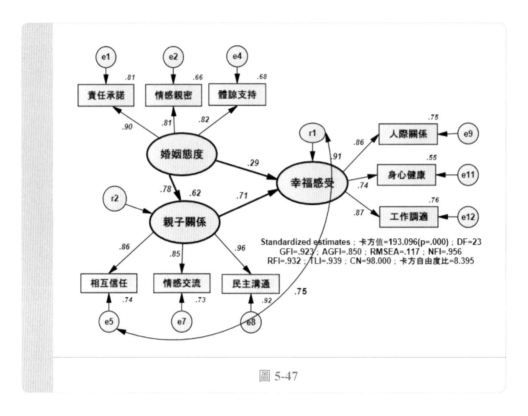

圖 5-47

　　第一次修正之假設模型估計結果模式可以辨識收斂，非標準化估計值模式圖中沒有出現負的誤差變異數，表示沒有違反模式辨認規則，標準化估計值模式圖中的標準化迴歸係數絕對值沒有出現大於 1 的不合理解值，模式參數中沒有出現大於 100% 或接近 100% 的數值。模式整體適配度卡方值為 193.096 (顯著性 p<.001)、模式自由度為 23，卡方自由度比值等於 8.395 (未符合小於 3.00 理想標準)、GFI 值等於 .923 (符合大於 .900 適配標準)、AGFI 值等於 .850 (未符合大於 .900 理想標準)、RMSEA 值等於 .117 (未符合小於 .080 理想標準)、NFI 值等於 .956 (符合大於 .900 適配標準)、RFI 值等於 .932 (符合大於 .900 適配標準)、TLI 值等於 .939 (符合大於 .900 適配標準)、CN 值等於 98 (未符合大於 200 理想標準)。「婚姻態度」變項對「親子關係」變項影響的標準化徑路係數值為 .29，「婚姻態度」變項對「幸福感受」變項影響的標準化徑路係數值為 .78，「親子關係」變項對「幸福感受」變項影響的標準化徑路係數值為 .71，誤差項「e5」與預測殘差項「r1」間的相關為 .75。

　　初始假設模型模式估計結果之模式適配度的卡方值為 274.597 (DF = 24)，第

一次修正假設模型模式估計結果之模式適配度的卡方值為 193.096 (DF = 23)，二個模式卡方值的差異值為 81.501，當卡方值數值變小時，其餘模式適配度統計量也會改變，其中 GFI 值、AGFI 值、NFI 值、RFI 值、TLI 值、CN 值等均會變大，而卡方自由度比值、RMR、RMSEA、SRMR 值等均會變小。

表 5-14 **Modification Indices (警察群組 - Default model)**
Covariances: (警察群組 - Default model)

	M.I.	Par Change
e7<-->r2	32.738	−.050
e4<-->r2	34.554	−.052
e4<-->e7	25.793	.035
e4<-->e8	31.779	−.034

表 5-15 **Regression Weights: (警察群組 - Default model)**

	M.I.	Par Change
情感交流<---體諒支持	34.414	.155
情感交流<---情感親密	23.806	.116

　　第一次修正假設模型提供的修正指標中，增列增列誤差項「e4」與預測殘差項「r2」間有共變關係，卡方值減少的差異值最大，估計約可降低 34.554，參數改變值為 −.052，與目前共變關係的參數 0 比較，參數值會減少，比 0 小的數值為負值表示二個變項的共變數為負值，誤差項「e4」與預測殘差項「r2」間的共變數為負數，表示二個變項呈負相關。

三、修正模型[2]

　　修正模型[2]增列誤差項「e4」與預測殘差項「r2」間有共變關係。

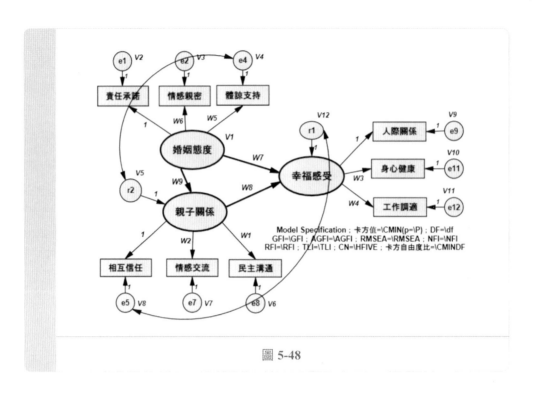

圖 5-48

第二次修正模型圖為增列誤差項「e4」與預測殘差項「r2」間有共變關係。

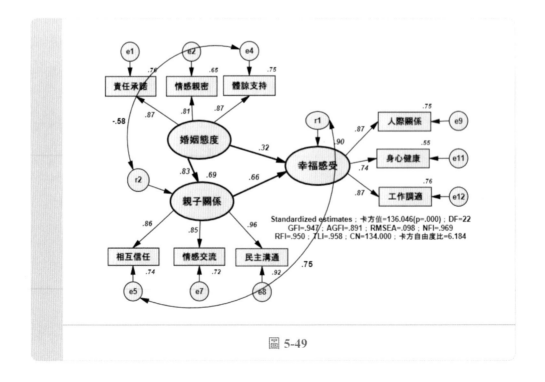

圖 5-49

　　增列誤差項「e4」與預測殘差項「r2」間有共變關係的假設模型圖，模式估計結果可以識別收斂。與第一次修正假設模型圖相較之下，模式整體適配度卡方值由 193.096 降為 136.046 ($\Delta\chi^2$ = 57.050)、模式自由度為 22 (ΔDF = 1)，卡方自由度比值由 8.395 降為 6.184、GFI 值由 .923 增加為 .947、AGFI 值由 .850 增加為 .891、RMSEA 值由 .117 降為 .098、NFI 值由 .938 變為 .969、RFI 值由 .907 變為 .950、TLI 值由 .932 變為 .958、CN 值由 98 增加為 134。「婚姻態度」變項對「親子關係」變項影響的標準化徑路係數值為 .83，「婚姻態度」變項對「幸福感受」變項影響的標準化徑路係數值為 .32，「親子關係」變項對「幸福感受」變項影響的標準化徑路係數值為 .66，誤差項「e5」與預測殘差項「r1」間的相關為 .75；誤差項「e4」與預測殘差項「r2」間的相關為 −.58 (原先參數改變數的數值為負值，因而二個變項間的共變數與相關係數值均為負值)。

表 5-16　**Modification Indices (警察群組 - Default model)**
Covariances: (警察群組 - Default model)

	M.I.	Par Change
e7<-->r2	23.471	−.041

表 5-17　**Regression Weights: (警察群組 - Default model)**

	M.I.	Par Change
情感交流<---體諒支持	42.003	.172
情感交流<---情感親密	23.385	.116

　　AMOS 提供的修正指標中，「M.I.」欄數值最大者為增列觀察變項「體諒支持」對觀察變項「情感交流」的直接路徑，原先觀察變項「體諒支持」對觀察變項「情感交流」的直接路徑係數值為 0 (沒有直接效果值)，若是增列二個變項間的直接影響路徑，模式卡方值約為降低 42.003 的差異量，此外，參數改變數值為正，表示觀察變項「體諒支持」對觀察變項「情感交流」有正向直接的影響，徑路係數值為正數。

四、修正模型[3]

　　修正模型[3]增列觀察變項「體諒支持」對觀察變項「情感交流」的直接路徑

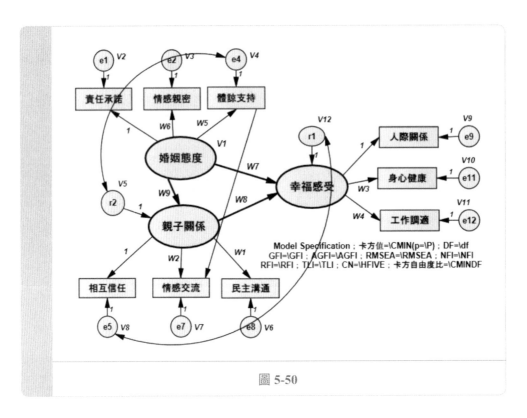

圖 5-50

　　第三次修正假設模型圖為增列觀察變項「體諒支持」對觀察變項「情感交流」的直接路徑，修正後的假設模型圖中觀察變項「體諒支持」對觀察變項「情感交流」有直接的影響效果。

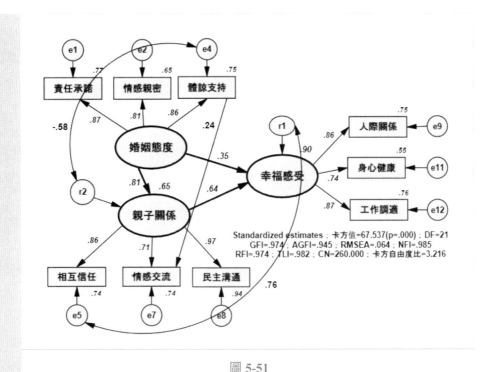

圖 5-51

　　增列增列觀察變項「體諒支持」對觀察變項「情感交流」的直接路徑的假設模型圖，模式估計結果可以識別收斂。第三次修正假設模型圖與第二次修正假設模型圖相較之下，模式整體適配度卡方值由 136.046 降為 67.537 (p<.001)、$\Delta\chi^2 = 68.509$，模式自由度為 21 (ΔDF = 1)，卡方自由度比值由 6.184 降為 3.216、GFI 值由 .947 增加為 .974、AGFI 值由 .891 增加為 .945、RMSEA 值由 .098 降為 .064、NFI 值由 .969 變為 .985、RFI 值由 .950 變為 .974、TLI 值由 .958 變為 .982、CN 值由 134 增加為 260。「婚姻態度」變項對「親子關係」變項影響的標準化徑路係數值為 .81，「婚姻態度」變項對「幸福感受」變項影響的標準化徑路係數值為 .35，「親子關係」變項對「幸福感受」變項影響的標準化徑路係數值為 .64，誤差項「e5」與預測殘差項「r1」間的相關為 .76；誤差項「e4」與預測殘差項「r2」間的相關為 −.58，觀察變項「體諒支持」對觀察變項「情感交流」的標準化徑路係數為 .24，表示觀察變項「體諒支持」對觀察變項「情感交流」的直接影響效果為正向。

表 5-18　**Modification Indices (警察群組 - Default model)**
Covariances: (警察群組 - Default model)

	M.I.	Par Change
e5<-->e11	10.209	−.029

Variances: (警察群組 - Default model)

	M.I.	Par Change

Regression Weights: (警察群組 - Default model)

	M.I.	Par Change

　　AMOS 提供的修正指標中，增列誤差項「e5」與誤差項「e11」的共變關係 (將二者的共變參數設為自由參數)，則模式估計結果約可減少卡方值 10.209，估計參數改變數值為 −.029，表示將誤差項「e5」與誤差項「e11」間的共變關係設為自由參數，則新的估計值會比目前分析的估計值小 .029，由於目前二個變項間共變數估計值為 0，因而小 .029 的估計量，表示新的共變數估計值為負數，誤差項「e5」與誤差項「e11」間的相關為負相關。增列變異數參數估計值及增列徑路係數路徑修正指標值沒有。

五、修正模型[4]

　　修正模型[4]增列誤差項「e5」與誤差項「e11」間有共變關係。

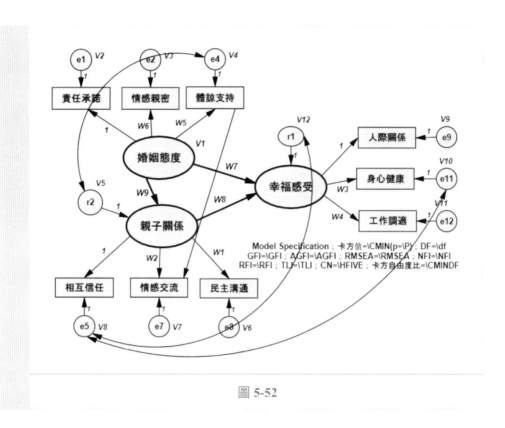

圖 5-52

　　第四次修正假設模型圖為增列誤差項「e5」與誤差項「e11」間有共變關係，待估計的共變數參數增加為 1，修正後的假設模型圖如上所列。

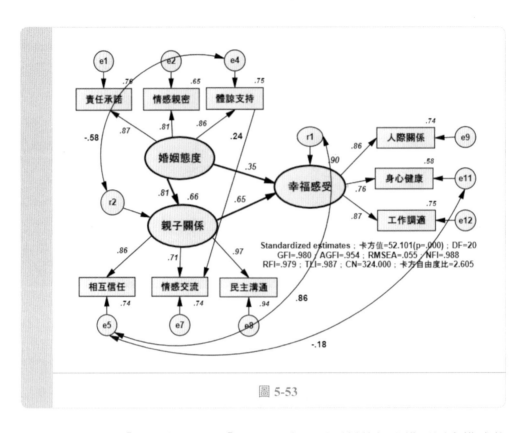

圖 5-53

　　增列誤差項「e5」與誤差項「e11」間有共變關係的假設模型圖之模式估計結果可以識別收斂，二個誤差項間的相關為 −.18。第四次修正假設模型圖與第三次修正假設模型圖相較之下，模式整體適配度卡方值由 67.537 降為 52.101 (p = .000<.05)、$\Delta\chi^2$ = 15.431，模式自由度為 20 (ΔDF = 1)，卡方自由度比值由 3.216 降為 2.605、GFI 值由 .974 增加為 .980、AGFI 值由 .945 增加為 .954、RMSEA 值由 .064 降為 .055、NFI 值由 .985 變為 .988、RFI 值由 .974 變為 .979、TLI 值由 .982 變為 .987、CN 值由 260 增加為 324，除卡方值外，其餘適配度統計量均達到模式可以適配指標值。「婚姻態度」變項對「親子關係」變項影響的標準化徑路係數值為 .81，「婚姻態度」變項對「幸福感受」變項影響的標準化徑路係數值為 .35，「親子關係」變項對「幸福感受」變項影響的標準化徑路係數值為 .65，誤差項「e5」與預測殘差項「r1」間的相關為 .86；誤差項「e4」與預測殘差項「r2」間的相關為 −.58，觀察變項「體諒支持」對觀察變項「情感交流」的標準化徑路係數為 .24，表示觀察變項「體諒支持」對觀察變項「情感交流」的直接影響效果為正向。

模式中相關參數顯著性檢定如下：

表 5-19　Parameter summary (警察群組) 【參數摘要表】

	Weights 徑路係數	Covariances 共變數	Variances 變異數	Means 平均數	Intercepts 截距項	Total
Fixed 固定參數	14	0	0	0	0	14
Labeled (有參數標籤)	9	0	12	0	0	21
Unlabeled (無參數標籤)	1	3	0	0	0	4
Total (參數總和)	24	3	12	0	0	39

在參數摘要表中顯示：固定參數有 14 個，待估計的自由參數有 25 個，模式中全部的參數有 39 個。待估計的自由參數中徑路係數有 10 個、共變數有 3 個、變異數有 12 個，參數中沒有增列參數標籤名稱者有 4 個，包含 1 個徑路係數、3 個共變數，4 個沒有增列參數標籤的參數為四次修正指標中分別增列變項間關係為自由參數者。

表 5-20　Regression Weights: (警察群組 - Default model) 【徑路係數估計值】

	Estimate	S.E.	C.R.	P	Label
親子關係 <--- 婚姻態度	1.035	.056	18.532	***	W9
幸福感受 <--- 婚姻態度	.391	.044	8.936	***	W7
幸福感受 <--- 親子關係	.572	.035	16.305	***	W8
體諒支持 <--- 婚姻態度	.990	.039	25.289	***	W5
民主溝通 <--- 親子關係	1.074	.034	31.861	***	W1
情感交流 <--- 親子關係	.694	.033	21.356	***	W2
相互信任 <--- 親子關係	1.000				參照指標變項
人際關係 <--- 幸福感受	1.000				參照指標變項
身心健康 <--- 幸福感受	.966	.045	21.301	***	W3
工作調適 <--- 幸福感受	1.024	.037	27.512	***	W4
情感親密 <--- 婚姻態度	1.024	.042	24.260	***	W6
責任承諾 <--- 婚姻態度	1.000				參照指標變項
情感交流 <--- 體諒支持	.260	.031	8.524	***	

10 個待估計的徑路係數自由參數估計值均達 .001 顯著水準，徑路係數估計值標準誤介於 .031 至 .056 間，沒有出現大的估計值標準誤。

表 5-21　Covariances: (警察群組 - Default model)【共變數估計值】

	Estimate	S.E.	C.R.	P	Label
e4<-->r2	−.080	.010	−8.155	***	
e5<-->r1	.076	.009	8.529	***	
e5<-->e11	−.042	.010	−4.080	***	

　　三個共變數估計值分別為 −.080、.076、−.042，共變數估計值標準誤分別為 .010、.009、.010，臨界比值分別為 −8.155、8.529、−4.080，共變數估計值均達 .001 顯著水準。

表 5-22　Variances: (警察群組 - Default model)【變異數估計值】

	Estimate	S.E.	C.R.	P	Label
婚姻態度	.318	.025	12.533	***	V1
r2	.179	.019	9.353	***	V5
e4	.105	.010	10.260	***	V4
r1	.042	.008	5.190	***	V12
e1	.098	.008	11.610	***	V2
e2	.177	.013	13.994	***	V3
e8	.036	.009	3.942	***	V6
e7	.129	.009	14.475	***	V7
e5	.187	.014	13.284	***	V8
e9	.145	.011	13.810	***	V9
e11	.279	.019	14.651	***	V10
e12	.143	.011	13.550	***	V11

　　外因潛在變項「婚姻態度」、二個預測殘差項、九個觀察變項誤差項的變異數估計值均為正數，沒有出現負的變異數，表示模式參數沒有不合理的解值，十二個待估計變異數的標準誤介於 .008 至 .025 間，變異數估計值均達 .001 顯著水準。

　　婚姻態度、親子關係與幸福感受的結構方程模式經四次模式修正，整體模式適配度檢定結果，修正後的假設模型與觀察資料適配度良好，模式的內在品質考驗也良好，重要的是模式參數均沒有違反辨認準則，研究者所提的「修正後假設模型可以獲得支持」。這樣的結論與模式修正考驗，表面上看似合理，其實整

個模式修正與模式檢定是不合理的，重要的是它違反 SEM 的基本假定，模式變項間的界定部分是沒有實質意義的，修正後的假設模型雖然與樣本資料可以適配，但此假設模型變項間的關係是無法合理詮釋的。

六、同時釋放多個參數的模型修正

完整 SEM 模式包含測量模式與結構模式，此種完整 SEM 模式即潛在變項的徑路分析，潛在變項的徑路分析探究的重點在於潛在變項間的因果關係。就 SEM 的基本假定而言，下列五種情形變項間沒有因果關係或共變關係：

- 外因潛在變項 (外衍潛在變項 ξ) 與內因潛在變項 (內衍潛在變項 η) 的觀察變項間沒有直接因果關係。
- 內因潛在變項 (內衍潛在變項 η) 與外因潛在變項 (外衍潛在變項 ξ) 的觀察變項間沒有直接因果關係。
- 外因潛在變項 (外衍潛在變項 ξ) 的觀察變項與內因潛在變項 (內衍潛在變項 η) 觀察變項間沒有直接因果關係。
- 潛在變項 (ξ 或 η) 與內因潛在變項 (η) 的預測殘差項 (ζ) 沒有共變關係。
- 觀察變項與所有觀察變項的誤差項 (δ 或 ε) 間沒有共變關係。

上述五種變項間的因果關係或共變關係的增列，就 SEM 模式的界定而言是沒有實質意義的，就範例的修正假設模式圖來看，第一次模式修正增列誤差項「e5」與預測殘差項「r1」間有共變關係，第二次模式修正為增列誤差項「e4」與預測殘差項「r2」間有共變關係，這二種模式修正是違反 SEM 的基本假定：內因潛在變項的預測殘差項與其他變項間沒有共變或因果關係，因而即使將估計共變參數釋放成自由參數，可大大減少模式的卡方值差異量，此種模式界定或參數釋放也是沒有意義的；第三次模式修正為增列觀察變項「體諒支持」對觀察變項「情感交流」的直接路徑，增列潛在變項的觀察變項間之因果關係也是違反 SEM 的基本假定：外因潛在變項的觀察變項與內因潛在變項的觀察變項間沒有直接因果關係 (或內因潛在變項的觀察變項與內因潛在變項的觀察變項間沒有直接因果關係)，因而模式修正時將外因潛在變項「婚姻態度」的觀察變項「體諒支持」對內因潛在變項「親子關係」的觀察變項「情感交流」的直接影響路徑係數界定為自由參數，此種將二個觀察變項界定有直接因果關係也是沒有實質意義

的。

AMOS 提供的修正指標,增列變項間的直接因果關係或共變關係後,若是修正後的假設模型無法合理解釋或與 SEM 的理論界定相違背,即使卡方值的差異量 (M.I.) 很大,此種參數也不應釋放 (即將原先為固定參數改為自由參數,模式中新增加一個待估計的自由參數,模式的自由度會減少一個),此時應選擇次大的修正指標值,作為模式修正的參考。其次是模式修正時,每次只能釋放一個參數,否則模式修正結果可能會有「過度修正」的可能。同時包含測量模式及結構模式之潛在變項路徑分析模式,有關修正指標參數的釋放方面,研究者應注意以下原則:

- 先就結構模式中潛在變項間影響的直接路徑加以增刪,因為潛在變項路徑分析模式關注的重點是結構模式而非測量模式,結構模式探究的是外因潛在變項對內因潛在變項影響的徑路係數是否顯著 (γ 係數),或內因潛在變項對內因潛在變項影響的徑路係數是否顯著 (β 係數),徑路係數的正負號是否與原先理論建構相符合。

- 同一測量模式中觀察變項的誤差項間的共變關係可優先界定,因為測量模式中各指標變項所反映的高階因素構念 (潛在心理特質或潛在行為感受) 是一樣的,因而這些一階構念向度變項間通常會有某種程度的相關,將同一測量模式的觀察變項之誤差項間界定有共變關係,表示的意涵是這二個觀察變項間有某種相關存在。

- 第三個考量釋放為自由參數者為界定二個同為外因潛在變項的的觀察變項之誤差項間界定有共變關係,二個不同測量模式的觀察變項之誤差項間有共變關係,表示這二個反映不同潛在因素構念的向度間有某種關係存在。

在下面的修正指標中 (設定 M.I. 的臨界值為 15),研究者優先要考量的同一測量模式之觀察變項的誤差間的共變關係,對於不同測量模式之觀察變項的誤差間的共變關係參數不予釋放為自由參數。從共變數修正指標摘要表,同一測量模式之觀察變項的誤差間有共變關係者為:測量誤差項 e7 與測量誤差項 e5 間的共變關係 (M.I. = 39.093、PH = −.045),測量誤差項 e8 與測量誤差項 e5 間的共變關係 (M.I. = 15.594、PH = .024),測量誤差項 e2 與測量誤差項 e4 間的共變關係

(M.I. = 17.492、PH = .033)，界定三組測量誤差項間有相關，M.I. 的數值均大於 15，而估計參數改變值是一個大的改變量 (估計參數改變值的絕對值愈大，二個變項間的相關係數絕對值也愈大)，研究者同時釋放三個參數，修正後假設模型的自由度將一次減少 3 個。

表 5-23　**Modification Indices (警察群組 - Default model)**
Covariances: (警察群組 - Default model)

	M.I.	Par Change
e5<-->r2	19.254	.042
e5<-->r1	45.673	.035
e5<-->e9	40.615	.047
e7<-->婚姻態度	16.417	.043
e7<-->r2	32.012	-.053
e7<-->e5	39.093	-.045
e8<-->e7	15.594	.024
e4<-->r2	30.631	-.051
e4<-->e5	22.938	-.035
e4<-->e7	22.975	.034
e4<-->e8	15.638	-.025
e2<-->e4	17.492	.033

修正模型同時釋放三個參數，待估計的自由參數增加 3，相對地，模式的自由度減少 3。

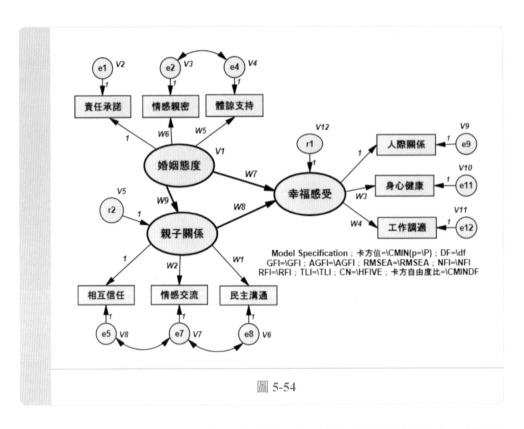

圖 5-54

　　同時釋放三個固定共變參數為自由參數之修正後的假設模型圖如上，與初始模式不同的是，修正後的假設模型圖增列測量誤差項 e7 與測量誤差項 e5 間有共變關係，測量誤差項 e8 與測量誤差項 e5 間有共變關係，測量誤差項 e2 與測量誤差項 e4 間有共變關係。

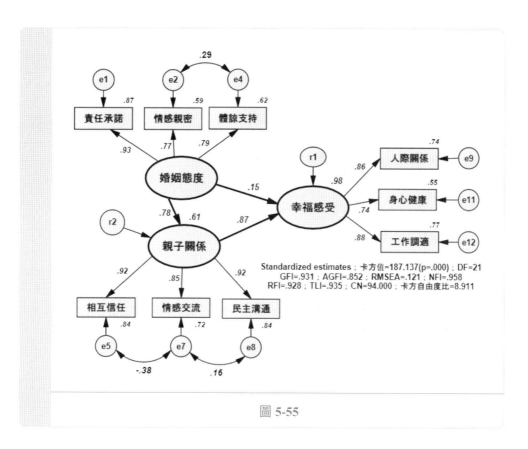

圖 5-55

　　修正後的假設模型圖模式估計結果可以辨識收斂，標準化估計值模式圖中沒有出現絕對值大於 1 的徑路係數，表示估計參數沒有不適當的解值。模式整體適配度概似比卡方值從 274.597 降為 187.137 (顯著性 p = .000<.05)、$\Delta\chi^2$ = 87.460 模式自由度從 24 變為 21 (因為待估計的自由參數增加 3 個)，卡方自由度比值從 11.442 變為 8.911、GFI 值從 .897 變為 .931、AGFI 值從 .807 變為 .852、RMSEA 值從 .139 降為 .121、NFI 值從 .938 變為 .958、RFI 值從 .907 變為 .928、TLI 值從 .915 變為 .935、CN 值等於 72 變為 94。模式修正後，二個模式自由度的差異值大於 2，表示與原先假設模式相較之下，修正後假設模型中待估計的自由參數個數比原先模型多二個以上，顯示研究者釋放估計的參數在一個以上，這與模式修正原則：每次只能將一個參數釋放為自由參數原則不符合，此種模式修正的程序是不適切的。

　　界定不同測量模式的觀察變項之誤差項間有相關並不違反 SEM 的假定，但界定二個不同測量模式的觀察變項之誤差項間有相關必須要有其合理性。在初始

假設模型之修正指標中,研究者除增列同一測量模式的觀察變項之誤差項間有相關外,也釋放不同測量模式的觀察變項之誤差項間的共變參數為自由參數,其中增列「婚姻態度」潛在變項的測量誤差項 e4 間與潛在變項「親子關係」的測量誤差項 e5、e7、e8 間有共變關係。

表 5-24 **Modification Indices (警察群組 - Default model)**
Covariances: (警察群組 - Default model)

	M.I.	Par Change
e5<-->r2	19.254	.042
e5<-->r1	45.673	.035
e5<-->e9	40.615	.047
e7<-->婚姻態度	16.417	.043
e7<-->r2	32.012	−.053
e7<-->e5	39.093	−.045
e8<-->e7	15.594	.024
e4<-->r2	30.631	−.051
e4<-->e5	22.938	−.035
e4<-->e7	22.975	.034
e4<-->e8	15.638	−.025
e2<-->e4	17.492	.033

根據共變修正指標值一次釋放六個參數,模型中待估計的自由參數增加 6 個,模式的自由度減少 6。

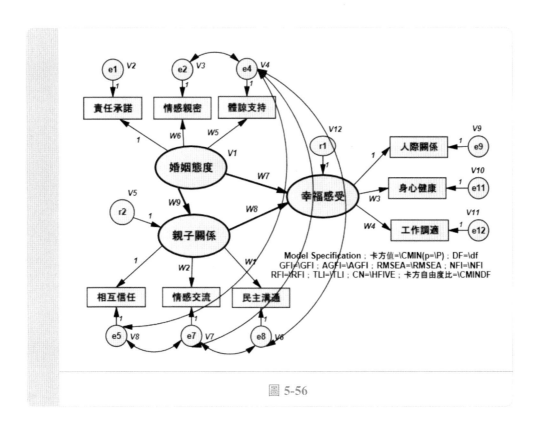

圖 5-56

　　修正的假設模式徑路圖顯示，一次釋放六個共變數參數，因為待估計的自由參數增加 6 個，因而整個模式的自由度會減少 6，初始模式的自由度為 24，修正後假設模型的自由度為 24 − 6 = 18。

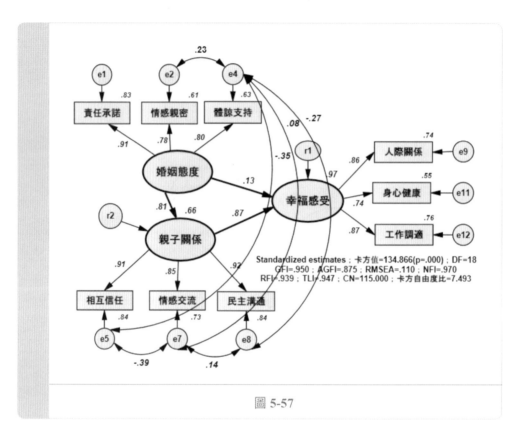

圖 5-57

　　修正後的假設模型圖模式估計結果可以辨識收斂，標準化估計值模式圖中沒有出現絕對值大於 1 的徑路係數，表示估計參數沒有不適當的解值。模式整體適配度概似比卡方值從 274.597 降為 134.866 (顯著性 p<.001)、$\Delta\chi^2 = 139.731$，模式自由度從 24 變為 18 (因為待估計的自由參數增加 6 個，因而模式的自由度減少 6)，卡方自由度比值從 11.442 變為 7.493、GFI 值從 .897 變為 .950、AGFI 值從 .807 變為 .875、RMSEA 值從 .139 降為 .110、NFI 值從 .938 變為 .970、RFI 值從 .907 變為 .939、TLI 值從 .915 變為 .947、CN 值等於 72 變為 115。修正後新的假設模式徑路圖的自由度與初始假設模式徑路圖的自由度相差 6，表示二個模式待估計的自由參數相差六個，此種同時釋放六個共變參數為自由參數的模式修正策略有可能造成模式的過度修正。

七、可接受性的模式修正

表 5-25　**Covariances: (警察群組 - Default model)**

	M.I.	Par Change
e5<-->r2	19.254	.042
e5<-->r1	45.673	.035
e5<-->e9	40.615	.047
e7<-->婚姻態度	16.417	.043
e7<-->r2	32.012	-.053
e7<-->e5	39.093	-.045
e8<-->e7	15.594	.024
e4<-->r2	30.631	-.051
e4<-->e5	22.938	-.035
e4<-->e7	22.975	.034
e4<-->e8	15.638	-.025
e2<-->e4	17.492	.033

　　初始模式提供的修正指標中，最大的修正指標為釋放測量誤差項 e5 與預測殘差項 r1 間的共變關係 (M.I. = 45.673)，但將此共變參數釋放為自由參數不符合 SEM 的假定，共變參數的釋放不合理；次大的修正指標為釋放測量誤差項 e5 與測量誤差項 e9 間的共變關係 (M.I. = 40.615)，測量誤差變項 e5 為內因潛在變項「親子關係」之觀察變項「相互信任」的測量誤差項，測量誤差變項 e9 為內因潛在變項「幸福感受」之觀察變項「人際關係」的測量誤差項，二個測量誤差項屬不同測量模式 (此二個測量模式的潛在變項均為內因變項)，因而這二測量指標誤差項的共變參數不予釋放 (若是則二個測量誤差項所屬之測量模式的潛在變項均為外因變項，則測量誤差項共變關係參數的釋放較有意義)；第三大的修正指標為釋放測量誤差項 e5 與測量誤差項 e7 間的共變關係 (M.I. = 39.093)，當增列這二個測量誤差項間有共變關係至少可減少卡方值統計量 39.093 (39.093 為理論上估計值，實際減少的卡方值通常會大於 M.I. 欄中的數值)，由於測量誤差項 e5 與測量誤差項 e7 同屬內因潛在變項「親子關係」觀察變項的測量誤差變項，因而研究者先將此二者的共變關係釋放。

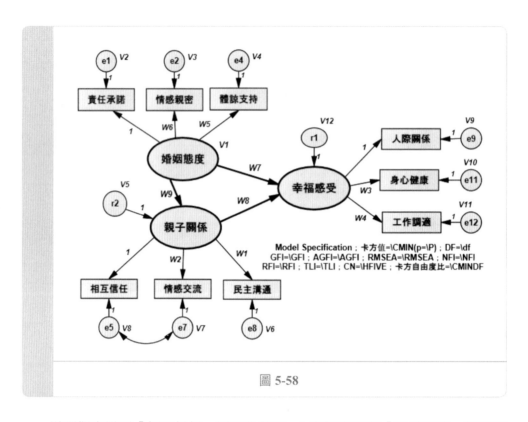

圖 5-58

　　增列觀察變項「相互信任」測量誤差項 e5 與觀察變項「情感交流」測量誤
差項 e7 間有共變關係的假設模型徑路圖如上。

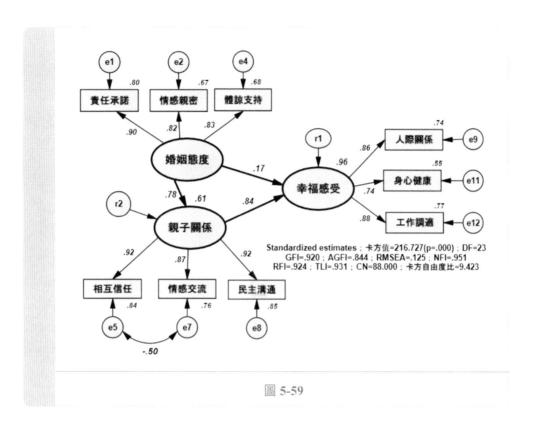

圖 5-59

　　增列觀察變項「相互信任」測量誤差項 e5 與觀察變項「情感交流」測量誤差項 e7 間有共變關係的假設模型徑路圖之模型估計可以辨識收斂，標準化估計值模式圖中沒有出現絕對值大於 1 的標準化迴歸係數，表示沒有違反模式辨認規則。模式整體適配度卡方值為 216.727 (顯著性 p = .000<.05)、模式自由度為 23，卡方自由度比值等於 9.423 (未符合小於 3.00 理想標準)、GFI 值等於 .920 (符合大於 .900 適配標準)、AGFI 值等於 .844 (未符合大於 .900 理想標準)、RMSEA 值等於 .125 (未符合小於 .080 理想標準)、NFI 值等於 .951 (符合大於 .900 適配標準)、RFI 值等於 .924 (符合大於 .900 適配標準)、TLI 值等於 .931 (符合大於 .900 適配標準)、CN 值等於 88 (未符合大於 200 理想標準)。從適配度統計量來看，修正後之假設模型與觀察資料的適配度不佳，假設模型徑路圖還須進一步修正。AMOS 提供的修正指標如下：

表 5-26　Covariances: (警察群組 - Default model)

	M.I.	Par Change
e5<-->e9	23.328	.033
e4<-->r2	28.589	−.050
e2<-->e4	15.948	.031
e1<-->e8	18.366	.023

　　在修正指標中，釋放同一測量模式誤差項間共變關係者為釋放測量誤差項 e2 與測量誤差項 e4 間的共變關係 (M.I. = 15.948)，當增列這二個測量誤差項間有共變關係至少可減少卡方值統計量 15.948 (15.948 為理論上估計值，實際減少的卡方值通常會大於 M.I. 欄中的數值)，期望參數改變值為 .031，表示釋放測量誤差項 e2 與測量誤差項 e4 間的共變關係後，二者間的共變估計值比目前估計值增加 .031，二個誤差項間呈正相關，由於測量誤差項 e2 與測量誤差項 e4 同屬外因潛在變項「婚姻態度」觀察變項的測量誤差變項，因而第二次模式修正為增列此二個誤差項間有共變關係。如果研究者認為不同測量模式觀察變項的測量誤差變項並非獨立沒有共變關係，則也可以釋放測量誤差項 e5 與測量誤差項 e9 間的共變關係 (M.I. = 23.328)，當增列這二個測量誤差項間有共變關係至少可減少卡方值統計量 23.328，二個誤差項間的共變數為正值。

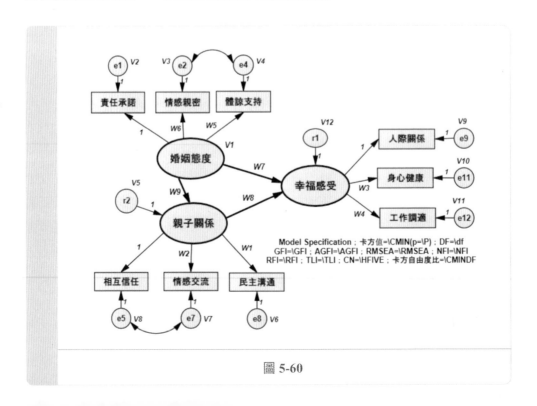

圖 5-60

增列觀察變項「情感交流」測量誤差項 e2 與觀察變項「體諒支持」測量誤差項 e4 間有共變關係的假設模型徑路圖如上。

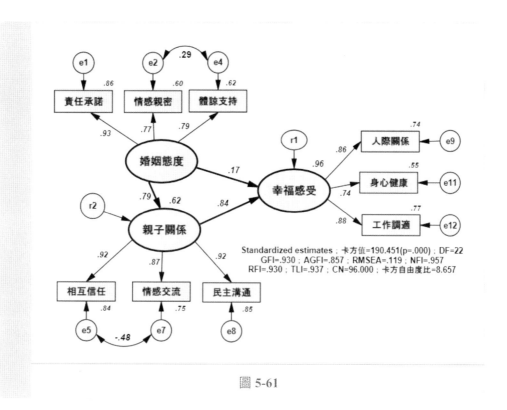

圖 5-61

增列觀察變項「情感交流」測量誤差項 e2 與觀察變項「體諒支持」測量誤差項 e4 間有共變關係的假設模型徑路圖，估計結果模式可以辨識收斂，標準化估計值模式圖中沒有出現絕對值大於 1 的標準化迴歸係數，表示沒有違反模式辨認規則。模式整體適配度卡方值為 190.451 (顯著性 p = .000<.05)、模式自由度為 22，卡方自由度比值等於 8.657 (未符合小於 3.00 理想標準)、GFI 值等於 .930 (符合大於 .900 適配標準)、AGFI 值等於 .857 (未符合大於 .900 理想標準)、RMSEA 值等於 .119 (未符合小於 .080 理想標準)、NFI 值等於 .957 (符合大於 .900 適配標準)、RFI 值等於 .930 (符合大於 .900 適配標準)、TLI 值等於 .937 (符合大於 .900 適配標準)、CN 值等於 96 (未符合大於 200 理想標準)。從適配度統計量來看，修正後之假設模型與觀察資料的適配度不佳，修正後的假設模型徑路圖無法獲得支持。AMOS 提供的修正指標如下：

表 5-27 **Covariances: (警察群組 - Default model)**

	M.I.	Par Change
e5<-->r2	15.028	.035
e5<-->r1	14.197	.018
e5<-->e9	24.790	.034
e7<-->r1	10.341	-.015
e4<-->r2	16.366	-.037
e4<-->e5	11.450	-.023
e4<-->e8	10.646	-.019
e2<-->r2	16.166	.042
e1<-->e5	12.719	-.022
e1<-->e8	16.067	.021

　　當釋放二個測量誤差項的共變關係後，估計模式卡方值降少的差異值不大，此時再增列釋放二個測量誤差項的共變參數為自由參數對模式適配度的幫助不大，研究者可考量簡化模式，所謂簡化模式即將某個測量變項與其他多數變項間有共變關係的觀察變項刪除，如此可簡化整個假設模式的徑路圖。上述共變參數修正指標表中，觀察變項「體諒支持」之誤差項 e4 與殘差項 r2、誤差項 e5、誤差項 e8 間均有共變關係存在，如果研究者在初始假設模型中假定不同個構念變項之觀察變項誤差項間彼此互為獨立沒有相關存在，則增列不同測量模式觀察變項誤差項間的共變關係參數均不予釋放，研究者直接將導致誤差項 e4 來源的觀察變項「體諒支持」從假設模型中刪除。

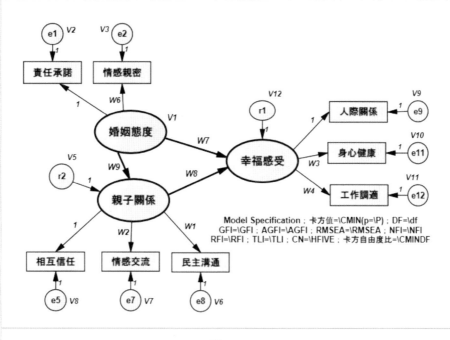

圖 5-62

　　刪除「婚姻態度」構念變項的觀察變項「體諒支持」後，「婚姻態度」構念
變項剩下二個觀察變項：責任承諾、情感親密。一個根據理論建構的假設模型圖
若是理論法則或經驗法則不完備，界定的模型可能會有錯誤或不是十分適切，刪
除反映性測量模式中的一個觀察變項後，反映性測量模式與之前反映性模式不
同，因而整個假設模型圖也會不一樣，這是不適切假設模型的重新界定，刪除反
映性測量模式中的觀察變項後，反映性測量模式的構念變項至少有三個觀察變項
為佳，範例中，「婚姻態度」構念變項剩下二個觀察變項並不是一個良好的測量
模式。

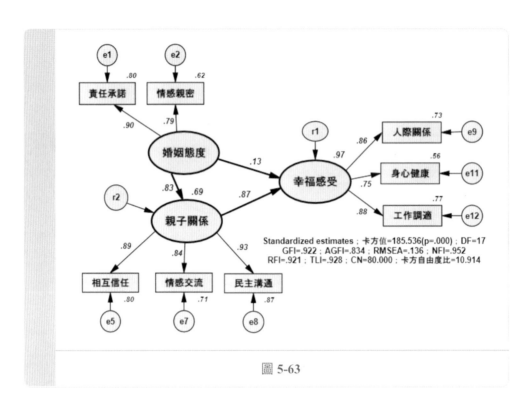

圖 5-63

　　刪除「婚姻態度」構念變項的觀察變項「體諒支持」後，整體模型估計結構模式可以收斂估計，模式的自由度為 17、模式的整體適配度卡方值為 185.536 (p<.001)，RMSEA 值為 .136、AGFI 值為 .834、CN 值為 80.000，卡方自由度比值為 10.914 等適配指標值均未達適配門檻，修正的假設模型的適配度情形不佳。

表 5-28　Covariances: (警察群組 - Default model)

	M.I.	Par Change
e5<-->r2	17.664	.039
e5<-->r1	44.506	.035
e5<-->e12	12.320	.025
e5<-->e9	40.225	.047
e7<-->r2	24.459	−.044
e7<-->e5	37.868	−.044
e8<-->r1	15.852	−.017
e8<-->e7	13.663	.022
e2<-->e7	22.614	.040
e1<-->e5	22.291	−.033

在共變修正指標摘要表中，同一潛在構念觀察變項之誤差項有共變關係的參數中，界定誤差項 e7 (觀察變項為「相互信任」) 與誤差項 e5 (觀察變項為「情感交流」) 間有共變關係，約可減少卡方值 37.868 的差異量，期望參數改變值為 –.044，在之後模型的修正中，增列潛在構念變項「親子關係」之觀察變項的誤差項 e7 與誤差項 e5 間有相關。

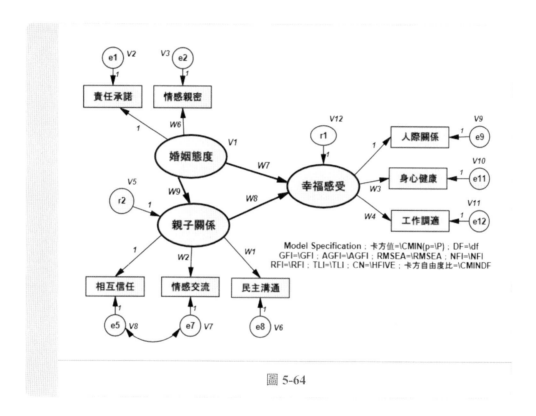

圖 5-64

增列潛在構念變項「親子關係」之觀察變項的誤差項 e7 與誤差項 e5 間有相關的假設模型圖如上，與之前假設模型圖相較之下最大的不同，是之前模型中誤差項 e7 與誤差項 e5 間的相關為 0，修訂的假設模型圖中誤差項 e7 與誤差項 e5 間的相關不為 0 (參數變為待估計的自由參數)。

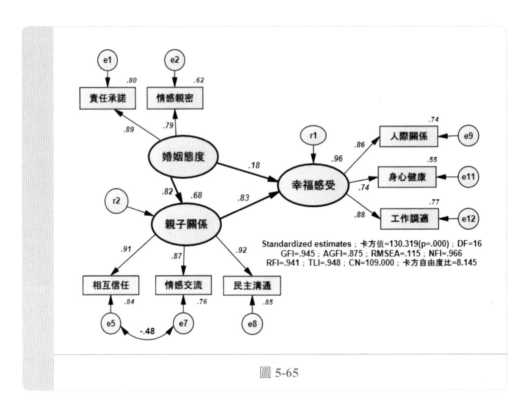

圖 5-65

　　增列誤差項 e7 與誤差項 e5 間有相關後，整體模型估計可以收斂，模式的自由度為 16、模式的整體適配度卡方值為 130.319 (p<.001)，RMSEA 值為 .115、AGFI 值為 .875、CN 值為 109.000，卡方自由度比值為 8.145，誤差項 e7 與誤差項 e5 間相關為 −.48，與前一個模型比較之下，修正模型的適配度較佳，但從整體適配指標值來評估，修正的假設模型與樣本資料的契合度仍然不佳，模型需要再重新修正或界定。

表 5-29　**Covariances: (警察群組 - Default model)**

	M.I.	Par Change
e5<-->r2	14.147	.033
e5<-->r1	14.100	.018
e5<-->e9	24.664	.034
e2<-->e7	18.094	.034
e1<-->e5	23.894	−.033

　　上述共變參數修正指標表中，觀察變項「相互信任」之誤差項 e5 與殘差項 r2、殘差項 r1、誤差項 e9 間均有共變關係存在，如果研究者建構之假設模型中，假定不同個構念變項之觀察變項誤差項間彼此互為獨立沒有相關存在，則增列不同測量模式觀察變項誤差項間的共變關係參數均不予釋放，研究者直接將導致誤差項 e5 來源的觀察變項「相互信任」從假設模型中刪除。

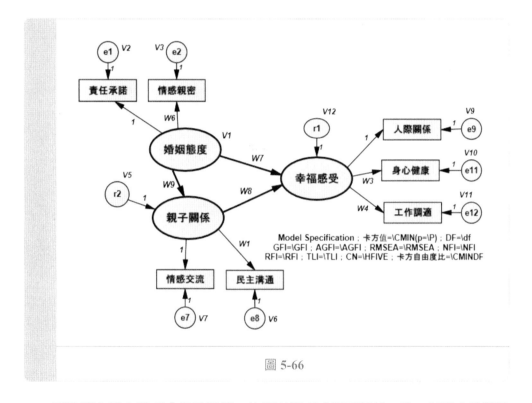

圖 5-66

　　刪除潛在構念變項「親子關係」的觀察變項「相互信任」後，新界定的假設模型中，潛在構念變項「親子關係」的觀察變項由三個變為二個，二個指標變項為「情感交流」、「民主溝通」。

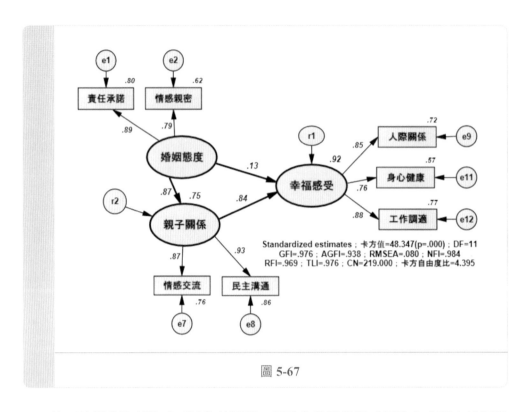

圖 5-67

　　修正的假設模型模式可以收斂識別，標準化估計值模式圖沒有出現大於標準化迴歸係數絕對值大於 1 的不適當解值。模式的自由度為 11、模式的整體適配度卡方值為 48.347 (p<.001)，RMSEA 值為 .080、GFI 值為 .976、AGFI 值為 .938、CN 值為 219.000、NFI 值為 .984、RFI 值為 .969、TLI 值為 .976，卡方自由度比值為 4.395、SRMR 值為 .0193，修正的假設模型與樣本資料的適配度尚可。

　　修正模型之 SRMR 適配度指標值為 .0193。

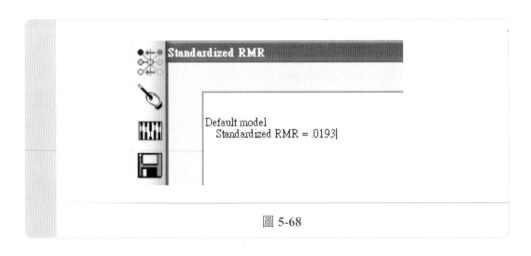

圖 5-68

AMOS 修正指標所提供的數據可作為模型是否有界定錯誤的檢核，如果某列之 M.I. 值欄的數值很大，且期望參數改變的數據也很大，則此列的數據可作為模型再界定的參考，但重要的是參數釋放 (將參數變為待估計的自由參數) 要有實質意義。就測量模式而言，如果某個測量誤差共變的 M.I. 數值顯著高於其他列的 M.I. 列數值，表示模型中有不當界定誤差共變關係存在，在題項反映中，測量誤差共變表示的是系統測量誤差 (systematic measurement error) 而非隨機測量誤差 (random measurement error)，它們來自受試者對題項 (測量變項) 特定的回應，這些參數反映題項間某些特性，隱含著另類的因素結構。如果假設模型與樣本資料無法適配，某些合理性修正指標值之 M.I. 欄的數值很大，表示初始假設模型的界定不正確，根據模型的合理性與邏輯性，研究者可以針對初始探索模型進行模型的修正 (模型的再界定)，進一步探究修正模型的適配變動情形。模型的再界定包括相關誤差項的增列等，其中有一點必須考量的就是參數釋放必須有其實質意義或經驗法則的合理性 (Byrne, 2010, p.111)。

主要參考書目

Byrne, B. M. (2010). Structural equation modeling with AMOS: Basic concepts, application, and programming. New York: Routledge.

吳明隆 (2009)。結構方程模式—方法與實務應用。高雄：麗文。

因果結構效度的檢定

完整 SEM 包含測量模式與結構模式，這是完整的結構方程模式 (full SEM)。假設模式在考驗因果結構型態的關係，完整 SEM 檢定也是一種驗證性本質，因而假設模型中所有變項的因果關係界定必須根據理論、實徵研究，或合理性經驗法則。模型檢定的重點在於界定結構模式之變項因果關係效度，此即為因果結構效度 (validity of causal structures) 的檢定。

壹、混合測量模式的因果結構分析

測量模式包含形成性指標與反映性指標二種模型，期刊論文常見的測量模式為反映性指標，如果研究者要於假設模型中融入形成性指標要特別謹慎，因為包含形成性指標的因果模式在進行模型估計時常發生模式無法識別情形，若是模型可以識別收斂，整體模型適配度的檢定不易達到門檻值，因而在建構因果模型的假設模型圖最好少用形成性指標。

表 6-1　測量指標之相關矩陣與描述性統計量摘要表

rowtype_	varname_	身體焦慮	恐慌焦慮	主觀焦慮	其他焦慮	家庭壓力	學校壓力	健康因素	經濟因素	情緒低落	緊張擔憂	職場因素
N		400	400	400	400	400	400	400	400	400	400	400
CORR	身體焦慮	1.000										
CORR	恐慌焦慮	0.638	1.000									
CORR	主觀焦慮	0.785	0.647	1.000								
CORR	其他焦慮	0.687	0.650	0.875	1.000							
CORR	家庭壓力	0.352	0.347	0.336	0.301	1.000						
CORR	學校壓力	0.336	0.280	0.304	0.288	0.789	1.000					
CORR	健康因素	0.291	0.294	0.262	0.252	0.658	0.701	1.000				
CORR	經濟因素	0.303	0.327	0.289	0.345	0.557	0.605	0.467	1.000			
CORR	情緒低落	0.422	0.425	0.372	0.343	0.289	0.452	0.356	0.359	1.000		
CORR	緊張擔憂	0.417	0.372	0.363	0.351	0.456	0.393	0.386	0.456	0.567	1.000	
CORR	職場因素	0.423	0.418	0.420	0.353	0.405	0.456	0.287	0.398	0.666	0.702	1.000
STDDEV		0.990	1.451	1.350	1.340	1.030	0.987	1.110	1.120	1.030	1.120	1.050
MEAN		4.520	3.980	4.510	3.960	2.980	4.010	3.020	2.570	4.670	4.340	3.970

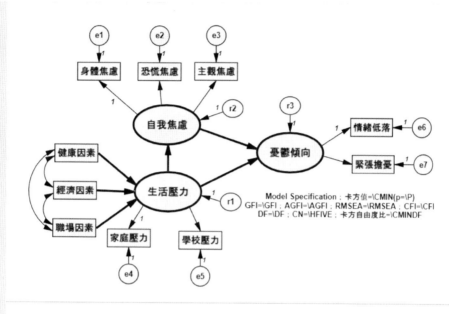

圖 6-1

　　假設模型圖中三個潛在構念變項名稱分別為「生活壓力」、「自我焦慮」、「憂鬱傾向」，「自我焦慮」與「憂鬱傾向」構念為反映性測量模式，「自我焦慮」構念三個效果指標變項為「身體焦慮」、「恐慌焦慮」、「主觀焦慮」；「憂鬱傾向」構念二個效果指標變項為「情緒低落」、「緊張擔憂」；「生活壓力」構念為一混合測量模式，同時包含形成性指標與反映性指標，就形成性測量模式而言，三個原因指標變項為「健康因素」、「經濟因素」、「職場因素」；就反映性測量模式而言，「生活壓力」潛在構念二個效果指標變項為「家庭壓力」、「學校壓力」，「生活壓力」潛在構念包含形成性指標與反映性指標二種不同指標模式。

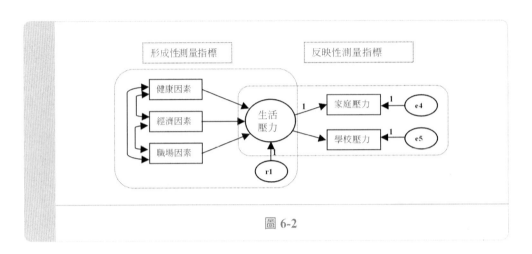

圖 6-2

　　「家庭壓力」觀察變項與「學校壓力」觀察變項反映「生活壓力」潛在構念，就反映性測量模式而言，二個觀察變項為「生活壓力」潛在構念的效果指標變項，二個觀察變項變項為果，「生活壓力」構念變項為因；影響受試者生活壓力的三個原因指標為「健康因素」、「經濟因素」、「職場因素」等觀察變項，這三個觀察變項變項為因，「生活壓力」構念變項為果。「生活壓力」構念同時包含反映性指標與形成性指標，因而就測量模式的性質來看，它是一個混合測量模式。

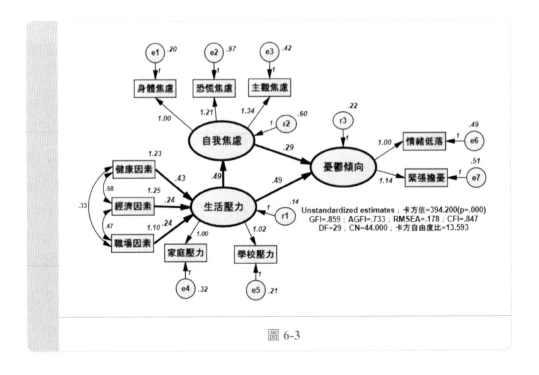

圖 6-3

　　初始假設模型估計結果，模式可以識別收斂，就非標準化估計值模式圖來看，誤差項或殘差項變異數均為正數，表示模式參數估計值沒有出現不適當解值。就整體模式適配度來看，模式的自由度為 29，卡方值為 394.200 (p < .001)，GFI 值為 .859、AGFI 值為 .733、RMSEA 值為 .178、CFI 值為 .847、CN 值為 44.000、卡方自由度比值為 13.593，適配度統計量均未符合模式適配的門檻值，假設模型與樣本資料的適配情形不佳。

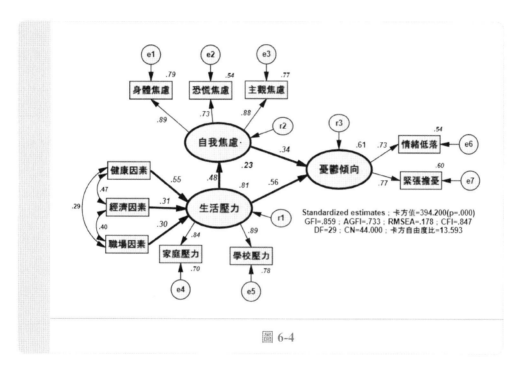

圖 6-4

　　就標準化估計值模式圖來看，沒有出現絕對值大於 1 的標準化迴歸係數。就三個構念反映性測量模式的信度來看，「生活壓力」二個效果指標變項的因素負荷量分別為 .84、.89，「自我焦慮」三個效果指標變項的因素負荷量分別為 .89、.73、.88，「憂鬱傾向」二個效果指標變項的因素負荷量分別為 .73、.77，潛在構念對效果指標變項的因素負荷量絕對值均大於 .70，潛在構念對效果指標變項的解釋變異量介於 .54 至 .79，其數值均高於 50.0%，表示三個反映性測量模式有良好的信度與聚斂效度。就結構模式而言，潛在構念變項「生活壓力」對潛在構念「自我焦慮」的直接效果值為 .48，其解釋變異量為 23%；潛在構念變項「生活壓力」與「自我焦慮」對內因潛在變項「憂鬱傾向」影響的標準化

徑路係數分別為 .34、.56，聯合解釋變異量為 61%，潛在變項間影響的直接效果值均達顯著。就形成性測量模式而言，「健康因素」、「經濟因素」、「職場因素」三個原因指標變項對潛在構念「生活壓力」影響的標準化徑路係數分別為 .55、.31、.30，三個原因指標變項共可解釋潛在構念「生活壓力」81%的變異量，模式中所有待估計的參數都達 .05 顯著水準。

從測量模式來看，三個反映性測量模式的信度與聚斂效度佳，形成性測量模式之原因指標變項對潛在構念的共同解釋變異高達 81%，潛在構念間之結構模式的徑路係數估計值除達 .05 顯著水準外，徑路係數正負號與理論建構時相同，這樣的假設模型理論上是個可以接受的因果模型，但整體適配度統計量檢定結果，假設模型的適配度不佳，假設模型與樣本資料的契合度很差，表示假設模型無法得到支持。

表 6-2　**Modification Indices (全體樣本 - Default model)**
Covariances: (全體樣本 - Default model)

	M.I.	Par Change
r2<-->職場因素	30.374	.221
r2<-->r1	10.822	-.069
r3<-->職場因素	113.981	.346
r3<-->健康因素	11.124	-.110
r3<-->r1	56.970	-.127
e4<-->職場因素	10.529	-.098
e4<-->r3	23.222	-.102
e5<-->r2	11.574	-.078
e5<-->r3	16.497	-.075
e5<-->e4	23.502	.080
e7<-->職場因素	36.387	.244
e7<-->r1	27.256	-.111
e7<-->e5	45.538	-.157
e6<-->職場因素	36.904	.232
e6<-->r1	11.255	-.067
e6<-->e4	55.131	-.186

從修正指標值共變摘要表來看，誤差共變卡方值變化最大的二個分別為誤

差項 e7 與誤差項 e5 間的相關、誤差項 e6 與誤差項 e4 間的相關。將共變參數
由 0 改為待估計的自由參數後，二個誤差共變參數分別可降低的 χ^2 值差異量為
45.538、55.131，第一次修正模型中釋放誤差項 e6 與誤差項 e4 間的共變關係。

一、修正模型[1]

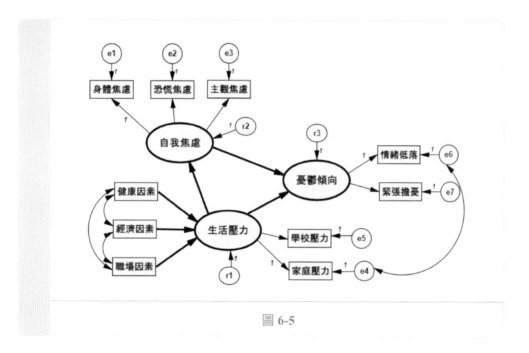

圖 6-5

第一次修正假設模型圖為界定誤差項 e6 與誤差項 e4 二個變數間有共變關
係，其共變參數由 0 改為待估計的自由參數。

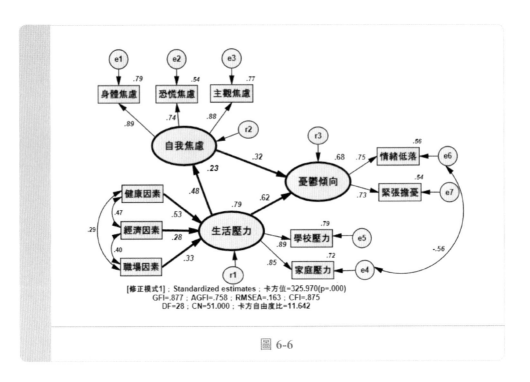

圖 6-6

就標準化估計值模式圖來看，沒有出現絕對值大於 1 的標準化迴歸係數，表示模式參數估計值沒有出現不適當解值。就整體模式適配度來看，模式的自由度為 28，卡方值為 325.970 (p < .001)，GFI 值為 .877、AGFI 值為 .758、RMSEA 值為 .163、CFI 值為 .875、CN 值為 51.000、卡方自由度比值為 11.642，適配度統計量均未符合模式適配的門檻值，修正之假設模型與樣本資料的適配情形不佳。

表 6-3　**Modification Indices (全體樣本 - [修正模式 1])**
　　　　 Covariances: (全體樣本 - [修正模式 1])

	M.I.	Par Change
r2<-->職場因素	26.381	.206
r2<-->r1	12.031	−.072
r3<-->職場因素	102.839	.326
r3<-->健康因素	12.679	−.117
r3<-->r1	26.746	−.083
e5<-->職場因素	20.574	−.116
e5<-->r2	12.078	−.078

表 6-3　（續）

	M.I.	Par Change
e5<-->r3	21.610	−.081
e5<-->e4	13.395	.052
e7<-->職場因素	39.278	.253
e7<-->r1	46.607	−.144
e7<-->e5	37.386	−.138
e6<-->職場因素	27.429	.183
e2<-->e5	11.627	−.095

　　根據修正指標值共變摘要表來看，誤差共變卡方值變化最大的為界定誤差項 e7 與誤差項 e5 間的相關，將二個誤差項共變參數由 0 改為待估計的自由參數後，模式 χ^2 值降低的差異量約為 37.386，第二次修正模型中釋放誤差項 e7 與誤差項 e5 間的共變關係。

二、修正模型[2]

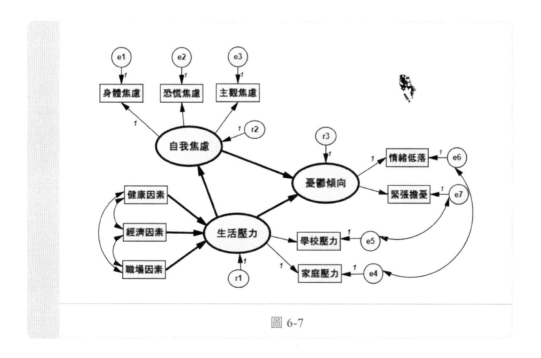

圖 6-7

第一次修正假設模型圖為界定誤差項 e7 與誤差項 e5 二個變數間有共變關係,其共變參數由 0 改為待估計的自由參數。

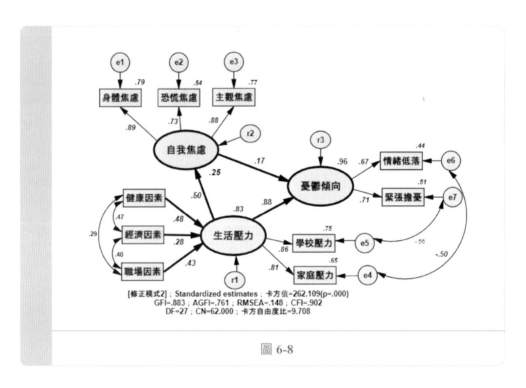

圖 6-8

就標準化估計值模式圖來看,沒有出現絕對值大於 1 的標準化迴歸係數,表示模式參數估計值沒有出現不適當解值。就整體模式適配度來看,模式的自由度為 27,卡方值為 262.109 (p < .001),GFI 值為 .883、AGFI 值為 .761、RMSEA 值為 .148、CFI 值為 .902、CN 值為 62.000、卡方自由度比值為 9.708,適配度統計量均未符合模式適配的門檻值,修正之假設模型與樣本資料的適配情形不理想。

表 6-4　**Regression Weights: (全體樣本 - [修正模式 3])**

	M.I.	Par Change
自我焦慮<---職場因素	11.269	.133
憂鬱傾向<---職場因素	45.499	.186
憂鬱傾向<---健康因素	12.259	-.092
學校壓力<---自我焦慮	13.456	-.115

表 6-4 （續）

	M.I.	Par Change
學校壓力<---情緒低落	12.070	-.088
學校壓力<---主觀焦慮	11.963	-.067
學校壓力<---恐慌焦慮	25.777	-.092
緊張擔憂<---職場因素	18.493	.156
情緒低落<---職場因素	13.913	.130

　　修正模型 [3] 增列原因指標變項「職場因素」對潛在構念「憂鬱傾向」的影響路徑，此徑路係數參數估計值由原先 0 變為待估計自由參數後，模式 χ^2 的差異量約為 45.499，當修正模式與原先模式的 χ^2 的差異量很大時，表示原先模式可能有不當界定的參數。

表 6-5 **Regression Weights: (全體樣本 - [修正模式 4])**

	M.I.	Par Change
自我焦慮<---職場因素	29.516	.220
學校壓力<---自我焦慮	11.190	-.100
學校壓力<---恐慌焦慮	22.817	-.082

　　修正模型 [4] 增列原因指標變項「職場因素」對潛在構念「自我焦慮」的影響路徑，此路徑係數參數估計值由原先 0 變為待估計自由參數後，模式 χ^2 的差異量約為 29.516。

　　如果研究者根據徑路係數修正指標逐一增列原因指標變項「職場因素」對潛在構念「憂鬱傾向」的影響路徑 (修正模型 3)、增列原因指標變項「職場因素」對潛在構念「自我焦慮」的影響路徑 (修正模型 4)，則最後修正模型之模式適配的卡方值為 57.056 (p < .001)，模式的自由度為 25，GFI 值為 .974、AGFI 值為 .944、RMSEA 值為 .057、CFI 值為 .987、CN 值為 264.000、卡方自由度比值為 2.282，除卡方值外，其餘模式適配度統計量均符合模式適配的門檻值，表示最後修正之假設模型與樣本資料可以適配。最後修正的假設模型如下：

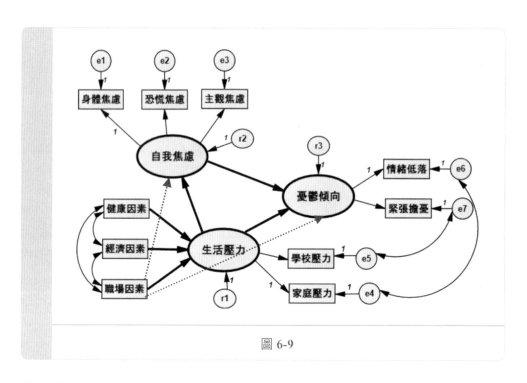

圖 6-9

表 6-6 **Model Fit Summary**【適配度統計量摘要表】
　　　 CMIN【卡方值】

Model	NPAR 自由參數	CMIN 卡方值	DF 自由度	P	CMIN/DF 卡方值／自由度
[修正模式 4]	30	57.056	25	.000	2.282

　　模式中待估計的自由參數有 30 個 (包含 12 個徑路係數、5 個共變數、13 個變異數)，模式適配度的卡方值為 57.056 (p < .001)，模式的自由度為 25，卡方自由度比值為 2.282 (小於 3.000 適配門檻值)。

表 6-7 **Baseline Comparisons**【基線比較適配度統計量】

Model	NFI Delta1	RFI rho1	IFI Delta2	TLI rho2	CFI
[修正模式 4]	.977	.958	.987	.976	.987

　　五個增值適統計量 NFI 值、RFI 值、IFI 值、TLI 值、CFI 值分別為 .977、.958、.987、.976、.987，均高於 .950 適配門檻值。

表 6-8　**RMSEA**

Model	RMSEA	LO 90	HI 90	PCLOSE
[修正模式 4]	.057	.037	.076	.264

　　RMSEA 值為 .057 (小於 .080 適配門檻值)。主要適配度統計量均符合適配標準，表示修正的假設模型[4]與樣本資料可以適配。

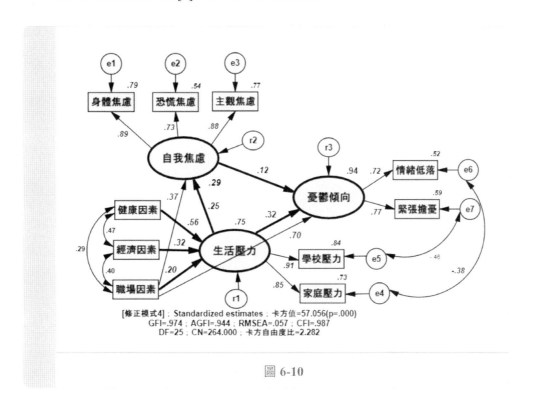

[修正模式4]：Standardized estimates；卡方值=57.056(p=.000)
GFI=.974；AGFI=.944；RMSEA=.057；CFI=.987
DF=25；CN=264.000；卡方自由度比=2.282

圖 6-10

　　標準化估計值模式圖顯示，所有估計徑路係數均達顯著，且徑路係數的符號與理論建構時相同，「職場因素」外因變項對「自我焦慮」內因潛在變項的標準化徑路係數為 .37，「職場因素」外因變項對「憂鬱傾向」內因潛在變項的標準化徑路係數為 .70。「健康因素」、「經濟因素」、「職場因素」三個觀察變項對潛在構念「生活壓力」影響的標準化徑路係數分別為 .56、.32、.20，聯合解釋變異量為 75%；「職場因素」觀察變項與「生活壓力」潛在變項對「自我焦慮」內因潛在變項影響的標準化徑路係數分別 .37、.25，聯合解釋變異量為 29%；「職場因素」觀察變項、「生活壓力」潛在變項與「自我焦慮」潛在變項

對「憂鬱傾向」內因潛在變項影響的標準化徑路係數分別為 .70、.32、.12，聯合解釋變異量為 94%。從標準化估計值模式圖可以發現：變項間因果關係的徑路係數符號與相關矩陣中相關係數的符號相同，表示變項間的影響與研究者原先界定的操作型定義相符合；其次是原因指標觀察變項「職場因素」對「憂鬱傾向」潛在構念的直接影響 (β = .70) 大於對「生活壓力」潛在構念的直接影響 (β = .20)。

表 6-9　全體樣本 (全體樣本 - [修正模式 4])
Regression Weights 與 Standardized Regression Weights: (全體樣本 - [修正模式 4])

	未標準化徑路係數				標準化徑路係數	
	Estimate	S.E.	C.R.	P	Estimate	
生活壓力<---健康因素	.445	.030	15.032	***	生活壓力<---健康因素	.563
生活壓力<---經濟因素	.254	.028	8.971	***	生活壓力<---經濟因素	.325
生活壓力<---職場因素	.166	.028	5.834	***	生活壓力<---職場因素	.199
自我焦慮<---生活壓力	.256	.057	4.501	***	自我焦慮<---生活壓力	.255
自我焦慮<---職場因素	.306	.045	6.746	***	自我焦慮<---職場因素	.365
憂鬱傾向<---自我焦慮	.105	.038	2.722	.006	憂鬱傾向<---自我焦慮	.124
憂鬱傾向<---生活壓力	.268	.043	6.228	***	憂鬱傾向<---生活壓力	.315
憂鬱傾向<---職場因素	.497	.037	13.548	***	憂鬱傾向<---職場因素	.703
情緒低落<---憂鬱傾向	1.000			參照指標變項	情緒低落<---憂鬱傾向	.723
緊張擔憂<---憂鬱傾向	1.157	.073	15.836	***	緊張擔憂<---憂鬱傾向	.768
主觀焦慮<---自我焦慮	1.349	.065	20.910	***	主觀焦慮<---自我焦慮	.879
恐慌焦慮<---自我焦慮	1.211	.072	16.869	***	恐慌焦慮<---自我焦慮	.734
身體焦慮<---自我焦慮	1.000			參照指標變項	身體焦慮<---自我焦慮	.888
學校壓力<---生活壓力	1.033	.043	24.047	***	學校壓力<---生活壓力	.915
家庭壓力<---生活壓力	1.000			參照指標變項	家庭壓力<---生活壓力	.853

在十五個徑路係數估計值中，除三個參照指標變項外，餘十二個待估計自由參數的徑路係數估計值均達顯著，標準化徑路係數估計值為變項對變項影響的直接效果值。

變項影響「憂鬱傾向」潛在構念的直接路徑有三個：「生活壓力→憂鬱傾向」、「自我焦慮→憂鬱傾向」、「職場因素→憂鬱傾向」；變項影響「憂鬱傾向」潛在構念的間接路徑有以下幾條路徑：

- 生活壓力→自我焦慮→憂鬱傾向
- 健康因素→生活壓力→自我焦慮→憂鬱傾向
- 經濟因素→生活壓力→自我焦慮→憂鬱傾向
- 職場因素→生活壓力→自我焦慮→憂鬱傾向
- 職場因素→自我焦慮→憂鬱傾向
- 健康因素→生活壓力→憂鬱傾向
- 經濟因素→生活壓力→憂鬱傾向
- 職場因素→生活壓力→憂鬱傾向

　　變項影響「自我焦慮」潛在構念的直接路徑有二個：「生活壓力→自我焦慮」、「職場因素→自我焦慮」；變項影響「自我焦慮」潛在構念的間接路徑有以下幾條路徑：

- 健康因素→生活壓力→自我焦慮
- 經濟因素→生活壓力→自我焦慮
- 職場因素→生活壓力→自我焦慮

　　模式變項影響的直接效果值與間接效果值如下，以「職場因素」原因指標變項對「自我焦慮」觀察變項為例，其標準化徑路係數為 .365，因而直接效果值為 .365 (模型圖的數值 .37 為四捨五入的數據)。

表 6-10　**Standardized Direct Effects (全體樣本 - [修正模式 4]) 【直接效果】**

	職場因素	經濟因素	健康因素	生活壓力	自我焦慮	憂鬱傾向
生活壓力	.199	.325	.563	.000	.000	.000
自我焦慮	.365	.000	.000	.255	.000	.000
憂鬱傾向	.703	.000	.000	.315	.124	.000
家庭壓力	.000	.000	.000	.853	.000	.000
學校壓力	.000	.000	.000	.915	.000	.000
緊張擔憂	.000	.000	.000	.000	.000	.768
情緒低落	.000	.000	.000	.000	.000	.723
主觀焦慮	.000	.000	.000	.000	.879	.000
恐慌焦慮	.000	.000	.000	.000	.734	.000
身體焦慮	.000	.000	.000	.000	.888	.000

形成性指標中，三個原因指標變項「職場因素」、「經濟因素」、「健康因素」對「生活壓力」構念的直接效果值分別為 .199、.325、.563；外因潛在構念變項「生活壓力」對內因潛在構念變項「自我焦慮」、「憂鬱傾向」的直接效果值分別為 .255、.315；「自我焦慮」潛在構念變項對內因潛在構念變項「憂鬱傾向」的直接效果值分別為 .124。

「職場因素」原因指標變項對「自我焦慮」觀察變項為例，其間接效果路徑為「職場因素→生活壓力→自我焦慮」，間接效果值為「職場因素→生活壓力」直接效果值 (= .199) ×「生活壓力→自我焦慮」直接效果值 (= .255) = .199 ×.255 = .05。「職場因素」原因指標變項對「憂鬱傾向」觀察變項的間接效果路徑有三條：第一條為「職場因素→生活壓力→自我焦慮→憂鬱傾向」、第二條為「職場因素→自我焦慮→憂鬱傾向」、第三條為「職場因素→生活壓力→憂鬱傾向」：

第一條間接效果值為：「職場因素→生活壓力」×「生活壓力→自我焦慮」×「自我焦慮→憂鬱傾向」= .199×.255×.124 = .006。

第二條間接效果值為「職場因素→自我焦慮」×「自我焦慮→憂鬱傾向」= .365×.124 = .045。

第三條間接效果值為：「職場因素→生活壓力」×「生活壓力→憂鬱傾向」= .199×.315 = .063。

「職場因素」原因指標變項對「憂鬱傾向」構念變項的間接效果值為 .006 + .045 + .063 = .114。

「職場因素」原因指標變項對「憂鬱傾向」構念變項的直接效果值圖示如下：

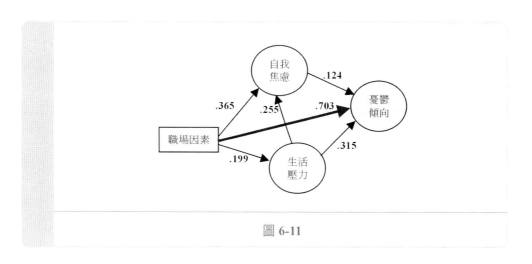

圖 6-11

　　「職場因素」原因指標變項對「憂鬱傾向」構念變項的三條間接效果路徑
圖：第一條「職場因素→生活壓力→自我焦慮→憂鬱傾向」間接路徑圖為：

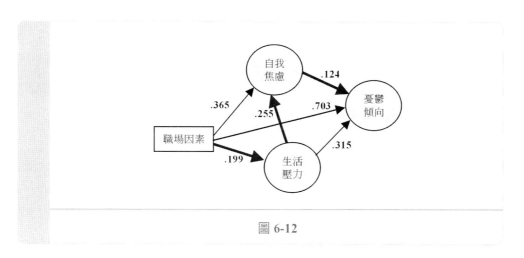

圖 6-12

第二條「職場因素→自我焦慮→憂鬱傾向」間接路徑圖為：

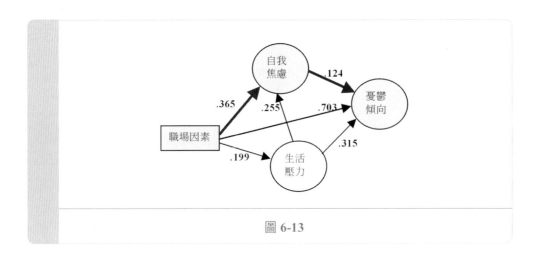

圖 6-13

第三條「職場因素→生活壓力→憂鬱傾向」間接路徑圖為：

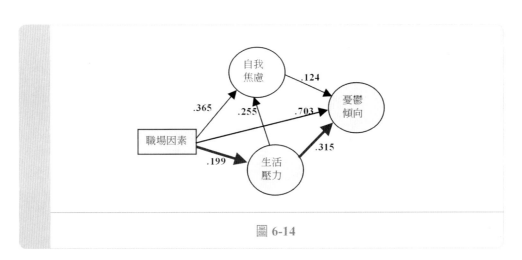

圖 6-14

表 6-11 **Standardized Indirect Effects (全體樣本 - [修正模式 4])【間接效果】**

	職場因素	經濟因素	健康因素	生活壓力	自我焦慮	憂鬱傾向
生活壓力	.000	.000	.000	.000	.000	.000
自我焦慮	.051	.083	.144	.000	.000	.000
憂鬱傾向	.114	.113	.195	.032	.000	.000
家庭壓力	.170	.277	.481	.000	.000	.000
學校壓力	.182	.297	.515	.000	.000	.000
緊張擔憂	.627	.087	.150	.266	.095	.000
情緒低落	.591	.081	.141	.251	.090	.000

表 6-11 （續）

	職場因素	經濟因素	健康因素	生活壓力	自我焦慮	憂鬱傾向
主觀焦慮	.366	.073	.126	.224	.000	.000
恐慌焦慮	.305	.061	.105	.187	.000	.000
身體焦慮	.369	.073	.127	.226	.000	.000

　　「健康因素」原因指標變項對「生活壓力」、「自我焦慮」、「憂鬱傾向」潛在構念變項的間接效果值分別為 .000、.144、.195；「經濟因素」原因指標變項對「生活壓力」、「自我焦慮」、「憂鬱傾向」潛在構念變項的間接效果值分別為 .000、.083、.113；「職場因素」原因指標變項對「生活壓力」、「自我焦慮」、「憂鬱傾向」潛在構念變項的間接效果值分別為 .000、.051、.114；「生活壓力」潛在構念變項對「自我焦慮」、「憂鬱傾向」內因潛在構念變項間接效果值分別為 .000、.032，「自我焦慮」潛在構念變項對「憂鬱傾向」內因潛在構念變項間接效果值為 .000，直接效果值為 .124。

貳、退休教師生活滿意因果模式分析

　　在一項中小學退休教師生涯規劃、自我意向、個人調適與生活滿意關係的因果模式探究中，研究者根據相關理論文獻提出相關假設如下：

一、測量模式的假設

- 「生涯規劃」為外因潛在變項，其觀察變項有「健康維持」、「理財規劃」、「服務規劃」，三個測量指標變項為受試者在「生涯規劃量表」上相對應題項加總後的分數，三個觀察變項為生涯規劃潛在構念的三個向度 (構面)，三個構面變項為經探索性因素分析萃取的共同因素，因而潛在構念變項為高階因素「生涯規劃」，潛在構念變項的指標變項為初階因素。

- 「自我意向」為內因潛在變項，其觀察變項有「人生意向」、「價值意向」、「活動意向」等三個，三個測量指標變項為受試者在「自我意向量表」上相對應題項加總後的分數，三個觀察變項為自我意向潛在構念的三個向度。

- 「個人調適」為內因潛在變項,其觀察變項有「生理調適」、「心理調適」、「人際調適」、「活動調適」等四個,四個測量指標變項為受試者在「個人調適量表」上相對應題項加總後的分數,四個觀察變項為個人調適潛在構念的四個向度。

- 「生活滿意」為內因潛在變項,其觀察變項有「健康狀態」、「經濟穩定」、「日常活動」、「自我實現」等四個,四個測量指標變項為受試者在「生活滿意量表」上相對應題項加總後的分數,四個觀察變項為生活滿意潛在構念的四個向度。

各觀察變項 (各向度) 中所包含的題項個數並未完全相同。十四個指標變項的描述性統計量摘要表如下,由於各向度 (觀察變項) 所包含的題項數不同,因而雖採用李克特五點量表格式,各向度變項的最大值並不一樣,若是將各向度轉化為單題平均數,則單題平均數的數值介於 1 至 5 之間,有效樣本數為 739 位。

表 6-12　十四個指標變項的描述性統計量摘要表 (N = 739)

測量變項	個數	最小值	最大值	平均數	標準差	變異數	題項數
健康維持	739	10	30	22.87	3.80	14.44	6
理財規劃	739	6	30	20.17	3.97	15.78	6
服務規劃	739	3	15	11.68	2.02	4.06	3
人生意向	739	7	20	16.39	2.00	4.00	4
價值意向	739	12	25	19.65	2.51	6.32	5
活動意向	739	12	30	23.14	3.26	10.62	6
生理調適	739	13	25	19.96	2.22	4.93	5
心理調適	739	8	20	15.26	2.27	5.17	4
人際調適	739	9	20	15.61	2.05	4.20	4
活動調適	739	11	25	19.79	2.36	5.58	5
健康狀態	739	14	25	20.27	2.49	6.19	5
經濟穩定	739	12	25	19.73	2.62	6.85	5
日常活動	739	12	25	19.52	2.61	6.82	5
自我實現	739	12	25	20.72	2.59	6.70	5

二、結果模式的假設

* 「生涯規劃」變因直接影響「自我意向」、「個人調適」與「生活滿意」三個變項。
* 「自我意向」變因直接影響「個人調適」與「生活滿意」二個變項。
* 「個人調適」變因直接影響「生活滿意」變項。

四個潛在變項間的結構模式關係如下，徑路圖旁加註「＋」號表示變項間的影響為正向，若是外因潛在變項對內因潛在變項的影響為負向，則可於徑路圖旁加註「－」號以示區別。

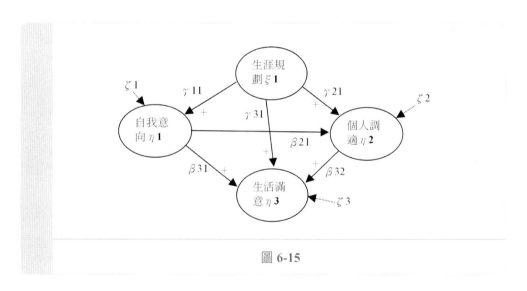

圖 6-15

四個測量模式如下 (潛在構念對觀察變項的徑路係數界定為 1 者，表示此徑路係數為固定參數或參照指標變項)，結構模式四個潛在構念變項之測量模式均為反映性測量模式。

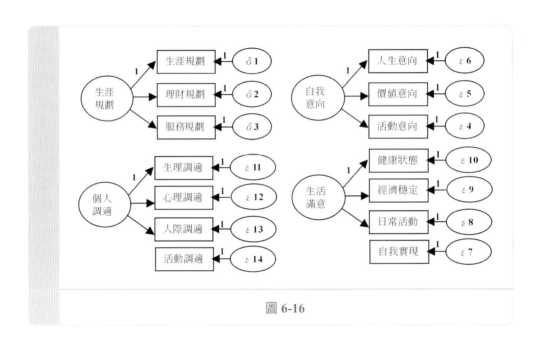

圖 6-16

三、初始假設模式的假設

- 每一個觀察變項皆反映其原先唯一的潛在構念,觀察變項沒有跨潛在變項的情形。
- 指標變項 (觀察變項) 與指標變項 (觀察變項) 間的測量誤差 (error) 間沒有關連,即十四個測量誤差項間彼此獨立沒有共變關係,測量誤差相關 (correlated error) 係數值為 0。
- 潛在變項與潛在變項間的預測殘差項 (residual) 間彼此獨立沒有共變關係。
- 潛在變項間的預測殘差項與指標變項的測量誤差項間彼此獨立沒有共變關係。

表 6-13 整體生涯規劃、自我意向、個人調適與生活滿意間的相關矩陣摘要表

變項名稱	生涯規劃總分	自我意向總分	個人調適總分	生活滿意總分
生涯規劃總分	1			
自我意向總分	.455***	1		
個人調適總分	.446***	.716***	1	
生活滿意總分	.458***	.772***	.761***	1

*** $p < .001$。

　　從相關矩陣摘要表中發現，四個潛在變項間的相關係數介於 .446 至 .772 之間，均達到 .05 顯著水準，相關係數值均為正數，表示四個潛在變項彼此間呈中度顯著正相關，其中整體自我意向、整體個人調適與整體生活滿意度的相關較為密切，相關係數分別為 .772、.761。

四、初始假設模式圖

　　三個內因潛在變項「自我意向」、「個人調適」、「生活滿意」均要增列一個估計殘差項 (殘差項分別為 r1、r2、r3)。Amos 繪製的初始假設模型圖如下：

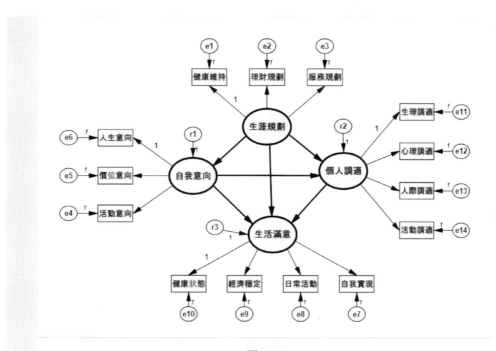

圖 6-17

表 6-14　**Assessment of normality (Group number 1)**【常態性的檢定】

Variable 測量變項	min 最小值	max 最大值	skew 偏態	c.r. 臨界比值	kurtosis 峰度	c.r. 臨界比值
活動調適	11	25	0.086	0.952	0.512	2.841
人際調適	9	20	0.069	0.761	0.274	1.522

表 6-14 （續）

Variable 測量變項	min 最小值	max 最大值	skew 偏態	c.r. 臨界比值	kurtosis 峰度	c.r. 臨界比值
心理調適	8	20	-0.175	-1.942	0.395	2.190
生理調適	13	25	-0.019	-0.212	0.510	2.828
健康狀態	14	25	0.115	1.278	-0.119	-0.661
經濟穩定	12	25	-0.126	-1.397	-0.069	-0.385
日常活動	12	25	0.077	0.853	0.030	0.168
自我實現	12	25	-0.028	-0.314	-0.158	-0.879
人生意向	7	20	-0.185	-2.057	1.180	6.548
價值意向	12	25	0.018	0.204	0.041	0.226
活動意向	12	30	0.019	0.215	0.164	0.913
服務規劃	3	15	-0.324	-3.600	0.251	1.396
理財規劃	6	30	-0.326	-3.623	0.682	3.787
健康維持	10	30	-0.118	-1.311	-0.027	-0.148
Multivariate					69.003	44.312
最高值	14	30	0.115	1.278	1.180	6.548
最低值	3	15	-0.326	-3.623	-0.158	-0.879

從資料結構常態性檢定摘要表中發現：十四個觀察變項的偏態係數介於 -0.326 至 0.115 之間，偏態係數的絕對值沒有大於常態偏離臨界值 3，峰度係數介於 -0.158 至 1.180 之間，峰度係數的絕對值也沒有大於的常態偏離臨界值 7，可見資料結構大致符合常態分配的假定，由於資料樣本來自多變項常態分配母群，因而採用最大概似法 (ML) 作為模式估計方法 (若是資料結構變項的偏態與峰度檢定嚴重偏離常態分配的假定，而樣本又夠大時，可改採用漸進自由分配法 ADF 法—Asymptotically distribution-free)。採用 ADF 法通常需要極大的樣本數 (1000 至 5000 位樣本)，如果樣本數沒有超過 1000 個以上，則假設模型估計時最少的樣本數需求為被估計自由參數的 10 倍以上，否則 ADF 估計的參數會有偏誤。

在假設模式圖中增列適配度參數操作：按工具圖像鈕『Title』 (Figure captions)，在「Figure Caption」(圖像標題) 對話視窗的方盒內鍵入下列文字：

\MODEL；\FORMAT；卡方值 = \CMIN (p = \P)；卡方自由度比 = \CMINDF
GFI = \GFI；AGFI = \AGFI；RMSEA = \RMSEA；CFI = \CFI；TLI = \TLI；
CN = \HFIVE

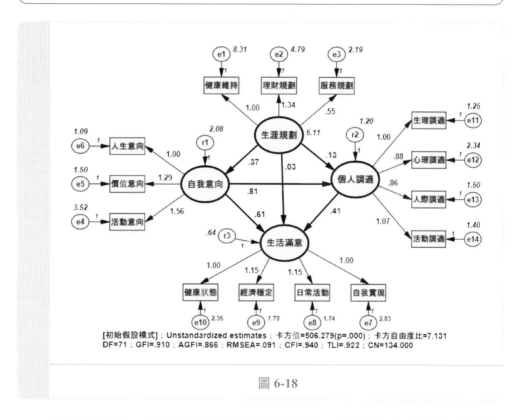

圖 6-18

　　模式估計結果，初始假設模式可以識別收斂，非標準化估計值模式圖中沒
有出現負的誤差變異數，表示參數沒有不適當解值。模式整體適配度卡方值為
506.279 (顯著性 p < .001)、卡方自由度比值等於 7.131 (未符合小於 3.00 適配門
檻標準)、GFI 值等於 .910 (符合大於 .900 適配標準)、AGFI 值等於 .866 (未符
合大於 .900 適配門檻標準)、RMSEA 值等於 .091 (未符合小於 .080 適配門檻標
準)、CFI 值等於 .940 (符合大於 .900 適配標準)、TLI 值等於 .922 (符合大於 .900
適配標準)、CN 值等於 134 (未符合大於 200 適配門檻標準)。其中卡方自由度比
值、AGFI 值、RMSEA 值、CN 值等適配度指標均未達到模式適配門檻標準，整
體而言，初始假設模式與樣本資料的契合度並不是很好，假設模式應再修正簡
化。

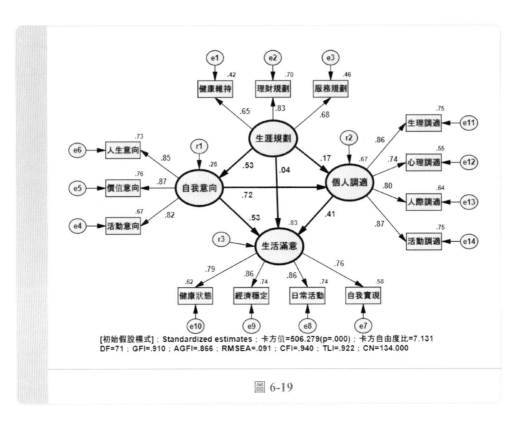

圖 6-19

標準化估計值模式圖中，結構模式間影響的標準化徑路係數均為正數，表示潛在變項間影響為正向，此結果與原先理論文獻與相關矩陣摘要表結果相符合。其中外因變項「生涯規劃」對「自我意向」、「個人適應」、「生活滿意」三個內因變項的標準化迴歸係數分別為 .53、.17、.04，內因中介變項「自我意向」對「個人適應」、「生活滿意」二個內因變項的標準化迴歸係數分別 .72、.53，內因中介變項「個人適應」對「生活滿意」內因變項的標準化迴歸係數 .41。

表 6-15　**Regression Weights: (Group number 1 - 初始模式)【徑路係數估計值】**

	Estimate 估計值	S.E. 估計值標準誤	C.R. 臨界比值	P	Label
自我意向<---生涯規劃	.366	.033	11.105	***	
個人調適<---生涯規劃	.131	.029	4.442	***	
個人調適<---自我意向	.809	.046	17.596	***	

表 6-15 （續）

	Estimate 估計值	S.E. 估計值標準誤	C.R. 臨界比值	P	Label
生活滿意 <---自我意向	.609	.058	10.531	***	
生活滿意 <---個人調適	.414	.050	8.241	***	
生活滿意 <---生涯規劃	.028	.025	1.158	.247	未達統計顯著
健康維持 <---生涯規劃	1.000				參照指標變項
理財規劃 <---生涯規劃	1.339	.086	15.514	***	
服務規劃 <---生涯規劃	.552	.038	14.600	***	
活動意向 <---自我意向	1.562	.058	26.911	***	
價值意向 <---自我意向	1.287	.043	29.791	***	
人生意向 <---自我意向	1.000				
自我實現 <---生活滿意	1.005	.045	22.250	***	
日常活動 <---生活滿意	1.151	.044	26.177	***	
經濟穩定 <---生活滿意	1.151	.044	26.069	***	
健康狀態 <---生活滿意	1.000				參照指標變項
生理調適 <---個人調適	1.000				參照指標變項
心理調適 <---個人調適	.876	.037	23.626	***	
人際調適 <---個人調適	.856	.032	26.764	***	
活動調適 <---個人調適	1.066	.035	30.417	***	

　　所有徑路係數顯著性的檢定中，外因潛在變項「生涯規劃」對內因潛在變項「生活滿意」間的徑路係數估計值為 .028、估計標準誤等於 .025，顯著性臨界比值 (t 值) 為 1.158、顯著性 p 值 = .247 > .05，表示此直接效果影響路徑未達顯著水準，第一次修正模式中，將此未達顯著的路徑係數刪除 (因此路徑係數的直接效果不顯著，表示外因變項生涯規劃對內因變項生活滿意沒有顯著的直接影響作用)。完整 SEM 假設模型的檢定中，研究者應先檢核整個模型中是否有不合理的解值，若有不適當的估計值參數，表示模型界定有問題，此時應重新界定假設模型；其次是檢核結構模式中外因變項對內因變項或中介內因變項對內因變項的徑路係數是否顯著，及徑路係數的正負號是否與原先理論相符合，如果徑路係數不顯著 (p > .05)，表示變項間因果關係間未有顯著的直接效果，此條徑路係數可以考慮刪除；若是徑路係數的正負號與原先理論相反，表示模型界定可能也有問題，研究者最好再重新界定假設模型。

【表格範例】

表 6-16　退休教師生活滿意影響路徑初始模式之整體適配度指標統計量摘要表 (N = 739)

統計檢定量	適配的標準或臨界值	檢定結果數據	模式適配判斷
自由度		71	
絕對適配度指數			
χ^2 值	p>.05 (未達顯著水準)	506.279(p = .000)	參考指標
RMR 值	<0.05	.283	否
RMSEA 值	<0.08	.091	否
SRMR	<0.05	.042	是
GFI 值	>.90 以上	.910	是
AGFI 值	>.90 以上	.866	否
CN 值	>200	134	否
χ^2 自由度比	<3.00	7.131	否
增值適配度指數			
NFI 值	>.95 以上 (一般適配 > .90)	.931	否
RFI 值	>.95 以上 (一般適配 > .90)	.911	否
IFI 值	>.95 以上 (一般適配 > .90)	.940	否
TLI 值 (NNFI 值)	>.95 以上 (一般適配 > .90)	.922	否
CFI 值	>.95 以上 (一般適配 > .90)	.940	否
簡約適配度指數			
PGFI 值	>.50 以上	.615	是
PNFI 值	>.50 以上	.726	是
PCFI 值	>.50 以上	.733	是

　　在整體適配度之增值適配度指標臨界值設定為 > .95 以上，五個增值適配度指標值均達標準，此外，RMSEA 值為 .091 > .08，表示假設模型與樣本資料的適配度不佳，此種假設模型的檢定較為嚴謹，若是研究者將增值適配度指標值臨界點設為 > .90 以上，常會出現增值適配度指標值符合適配標準，但模型之 RMSEA 值未符合適配的情形 (數值 > .08)；相對地，將增值適配度指標臨界點設為 .95 以上，若是假設模型與觀察資料可以適配，則 CFI 值與 RMSEA 值一般也會符合良好適配度標準。

　　從 15 個適配度指標值來看，絕對適配度指標值中的 RMR 值、RMSEA 值、AGFI 值、CN 值、卡方自由度比值；增值適配度指標值中的 NFI 值、RFI 值、

IFI 值、TLI 值、CFI 值等均未達模式適配標準，因而假設模型推估的變異數共變異數矩陣 $\Sigma(\theta)$ 與觀察資料計算所得的變異數共變數 Σ 顯著不相同 $(\Sigma(\theta) \neq \Sigma)$，假設模型與樣本資料無法契合，教師退休生活滿意影響路徑之初始模式圖無法得到支持。

參、未符合模式簡約原則的修正

第一次修正模式圖中主要將外因潛在變項「生涯規劃」對內因潛在變項「生活滿意」的直接影響路徑刪除。修正模型的結構模式如下圖：

一、修正模型[1]

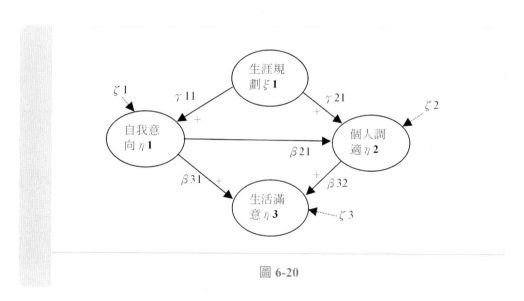

圖 6-20

修正後完整的假設模型圖如下：

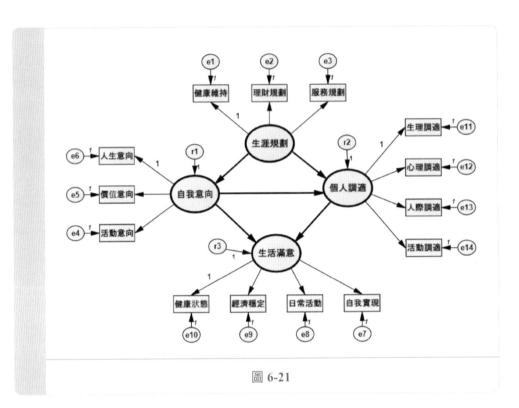

圖 6-21

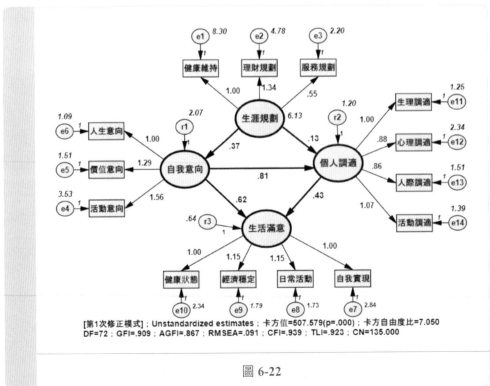

[第1次修正模式]；Unstandardized estimates；卡方值=507.579(p=.000)；卡方自由度比=7.050
DF=72；GFI=.909；AGFI=.867；RMSEA=.091；CFI=.939；TLI=.923；CN=135.000

圖 6-22

　　第一次修正假設模型估計結果模式可以辨識收斂，非標準化估計值模式圖中沒有出現負的誤差變異數，表示模式估計的參數沒有不適當的解值。模式整體適配度卡方值為 507.579 (顯著性 p = .000 < .05)、模式的自由度為 72、卡方自由度比值等於 7.050 (未符合小於 3.00 理想標準)、GFI 值等於 .909 (符合大於 .900 適配標準)、AGFI 值等於 .867 (未符合大於 .900 理想標準)、RMSEA 值等於 .091 (未符合小於 .080 理想標準)、CFI 值等於 .939 (未符合大於 .950 適配標準)、TLI 值等於 .923 (未符合大於 .950 適配標準)、CN 值等於 135 (未符合大於 200 理想標準)。整體而言，第一次修正模式與初始假設模式相比，整體模式適配度的改善情形不大，第一次修正模式與樣本資料的契合度不佳，模式需要進一步的修正。

表 6-17　**Regression Weights: (Group number 1 - [第 1 次修正模式])**

	Estimate	S.E.	C.R.	P	Label
自我意向 <--- 生涯規劃	.369	.033	11.238	***	
個人調適 <--- 生涯規劃	.131	.030	4.434	***	
個人調適 <--- 自我意向	.807	.046	17.514	***	
生活滿意 <--- 自我意向	.620	.057	10.813	***	
生活滿意 <--- 個人調適	.428	.049	8.710	***	
健康維持 <--- 生涯規劃	1.000				
理財規劃 <--- 生涯規劃	1.339	.086	15.518	***	
服務規劃 <--- 生涯規劃	.550	.038	14.596	***	
活動意向 <--- 自我意向	1.561	.058	26.921	***	
價值意向 <--- 自我意向	1.285	.043	29.786	***	
人生意向 <--- 自我意向	1.000				參照指標變項
自我實現 <--- 生活滿意	1.002	.045	22.235	***	
日常活動 <--- 生活滿意	1.151	.044	26.255	***	
經濟穩定 <--- 生活滿意	1.148	.044	26.080	***	
健康狀態 <--- 生活滿意	1.000				參照指標變項
生理調適 <--- 個人調適	1.000				參照指標變項
心理調適 <--- 個人調適	.876	.037	23.627	***	
人際調適 <--- 個人調適	.855	.032	26.713	***	
活動調適 <--- 個人調適	1.067	.035	30.445	***	

　　第 1 次修正模式圖，結構模式五條直接效果的徑路係數均達顯著，徑路係數估計值介於 .131 至 .807 之間，估計標準誤介於 .030 至 .057 之間，臨界比值 (t 值) 介於 4.434 至 17.514 之間，徑路係數估計值顯著性 p = .000，均小於 .001 顯著水準，表示結構模式五個徑路係數估計值均顯著不等於 0。此外，潛在變項徑路係數均為正數，表示潛在變項間直接影響效果為正向，此結果與理論架構與文獻結果一致，在結構模式中如果潛在構念變項間因果關係的正向或負向影響情形與理論或經驗法則不同，研究者應檢核潛在構念變項之觀察變項的計分或操作型定義是否有誤，否則結構模式與理論架構或經驗法則是無法契合的。

表 6-18　**Modification Indices (Group number 1 - [第 1 次修正模式])**
Covariances: (Group number 1 - [第 1 次修正模式])

	M.I.	Par Change
e13<-->生涯規劃	18.122	–.571
e13<-->r1	17.109	.322
e13<-->r3	14.330	–.208
e10<-->r1	10.138	.305
e10<-->r2	10.403	–.264
e10<-->e12	13.774	–.360
e9<-->r2	14.885	–.291
e9<-->e13	10.257	–.236
e8<-->r2	10.932	.247
e8<-->e14	13.848	.276
e8<-->e11	10.831	–.230
e7<-->生涯規劃	11.971	.622
e7<-->r1	14.425	–.396
e7<-->r2	13.977	.333
e7<-->e13	28.122	–.461
e7<-->e11	41.128	.537
e7<-->e9	11.321	.327
e6<-->e12	12.626	–.250
e6<-->e11	14.833	.216
e5<-->e11	10.544	–.220
e5<-->e10	32.130	.490
e5<-->e7	20.144	–.422

表 6-18　（續）

	M.I.	Par Change
e4<-->e13	21.897	.472
e3<-->e12	34.780	-.565
e3<-->e11	21.488	.353
e3<-->e7	34.283	.620
e3<-->e6	16.369	.286
e3<-->e5	15.776	-.340
e2<-->e12	18.206	.733
e1<-->e11	13.290	-.533

　　從 AMOS 提供的共變數修正指標中 (表中修正指標值臨界值設定為 10) 可以看出界定誤差項 e7 與其他誤差項的共變關係均可以使模式卡方值大幅減少，如果直接界定測量誤差項 e7 與測量誤差項 e11 間有共變關係 (釋放誤差共變項參數)，可以改善整體模式的適配度 (M.I.改變值 = 41.128)，由於研究者在原先模式假定時，界定測量誤差項間彼此互為獨立，因而上述誤差項共變項參數不予釋放，而是直接將潛在變項「生活滿意」的觀察變項「自我實現」自修正模式中刪除，以簡化模式。研究者若要直接根據修正指標值與參數改變值修正假設模型，一次只能釋放一組參數，上述修正指標值改變最大者為增列測量誤差項 e7 與測量誤差項 e11 間有共變關係，之後再根據新的修正指標值釋放參數，當修正模型界定測量誤差項 e7 與測量誤差項 e11 間有共變關係時，期望參數改變值為.537，原先參數估計值為 0，當參數改變值為正數時，表示二個測量誤差項間的共變數為正，二個測量誤差項有正向的相關。

二、修正模型[2]

　　如果研究者假定指標變項的測量誤差項間可能並非彼此互為獨立，假設模型允許測量誤差項間有某種程度相關，可以根據修正指標值的數據進行模型的修正，進行參數釋放時必須掌握一個原則，此釋放的參數必須是有意義的參數。根據第 1 次修正模型模式估計的修正指標值，第 2 次修正模型中增列指標變項「自我實現」測量誤差項 e7 與指標變項「生理調適」測量誤差項 e11 間的共變關係。第 2 次修正假設模型圖如下：

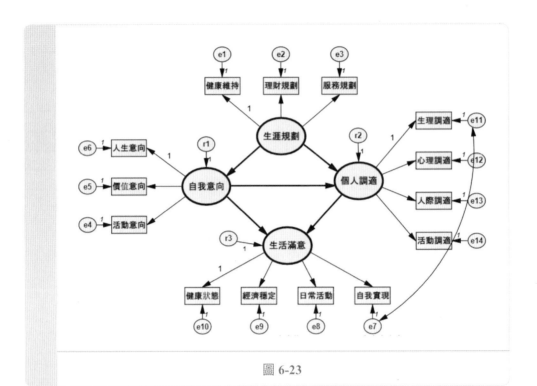

圖 6-23

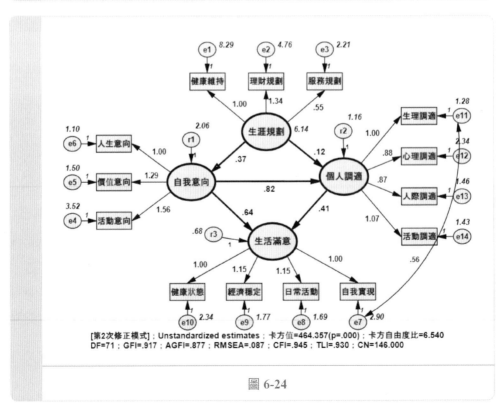

[第2次修正模式]；Unstandardized estimates；卡方值=464.357(p=.000)；卡方自由度比=6.540
DF=71；GFI=.917；AGFI=.877；RMSEA=.087；CFI=.945；TLI=.930；CN=146.000

圖 6-24

　　第 2 次修正假設模型估計結果模式可以辨識收斂，非標準化估計值模式圖中沒有出現負的誤差變異數，表示模式估計的參數沒有不適當的解值。模式整體適配度卡方值為 464.357，顯著性 p = .000 < .05 (第 1 次修正模式的卡方值為 507.579)、模式的自由度為 71 (被估計的自由參數增加 1 個，模式的自由度少 1)，卡方自由度比值等於 6.540 (未符合小於 3.00 理想標準)、GFI 值等於 .917 (符合大於 .900 適配標準)、AGFI 值等於 .877 (未符合大於 .900 理想標準)、RMSEA 值等於 .087 (未符合小於 .080 理想標準)、CFI 值等於 .945 (未符合大於 .950 適配標準)、TLI 值等於 .930 (未符合大於 .950 適配標準)、CN 值等於 146 (未符合大於 200 理想標準)。整體而言，第 2 次修正模式與第 1 次修正模式相比，整體模式適配度的卡方值有顯著降低，但修正的假設模式與樣本資料的仍無法契合，模式需要進一步的修正。增列指標變項「自我實現」測量誤差項 e7 與指標變項「生理調適」測量誤差項 e11 間的共變關係，二者共變數的參數估計值為 .56，在之前期望參數改變數值為 .537，通常模式修正後的參數實際估計值會大於模式修正的期望參數改變值，但期望參數改變值的符號會與實際估計之參數估計值符號相同。

表 6-19　**Covariances: (Group number 1 - [第 2 次修正模式])**

	M.I.	Par Change
e13<-->生涯規劃	18.328	-.568
e13<-->r1	13.519	.282
e13<-->r3	12.124	-.190
e10<-->e12	15.424	-.380
e9<-->r2	13.504	-.273
e9<-->e13	11.091	-.242
e8<-->r2	16.034	.293
e8<-->e14	10.918	.246
e7<-->生涯規劃	11.137	.583
e7<-->r1	13.596	-.372
e7<-->e14	14.804	.334
e7<-->e13	14.020	-.312
e7<-->e9	14.991	.365
e6<-->e12	13.318	-.258
e6<-->e11	16.860	.224
e5<-->e10	31.444	.484

表 6-19 （續）

	M.I.	Par Change
e5<-->e7	12.647	−.324
e4<-->e13	20.358	.449
e3<-->e12	31.249	−.537
e3<-->e11	11.381	.250
e3<-->e7	24.396	.508
e3<-->e6	17.028	.293
e3<-->e5	15.086	−.332
e2<-->e12	18.687	.743
e1<-->e11	13.848	−.528

　　第 2 次修正假設模型提供的修正指標值摘要表中，指標變項測量誤差間有共變關係的參數中，界定測量誤差項 e5 與測量誤差項 e10 間的共變關係時，M.I.改變值最大 (M.I. = 31.444)，期望參數改變數值為 .484，因而在之後假設模式的修正中，釋放測量誤差項 e5 與測量誤差項 e10 間的共變數為被估計的自由參數。

三、修正模型[3]

　　第 3 次修正後之假設模型圖如下：

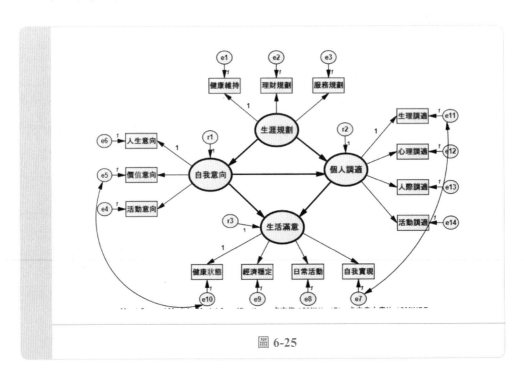

圖 6-25

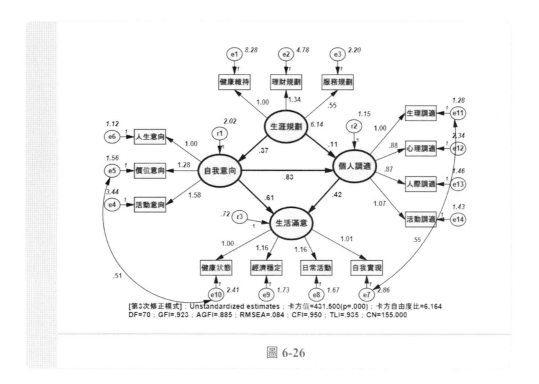

圖 6-26

第 3 次修正假設模型估計結果模式可以辨識收斂,非標準化估計值模式圖中沒有出現負的誤差變異數,表示模式估計的參數沒有不適當的解值。模式整體適配度卡方值為 431.500 (第 2 次修正模型模式適配度的卡方值為 464.357,二個模型卡方值的差異達到顯著),顯著性 p = .000 < .05、模式的自由度為 70 (被估計的自由參數增加 1 個,模式的自由度少 1),卡方自由度比值等於 6.164 (未符合小於 3.00 理想標準)、GFI 值等於 .923 (符合大於 .900 適配標準)、AGFI 值等於 .885 (未符合大於 .900 理想標準)、RMSEA 值等於 .084 (未符合小於 .080 理想標準)、CFI 值等於 .950 (未符合大於 .950 適配標準)、TLI 值等於 .935 (未符合大於 .950 適配標準)、CN 值等於 155 (未符合大於 200 理想標準)。整體而言,第 3 次修正模式與第 2 次修正模式相比,整體模式適配度的卡方值有顯著降低,但修正的假設模式與樣本資料的適配度不佳,假設模型無法獲得支持。

表 6-20　**Covariances: (Group number 1 - [第 3 次修正模型])**

	M.I.	Par Change
e13<-->生涯規劃	18.340	-.569

表 6-20　（續）

	M.I.	Par Change
e13<-->r1	13.714	.283
e13<-->r3	11.943	−.187
e10<-->e12	14.645	−.363
e9<-->r2	17.519	−.309
e9<-->e13	10.838	−.238
e8<-->r2	12.914	.263
e8<-->e14	10.542	.242
e7<-->生涯規劃	10.392	.561
e7<-->r1	12.378	−.352
e7<-->e14	14.322	.327
e7<-->e13	13.804	−.308
e7<-->e9	11.623	.319
e6<-->e12	15.512	−.280
e6<-->e11	16.601	.224
e6<-->e10	14.682	.271
e4<-->e13	20.478	.448
e3<-->e12	31.767	−.540
e3<-->e11	11.344	.249
e3<-->e7	23.639	.498
e3<-->e6	15.824	.285
e3<-->e5	12.498	−.296
e2<-->e12	18.607	.741
e1<-->e11	13.880	−.528

　　第 3 次修正假設模型提供的修正指標值摘要表顯示，指標變項測量誤差間有共變關係的參數中，界定測量誤差項 e3 與測量誤差項 e12 間的共變關係時，M.I. 改變值最大 (M.I. = 31.767)，期望參數改變數值為 −.540，因而在之後假設模型的修正中，釋放測量誤差項 e3 與測量誤差項 e12 間的共變數為被估計的自由參數 (修正指標中潛在變項與指標變項測量誤差間的共變關係參數，或內因潛在變項殘差項與與指標變項測量誤差間的共變關係參數均為無意義的參數，這些參數均不能釋放)。

四、修正模型[4]

第 4 次修正後之假設模型圖如下：

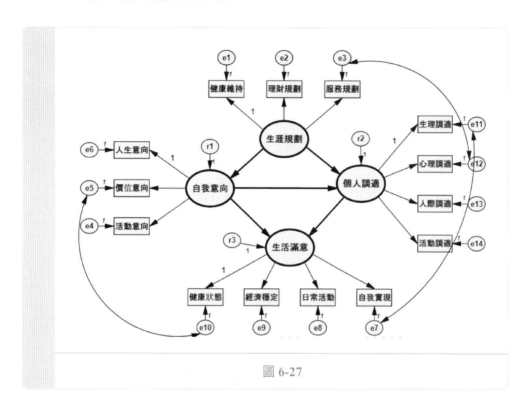

圖 6-27

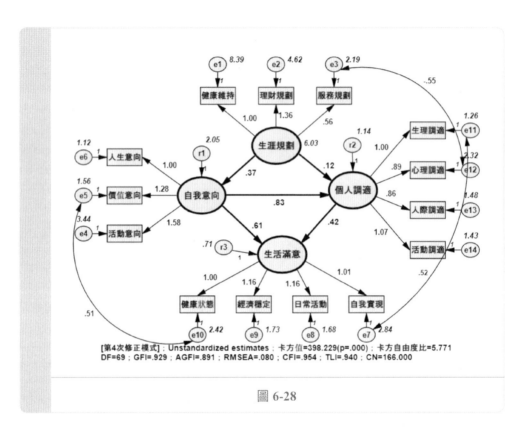

圖 6-28

　　第 4 次修正假設模型估計結果模式可以辨識收斂，非標準化估計值模式圖中沒有出現負的誤差變異數，表示模式估計的參數沒有不適當的解，值測量誤差項 e3 與測量誤差項 e12 間的共變數估計值為 −.55。模式整體適配度卡方值為 398.229 (第 3 次修正模型模式適配度的卡方值為 431.500，二個模型卡方值的差異達到顯著)，顯著性 p = .000 < .05、模式的自由度為 69 (被估計的自由參數增加 1 個，模式的自由度少 1)、卡方自由度比值等於 5.771 (未符合小於 3.00 適配門檻標準)、GFI 值等於 .929 (符合大於 .900 適配門檻標準)、AGFI 值等於 .891 (未符合大於 .900 適配門檻標準)、RMSEA 值等於 .080 (未符合小於 .080 適配門檻標準)、CFI 值等於 .954 (符合大於 .950 適配門檻標準)、TLI 值等於 .940 (未符合大於 .950 適配門檻標準)、CN 值等於 166 (未符合大於 200 適配門檻標準)。整體而言，第 4 次修正模式與第 3 次修正模式相比，整體模式適配度的卡方值有顯著降低，修正的假設模式整體適配度指標值 CFI 已達模式適配標準，但 RMSEA 值並未小於 .080，假設模型與樣本資料的適配度未臻理想，假設模型無法獲得支持。

表 6-21　**Covariances: (Group number 1 - [第 4 次修正模式])**

	M.I.	Par Change
e13<-->生涯規劃	18.840	-.572
e13<-->r1	14.583	.294
e13<-->r3	11.977	-.188
e10<-->e12	16.864	-.381
e9<-->r2	17.672	-.310
e9<-->e13	11.096	-.242
e8<-->r2	11.865	.252
e8<-->e14	11.421	.252
e7<-->生涯規劃	11.148	.574
e7<-->r1	12.760	-.359
e7<-->e14	11.732	.296
e7<-->e13	15.741	-.331
e7<-->e9	11.225	.313
e6<-->e12	10.932	-.230
e6<-->e11	15.554	.216
e6<-->e10	14.796	.272
e4<-->e13	20.550	.451
e3<-->e7	27.384	.524
e3<-->e5	12.613	-.290
e1<-->r2	10.828	-.503
e1<-->e11	12.096	-.492

　　第 4 次修正假設模型提供的修正指標值摘要表顯示，指標變項測量誤差間有共變關係的參數中，界定測量誤差項 e3 與測量誤差項 e7 間的共變關係時，M.I.改變值最大 (M.I. = 27.384)，期望參數改變數值為 .524，因而在之後假設模型的修正中，釋放測量誤差項 e3 與測量誤差項 e7 間的共變數為被估計的自由參數。

五、修正模型[5]

　　第 5 次修正後之假設模型圖如下：

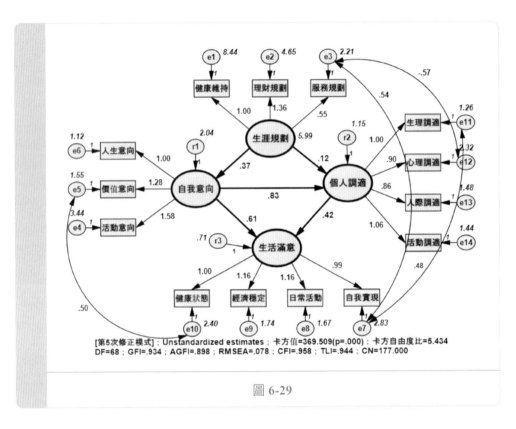

圖 6-29

　　第 5 次修正假設模型估計結果模式可以辨識收斂，非標準化估計值模式圖中沒有出現負的誤差變異數，表示模式估計的參數沒有不適當的解，值測量誤差項 e3 與測量誤差項 e7 間的共變數估計值為 .54。模式整體適配度卡方值為 369.509 (第 4 次修正模型模式適配度的卡方值為 398.229，二個模式卡方值的差異達到顯著)，顯著性 p = .000 < .05、模式的自由度為 68 (被估計的自由參數增加 1 個，模式的自由度少 1)，卡方自由度比值等於 5.434 (未符合小於 3.00 適配門檻標準)、GFI 值等於 .934 (符合大於 .900 適配門檻標準)、AGFI 值等於 .898 (未符合大於 .900 適配門檻標準)、RMSEA 值等於 .078 (符合小於 .080 適配門檻標準)、CFI 值等於 .958 (符合大於 .950 適配門檻標準)、TLI 值等於 .944 (未符合大於 .950 適配門檻標準)、CN 值等於 177 (未符合大於 200 適配門檻標準)。修正的假設模式整體適配度主要指標值 CFI 及 RMSEA 值均達到模式適配標準，第 5 次修正之假設模型與樣本資料的適配度尚稱理想，修正的假設模型可以獲得支持。

表 6-22 **Covariances: (Group number 1 - [第 5 次修正模式])**

	M.I.	Par Change
e13<-->生涯規劃	17.767	-.553
e13<-->r1	14.409	.291
e13<-->r3	10.575	-.177
e10<-->e12	16.099	-.371
e9<-->r2	16.830	-.304
e9<-->e13	11.753	-.250
e8<-->r2	11.457	.248
e8<-->e14	10.953	.246
e7<-->e14	14.209	.320
e7<-->e13	10.766	-.268
e6<-->e12	10.130	-.221
e6<-->e11	16.529	.224
e6<-->e10	14.999	.274
e4<-->e13	20.197	.447
e3<-->e11	14.040	.266
e3<-->e6	12.154	.239
e1<-->r2	11.005	-.508
e1<-->e11	14.281	-.539

　　第 5 次修正假設模型提供的修正指標值摘要表顯示，指標變項測量誤差間有共變關係的參數中，界定測量誤差項 e4 與測量誤差項 e13 間的共變關係時，M.I.改變值最大 (M.I. = 20.197)，期望參數改變數值為 .447，因而在之後假設模型的修正中，釋放測量誤差項 e4 與測量誤差項 e13 間的共變數為被估計的自由參數。

六、修正模型[6]

　　第 6 次修正後之假設模型圖如下：

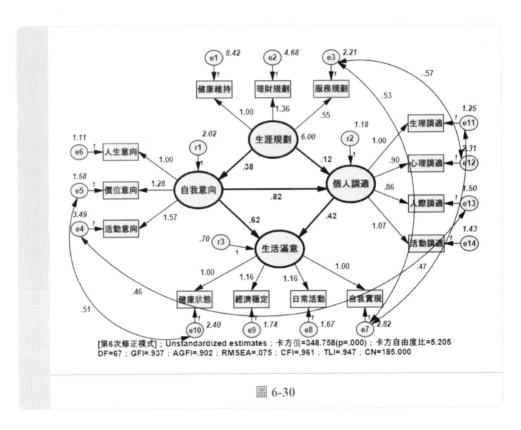

圖 6-30

　　第 6 次修正假設模型估計結構模式可以辨識收斂，非標準化估計值模式圖中沒有出現負的誤差變異數，表示模式估計的參數沒有不適當的解，值測量誤差項 e4 與測量誤差項 e13 間的共變數估計值為 .46。模式整體適配度卡方值為 348.758 (第 5 次修正模型模式適配度的卡方值為 369.509，二個模式卡方值的差異達到顯著)，顯著性 p = .000 < .05、模式的自由度為 67 (被估計的自由參數增加 1 個，模式的自由度少 1)，卡方自由度比值等於 5.205 (未符合小於 3.00 理想標準)、GFI 值等於 .937 (符合大於 .900 適配標準)、AGFI 值等於 .902 (符合大於 .900 理想標準)、RMSEA 值等於 .075 (符合小於 .080 理想標準)、CFI 值等於 .961 (符合大於 .950 適配標準)、TLI 值等於 .947 (未符合大於 .950 適配標準)、CN 值等於 185 (未符合大於 200 理想標準)。修正的假設模式整體適配度主要指標值 CFI 及 RMSEA 值均達到模式適配標準，此外，GFI 值及 AGFI 值也多達到模式適配標準，第 6 次修正之假設模型與樣本資料的適配度佳，此假設模型可以獲得支持。

【表格範例】

表 6-23　退休教師生活滿意影響路徑第 6 次修正模式之整體適配度指標統計量摘要表 (N = 739)

統計檢定量	適配的標準或臨界值	檢定結果數據	模式適配判斷
自由度		67	
絕對適配度指數			
χ^2 值	p > .05 (未達顯著水準)	348.758 (p=.000<.05)	參考指標
RMR 值	< 0.05	.263	否
RMSEA 值	< 0.08	.075	是
SRMR	< 0.05	.036	是
GFI 值	> .90 以上	.937	是
AGFI 值	> .90 以上	.902	是
CN 值	> 200	185	否
χ^2 自由度比	< 3.00	5.205	否
增值適配度指數			
NFI 值	> .95 以上	.952	是
RFI 值	> .95 以上	.935	否
IFI 值	> .95 以上	.961	是
TLI 值 (NNFI 值)	> .95 以上	.941	否
CFI 值	> .95 以上	.961	是
簡約適配度指數			
PGFI 值	> .50 以上	.598	是
PNFI 值	> .50 以上	.701	是
PCFI 值	> .50 以上	.707	是

　　在整體模式適配度的考驗中，絕對適配度指標之 RMR 值、CN 值、卡方自由度比值等三個未達模式適配標準；五個增值適配度指標值之 RFI 值、TLI 值等二個未達模式適配標準 (採嚴格良好適配臨界值)。就學者提出的 15 個適配度指標值而言，有 10 個達到模式適配標準，5 個未符合模式適配標準，整體而言，第 6 次修正假設模型的因果模式圖與觀察資料的契合度尚可，第 6 次修正之因果關係假設模型可以得到支持。

肆、模式簡化修正圖

一、第二次修正模式圖

第二次修正模式圖主要將潛在變項「生活滿意」的觀察變項「自我實現」自原修正模式中刪除 (測量誤差項 e7 相對應的觀察變項為「自我實現」)。與之前假設模式圖相比，第二次修正模式圖中內因潛在變項「生活滿意」的觀察變項由原先的四個變為三個，潛在變項「生活滿意」的測量變項為「健康狀態」、「經濟穩定」、「日常活動」。

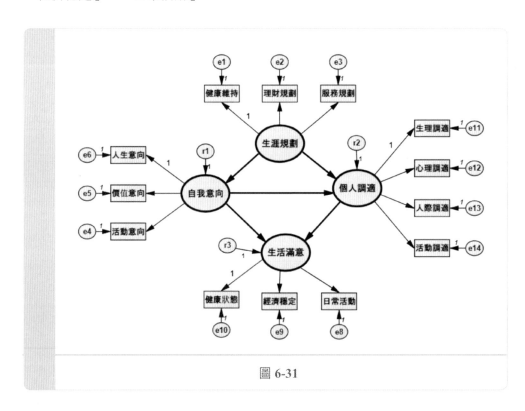

圖 6-31

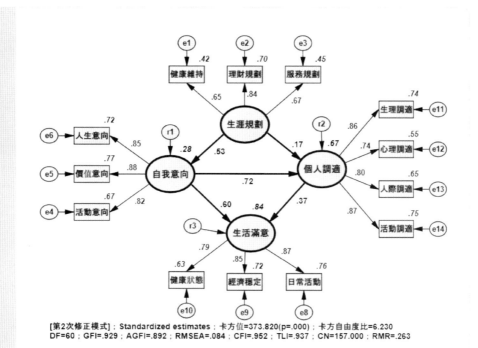

圖 6-32

　　第 2 次修正假設模型估計結構模式可以辨識收斂，標準化估計值模式圖中沒有出現標準化迴歸係數絕對值大於 1 的不適當解值，表示模式估計結果沒有不合理的參數出現。模式整體適配度卡方值為 373.820 (顯著性 p = .000 < .05)、卡方自由度比值等於 6.230 (未符合小於 3.00 理想標準)、GFI 值等於 .929 (符合大於 .900 適配標準)、AGFI 值等於 .892 (未符合大於 .900 適配門檻標準)、RMSEA 值等於 .084 (未符合小於 .080 適配門檻標準)、CFI 值等於 .952 (符合大於 .950 適配標準)、TLI 值等於 .937 (符合大於 .900 普通適配標準)、CN 值等於 157 (未符合大於 200 適配門檻標準)、RMR 值等於 .263 (未符合小於 .050 適配門檻標準)。整體而言，第 2 次修正模式與第 1 次修正假設模式相比，整體模式適配度有明顯的改善，主要適配度指標值 CFI 雖然大於 .950 適配門檻標準，但 RMSEA 適配度指標值卻未符合小於 .080 適配標準。

表 6-24 **Modification Indices (Group number 1 - [第 2 次修正模式])**
Covariances: (Group number 1 - [第 2 次修正模式])

	M.I.	Par Change
e13<-->生涯規劃	18.606	−.575
e13<-->r1	16.650	.316
e10<-->e12	14.134	−.365
e9<-->e13	15.249	−.296
e8<-->r2	20.086	.334
e8<-->e14	16.262	.301
e6<-->e12	12.753	−.252
e6<-->e11	17.809	.239
e5<-->e10	24.226	.422
e4<-->e13	19.780	.445
e4<-->e10	10.049	−.393
e3<-->e12	32.938	−.551
e3<-->e11	24.118	.378
e3<-->e6	19.049	.309
e3<-->e5	13.327	−.311
e2<-->e12	18.067	.729
e1<-->e11	12.662	−.525

　　從 AMOS 提供的共變數修正指標中 (表中只呈現 M.I.值大於 10 者) 可以看出界定測量變項誤差項 e3 與其他誤差項的共變關係均可以使模式卡方值大幅減少，由於研究者界定測量誤差項間彼此獨立，因而這些誤差共變項參數不予釋放，而是直接將潛在變項「生涯規劃」的觀察變項「服務規劃」自修正模式中刪除 (測量誤差項 e3 反映的測量變項為服務規劃)，以簡化模式 (若是研究者要釋放誤差共變項參數，一次只能釋放一組測量誤差項)。

二、第 3 次修正模式圖

　　第 3 次修正模式圖主要刪除外因潛在變項「生涯規劃」的觀察變項「服務規劃」(測量誤差項 e3 相對應的觀察變項為「服務規劃」)。與之前假設模式圖相比，第 3 次修正模式圖中外因潛在變項「生涯規劃」的觀察變項由原先的三個變為二個：「健康維持」、「理財規劃」。

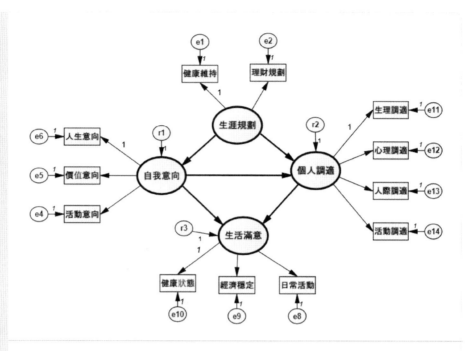

圖 6-33

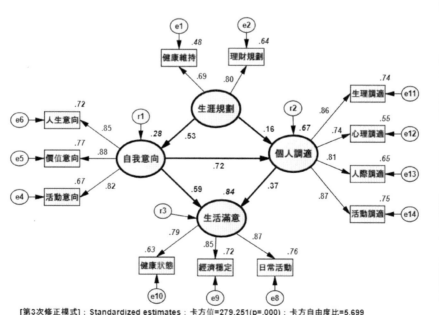

[第3次修正模式]；Standardized estimates；卡方值=279.251(p=.000)；卡方自由度比=5.699
DF=49；GFI=.943；AGFI=.909；RMSEA=.080；CFI=.962；TLI=.949；CN=176.000；RMR=.238

圖 6-34

第 3 次修正假設模型圖之模式估計結果可以辨識收斂，非標準化估計值模式圖中沒有出現負的誤差變異數，標準化估計值模式圖沒有出現大於 1 或接近 1 的標準化迴歸係數。模式整體適配度卡方值為 279.251 (顯著性 p = .000 < .05)、模式自由度為 49，卡方自由度比值等於 5.699 (未符合 < 3.000 理想標準)、GFI 值等於 .943 (符合大於 .900 適配標準)、AGFI 值等於 .909 (符合大於 .900 適配標準)、RMSEA 值等於 .080 (未符合小於 .080 適配標準)、CFI 值等於 .962 (符合大於 .950 適配標準)、TLI 值等於 .949 (未符合大於 .950 適配標準)、CN 值等於 176 (未符合大於 200 適配標準)、RMR 值等於 .238 (未符合 < .050 理想標準)。整體而言，第三次修正模式與第二次假設模式相比，整體模式適配度也有明顯的改善。

表 6-25　**Parameter summary (Group number 1)** 【參數摘要表】

	Weights 徑路係數	Covariances 共變數	Variances 變異數	Means 平均數	Intercepts 截距項	Total 總和
Fixed (固定參數)	19	0	0	0	0	19
Labeled (增列標籤的自由參數)	0	0	0	0	0	0
Unlabeled (未增列標籤的自由參數)	13	0	16	0	0	29
Total (參數總和)	32	0	16	0	0	48

模式中固定參數有 19 個，19 個均為徑路係數，待估計的自由參數有 29 個，其中包括 13 個徑路係數、16 個變異數，模式中所有參數共有 48 個 (19 個固定參數、29 個自由參數)。

Notes for Model ([第 3 次修正模式]) 【模式註解】

Computation of degrees of freedom ([第 3 次修正模式])

Number of distinct sample moments:　78

Number of distinct parameters to be estimated:　29

Degrees of freedom (78 - 29) :　49

模式中獨特的樣本動差個數有 78 個、待估計的自由參數有 29 個，模式的

自由度為 78 − 29 = 49。

表 6-26 **Regression Weights: (Group number 1 - [第 3 次修正模式])**

	Estimate	S.E.	C.R.	P	Label
自我意向 <---生涯規劃	.339	.032	10.596	***	
個人調適 <---生涯規劃	.115	.029	4.020	***	
個人調適 <---自我意向	.813	.047	17.390	***	
生活滿意 <---自我意向	.689	.060	11.466	***	
生活滿意 <---個人調適	.378	.051	7.484	***	
活動意向 <---自我意向	1.566	.058	26.843	***	
價值意向 <---自我意向	1.295	.043	29.903	***	
人生意向 <---自我意向	1.000				參照指標變項
日常活動 <---生活滿意	1.153	.044	26.426	***	
健康狀態 <---生活滿意	1.000				參照指標變項
生理調適 <---個人調適	1.000				參照指標變項
心理調適 <---個人調適	.884	.038	23.542	***	
人際調適 <---個人調適	.867	.032	26.760	***	
活動調適 <---個人調適	1.072	.036	30.009	***	
經濟穩定 <---生活滿意	1.126	.044	25.580	***	
理財規劃 <---生涯規劃	1.211	.104	11.596	***	
健康維持 <---生涯規劃	1.000				參照指標變項

　　假設模型圖中結構模式與測量模式之待估計自由參數均達 .001 顯著水準，
表示這些徑路係數估計值均顯著不等於 0。

表 6-27 **Standardized Regression Weights: (Group number 1 - [第 3 次修正模式])**

	Estimate	說明
自我意向 <---生涯規劃	.525	直接效果值
個人調適 <---生涯規劃	.159	直接效果值
個人調適 <---自我意向	.724	直接效果值
生活滿意 <---自我意向	.594	直接效果值
生活滿意 <---個人調適	.366	直接效果值
活動意向 <---自我意向	.817	因素負荷量
價值意向 <---自我意向	.876	因素負荷量
人生意向 <---自我意向	.850	因素負荷量

表 6-27 （續）

	Estimate	說明
日常活動<---生活滿意	.870	因素負荷量
健康狀態<---生活滿意	.792	因素負荷量
生理調適<---個人調適	.859	因素負荷量
心理調適<---個人調適	.742	因素負荷量
人際調適<---個人調適	.806	因素負荷量
活動調適<---個人調適	.866	因素負荷量
經濟穩定<---生活滿意	.848	因素負荷量
理財規劃<---生涯規劃	.803	因素負荷量
健康維持<---生涯規劃	.693	因素負荷量

　　標準化迴歸係數表中的數值沒有出現大於 1 的不合理解值。潛在變項間的標準化徑路係數為為二個潛在變項間的直接效果值，如果此直接效果值不顯著，表示此因果路徑沒有效度，未達顯著的因果路徑應從結構模式中移除，測量模式中潛在構念變項對觀察變項的標準化徑路係數為觀察變項的因素負荷量。結構模式中外因潛在變項「生涯規劃」對內因潛在變項「自我意向」、「個人調適」的標準化徑路係數分別為 .525、.159，其影響為正向；內因潛在變項「自我意向」對內因潛在變項「個人調適」、「生活滿意」的標準化徑路係數分別為 .724、.594，其影響為正向；內因潛在變項「個人調適」對內因潛在變項「生活滿意」的標準化徑路係數分別為 .366，其影響為正向，結構模式中的潛在變項影響的因果關係情形與理論建構相符合。

表 6-28 **Variances: (Group number 1 - [第 3 次修正模式])**

	Estimate	S.E.	C.R.	P	Label
生涯規劃	6.929	.837	8.275	***	
r1	2.089	.168	12.446	***	
r2	1.194	.110	10.866	***	
r3	.626	.082	7.673	***	
e1	7.495	.665	11.275	***	
e2	5.600	.841	6.658	***	
e4	3.530	.227	15.528	***	
e5	1.464	.112	13.044	***	
e6	1.110	.077	14.383	***	

表 6-28 （續）

	Estimate	S.E.	C.R.	P	Label
e8	1.653	.123	13.428	***	
e9	1.925	.133	14.512	***	
e10	2.300	.142	16.166	***	
e11	1.292	.091	14.175	***	
e12	2.324	.136	17.064	***	
e13	1.469	.092	15.916	***	
e14	1.396	.101	13.851	***	

　　變異數估計值摘要表的參數包括外因潛在變項「生涯規劃」、三個內因潛在變項預測殘差項的變異數估計值，此外，也包括測量模式中指標變項測量誤差項的變異數估計值。表中呈現的變異數估計值均為正值，表示模式估計沒有不合理的解值出現。

表 6-29　**Squared Multiple Correlations: (Group number 1 - [第 3 次修正模式])**

	Estimate	說明	標準
自我意向	.276	解釋變異量	
個人調適	.671	解釋變異量	
生活滿意	.839	解釋變異量	
活動調適	.749	測量變項個別信度	理想
人際調適	.650	測量變項個別信度	理想
心理調適	.550	測量變項個別信度	理想
生理調適	.738	測量變項個別信度	理想
健康狀態	.628	測量變項個別信度	理想
經濟穩定	.719	測量變項個別信度	理想
日常活動	.757	測量變項個別信度	理想
人生意向	.722	測量變項個別信度	理想
價值意向	.768	測量變項個別信度	理想
活動意向	.667	測量變項個別信度	理想
理財規劃	.645	測量變項個別信度	理想
健康維持	.480	測量變項個別信度	稍微欠佳

註：個別信度係數為因素負荷量的平方值，其理想的標準值為數值 > .500。

表 6-30　**Model Fit Summary【模式適配度摘要表】**
CMIN

Model	NPAR	CMIN	DF	P	CMIN/DF
[第 3 次修正模式]	29	279.251	49	.000	5.699
Saturated model	78	.000	0		
Independence model	12	6187.893	66	.000	93.756

　　第 3 次修正模式的自由度為 49、卡方值等於 277.805 (顯著性 p 值 = .000 < .05)，卡方自由度比值等於 5.699；獨立模式的自由度為 66、卡方值等於 6187.893 (顯著性 p 值 < .001)，卡方自由度比值等於 93.756。

表 6-31　**RMR, GFI**

Model	RMR	GFI	AGFI	PGFI
[第 3 次修正模式]	.238	.943	.909	.592

　　RMR 值為 .238、GFI 值為 .943、AGFI 值為 .909、PGFI 值為 .592。

表 6-32　**Baseline Comparisons**

Model	NFI Delta1	RFI rho1	IFI Delta2	TLI rho2	CFI
[第 3 次修正模式]	.955	.939	.962	.949	.962

　　NFI、RFI、IFI、TLI、CFI 五個增值適配度指標值分別為 .955、.939、.962、.949、.962，如果研究者採用一般模式可接受標準為增值適配度指標值的門檻為 .900 以上；若是研究者採用較嚴苛標準則增值適配度指標值的門檻為 .950 以上，才達模式良好適配標準，範例中採用模式為可以接受的一般標準門檻。

表 6-33　**Parsimony-Adjusted Measures**

Model	PRATIO	PNFI	PCFI
[第 3 次修正模式]	.742	.709	.715

簡約適配度指標值之 PNFI 值為 .709、PCFI 值為 .715。

表 6-34　**RMSEA**

Model	RMSEA	LO 90	HI 90	PCLOSE
[第 3 次修正模式]	.080	.071	.089	.000

RMSEA 值為 .080，其 90%信賴區間值為 [.071，.089]，RMSEA 值剛好為 .080，並未小於 .080 適配門檻，因而就 RMSEA 值而言，模式的適配度不佳。

表 6-35　**HOELTER**

Model	HOELTER .05	HOELTER .01
[第 3 次修正模式]	176	198

CN 值在 .05 顯著水準時為 176、在 .01 顯著水準時為 198。

整體模式適配度 SRMS 統計量的求法如下：

執行功能列『Plugins』(增列) /『Standardized RMR』程序，開啟「Standardized RMR」視窗方盒，按工具圖像鈕「Calculate estimates」(計算估計值)，「Standardized RMR」視窗方盒內呈現的 SRMR 值等於 .0309 (符合小於 .050 適配門檻標準)。

Standardized RMR

[第3次修正模式]
Standardized RMR = .0309

圖 6-35

【表格範例】

表 6-36　教師退休生活滿意影響路徑模式之整體適配度指標統計量摘要表 (N = 739)

統計檢定量	適配的標準或臨界值	檢定結果數據	模式適配判斷
自由度		49	
絕對適配度指數			
χ^2 值	p > .05 (未達顯著水準)	279.251(p=.000)	參考指標
RMR 值	< 0.05	.238	否
RMSEA 值	< 0.08	.080	否
SRMR	< 0.05	.031	是
GFI 值	> .90 以上	.943	是
AGFI 值	> .90 以上	.909	是
CN 值	> 200	176	否
χ^2 自由度比	< 3.00	5.699	否
增值適配度指數			
NFI 值	> . 95 以上	.955	是
RFI 值	> . 95 以上 (一般適配 > .90)	.939	是
IFI 值	> . 95 以上	.962	是
TLI 值 (NNFI 值)	> . 95 以上 (一般適配 > .90)	.949	是
CFI 值	> . 95 以上	.962	是
簡約適配度指數			
PGFI 值	> .50 以上	.592	是
PNFI 值	> .50 以上	.709	是
PCFI 值	> .50 以上	.715	是

　　在絕對適配度指標值方面，除卡方值外 (因為研究樣本數高達 900 位，卡方值只作為參考用)，七個指標值有三個指標值 (RMR、CN、χ^2/df) 未達理想標準；五個增值適配度指標值 (NFI、RFI、IFI、NNFI、CFI) 均符合模式適配標準，三個簡約適配度指標值 (PGFI、PNFI、PCFI) 均符合模式適配標準，以三大項模式適配指標值過半的標準來看，修正模式三的假設模式圖是個可以接受的模式，此修正模式與樣本資料的適合度良好。

　　估計選項中的標準化徑路係數除包括各測量模式的因素負荷量外，也包括結構模式的直接效果值，即潛在變項對潛在變項直接影響的標準化路徑係數 (標準化迴歸係數)。

表 6-37　**Matrices (Group number 1 - [第 3 次修正模式])**
　　　　　Standardized Total Effects (Group number 1 - [第 3 次修正模式])【總效果值】

	生涯規劃	自我意向	個人調適	生活滿意
自我意向	.525	.000	.000	.000
個人調適	.540	.724	.000	.000
生活滿意	.510	.859	.366	.000
活動調適	.467	.627	.866	.000
人際調適	.435	.584	.806	.000
心理調適	.400	.537	.742	.000
生理調適	.464	.622	.859	.000
健康狀態	.404	.681	.290	.792
經濟穩定	.432	.729	.310	.848
日常活動	.444	.748	.318	.870
人生意向	.446	.850	.000	.000
價值意向	.460	.876	.000	.000
活動意向	.429	.817	.000	.000
理財規劃	.803	.000	.000	.000
健康維持	.693	.000	.000	.000

「Standardized Total Effects」(標準化總效果) 表中內容數字為模式中因變項對果變項影響的總效果值,總效果值為直接效果值加上間接效果值。潛在變項的路徑分析,研究者關注的總效果值為結構模式中外因潛在變項對內因潛在變項影響 (或中介內因潛在變項對內因潛在變項影響) 的總效果大小,至於測量模式中潛在構念對各指標變項影響的總效果值則不用探究。

表 6-38　**Standardized Direct Effects (Group number 1 - [第 3 次修正模式])【直接效果值】**

	生涯規劃	自我意向	個人調適	生活滿意
自我意向	.525	.000	.000	.000
個人調適	.159	.724	.000	.000
生活滿意	.000	.594	.366	.000
活動調適	.000	.000	.866	.000
人際調適	.000	.000	.806	.000
心理調適	.000	.000	.742	.000

表 6-38 （續）

	生涯規劃	自我意向	個人調適	生活滿意
生理調適	.000	.000	.859	.000
健康狀態	.000	.000	.000	.792
經濟穩定	.000	.000	.000	.848
日常活動	.000	.000	.000	.870
人生意向	.000	.850	.000	.000
價值意向	.000	.876	.000	.000
活動意向	.000	.817	.000	.000
理財規劃	.803	.000	.000	.000
健康維持	.693	.000	.000	.000

「Standardized Direct Effects」(標準化直接效果值) 表的數字為因變項對果變項的直接影響之標準化徑路係數，在測量模式中為潛在構念對測量變項的標準化迴歸係數，測量模式的標準化迴歸係數為各指標變項的因素負荷量；在結構模式中為外因潛在變項對內因潛在變項影響的標準化迴歸係數，係數值為正表示外因潛在變項對內因潛在變項的影響為正向，係數值為負表示外因潛在變項對內因潛在變項的影響為負向。

表 6-39 **Standardized Indirect Effects (Group number 1 - [第 3 次修正模式])** 【間接效果值】

	生涯規劃	自我意向	個人調適	生活滿意
自我意向	.000	.000	.000	.000
個人調適	.380	.000	.000	.000
生活滿意	.510	.265	.000	.000
活動調適	.467	.627	.000	.000
人際調適	.435	.584	.000	.000
心理調適	.400	.537	.000	.000
生理調適	.464	.622	.000	.000
健康狀態	.404	.681	.290	.000
經濟穩定	.432	.729	.310	.000
日常活動	.444	.748	.318	.000
人生意向	.446	.000	.000	.000
價值意向	.460	.000	.000	.000

表 6-39 （續）

	生涯規劃	自我意向	個人調適	生活滿意
活動意向	.429	.000	.000	.000
理財規劃	.000	.000	.000	.000
健康維持	.000	.000	.000	.000

「Standardized Indirect Effects」(標準化間接效果) 表中的數字為間接效果值的大小。潛在變項的路徑分析中研究者關注的是結構模式內因變項對果變項的影響。假設模型結構模式五條直接影響路徑的標準化迴歸係數的數值如下：

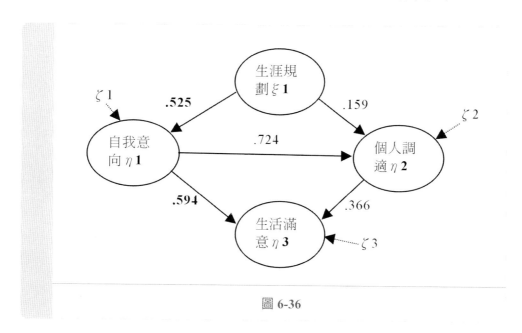

圖 6-36

結構模式中潛在變項影響的直接效果、間接效果與總效果值如下摘要表：

【表格範例】

表 6-40 假設模式潛在變項之間的效果值摘要表 (N = 739)

影響路徑	直接效果	間接效果	總效果
生涯規劃→自我意向	.525	.000	.525
生涯規劃→個人調適	.159	.380	.540
生涯規劃→生活滿意	.000	.510	.510
自我意向→個人調適	.724	.000	.724

表 **6-40** （續）

影響路徑	直接效果	間接效果	總效果
自我意向→生活滿意	.594	.265	.859
個人調適→生活滿意	.366	.000	.366

　　潛在變項影響的總效果值等於直接效果值 (直接影響路徑) 加上間接效果值 (間接影響路徑)。表中「生涯規劃→個人調適」路徑間接效果值的計算：為「生涯規劃→自我意向」的直接效果值 (徑路係數)×「自我意向→個人調適」的直接效果值 (徑路係數) = .525×.724 = .380。「自我意向→生活滿意」的間接效果值 = .724×.366 = .265。「生涯規劃→生活滿意」影響路徑的間接效果值 = (.525×.594) + (.159×.366) + (.525×.724×.366) = .312 + .058 + .139 = .509。「生涯規劃→生活滿意」的三條間接效果路徑如下：

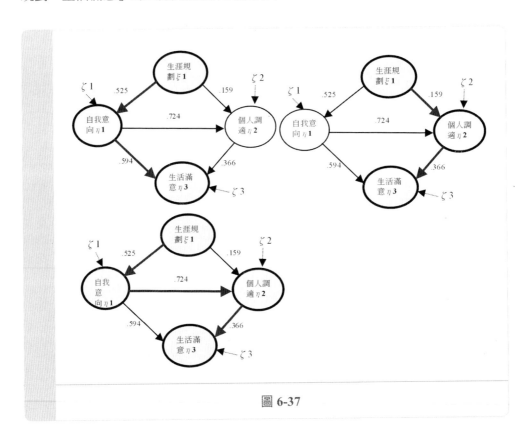

圖 **6-37**

　　根據觀察變項的因素負荷量 (標準化徑路係數) 可以估計各潛在變項組合信度與平均變異數抽取量的數值。

【表格範例】

表 6-41　第 **3** 次修正模式潛在變項之平均變異抽取量與組合信度摘要表 **(N = 739)**

潛在變項	平均變異數抽取量	組合信度	R^2
生涯規劃	.5625	.7189	----
自我意向	.7191	.8847	.276
個人調適	.6720	.8909	.671
生活滿意	.70111	.8754	.839

　　「生涯規劃」對「自我意向」解釋的變異量為 27.6%，「生涯規劃」、「自我意向」對「個人調適」聯合解釋的變異量為 67.1%，「生涯規劃」變項對「個人調適」變項影響的直接效果、間接效果均達顯著，「生涯規劃」、「自我意向」、「個人調適」三個變項對「生活滿意」聯合解釋的變異量高達 83.9%，「生涯規劃」對「生活滿意」的間接效果顯著，直接效果不顯著、「個人調適」對「生活滿意」的直效果顯著，沒有間接效果值，「自我意向」對「生活滿意」的直接效果與間接效果均顯著。模式結果之參數估計值如下：

表 6-42　退休教師生活滿意影響路徑模式參數估計摘要表 **(N = 739)**

參數	非標準化參數			R^2	標準化參數估計值
	非標準化參數估計值	標準誤	C.R. (t 值)		
γ_{11} (生涯規劃→自我意向)	.339	.032	10.596***		.525
γ_{21} (生涯規劃→個人調適)	.115	.029	4.020***		.159
β_{31} (自我意向→個人調適)	.813	.047	17.390***		.724
β_{21} (自我意向→生活滿意)	.689	.060	11.466***		.594
β_{32} (個人調適→生活滿意)	.378	.051	7.484***		.366
λ_1 (生涯規劃→健康維持)	1.000				.693
λ_2 (生涯規劃→理財規劃)	1.211	.104	11.596***	.645	.803
λ_3 (自我意向→活動意向)	1.566	.058	26.843***	.667	.817
λ_4 (自我意向→價值意向)	1.295	.043	29.903***	.768	.876
λ_5 (自我意向→人生意向)	1.000			.722	.850

表 6-42 （續）

參數	非標準化參數			R^2	標準化參數估計值
	非標準化參數估計值	標準誤	C.R. (t 值)		
λ_6(生活滿意→日常活動)	1.153	.044	26.426***	.757	.870
λ_7(生活滿意→經濟穩定)	1.126	.044	25.580***	.719	.848
λ_8(生活滿意→健康狀態)	1.000			.628	.792
λ_9(個人調適→生理調適)	1.000			.738	.859
λ_{10}(個人調適→心理調適)	.884	.038	23.542***	.550	.742
λ_{11}(個人調適→人際調適)	.867	0.32	26.760***	.650	.806
λ_{12}(個人調適→活動調適)	1.072	.036	30.009***	.749	.866
η_3(生涯規劃)	6.929	.837	8.275***		
ζ_1(r1)	2.089	.168	12.446***		
ζ_2(r2)	1.194	.110	10.866***		
ζ_3(r3)	.626	.082	7.673***		
δ_1(e1)	7.495	.665	11.275***		
δ_2(e2)	5.600	.841	6.658***		
δ_4(e4)	3.530	.227	15.528***		
ε_5(e5)	1.464	.112	13.044***		
ε_6(e6)	1.110	.077	14.383***		
ε_7(e8)	1.653	.123	13.428***		
ε_8(e9)	1.925	.133	14.512***		
ε_{10}(e10)	2.300	.142	16.166***		
ε_{11}(e11)	1.292	.091	14.175***		
ε_{12}(e12)	2.324	.136	17.064***		
ε_{13}(e13)	1.469	.092	15.916***		
ε_{14}(e14)	1.396	.101	13.851***		

註：*** p < .001　非標準化參數估計值為 1.000 者為參照指標變項。

Chapter

07

多群組分析

完整結構方程模式的檢定模式，包含測量模式與結構模式，測量模式是觀察變項與潛在變項間的關係，結構模式是潛在變項間的關係。當一個假設模型與樣本資料可以契合，研究者可進一步探究此假設模式是否同時適配於不同樣本群組，以驗證模式穩定 (model stability) 效度與跨群組效度，多群組分析 (multiple group analysis) 也是一種 SEM 的架構，其功能在檢定相似模型型態在不同群組受試者間的差異。

壹、多群組分析相關理論

測量模式比較的核心信念之一是構念效度的評估，因素構念在一個情境中不僅要有良好的信度與效度，在不同類似情境裡也儘可能有良好的信效度。測量模式比較有時又稱為測量不變性或測量等同性考驗／恒等性檢定，最初目標是確保測量模式在不同情境下，相同的因素構念可以得到等同的參數估計值，測量模式比較最常使用者為跨效度 (cross-validation) 的檢定，在相同的母群中從不同抽樣樣本中得到的分析結果與原先單群組樣本資料估計的結果相同，測量模式可以應用具有相同特質的不同群組樣本中，多群組樣本的 CFA 檢定稱為「多樣本驗證性因素分析」(multisample confirmatory factors analysis；[MCFA])，MCFA 是 CFA 的延伸，從單一群組情境擴大到多個群組樣本情境，每個群組樣本是獨立抽樣而來。二個群組的模型可以界定限制的參數，參數限制的模型與未限制的模型間差異之比較一般採用的是卡方值差異量 ($\Delta\chi^2$)，如果一系列的參數限制結果，限制模型的卡方值變大的差異量未達顯著，表示限制模型是可以接受的。未限制模型一般的實務應用是每個群組的 CFA 模型分開估計，若未限制模型具有跨群組效度，進一步可進行組間限制 (between-group constraints) 模型的跨群組效度檢定。模型不變性的考驗有二種：一為完全不變性 (full invariance)、一為部分不變性 (partial invariance)，完全不變性是限制所有多個群組中相對應的自由參數，部分不變性是限制多個群組中相對應的部分自由參數 (Hair, et al., 2010, p.759)。

驗證性因素程序，如果假設模型與單一群組觀察資料可以適配，表示此個別群組共變數矩陣與假設模型共變異數矩陣沒有顯著不同。如果研究者要同時檢定 CFA 假設模型是否具有跨不同群組效度 (同時適配於二個不同的群體)，可採用多群組分析模式。多群組分析模式的檢定策略強調一系列階層的應用，階層應

用的起始必須先決定一個基線模式 (baseline model)，基線模式與個別群組樣本資料有良好的適配度，且是個有意義的簡約模式，因而基線模式包含模式適配與模式簡約二個特性，模式適配指的是模型可以適配群組樣本資料，簡約指的是最少參數界定，其中為最多人使用的是檢定多個群組測量模式中，觀察變項的因素負荷量之等同性 (equivalence)，此為測量模式群組不變項 (group-invariant) (或稱群組等同性)，當測量模式具有群組不變性，可繼續進行增列結構模式之參數限制的群組檢定，參數限制愈多，表示模式是愈嚴格模型 (模型愈簡約) (Byrne, 2010, p.199)。

　　測量恒等性 (measurement invariance) 或稱為多群體恒等性 (multi-group invariance) 檢定在於評估一個以所有樣本 (不分群組之單一群體) 為資料樣本之適配假設模式，在不同的二個以上樣本群體間是否相等或模式估計參數是否具有不變性 (invariant) 或等同性 (equivalent)，若是假設模型在不同群體之參數估計結果的適配度獲得支持，表示測量工具有組間不變性 (group-invariant)。測量恒等性的檢定通常先從部分參數恒等性檢驗開始，再逐一增列模式參數限制條件 (如測量指標變項在多群體相對應之潛在變項的因素負荷量相等)，直到全部主要待估計參數之恒等性檢驗完畢 (如潛在變項的共變數相同、測量指標變項的測量誤差相同)。當研究者採用的測量工具有測量恒等性時，表示此測驗或量表可適用於同一母群體之不同樣本群組，進行測量恒等性檢定時並不要求反映群組特徵的統計參數，如平均數、標準差和分佈在群組間的差異也相同。

　　等同性 (equivalence)／恒等性與不變性 (invariance) 在多群組分析中是同義詞，多群組分析關注的五個核心議題是：1. 組合特別測量工具的題項在跨不同母群 (如性別、年齡、能力、文化等群體) 中是否具等同性，此探究為測量模式之群組不變性；2. 跨群體之單一工具或理論構念等同的因素結構探究，此因素結構由單一評量測驗的許多題項構成，或由多個工具分量表分數組成，此議題的方法是構念效度 (construct validity) 的驗證，其中包括測量模式與結構模式等同性的考驗；3. 界定因果結構的特定路徑是否具跨母群體等同性存在？4. 假設模型內特定構念的潛在平均數是否具有跨母群體效度？5. 在相同的母群中，測量工具的因素結構在不同獨立樣本中是否可以再製，此議題是同一母群內測量工具跨樣本效度的探究，即測量工具穩定性的分析。在跨群組等同性的考驗，一般最常使用的順序是：1. 為因素負荷量的界定；2. 為因素共變數的界定；3. 為結構

迴歸係數的界定。至於基線模式 (baseline models) 適配度的檢定統計量一般常見者為卡方值、自由度、CFI 值、RMSEA 值與 ECVI 值 (Byrne, 2010, p.197)。

AMOS 多群組分析程序中，測量恒等性的檢定包括三個限制條件 (吳明隆，2009)：

- 設定測量係數 (Measurement weights) 相同：設定多群組模式中的測量模式的因素負荷量或迴歸係數相等，測量係數為潛在變項與其指標變項間的因素負荷量，若是將測量係數設為相等，表示模式有測量不變性 (measurement invariance)，測量係數在 SEM 中為 λ 係數值。
- 增列結構共變異數 (Structural covariances) 相同：結構共變異數相等係指設定測量或結構模式中之共變異數矩陣 (含變異數與共變數) 為相等。
- 增列測量誤差 (Measurement residuals) 相同：增列設定各測量模式中指標變項 (觀察變項) 的誤差值的變異數相等。

Hair 等人 (2010, pp.760-761) 提出多群組比較的六個階段：

(一)階段一：組態不變性

組態不變性 (configural invariance) 指的是所有群組具有基本的因素結構。相同因素結構表示的每個群組的 CFA 模型有相同的因素構念變項個數，且因素構念連結的指標變項 (題項) 也相同；此外，每個群組在 CFA 模型有適當的模型適配度與可接受的構念效度，就測量理論觀點而言，研究者必須確保構念跨群組的有效性，且是 CFA 模型中的基本潛在特質變項，此模型有時又稱為「完全自由多群組模型」(totally free multiple group model；[TF])，此種模型的所有自由參數在所有群組中是分開被估計，與限制模型相較之下，此種模型又稱為「基線模型」(baseline model)。

(二)階段二：計量不變性

計量不變性 (metric invariance) 指的是 MCFA 模型群組間之初始實徵比較，包含因素負荷量均等性，計量不變性因為潛在構念與指標變項間的關係，建構基本構念變項意義的等同性，不變性的關鍵檢定除了基本因素結構外，還要關注跨群組效度的決定。此種限制為界定跨群組間的因素負荷量相同，但每個測量變項有自己獨特的負荷量估計值，根據基線模型與限制模型的卡方值差異量 $\Delta\chi^2$ 與自

由度差異量 Δdf，可以判別二個模型間是否有顯著不同。

(三)階段三：尺度不變性

尺度不變性 (scalar invariance) 在於檢定構念變項之測量變項截距項 (平均數) 的等同性，如果跨群組測量指標變項平均數分數的比較具有等同性，表示測量模式具有尺度不變性，尺度不變性也包含群組間相對潛在構念個數的比較。

(四)階段四：因素共變數不變性

因素共變數不變性 (factor covariance invariance) 在於檢定因素構念間共變數的等同性，因素共變數不變性檢定在於考驗跨群組間因素構念變項間相似情境。

(五)階段五：因素變異數不變性

因素變異數不變性 (factor variance invariance) 在於跨群組間相對應之因素構念變項的變異數是否具有等同性，如果跨群組間相對應之因素構念變項的變異數與共變數都具有等同性，跨群組間相對應之潛在構念變項間的相關性情形也會相同。

(六)階段六：誤差變異數不變性

誤差變異數不變性 (error variance invariance) 在於檢定跨群組間相對應測量變項之誤差項的變異數是否具有等同性。

貳、測量模式不變性

一、測量模式的不變性

國中學生父母期望量表為一個九個指標變項、二個潛在因素構念的測量模式，二個因素構念變項名稱分別為「課業期望」、「職業期望」。

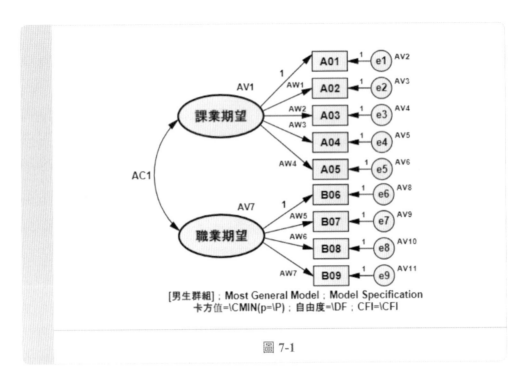

圖 7-1

　　男生群組的測量假設模型之參數標籤名稱以「A」為起始,「課業期望」單維度因素構念為反映性測量模式,參照指標變項為「A01」,因素構念對其餘四個指標變項的徑路係數之參數標籤名稱分別為 AW1、AW2、AW3、AW4,五個測量指標變項誤差項的變異數之參數標籤名稱分別為 AV2、AV3、AV4、AV5、AV6;「職業期望」單維度因素構念為反映性測量模式,參照指標變項為「B06」,因素構念對其餘三個指標變項的徑路係數之參數標籤名稱分別為 AW5、AW6、AW7,四個測量指標變項誤差項的變異數之參數標籤名稱分別為 AV8、AV9、AV10、AV11;二個潛在因素構念變項共變數的參數標籤名稱為 AC1,「課業期望」與「職業期望」二個潛在因素構念變項變異數的參數標籤名稱分別為 AV1、AV7。

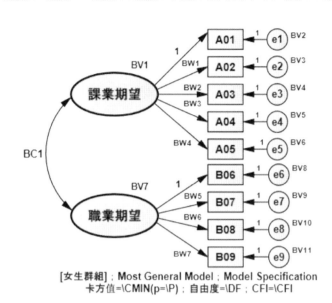

[女生群組]；Most General Model；Model Specification
卡方值=\CMIN(p=\P)；自由度=\DF；CFI=\CFI

圖 7-2

　　女生群組的測量假設模型之參數標籤名稱以「B」為起始，「課業期望」單維度因素構念為反映性測量模式，參照指標變項為「B01」，因素構念對其餘四個指標變項的徑路係數之參數標籤名稱分別為 BW1、BW2、BW3、BW4，五個測量指標變項誤差項的變異數之參數標籤名稱分別為 BV2、BV3、BV4、BV5、BV6；「職業期望」單維度因素構念為反映性測量模式，參照指標變項為「B06」，因素構念對其餘三個指標變項的徑路係數之參數標籤名稱分別為 BW5、BW6、BW7，四個測量指標變項誤差項的變異數之參數標籤名稱分別為 BV8、BV9、BV10、BV11；二個潛在因素構念變項共變數的參數標籤名稱為 BC1，「課業期望」與「職業期望」二個潛在因素構念變項變異數的參數標籤名稱分別為 BV1、BV7。多群組分析相對應物件的流水編號最好相同，這樣參數設定的限制是否有誤比較容易找出。

　　測量加權模式、結構共變模式、測量誤差模式的參數界定如下：

表 7-1

參數界定說明	測量加權模式	結構共變模式	測量誤差模式
增列相對應的因素負荷量估計值相等 AW1 = BW1 AW2 = BW2 AW3 = BW3 AW4 = BW4 AW5 = BW5 AW6 = BW6 AW7 = BW7	AW1 = BW1 AW2 = BW2 AW3 = BW3 AW4 = BW4 AW5 = BW5 AW6 = BW6 AW7 = BW7		
增列因素構念的變異數相等，因素構念變項間的共變數相等 AC1 = BC1 AV1 = BV1 AV7 = BV7		AW1 = BW1 AW2 = BW2 AW3 = BW3 AW4 = BW4 AW5 = BW5 AW6 = BW6 AW7 = BW7 AC1 = BC1 AV1 = BV1 AV7 = BV7	
增列測量指標變項誤差項的變異數相等 AV2 = BV2 AV3 = BV3 AV4 = BV4 AV5 = BV5 AV6 = BV6 AV8 = BV8 AV9 = BV9 AV10 = BV10 AV11 = BV11			AW1 = BW1 AW2 = BW2 AW3 = BW3 AW4 = BW4 AW5 = BW5 AW6 = BW6 AW7 = BW7 AC1 = BC1 AV1 = BV1 AV7 = BV7 AV2 = BV2 AV3 = BV3 AV4 = BV4 AV5 = BV5 AV6 = BV6 AV8 = BV8 AV9 = BV9 AV10 = BV10 AV11 = BV11

MCFA 操作的簡要程序如下：

(一)繪製假設模型圖

二個群組之因素構念變項個數及指標變項反映的因素構念必須相同，此種基線模式表示的二個群組具有相同的因素結構，此為測量模式組態不變性。

(二)於「Groups」(群組) 方盒增列群組個數及界定二個群組名稱，範例中群組個數為二個，二個群組的名稱分別界定為[男生群組]、[女生群組]

(三)選取群體樣本變項及水準數值

按工具鈕「Select data Files」(選擇資料檔)，開啟「Data Files」(資料檔案) 對話視窗，按『File Name』(檔案名稱) 鈕選擇目標資料檔，範例為「期望量表.sav」。按『Grouping Variable』(分組變項) 鈕，選擇群體之的名義變項，範例為「性別」。按『Group Value』(組別數值) 鈕，選取目標群體在名義變項中的水準數值，範例中男生在「性別」變項中水準數值編碼為 1、「女生」變項的水準數值編碼為 2。資料檔案中的群組變項必須是間斷變項 (非計量變數)，範例中對話視窗「N 欄」內數值顯示全部有效樣本有 240 位、男生群組的樣本有 130 位、女生群組的樣本有 110 位。

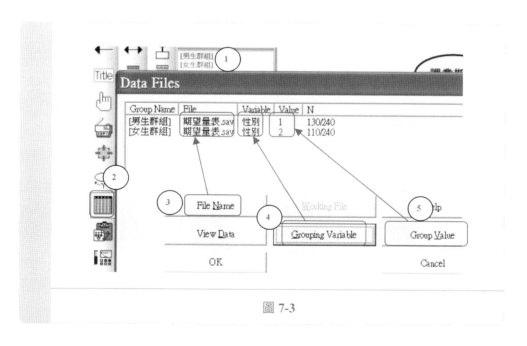

圖 7-3

(四)界定各群組的參數標籤名稱

選取[男生群組]選項，執行功能列「Plugins」(增列) ／「Name Parameters」(命名參數) 程序，可以增列所有群組的參數標籤名稱，共變數參數名稱以「AC」為起始字母、徑路係數參數名稱以「AW」為起始字母、變異數參數名稱以「AV」為起始字母。此時[女生群組]假設模式的參數標籤名稱與[男生群組]相

同,研究者再選取[女生群組]選項,於假設模型中逐一修改各參數名稱。選取物件,開啟「Object Properties」(物件屬性) 對話視窗,將「☑All groups」(所有群組) 選項的勾選取消,將參數的起始字母「A」改為「B」。

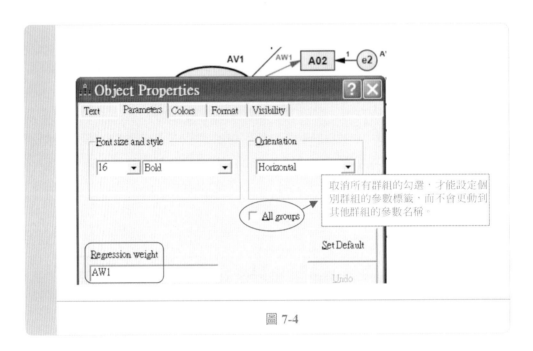

圖 7-4

(五)三種測量恒等性設定

按「Multiple-Group Analysis」(多群組分析) 工具圖像鈕或執行功能列「Analyze」(分析)/「Multiple-Group Analysis」(多群組分析) 程序,開啟「Amos」警告視窗:「The program will remove any models that you have added to the list of models at the left-hand side of the path diagram. It may also modify your parameter constraints.」,警告視窗告知操作者若執行這種程序會移除徑路圖左邊模式表中所有增列的模式,也可能修改參數的限制→按『確定』鈕。

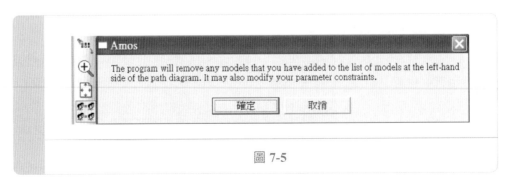

圖 7-5

在「Multiple-Group Analysis」(多群組分析) 對話視窗中,由於研究者進行的是測量恒等性的檢定,因而共有三種內定的選項:測量加權模式 (增列因素負荷量相同)、結構共變數模式 (增列因素構念變項的共變異數相等)、測量殘差模式 (增列測量指標變項的測量殘差項之變異數相同)→按『OK』(確定) 鈕。如果多群組分析中增列估計平均數與截距項,測量恒等性限制模式會增列「測量截距項」(measurement intercepts)。

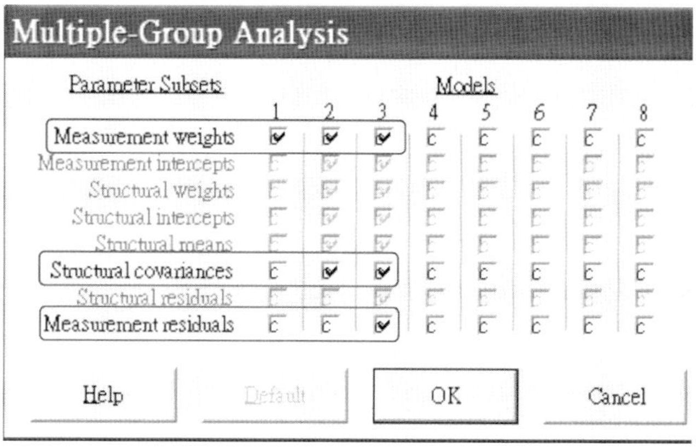

圖 7-6

測量加權不變性模式的界定,是設定男生群體與女生群體在父母期望量表的測量模式具有相等的因素負荷量;結構共變不變性模式的界定是設定男生群體與女生群體在父母期望量表具有相同的因素負荷量外,因素構念變項也具有相同的共變異數 (共變數及變異數相同);測量誤差不變性模式的界定為設定男生群體與女生群體在父母期望量表的測量模式具有相等的因素負荷量,因素構念變項具有相同的共變異數外 (包含共變數及變異數),相對應測量指標變項 (觀察變項) 的誤差項也具有相同的變異數。

多群組模式估計結果如下:未限制模式、測量加權模式、結構共變模式、測量殘差模式等四個模型都可以收斂估計。

未限制模式的多群組模型估計而言,男生群組的標準化估計值模式圖如下:

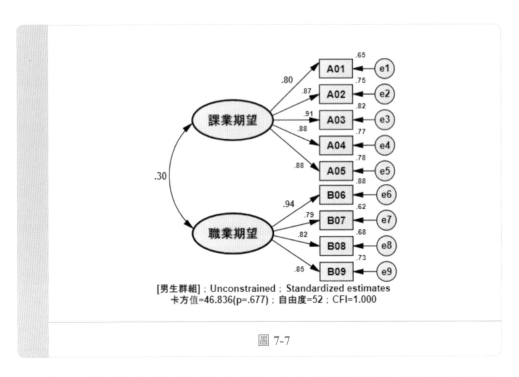

圖 7-7

未限制模式的多群組模型估計而言，女生群組的標準化估計值模式圖如下：

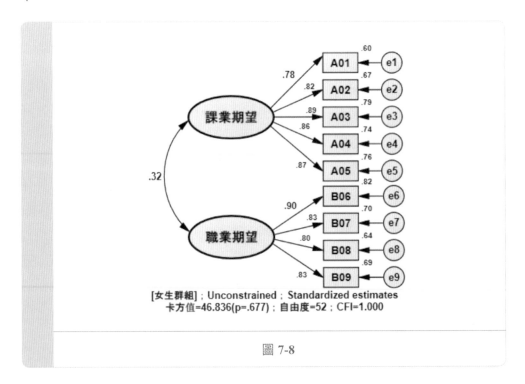

圖 7-8

　　未限制模式之多群組分析來看，整體模式適配度的卡方值為 46.836，顯著性機率值 p = .677 > .05，表示未限制模式之多群組模型與樣本資料可以適配，父母期望量表九個測量指標變項反映的二個因素構念模型可以同時適配於男生群組與女生群組，二個群組在父母期望量表具有相同的因素結構。未限制模式與限制模式相較之下，一般將未限制模式稱為基線模式。由於未限制模式未將二個群組的相對應的參數 (因素負荷量估計值、共變數及變異數) 設為相同，因而模式中全部待估計的自由參數較多，與限制模式相較之下，其模型的自由度較小，範例中為 52。

　　就測量殘差不變性模型而言，模型可以收斂估計，男生群組標準化估計值模型圖如下：

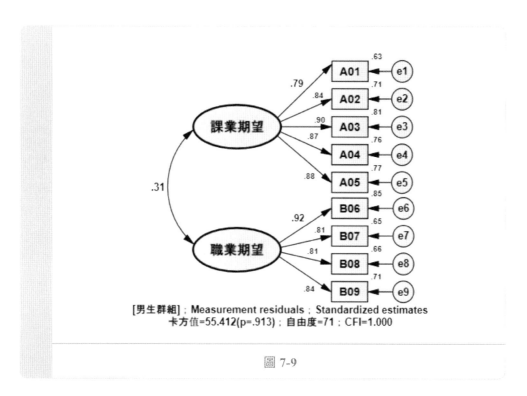

[男生群組]；Measurement residuals；Standardized estimates
卡方值=55.412(p=.913)；自由度=71；CFI=1.000

圖 7-9

女生群組標準化估計值模型圖如下 (測量殘差不變性限制模型)：

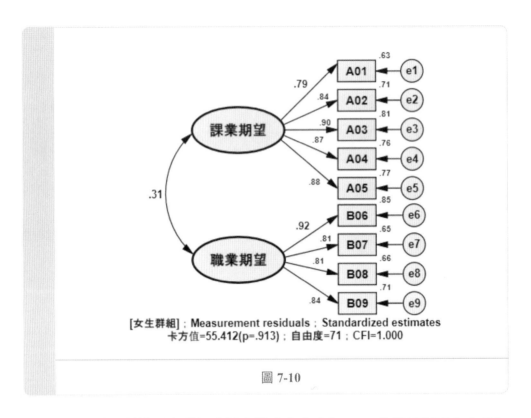

圖 7-10

　　測量殘差限制模型多群組分析之模式自由度為 71，整體適配度卡方值為
55.412，顯著性機率值 p = .913 > .05，測量殘差限制模型同時適配於男生群組樣
本資料與女生群組樣本資料，國中學生男生、女生二個群組在父母期望量表有相
同的因素結構、相同的因素負荷量、相同的因素構念變項共變異數外，九個測量
指標變項之測量殘差項的變異數也相同。
　　男生群組在測量殘差限制模型之非標準化估計值模式圖如下：

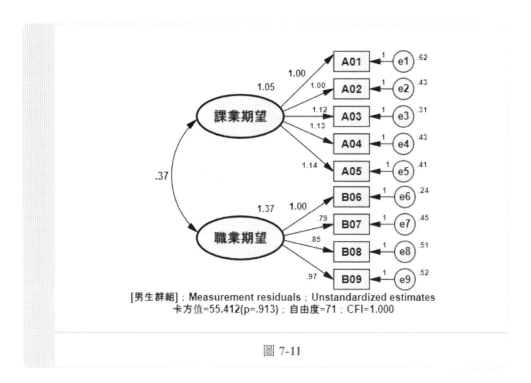

[男生群組]：Measurement residuals；Unstandardized estimates
卡方值=55.412(p=.913)；自由度=71；CFI=1.000

圖 7-11

女生群組在測量殘差限制模型之非標準化估計值模式圖如下：

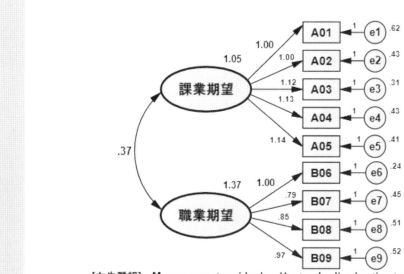

[女生群組]：Measurement residuals；Unstandardized estimates
卡方值=55.412(p=.913)；自由度=71；CFI=1.000

圖 7-12

　　從測量殘差限制模型的非標準化估計值模型圖可以得知：男生與女生二個群組在課業期望、職業期望二個因素構念的變異數為 1.05、1.37，二個因素構念變項間的共變數為 .37，九個指標變項之因素負荷量估計值 (非標準化徑路係數) 分別為 1.00 (參照指標變項)、1.00、1.12、1.13、1.14、1.00 (參照指標變項)、.79、.85、.97；九個指標變項之測量誤差項的變異數分別為 .62、.43、.31、.43、.41、.24、.45、.51、.52。

　　由於測量模式沒有估計平均數與截距項，因而測量殘差模式為部分不變性的檢定，此種檢定在 MCFA 模型中較為普遍。

表 7-2　**Model Fit Summary【適配度摘要表】**
　　　　CMIN

Model	NPAR 待估計的自由參數	CMIN 卡方值	DF 自由度	P 顯著性	CMIN/DF 卡方值／自由度
Unconstrained (未限制模式)	38	46.836	52	.677	.901
Measurement weights (測量加權模式)	31	48.393	59	.836	.820
Structural covariances (結構共變模式)	28	48.633	62	.892	.784
Measurement residuals (測量殘差模式)	19	55.412	71	.913	.780

　　從模式整體適配度統計量來看，未限制模式的自由度為 52，卡方值為 46.836、顯著性機率值 p = .677 > .05，模式適配度良好，表示男生群組與女生群組在父母期望量表之測量模式有相同的因素結構，測量模式具有跨性別群組效度，未限制模式一般又稱為基線模式或參照模式。測量加權模式、結構共變模式、測量殘差模式的自由度分別為 59、62、71，整體模式適配度卡方值分別為 48.393、48.633、55.412，顯著性機率值 p 分別為 .836、.892、.913，顯著性機率值 p 均大於 .05，表示三個限制模式的整體適配度佳，三個限制模型均具有跨性別群組的效度。

表 7-3

Model	AIC	BCC	BIC	CAIC
Unconstrained (未限制模式)	122.836	129.873		
Measurement weights (測量加權模式)	110.393	116.134		
Structural covariances (結構共變模式)	104.633	109.818		
Measurement residuals (測量殘差模式)	93.412	96.930		

就三個限制模型比較而言，以測量殘差模式的 AIC 與 BCC 值最小，因而若要進行三個限制模型的競爭模式比較，可以優先選擇「測量殘差模式」。

表 7-4 **Nested Model Comparisons**
Assuming model Unconstrained to be correct:

Model	DF	CMIN	P	NFI Delta-1	IFI Delta-2	RFI rho-1	TLI rho2
Measurement weights (測量加權模式)	7	1.557	.980	.001	.001	-.003	-.004
Structural covariances (結構共變模式)	10	1.797	.998	.001	.001	-.005	-.005
Measurement residuals (測量殘差模式)	19	8.576	.980	.005	.005	-.005	-.005

表中第一欄為比較模式名稱 (參照模式為未限制模式)，第二欄為二個模式自由度的差異值、第三欄「CMIN」為二個模式卡方值的差異量、第四欄「P」為卡方值差異量的顯著性檢定、第五欄至第八欄為二個模式四個增值適配度統計量 (NFI、IFI、RFI、TLI) 的差異值。因為卡方值易受到樣本數影響，因而若是各群組的樣本數較大，模型卡方值差異量也很容易達到顯著水準，此時，卡方值差異量可作為一個參考指標值，研究者最好以增值適配度統計量的差異值進行巢狀模式比較的判斷指標。

在上述巢狀結果的比較中，其假定為未限制參數的基線模式 (A 模式) 是正確的，巢狀模式檢定的虛無假設與對立假設分別為：

虛無假設：限制參數的簡約模式 (B 模式) 是正確的 (可等同未限制參數的基線模式)，即限制模式 (模式 B) = 未限制模式 (模式 A)

對立假設：限制參數的簡約模式 (B 模式) 不是正確的 (不能等同未限制參數的基線模式)，即限制模式 (模式 B) ≠ 未限制模式 (模式 A)

　　以測量加權模式 (B 模式) 與未限制參數的基線模式 (A 模式) 的比較而言，二個模式的自由度分別為 59、52，自由度的差異值 = 59 − 52 = 7，二個模式適配度的卡方統計量分別為 48.393、46.836，卡方值差異量 $\Delta\chi^2$ = 48.393 − 46.836 = 1.557，顯著性 p 值 = .980 > .05，接受虛無假設，當假定為未限制參數的基線模式 (A 模式) 是正確的情況下，限制參數的簡約模式 (B 模式) 也是正確的 (模式為真表示符合可以被接受)。

　　從二個模式的增值適配度指標值來看，當增值適配度指標值差異量絕對值小於 .05，表示必須接受虛無假設：「限制參數的簡約模式 (B 模式) 等同未限制參數的基線模式 (A 模式)」，由於未限制參數的基線模式 (A 模式) 是正確的，因而限制參數的簡約模式 (B 模式) 也是正確的，限制參數的簡約模式 (B 模式) 具有跨性別群組的效度，二個群組不僅在因素結構上相同，測量指標變項反映的潛在變項之因素負荷量也相同。

表 7-5　Assuming model Measurement weights to be correct:【假定測量加權模式是正確的基線模式】

Model	DF	CMIN	P	NFI Delta-1	IFI Delta-2	RFI rho-1	TLI rho2
Structural covariances	3	.239	.971	.000	.000	−.002	−.002
Measurement residuals	12	7.019	.856	.004	.004	−.002	−.002

　　第二種巢狀模式的比較，為以測量加權模式 (B 模式) 為基線模式，結構共變模式 (C 模式) 與測量殘差模式 (D 模式) 為巢狀比較模式。巢狀模式比較的前提是假設測量加權模式 (B 模式) 為正確模型，與此模式比較的其他巢狀模式 (C 模式、D 模式) 的卡方值與測量加權模式 (B 模式) 卡方值的差異量均未達 .05 顯著水準，結構共變模式與測量加權模式的卡方值差異值為 .239 (顯著性機率值 p = .971 > .05)、測量殘差模式與測量加權模式的卡方值差異值為 7.019 (顯著性機率值 p = .856 > .05)，因而假定測量加權模式是正確的，則結構共變模式與測量殘差模式也都是正確的。

表 7-6　Assuming model Structural covariances to be correct:【假定結構共變模式是正確的基線模式】

Model	DF	CMIN	P	NFI Delta-1	IFI Delta-2	RFI rho-1	TLI rho2
Measurement residuals	9	6.779	.660	.004	.004	.000	.000

第三種巢狀模式的比較，為以結構共變異數模式 (C 模式) 為基線模式，其前提為假設結構共變異數模式 (C 模式) 是正確的，巢狀比較模式為測量殘差模式 (D 模式)，當以結構共變異數模式 (C 模式) 為基線模式時，比此模式自由度還大的模式為測量殘差模式，二個模式自由度的差異值等於 9，卡方值差異量為 6.779，差異量的顯著性 p = .660 > .05，接受虛無假設，當結構共變異數模式是正確模型時，測量殘差模型也為正確模型，皆具有跨性別群組效度。

完整潛在變項路徑分析的多群組分析，參數限制模式包括測量加權模式、測量截距模式、結構平均數模式、結構共變數模式、測量殘差模式。平均數的差異檢定於 SEM 分析中較少使用，就單群組分析而言，增列平均數與截距項的模型要能識別，所有測量變項誤差項及預測殘差項的平均數要固定為 0，此外，外因潛在變項的平均數要固定為 0，內因潛在變項的截距項也要固定為 0。

多群組分析中若是增列估計平均數與截距項，如果二個群組潛在構念變項的平均數與截項均設為待估計的自由參數 (勾選增列估計平均數與截距項時，外因潛在構念變項及測量誤差項的平均數內定為固定參數，其數值為 0，如此的模型界定，模型才可以識別收斂估計)，此種多群組分析的模型通常無法識別。

(一)二個群組潛在構念變項的平均數均設為待估計的自由參數＿無法識別模型

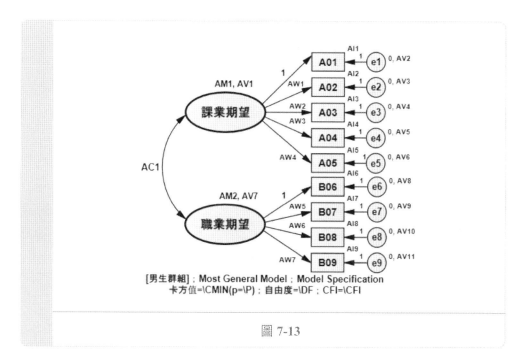

圖 7-13

男生群組中，「課業期望」潛在構念變項的平均數與截距項參數分別設為 AM1、AV1，「職業期望」潛在構念變項的平均數與截距項參數分別設為 AM2、AV7。

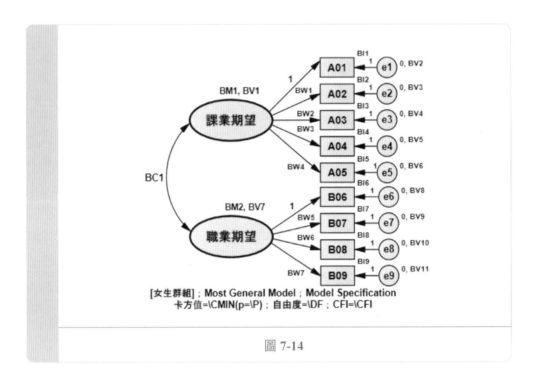

圖 7-14

女生群組中，「課業期望」潛在構念變項的平均數與截距項參數分別設為 BM1、BV1，「職業期望」潛在構念變項的平均數與截距項參數分別設為 BM2、BV7。

按多群組工具圖像鈕，執行多群組分析，除未限制模式外，五個增列限制模式為「Measurement weights」(測量加權模式)、「Measurement intercepts」(測量截距模式)、「Structural means」(結構平均數模式)、「Structural covariances」(結構共變數模式)、「Measurement residuals」(測量殘差模式)，其中測量截距模式為增列二個群組 CFA 模型之測量變項的截距項相同，結構平均數模式為增列二個群組 CFA 模型之潛在構念變項 (外因變項) 的平均數相同。五個模型的參數限制如下。

表 7-7

增列限制參數	測量加權模式	測量截距模式	結構平均數模式	結構共變異數模式	測量殘差模式
增列測量模式之徑路係數相等	AW1 = BW1 AW2 = BW2 AW3 = BW3 AW4 = BW4 AW5 = BW5 AW6 = BW6 AW7 = BW7	AW1 = BW1 AW2 = BW2 AW3 = BW3 AW4 = BW4 AW5 = BW5 AW6 = BW6 AW7 = BW7	AW1 = BW1 AW2 = BW2 AW3 = BW3 AW4 = BW4 AW5 = BW5 AW6 = BW6 AW7 = BW7	AW1 = BW1 AW2 = BW2 AW3 = BW3 AW4 = BW4 AW5 = BW5 AW6 = BW6 AW7 = BW7	AW1 = BW1 AW2 = BW2 AW3 = BW3 AW4 = BW4 AW5 = BW5 AW6 = BW6 AW7 = BW7
增列測量變項的截距項相同		AI1 = BI1 AI2 = BI2 AI3 = BI3 AI4 = BI4 AI5 = BI5 AI6 = BI6 AI7 = BI7 AI8 = BI8 AI9 = BI9	AI1 = BI1 AI2 = BI2 AI3 = BI3 AI4 = BI4 AI5 = BI5 AI6 = BI6 AI7 = BI7 AI8 = BI8 AI9 = BI9	AI1 = BI1 AI2 = BI2 AI3 = BI3 AI4 = BI4 AI5 = BI5 AI6 = BI6 AI7 = BI7 AI8 = BI8 AI9 = BI9	AI1 = BI1 AI2 = BI2 AI3 = BI3 AI4 = BI4 AI5 = BI5 AI6 = BI6 AI7 = BI7 AI8 = BI8 AI9 = BI9
增列潛在構念變項的平均數相等			AM1 = BM1 AM2 = BM2	AM1 = BM1 AM2 = BM2	AM1 = BM1 AM2 = BM2
增列潛在構念變項的共變異數相等				AC1 = BC1 AV1 = BV1 AV7 = BV7	AC1 = BC1 AV1 = BV1 AV7 = BV7
增列測量變項誤差項的變異數相等					AV2 = BV2 AV3 = BV3 AV4 = BV4 AV5 = BV5 AV6 = BV6 AV8 = BV8 AV9 = BV9 AV10 = BV10 AV11 = BV11

　　此種多群組分析之模式的界定中，由於將平均數由固定參數 0 釋放為待估計的自由參數，模型估計結果模式一般都無法識別，未限制模式與五個限制模式六個模型都無法識別，參數均無法估計。

執行多群組圖像鈕後，於「Models」方盒增列的六個模式	按『計算估計值』工具圖像鈕後，六個模式均無法識別
XX: Unconstrained	XX: Unconstrained
XX: Measurement weights	XX: Measurement weights
XX: Measurement intercepts	XX: Measurement intercepts
XX: Structural means	XX: Structural means
XX: Structural covariances	XX: Structural covariances
XX: Measurement residuals	XX: Measurement residuals

以未限制模式而言，模型中相關的參數：

表 7-8　**Notes for Model (Unconstrained)**
　　　　Parameter summary ([男生群組])

	Weights	Covariances	Variances	Means	Intercepts	Total
Fixed	11	0	0	0	0	11
Labeled	7	1	11	2	9	30
Unlabeled	0	0	0	0	0	0
Total	18	1	11	2	9	41

　　男生群組中 CFA 模型共有 41 個參數，固定參數有 11 個、待估計的自由參數有 30 個，30 個待估計的自由參數均有增列參數標籤名稱，其中包含 7 個徑路係數參數、1 個共變數參數、11 個變異數參數、2 個平均數參數、9 個截距項參數。

表 7-9　**Parameter summary ([女生群組])**

	Weights	Covariances	Variances	Means	Intercepts	Total
Fixed	11	0	0	0	0	11
Labeled	7	1	11	2	9	30
Unlabeled	0	0	0	0	0	0
Total	18	1	11	2	9	41

　　女生群組中 CFA 模型共有 41 個參數，固定參數有 11 個、待估計的自由參數有 30 個，30 個待估計的自由參數均有增列參數標籤名稱，其中包含 7 個徑路係數參數、1 個共變數參數、11 個變異數參數、2 個平均數參數、9 個截距項參數。

Computation of degrees of freedom (Unconstrained)

Number of distinct sample moments: 108

Number of distinct parameters to be estimated: 60

Degrees of freedom (108 − 60): 48

Result (Unconstrained)

The model is probably unidentified. In order to achieve identifiability, it will probably be necessary to impose 4 additional constraints.

整個多群組分析中，獨特樣本點的個數為 108 個 ($\frac{9\times(9+1)}{2} \times 2 + 18$，18 為平均數個數)、待估計獨特參數的個數為 60 (一個群組待估計的自由參數有 30 個，30×2 = 60)，模型估計的自由度為 108 − 60 = 48，模型估計結果模式並無法識別，如果要讓模型可以識別，可能要增列四個額外參數限制。

(二)一個群組潛在構念變項的平均數均設為待估計的自由參數＿可以識別模型

在第二種多群組分析中，其中一個群組的潛在構念變項平均數採用內定的固定參數 (數值常數為 0)，另一個群組潛在構念變項平均數設為待估計的自由參數，如此之限制模型便可以識別。

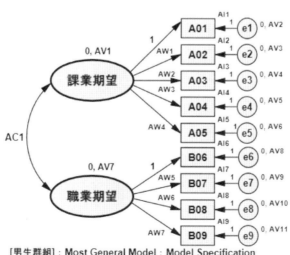

圖 7-15

男生群組中,「課業期望」潛在構念變項的平均數與截距項參數分別設為 0 (固定參數)、AV1,「職業期望」潛在構念變項的平均數與截距項參數分別設為 0 (固定參數)、AV7,二個潛在構念變項的平均數參數均界定為固定參數,參數常數值為 0。

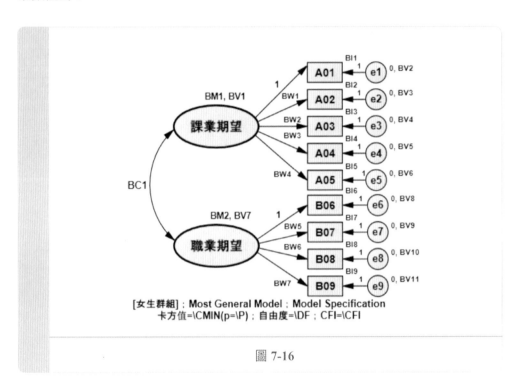

圖 7-16

女生群組中,「課業期望」潛在構念變項的平均數與截距項參數分別設為 BM1、BV1,「職業期望」潛在構念變項的平均數與截距項參數分別設為 BM2、BV7,二個潛在構念變項的平均數均界定待估計的自由參數。

按多群組工具圖像鈕,執行多群組分析,除未限制模式外,五個增列限制模式為「Measurement weights」(測量加權模式)、「Measurement intercepts」(測量截距模式)、「Structural means」(結構平均數模式)、「Structural covariances」(結構共變異數模式)、「Measurement residuals」(測量殘差模式),五個模型的參數限制如下:

表 7-10

增列限制參數	測量加權模式	測量截距模式	結構平均數模式	結構共變異數模式	測量殘差模式
增列測量模式之徑路係數相等	AW1 = BW1 AW2 = BW2 AW3 = BW3 AW4 = BW4 AW5 = BW5 AW6 = BW6 AW7 = BW7	AW1 = BW1 AW2 = BW2 AW3 = BW3 AW4 = BW4 AW5 = BW5 AW6 = BW6 AW7 = BW7	AW1 = BW1 AW2 = BW2 AW3 = BW3 AW4 = BW4 AW5 = BW5 AW6 = BW6 AW7 = BW7	AW1 = BW1 AW2 = BW2 AW3 = BW3 AW4 = BW4 AW5 = BW5 AW6 = BW6 AW7 = BW7	AW1 = BW1 AW2 = BW2 AW3 = BW3 AW4 = BW4 AW5 = BW5 AW6 = BW6 AW7 = BW7
增列測量變項的截距項相同		AI1 = BI1 AI2 = BI2 AI3 = BI3 AI4 = BI4 AI5 = BI5 AI6 = BI6 AI7 = BI7 AI8 = BI8 AI9 = BI9	AI1 = BI1 AI2 = BI2 AI3 = BI3 AI4 = BI4 AI5 = BI5 AI6 = BI6 AI7 = BI7 AI8 = BI8 AI9 = BI9	AI1 = BI1 AI2 = BI2 AI3 = BI3 AI4 = BI4 AI5 = BI5 AI6 = BI6 AI7 = BI7 AI8 = BI8 AI9 = BI9	AI1 = BI1 AI2 = BI2 AI3 = BI3 AI4 = BI4 AI5 = BI5 AI6 = BI6 AI7 = BI7 AI8 = BI8 AI9 = BI9
增列潛在構念變項的平均數相等			0 = BM1 0 = BM2	0 = BM1 0 = BM2	0 = BM1 0 = BM2
增列潛在構念變項的共變異數相等				AC1 = BC1 AV1 = BV1 AV7 = BV7	AC1 = BC1 AV1 = BV1 AV7 = BV7
增列測量變項誤差項的變異數相等					AV2 = BV2 AV3 = BV3 AV4 = BV4 AV5 = BV5 AV6 = BV6 AV8 = BV8 AV9 = BV9 AV10 = BV10 AV11 = BV11

　　未限制模式與五個限制模式之模型估計結果，除未限制模式與測量加權模式無法識別外，「Measurement intercepts」(測量截距模式)、「Structural means」(結構平均數模式)、「Structural covariances」(結構共變異數模式)、「Measurement residuals」(測量殘差模式) 四個限制模式均可識別。

執行多群組圖像鈕後，於「Models」方盒增列的六個模式	按『計算估計值』工具圖像鈕後，未限制模式與測量加權模式無法識別
XX: Unconstrained	XX: Unconstrained
XX: Measurement weights	XX: Measurement weights
XX: Measurement intercepts	OK: Measurement intercepts
XX: Structural means	OK: Structural means
XX: Structural covariances	OK: Structural covariances
XX: Measurement residuals	OK: Measurement residuals

　　四個可以識別模式的自由度分別為 66、68、71、80，整體模式適配度卡方值分別為 50.291 (p = .924 > .05)、52.356 (p = .920 > .05)、52.581 (p = .950 > .05)、59.337 (p = .960 > .05)，表示四個限制模型均具有跨性別群組的效度。

表 7-11　**CMIN**

Model	NPAR	CMIN	DF	P	CMIN/DF
Measurement intercepts (測量截距項模式)	42	50.291	66	.924	.762
Structural means (結構平均數模式)	40	52.356	68	.920	.770
Structural covariances (結構共變異數模式)	37	52.581	71	.950	.741
Measurement residuals (測量殘差模式)	28	59.337	80	.960	.742
Saturated model	108	.000	0		
Independence model	36	1677.655	72	.000	23.301

　　下面為「Measurement residuals」(測量殘差模式) 二個群組未標準化估計值模式圖：

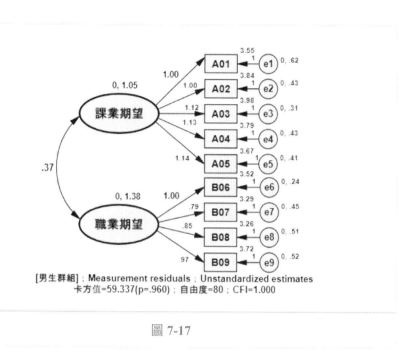

圖 7-17

　　二個群組潛在構念變項的平均數估計值與變異數估計值分別 [0，1.05]、
[0，1.38]，九個觀察變項的截距項 (測量變項的平均數) 均相同，九個觀變變項
誤差項的變異數也一樣。

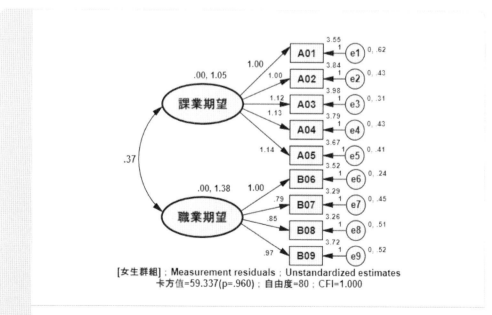

圖 7-18

二、結構模式不變性

在國中教師「知識管理能力」對「班級經營效能」影響的因果路徑分析，研究者要探究假設模型是否具跨教師性別效度，故進行結構方程模式的多群組分析。

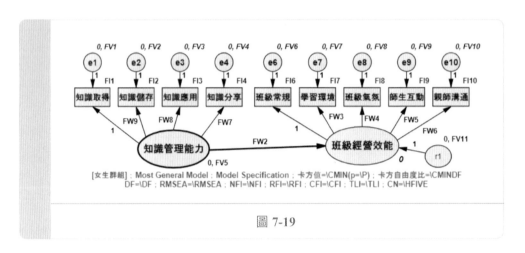

圖 7-19

女性群組教師假設模型圖的參數標籤名稱以「F」作為起始字母。

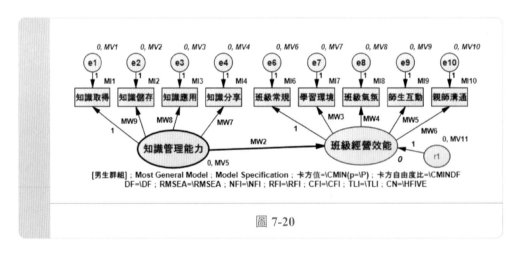

圖 7-20

男性群組教師假設模型圖的參數標籤名稱以「M」作為起始字母。

群組「Measurement weights」(測量加權模式)、「Measurement intercepts」(測量截距模式)、「Structural weights」(結構加權模式)、「Structural covariances」(結構共變模式)、「Structural residuals」(結構殘差模式)、「Measurement residuals」(測量殘差模式) 的參數限制如下：

表 7-12 多群組分析常見的限制參數模式摘要表

參數限制標籤	模式名稱	參數限制說明
無參數限制條件	基線模式(未限制模式)	無
FW9 = MW9 FW3 = MW3 FW4 = MW4 FW5 = MW5 FW6 = MW6 FW7 = MW7 FW8 = MW8	Measurement weights (測量加權模式)	增列二個群組測量模式之因素負荷量相等
FI1 = MI1 FI2 = MI2 FI3 = MI3 FI4 = MI4 FI6 = MI6 FI7 = MI7 FI8 = MI8 FI9 = MI9 FI10 = MI10	Measurement intercepts (測量截距模式)	增列二個群組測量模式之觀察變項的截距項相同
FW2 = MW2	Structural weights (結構加權模式)	增列二個群組結構模式之徑路係數相同
FV5 = MV5	Structural covariances (結構共變模式)(界定結構模式中自變項的變異數與共變數) 結構共變模式並未包含內因變項殘差項的變異數	增列二個群組外因潛在變項的變異數與共變數相同，範例中只有一個外因潛在變項，沒有共變數參數
FR1 = MR1	Structural residuals (結構殘差模式)	增列二個群組內因潛在變項的預測殘差項相同
FV1 = MV1 FV2 = MV2 FV3 = MV3 FV4 = MV4 FV6 = MV6 FV7 = MV7 FV8 = MV8 FV9 = MV9 FV10 = MV10	Measurement residuals (測量殘差模式)	增列二個群組測量模式之觀察變項的測量誤差變異數相同

　　學者 Martin (2007) 認為多群組 CFA 恒等性的界定可以從四個方面來評估：一為因素負荷量恒等性 (factor loadings invariant) 的檢定、二為因素負荷量恒等性與測量誤差恒等性的檢定、三為因素負荷量恒等性與因素構念相關恒等性 (correlation invariant) 的檢定、四為因素負荷量恒等性、測量誤差恒等性與因素構念相關恒等性的檢定。替代模式適配度檢定的指標值除參考卡方值外，主要

應以 CFI (comparative fit index)、NNFI (non-normed fit index) 與 RMSEA (root mean square error of approximation) 三個指標值為主，如果 CFI 值與 NNFI 值大於 .90，表示假設模式可以接受，若是 CFI 值與 NNFI 值大於 .95，表示假設模式與資料的適配度非常理想；就 RMSEA 指標值而言，如果 RMSEA < 0.08，表示假設模式可以接受，若是 RMSEA < 0.05，表示假設模式與資料的適配度非常理想。一個測量模式在不同群組或不同情境下均能與樣本資料適配，表示測量模式十分穩定，此種測量模式的效度也稱為「複核效度」(cross-validation)，進行假設模式複核效度檢定的不同群組所來自母群體的性質必須相似，如果調查的樣本數很大，可以將研究樣本分割成二個子資料檔，第一個子資料檔作為測定樣定 (calibration sample)、第二個子資料檔作為效度樣本，如果假設模型與測定樣本能契合，與效度樣本的適合度也良好，表示假設模型的參數估計十分穩定，具有良好的複核效度 (吳明隆，2009)。

參、多群組分析範例說明

在一個以企業組織為母群的調查研究中，研究中從二階段分層隨機取樣方法，各從北部、南部中抽取小型組織、中型組織、大型組織員工共 670 位，以探究企業組織的知識管理、員工工作態度與企業組織文化及組織效能的關係，研究者採用的研究工具包含四種量表：

- 「知識管理量表」，量表分為三個向度 (層面)：知識獲取、知識流通與知識創新。
- 「員工工作態度量表」，量表包含四個向度 (層面)：工作倫理、工作自尊、工作投入、工作互動。
- 「組織文化量表」，量表包含二個向度 (層面)：信任和諧、開放創新。
- 「組織效能量表」，量表包含三個向度 (層面)：顧客認同、營運績效、社會評價。

結構模式圖中二個外因潛在變項 (自變項) 為「知識管理」、「工作態度」，二個內因潛在變項為「組織文化」與「組織效能」。

表 7-13　不同位置區域有效樣本之次數與百分比摘要表

		次數	百分比	有效百分比	累積百分比
有效的	1 北區	310	46.3	46.3	46.3
	2 南區	360	53.7	53.7	100.0
	總和	670	100.0	100.0	

　　全部有效樣本有 670 位、北區樣本數有 310 位、南區樣本數有 360 位，北區群體編碼水準數值為 1，南區群體編碼水準數值為 2。

表 7-14　十二個觀察變項及變項總分的描述性統計量摘要表 (平均數為向度單題平均數)

變項名稱	個數	最小值	最大值	平均數	標準差	變異數
整體知識管理	670	1.65	5.00	3.8866	.60889	.371
知識獲取	670	1.00	5.00	3.9959	.79669	.635
知識流通	670	1.86	5.00	4.0593	.65600	.430
知識創新	670	1.17	5.00	3.5575	.76941	.592
整體員工態度	670	2.37	5.00	4.1845	.51397	.264
工作倫理	670	2.33	5.00	4.1478	.55533	.308
工作自尊	670	2.00	5.00	4.0134	.68031	.463
工作投入	670	2.40	5.00	4.4316	.53873	.290
工作互動	670	1.00	5.00	4.1019	.63857	.408
整體組織文化	670	1.67	5.00	3.8130	.65550	.430
信任和諧	670	1.60	5.00	4.0049	.63965	.409
開放創新	670	1.00	5.00	3.9722	.76471	.585
整體組織效能	670	1.14	5.00	4.1646	.70905	.503
顧客認同	670	1.00	5.00	4.1959	.74074	.549
營運績效	670	1.00	5.00	4.2790	.68920	.475
社會評價	670	1.00	5.00	4.0674	.81927	.671

　　十二個觀察變項最大值為 5，由於各觀察變項為構面的單題平均數，量表採用李克特五點量表型態，構面單題平均數全距介於 1 至 5 間，由於觀察變項的最大值沒有大於 5 的數值，表示資料檔中沒有極端錯誤數值。

表 7-15 整體知識管理、整體員工態度與整體組織文化、整體組織效能間相關係數摘要表

變項名稱	整體知識管理	整體員工態度	整體組織文化	整體組織效能
整體知識管理	1			
整體員工態度	.649***	1		
整體組織文化	.698***	.670***	1	
整體組織效能	.657***	.717***	.752***	1

　　從相關矩陣摘要表中看出：整體知識管理與整體組織文化、整體組織效能呈顯著正相關，其相關係數分別為 .698、.657；整體員工態度與整體組織文化、整體組織效能呈顯著正相關，其相關係數分別為 .670、.717；可見整體知識管理變項對整體組織文化、整體組織效能變項的影響均為正向，整體員工態度變項對整體組織文化、整體組織效能變項的影響也均為正向，此外，整體知識管理與整體員工態度變項間亦呈顯著正相關，相關係數為 .649。

肆、建立基線模式

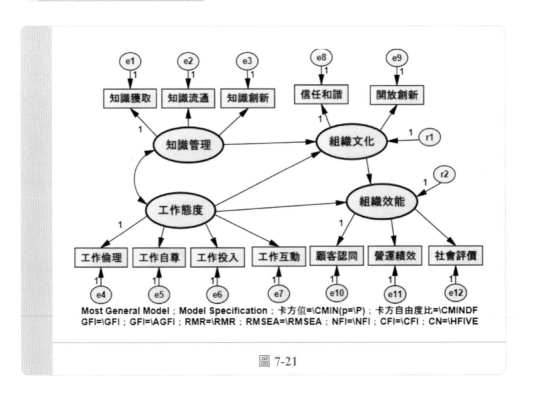

圖 7-21

初始假設模型中，二個外因潛在變項為「知識管理」、「工作態度」，二個內因潛在變項為「組織文化」與「組織效能」，結構模式內作為內因變項者於 AMOS 視窗界面內要增列預測殘差項，「組織文化」的預測殘差項名稱為「r1」、「組織效能」的預測殘差項名稱為「r2」。

表 7-16　**Assessment of normality (整體企業組織)【常態性評估】**

Variable	min	max	skew	c.r.	kurtosis	c.r.
開放創新	1.000	5.000	−.538	−5.684	.091	.480
信任和諧	1.600	5.000	−.513	−5.420	.517	2.731
工作倫理	2.333	5.000	−.387	−4.087	−.225	−1.187
工作自尊	2.000	5.000	−.413	−4.368	−.433	−2.290
工作投入	2.400	5.000	−.629	−6.646	−.357	−1.888
工作互動	1.000	5.000	−.571	−6.030	.880	4.650
顧客認同	1.000	5.000	−.940	−9.935	1.369	7.235
營運績效	1.000	5.000	−.836	−8.839	.766	4.049
社會評價	1.000	5.000	−.730	−7.714	.046	.241
知識創新	1.167	5.000	−.279	−2.946	−.191	−1.009
知識流通	1.857	5.000	−.551	−5.824	.071	.378
知識獲取	1.000	5.000	−.858	−9.062	.819	4.326
Multivariate					63.339	44.721
最大值			−0.279		1.369	
最小值			−0.940		−0.433	

從資料結構常態性檢定摘要表中發現：十二個觀察變項的偏態係數的絕對值沒有大於學者所認定的常態偏離臨界值 3，峰度係數的絕對值也沒有大於學者所認定的常態偏離臨界值 7，峰度係數最大值為 1.369，可見資料結構符合常態分配的假定，由於資料樣本來自常態分配母群，因而模式估計方法採用最大概似法 (ML) 較為適宜。

一、全部樣本分析

全部群組分析時，所有受試者為歸於單一群組，按『選擇資料檔』(Select data files) 工具鈕，開啟「Data Files」(資料檔案) 對話視窗，按『File Name』(檔案名稱) 鈕選取資料檔，範例中的資料檔檔名為「組織效能.sav」。資料檔全部

的樣本數有 670 位，群組樣本數也有 670 位。

圖 7-22

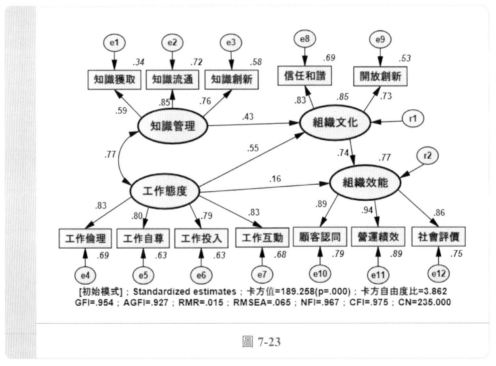

圖 7-23

　　從標準化估計值模式圖中可以得知，模式中沒有出現大於 1 之標準化徑路係數，表示模式估計的參數均為適當的解。模式適配度卡方值等於 189.258，卡方自由度比值等於 3.862 (未符合標準)、GFI 值等於 .954 (符合模式適配標準)、AGFI 值等於 .927 (符合模式適配標準)、RMR 值等於 .015 (符合模式適配標準)、RMSEA 值等於 .065 (符合模式適配標準)、NFI 值等於 .967 (符合模式適配標準)、CFI 值等於 .975 (符合模式適配標準)、CN 值等於 235.000 (符合模式適配標

準)，整體而言，研究者所提初始假設模式與樣本資料可以適配，初始因果關係假設模型可以得到支持。

二、北區樣本群組分析

以某個間斷變項中的水準數值作為單一群組時，此間斷變項即為分組變項 (因子)，群組樣本為因子變項內的某個水準數值。

按『選擇資料檔』(Select data files) 工具鈕，開啟「Data Files」(資料檔案) 對話視窗，按『File Name』(檔案名稱) 鈕選取資料檔，範例中的資料檔檔名為「組織效能 .sav」。

按『Grouping Variable』(分組變項) 鈕選取因子變數 (背景變項)，範例中為「位置」。

按『Group Value』(群組數值) 選取樣本編碼的水準數值，範例中「北區」群組樣本的水準編碼為 1 (南區群組樣本的水準編碼為 2)。

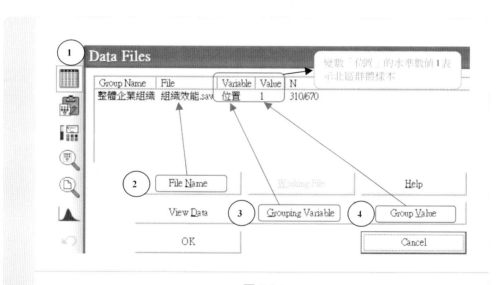

圖 7-24

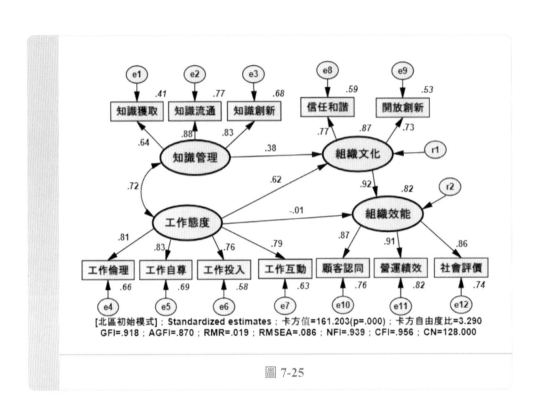

圖 7-25

　　從標準化估計值模式圖中可以得知，模式中沒有出現大於 1 之標準化徑路係數，表示模式估計的參數均為適當的解。北區初始模型之模式適配度卡方值等於 161.203，卡方自由度比值等於 3.290 (未符合標準)、GFI 值等於 .918 (符合模式適配標準)、AGFI 值等於 .870 (未符合模式適配標準)、RMR 值等於 .019 (符合模式適配標準)、RMSEA 值等於 .086 (未符合模式適配標準)、NFI 值等於 .939 (符合模式適配標準)、CFI 值等於 .956 (符合模式適配標準)、CN 值等於 128.000 (未符合模式適配標準)，整體而言，研究者以北區樣本為觀察資料時，所提初始假設模式與樣本資料勉強適配。

三、南區樣本群組分析

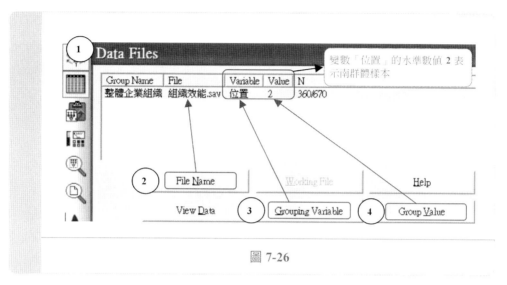

圖 7-26

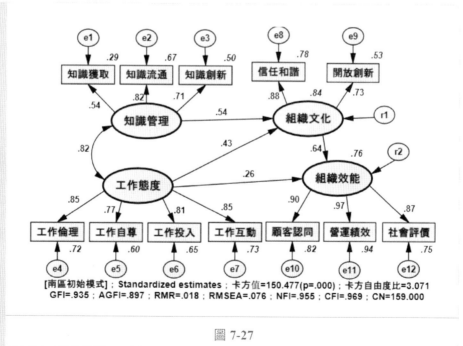

[南區初始模式]；Standardized estimates；卡方值=150.477(p=.000)；卡方自由度比=3.071
GFI=.935；AGFI=.897；RMR=.018；RMSEA=.076；NFI=.955；CFI=.969；CN=159.000

圖 7-27

　　從標準化估計值模式圖中可以得知，模式中沒有出現大於 1 之標準化徑路
係數，表示模式估計的參數均為適當的解。南區初始模型之模式適配度卡方值等

於 150.477，卡方自由度比值等於 3.071 (未符合標準)、GFI 值等於 .935 (符合模式適配標準)、AGFI 值等於 .897 (未符合模式適配標準)、RMR 值等於 .018 (符合模式適配標準)、RMSEA 值等於 .076 (符合模式適配標準)、NFI 值等於 .955 (符合模式適配標準)、CFI 值等於 .969 (符合模式適配標準)、CN 值等於 159.000 (未符合模式適配標準)，整體而言，研究者以南區樣本為觀察資料時，所提初始假設模式與樣本資料尚可以適配。

伍、建立多群組分析模式圖與模式估計

不考慮樣本所在的地理位置，將北區與南區的樣本合併為單一群組進行模式檢定，企業組織的知識管理、員工態度與企業組織的組織文化、組織效能間的因果模式可以得到支持，為進一步驗證模式的穩定性，研究者採用多群組分析，以地理位置為群組變項名稱，探討假設模式是否具有跨群組效度。多群組不變性假定的虛無假設為：$\Sigma_1 = \Sigma_2 = \cdots\cdots = \Sigma_G$，$\Sigma$ 是母群變異數—共變數矩陣，G 是群組個數，如果數據資料拒絕虛無假設，表示假設模型沒有具備群組等同性性質，進一步的模型檢定可增列模型的更嚴格的限制條件以探究群組非等同性的原因；相對地，若是數據資料無法拒絕虛無假設，表示群組有等同的共變數矩陣，之後可不用進行模型不變性的探究。

一、建立群組名稱

多群組分析程序中必須先於「Groups」(群組) 方盒建立各群組的群組名稱，之後才能選取各群組的資料檔，預試的群組名稱為「Group number N」。多群組設定的操作程序：於「Groups」(群組) 方盒中用滑鼠左鍵連按內定群組名稱「Group number 1」(第一組群體) 選項二下，開啟「Manage Groups」(管理群組) 對話視窗，在「Group Name」(群組名稱) 下的方格中更改鍵入新群組名稱，如「北區」(內定名稱為 Group number 1)，按『New』(新增) 鈕，可建立第二組群組名稱，內定群組名稱為「Group number 2」，群組名稱可以更改，如修改為「南區」，按『Close』(關閉) 鈕，可關閉「Manage Groups」(管理群組) 視窗。

二、選取群體變項及水準數值

按「Select data Files」(選擇資料檔) 工具鈕，開啟「Data Files」(資料檔案) 對話視窗，按『File Name』(檔案名稱) 鈕選擇目標資料檔，範例為「組織效能.sav」。按『Grouping Variable』(分組變項) 鈕，選擇群體之的名義變項，範例為「位置」。按『Group Value』(組別數值) 鈕，選取目標群體在名義變項中的水準數值，範例中北區群體在「位置」變項中水準數值編碼為 1、南區群體在「位置」變項中水準數值編碼為 2。資料檔案中的群組變項必須是間斷變項 (非計量變數)，範例中對話視窗「N 欄」內數值顯示全部有效樣本有 670 位、北區群組的樣本有 310 位、南區群組的樣本有 360 位。

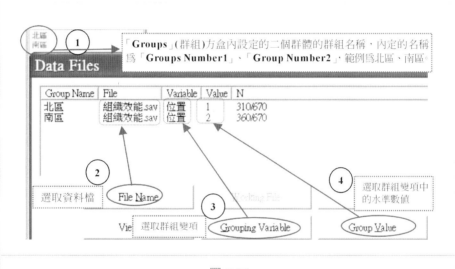

圖 7-28

三、增列群組參數標籤名稱

北區樣本的假設模型圖以「N」作為第一個起始字母，南區樣本的假設模式圖以「S」作為第一個起始字母。二個群組的參數標籤名稱，除起始字母不同餘均相同，二個群組各測量模式的參照指標變項也相同，結構模式中四個徑路係數參數標籤名稱為：NW8&SW8、NW11&SW11、NW7&SW7、NW12&SW12，二個群組外因潛在變項的共變異數參數標籤名稱為 NC1&SC1 (共變數)、

NFV13&SFV13 (變異數)、NFV14&SFV14 (變異數)，二個群組內因潛在變項預測殘差項變異數參數標籤名稱為 NV15&SV15、NV16&SV16 (結構模式中作為內因潛在變項者無法估計其變異數，作為外因潛在變項者沒有預測殘差項)。

假設模型圖下方增列圖形標題 (Figure captions) 為適配度的參數，其中「\GROUP」可顯示研究者界定之群組名稱，「\MODEL」可以輸出界定的各種模式名稱，如預試非限制模式 (Unconstrained)，「\FORMAT」可以輸出估計模型為非標準化或標準化估計值的參數格式。

> \GROUP；\MODEL；\FORMAT；卡方值 = \CMIN(p = \P)；卡方/df = \CMINDF
>
> GFI = \GFI；AGFI = \AGFI；RMR = \RMR；RMSEA = \RMSEA；NFI = \NFI；CFI = \CFI；CN = \HFIVE

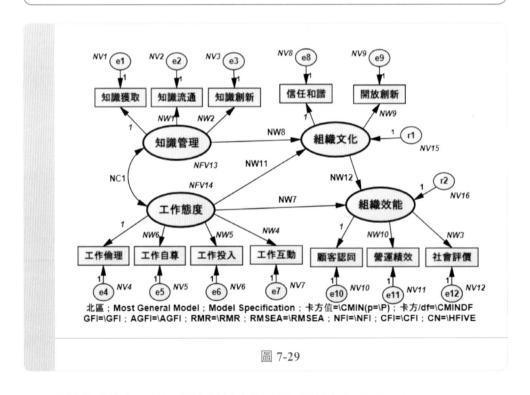

圖 7-29

北區群組樣本的假設模型圖如上 (假設模型圖中物件參數名稱以 N 作為起始字母)。

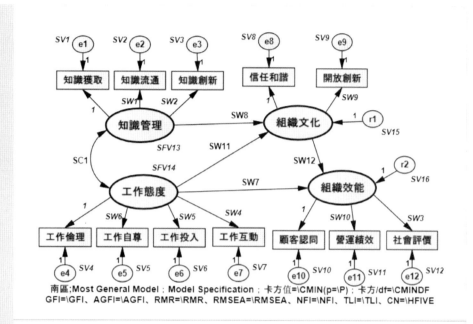

圖 7-30

　　南區群組樣本的假設模型圖如上 (假設模型圖中物件參數名稱以 S 作為起始字母)。

　　二個假設模式參數摘要各有 47 個,以北部群組的模式圖而言,模式中固定參數有 18 個 (18 個均為徑路係數),待估計的參數 (自由參數) 有 29 個,29 個自由參數均有增列參數標籤名稱,其中包括 12 個待估計的徑路係數、1 個待估計的共變數、16 個待估計的變異數。

表 7-17　**Parameter summary** (北區)【參數摘要】

	Weights	Covariances	Variances	Means	Intercepts	Total
Fixed	18	0	0	0	0	18
Labeled	12	1	16	0	0	29
Unlabeled	0	0	0	0	0	0
Total	30	1	16	0	0	47

　　由於二個群組中待估計的自由參數各有 29 個,因而模式中全部待估計的參數 (自由參數) 共有 58 個 (29×2)。北區群組所有待估計的自由參數如下:

12 個徑路係數為 NW1、NW2、NW4、NW5、NW6、NW9、NW3、NW10、NW7、NW8、NW11、NW12，1 個共變數為 NC1，16 個變異數為 NV1、NV2、NV3、NV4、NV5、NV6、NV7、NV8、NV9、NV10、NV11、NV12、NFV13、NFV14、NV15、NV16。

表 7-18　**Parameter summary (南區)【參數摘要】**

	Weights	Covariances	Variances	Means	Intercepts	Total
Fixed	18	0	0	0	0	18
Labeled	12	1	16	0	0	29
Unlabeled	0	0	0	0	0	0
Total	30	1	16	0	0	47

　　南區群組所有待估計的自由參數如下：12 個徑路係數為 SW1、SW2、SW4、SW5、SW6、SW9、SW3、SW10、SW7、SW8、SW11、SW12，1 個共變數為 SC1，16 個變異數為 SV1、SV2、SV3、SV4、SV5、SV6、SV7、SV8、SV9、SV10、SV11、SV12、SFV13、SFV14、SV15、SV16。

四、多群組模式估計結果

Computation of degrees of freedom (*初始模式*)

　　　　Number of distinct sample moments:　156

　　Number of distinct parameters to be estimated:　58

　　　　　Degrees of freedom (156 − 58):　98

　　多群組分析中資料點的數目為：$\frac{1}{2}$k(k + 1)×G + 全部待估計平均數個數，G 為群組組別數目。範例中由於沒有估計模式的平均數與截距項，因而待估計平均數 (均值) 的個數為 0，模式中觀察變項有 12 個，因而資料點的數目等於 $\frac{1}{2}$ k(k + 1)×G = $\frac{1}{2}$(12)(12 + 1)×2 = 156。每個群組中待估計的自由參數各有 29 個，模式中待估計的自由參數共有 58 個 (二個群組中被估計自由參數的總個數)，模式的自由度等於 156 − 58 = 98。

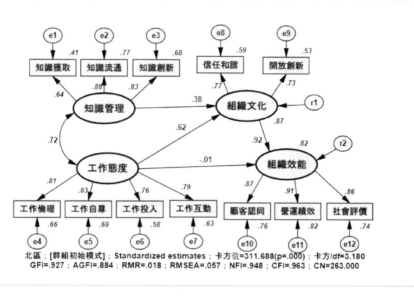

圖 7-31

　　從北區初始模式標準化估計值模式圖中得知：北區群組模式圖之標準化徑路係數沒有出現大於 1 的不合理的參數，表示界定模型沒有違反基本模式辨認規則。多群組模式估計適配度的卡方值為 311.688，卡方自由度比值為 3.180。

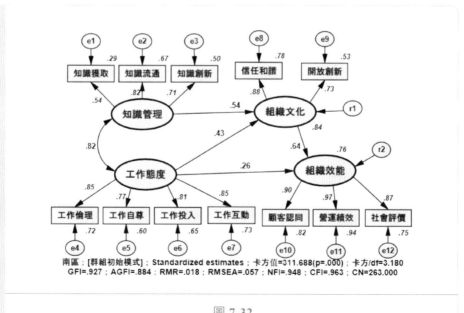

圖 7-32

從南區群組初始模式標準化估計值模式圖中可以得知，南區群組模式圖之標準化徑路係數沒有出現不合理的參數，表示二個群組的假設模型圖均沒有不適當解值。多群組整體適配度模式適配度卡方值等於 311.688 (顯著性 p < .001)，卡方自由度比值等於 3.180 (未符合模式適配門檻標準)、GFI 值等於 .927 (符合模式適配標準)、AGFI 值等於 .884 (未符合模式適配門檻標準)、RMR 值等於 .018 (符合標準)、RMSEA 值等於 .057 (符合模式適配標準)、NFI 值等於 .948 (符合模式適配標準)、CFI 值等於 .963 (符合模式適配標準)、CN 值等於 263.000 (符合模式適配標準)，整體而言，假設模式與樣本資料可以契合。多群組假設模型考驗，所呈現的適配度統計量只有一個卡方值，並非不同的群組有不同的卡方值與適配度統計量 (如進行的是單一群組的分析，不同群組的樣本資料所估計的卡方值會不相同)，當適配度統計量達到模式適配度標準時，表示假設模型具有群組等同性，此因果模式的假設模型在二個不同群組具有結構不變性。

北區樣本、南區樣本之單群組分析與多群組分析的主要適配度統計量如下：

表 7-19　**CMIN**

Model	NPAR	CMIN	DF	P	CMIN/DF
[北區初始模式]	29	161.203	49	.000	3.290
[南區初始模式]	29	150.477	49	.000	3.071
[群組初始模式]	58	311.688	98	.000	3.180

北區初始模式列、南區初始模式列為單一群組估計的適配度統計量，二個群體的自由度各為 49，個別群組內待估計的自由參數各有 29 個，模式適配度的卡方值分別為 161.230 (p < .001)、150.477 (p < .001)；群組初始模式列為採用多群組方法模型估計所得的適配度統計量，多群組分析之模式自由度為 98，模式內待估計的自由參數共有 58 個。單群組適配度考驗結果若是適配度統計量符合標準，表示假設模型與個別群組之樣本資料可以適配；多群組適配度考驗結果若是適配度統計量符合標準，表示假設模型具有群組等同性，若是測量模式的驗證，表示不同群組間具有相同的因素結構，如果是完整潛在變項因果模型的考驗，表示不同群組間具有相同的結構關係。

表 7-20　**Baseline Comparisons**

Model	NFI Delta1	RFI rho1	IFI Delta2	TLI rho2	CFI
[北區初始模式]	.939	.917	.957	.941	.956
[南區初始模式]	.955	.939	.969	.958	.969
[群組初始模式]	.948	.930	.964	.951	.963

　　單群組分析中，北區初始模式假設模型五個增值適配度統計量均達到模式適配標準，南區初始模式假設模型五個增值適配度統計量也都達到模式適配標準。多群組分析中，五個增值適配度統計量的數值 NFI 值等於 .948、RFI 值等於 .930、IFI 值等於 .964、TLI 值等於 .951、CFI 值等於 .963，五個增值適配度統計量均達到模式適配標準，表示假設模型具有跨北區、南區之母群效度。

表 7-21　**RMSEA**

Model	RMSEA	LO 90	HI 90	PCLOSE
[北區初始模式]	.086	.072	.101	.000
[南區初始模式]	.076	.062	.090	.001
[群組初始模式]	.057	.050	.064	.048

　　單群組分析中，北區群組初始模式假設模型的 RMSEA 值為 .086、南區群組初始模式假設模型的 RMSEA 值為 .076；多群組分析中，群組初始模式的 RMSEA 值為 .057，其數值小於 .06，表示多群組假設模型可以得到支持。

表 7-22　**Parsimony-Adjusted Measures**

Model	PRATIO	PNFI	PCFI
[北區初始模式]	.742	.697	.710
[南區初始模式]	.742	.709	.719
[群組初始模式]	.742	.704	.715

　　單群組分析中，北區群組初始模式假設模型的 PNFI 值、PCFI 值分別為 .697、.710；南區群組初始模式假設模型的 PNFI 值、PCFI 值分別為 .709、.719；多群組初始模式假設模型的 PNFI 值、PCFI 值分別為 .704、.715，二個簡約調整測量值均大於 .50，表示多群組假設模型可以得到支持。

陸、多群組分析之競爭模式

多群組分析中若是未受限模式 (多個群組中的模式參數均個別自由估計,沒有加以限制或設定) 可以被接受,研究者可以進一步採用 AMOS 內定的多群組分析功能,逐一增列參數的設定。數個模式比較的前提是模式間必須為「巢狀結構」(nested structure) (或稱套層模式),所謂巢狀關係是指一個模式是另一個模式的簡約模式。如 A 模式是初始未限制參數的較複雜模式,此種模式稱為參照模式或基線模式,B 模式為 A 模式加一部分參數限制而簡約的新模式,B 模式將原先某些自由參數加以限制而成為一種限制模式,此時限制模式與自由參數均未加以限制的基線模式間便成為一種巢狀關係,模式間滿足巢狀關係的模型稱為巢狀模式 (nested model)。基線模式自由參數較多,模式較為複雜,此時模式適配度通常會較佳,自由參數限制較多的模式雖愈簡化,但模式適合度有時會較不理想。

巢狀模式間的差異檢定在於考驗限制參數的簡約模式 (B 模式) 與未限制參數限制的基線模式 (A 模式) 間的差異,若是二個模式卡方值的差異量 $\Delta\chi^2$ (此差異量為 B 模式卡方值與 A 模式卡方相減值) 達到顯著,則拒絕虛無模式「限制參數之簡約模式為真」的假設,接受對立假設「限制參數之簡約模式不為真」的假設。與單群組分析一樣,多群組分析之巢狀模式間檢定的卡方值差異量 $\Delta\chi^2$ 受到各群組樣本數大小的影響,如果各群組的樣本數較大,則卡方值差異量 $\Delta\chi^2$ 的數值會較大,很容易達到顯著水準 (顯著性 p 值 < .05),因而研究者需參考四個較不受模式複雜度影響的適配度統計量,這四個統計量分別為 NFI、IFI、RFI、NNFI (TLI),巢狀模式間差異檢定結果,如果上述四個統計量差異的絕對值小於 .05,表示沒有足夠的證據拒絕虛無假設:「限制參數的簡約模式 (B 模式) 與未限制參數限制的基線模式 (A 模式) 是相等的」,即 ΔNFI、ΔIFI、ΔRFI、ΔNNFI (TLI) 差異的絕對值小於 .05 時,表示限制參數的簡約模式 (B 模式) 與未限制參數限制的基線模式 (A 模式) 是沒有差異的,如果未限制參數的基線模式 (A 模式) 是正確的 (假設模式可以被接受),則限制參數的簡約模式 (B 模式) 也是正確的,此假設模式圖也可以被接受 (吳明隆,2009)。ΔNFI、ΔIFI、ΔRFI、ΔNNFI 四個數值,AMOS 輸出之巢狀模式摘要表有直接呈現,另外一個判別群組不變性的指標為 ΔCFI (限制模式 B 與基線模式 A 之 CFI 值的差異值),若是 ΔCFI 的

絕對值小於 .05，表示限制參數的簡約模式 (B 模式) 與未限制參數限制的基線模式 (A 模式) 是沒有差異的，若是複雜的基線模式 (A 模式) 是正確的，則簡約模式 B 也是正確的 (Cheung & Rensvold, 2002)。

一、巢狀模式的設定

按「Multiple-Group Analysis」(多群組分析) 工具圖像鈕或執行功能列「Analyze」(分析)／「Multiple-Group Analysis」(多群組分析) 程序，開啟「Amos」警告視窗：「The program will remove any models that you have added to the list of models at the left-hand side of the path diagram. It may also modify your parameter constraints.」，警告視窗告知操作者若執行這種程序會移除徑路圖左邊模式表中所有原先增列的模式，也可能修改參數的限制，按『確定』鈕，關閉「Amos」警告視窗。

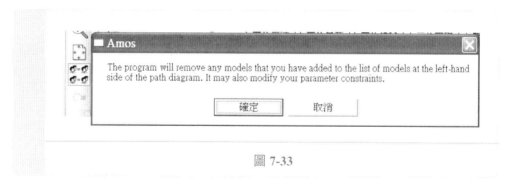

圖 7-33

在「Multiple-Group Analysis」(多群組分析) 對話視窗中增列五個參數限制模式：「Measurement weights」(測量加權模式)、「Structure weights」(結構加權模式)、「Structural covariances」(結構共變模式)、「Structural residuals」(結構殘差模式)、「Measurement residuals」(測量殘差模式)。五個模式簡要說明如下：

- **測量加權模式**：增列測量模式的因素負荷量相等。
- **結構加權模式**：設定測量模式的因素負荷量相等、增列結構模式的徑路係數相等。
- **結構共變模式**：設定測量模式的因素負荷量相等、結構模式的徑路係數相等、增列外因潛在變項的共變異數相等 (包含共變數與變異數)。
- **結構殘差模式**：設定測量模式的因素負荷量相等、結構模式的徑路係數

相等、外因潛在變項的共變相等、增列內因潛在變項殘差項的變異數相等。

- **測量殘差模式**：設定測量模式的因素負荷量相等、結構模式的徑路係數相等、外因潛在變項的共變相等、內因潛在變項殘差項的變異數相等、增列測量模式指標變項殘差項的變異數相等。

　　未增列估計模型平均數與截距項，執行多群組分析程序，增列的五個限制參數模式統整如下圖，從模型的複雜度與簡約度比較而言，愈外圍的模式其模型愈複雜、愈內圍的模式其模型愈簡約 (模式的自由度愈大)。

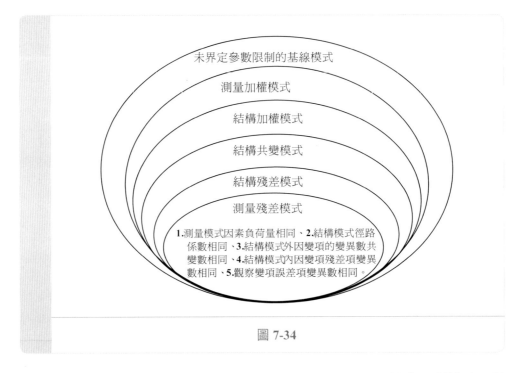

未界定參數限制的基線模式

測量加權模式

結構加權模式

結構共變模式

結構殘差模式

測量殘差模式

1.測量模式因素負荷量相同、2.結構模式徑路係數相同、3.結構模式外因變項的變異數共變數相同、4.結構模式內因變項殘差項變異數相同、5.觀察變項誤差項變異數相同。

圖 7-34

　　如果假設模型於分析屬性中勾選估計平均數與截距項，則參數限制模式又增列下列三個模式：測量截距模式 (Measurement intercepts)，跨群組測量變項的截距項相等；結構截距模式 (Structural intercepts)，跨群組內因潛在變項的截距項相等 (結構模式中依變項的截距項相同)；結構平均數模式 (Structural means)，跨群組外因潛在變項的平均數相同 (結構模式中自變項的平均數相同)。由於多群組假設模型未估計平均數與截距項，多群組分析對話視窗中，測量截距模式、結構截距模式、結構平均數模式無法選取勾選更改。

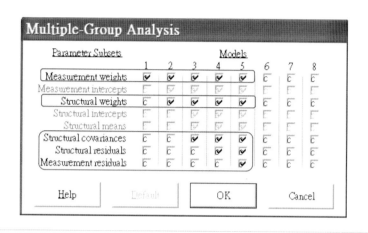

圖 7-35

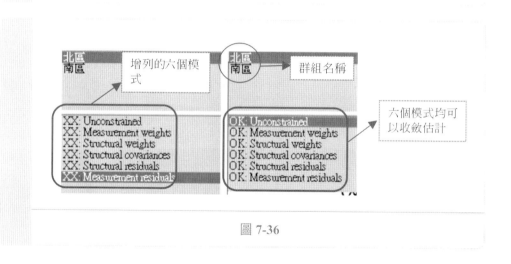

圖 7-36

　　「Models」方盒中增列五個參數限制模式，加一個未限制模式 (Unconstrained) 共有六個模式，若是模式可以收斂估計，則按『Calculate estimates』(計算估計值) 工具圖像鈕後，各模式名稱會出現「OK」，如果某個參數限制簡約模式無法識別，則模式估計結果不會出現「OK」提示語。

　　在「Models」方盒中選取各模式名稱，連按滑鼠二下可開啟「Manage Models」(管理模式) 對話視窗，視窗內會出呈現模式名稱及模式內參數限制的界定。測量加權模式為界定二個群組測量模式的相對應的因素負荷量徑路係數相等，其參數限制為：

NW1 = SW1 NW2 = SW2 NW3 = SW3 NW4 = SW4 NW5 = SW5 NW6 = SW6 NW9 = SW9 NW10 = SW10	假設模型四個測量模式共有十二個觀察變項，其中四個觀察變項界定為參照指標變項，其徑路係數均設定為 1，因而剩八條待估計的徑路係數。

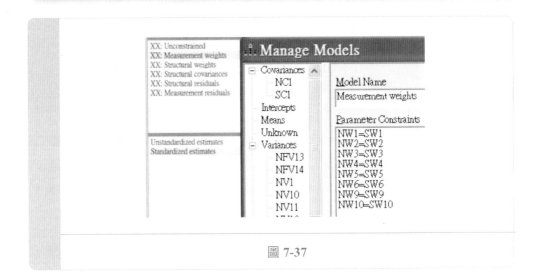

圖 7-37

　　結構加權模式除界定測量模式的因素負荷量相同外，增列界定結構模式中的因果徑路係數也相同 (因果模式的徑路係數共有四條)。

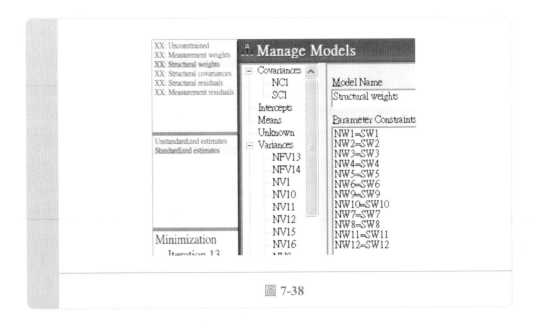

圖 7-38

結構共變模式除界定群組間測量模式的因素負荷量相同，結構模式中的因果徑路係數相同外，增列外因潛在變項的變異數相同 (NFV13 = SFV13、NFV14 = SFV14)、外因潛在變項間的共變數也相同 (NC1 = SC1)。

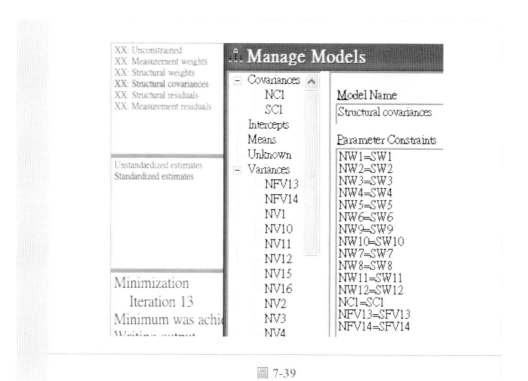

圖 7-39

五個模式的參數限制內容整理如下：

表 7-23　五個限制模式參數限制摘要表

Measurement weights	Structural weights	Structural covariances	Structural residuals	Measurement residuals
NW1 = SW1	NW1 = SW1	NW1 = SW1	NW1 = SW1	NW1 = SW1
NW2 = SW2	NW2 = SW2	NW2 = SW2	NW2 = SW2	NW2 = SW2
NW3 = SW3	NW3 = SW3	NW3 = SW3	NW3 = SW3	NW3 = SW3
NW4 = SW4	NW4 = SW4	NW4 = SW4	NW4 = SW4	NW4 = SW4
NW5 = SW5	NW5 = SW5	NW5 = SW5	NW5 = SW5	NW5 = SW5
NW6 = SW6	NW6 = SW6	NW6 = SW6	NW6 = SW6	NW6 = SW6
NW9 = SW9	NW9 = SW9	NW9 = SW9	NW9 = SW9	NW9 = SW9
NW10 = SW10	NW10 = SW10	NW10 = SW10	NW10 = SW10	NW10 = SW10

表 7-23 （續）

Measurement weights	Structural weights	Structural covariances	Structural residuals	Measurement residuals
	NW7 = SW7 NW8 = SW8 NW11 = SW11 NW12 = SW12	NW7 = SW7 NW8 = SW8 NW11 = SW11 NW12 = SW12 NC1 = SC1 NFV13 = SFV13 NFV14 = SFV14	NW7 = SW7 NW8 = SW8 NW11 = SW11 NW12 = SW12 NC1 = SC1 NFV13 = SFV13 NFV14 = SFV14 NV15 = SV15 NV16 = SV16	NW7 = SW7 NW8 = SW8 NW11 = SW11 NW12 = SW12 NC1 = SC1 NFV13 = SFV13 NFV14 = SFV14 NV15 = SV15 NV16 = SV16 NV1 = SV1 NV2 = SV2 NV3 = SV3 NV12 = SV12 NV11 = SV11 NV10 = SV10 NV7 = SV7 NV6 = SV6 NV5 = SV5 NV4 = SV4 NV8 = SV8 NV9 = SV9

二、各模式估計結果

(一)測量加權模式標準化估計值模型圖

　　測量加權模式為增列二個群組的因素負荷量相同，此時模式為二個群組的因素結構相同且其因素負荷量也相同。當二個群組基線模式 (未限制模式) 具有跨群組效度時，此時可將未限制模式的若干參數加以限制，使複雜的因果模型變成較為簡約的模型。

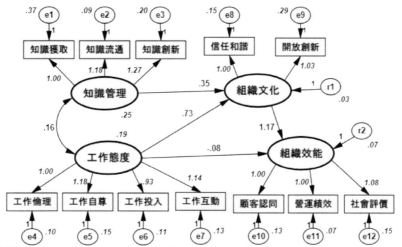

北區；Measurement weights；Unstandardized estimates；卡方值=333.627(p=.000)；卡方/df=3.147
GFI=.922；AGFI=.885；RMR=.024；RMSEA=.057；NFI=.944；CFI=.961；CN=264.000

圖 7-40

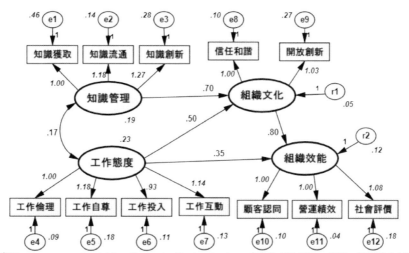

南區；Measurement weights；Unstandardized estimates；卡方值=333.627(p=.000)；卡方/df=3.147
GFI=.922；AGFI=.885；RMR=.024；RMSEA=.057；NFI=.944；CFI=.961；CN=264.000

圖 7-41

測量加權模式為界定二個群組四個測量模式之觀察變項的徑路係數 (因素負荷量) 相同，「知識管理」潛在構念三個觀察變項的因素負荷量 (原始徑路係數估計值) 均為 1.00、1.18、1.27；「工作態度」潛在構念四個觀察變項的因素負荷量 (原始徑路係數估計值) 均為 1.00、1.18、0.93、1.14；「組織文化」潛在構念二個觀察變項的因素負荷量 (原始徑路係數估計值) 均為 1.00、1.03；「組織效能」潛在構念三個觀察變項的因素負荷量 (原始徑路係數估計值) 均為 1.00、1.00、1.08。

(二)結構加權模式標準化估計值模型圖

結構加權模式為增列二個群組結構模式中的徑路係數相同 (測量加權模式為增列二個群組的測量模式之因素負荷量相同)，此時模式為二個群組的因素結構相同、測量模式的因素負荷量相同、結構模式因果影響的徑路係數相同。

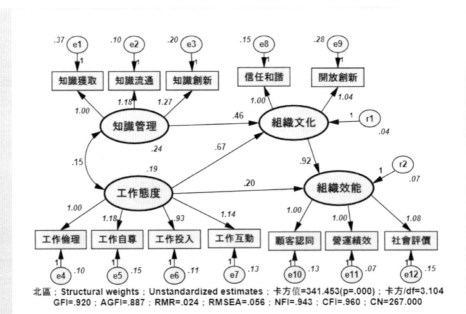

圖 7-42

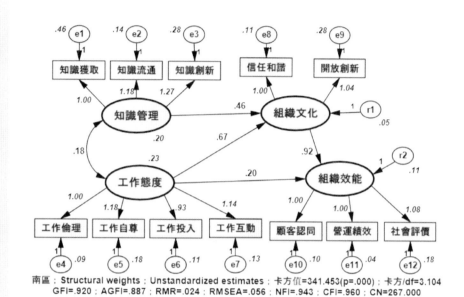

圖 7-43

結構加權模式為增列二個群組之結構模式的因果影響路徑的估計值相同,外因潛在變項「知識管理」對內因潛在變項「組織文化」的徑路係數為 .46,外因潛在變項「工作態度」對內因潛在變項「組織文化」、「組織效能」的徑路係數為 .67、.20,潛在變項「組織文化」對內因潛在變項「組織效能」的徑路係數為 .92。

(三)結構共變模式標準化估計值模型圖

結構共變模式為增列二個群組外因潛在變項變異數共變數矩陣相同 (包括變異數與共變數二個參數),此時模式為二個群組的因素結構相同、測量模式的因素負荷量相同、結構模式因果影響的徑路係數相同,外因潛在變項的變異數與共變數也相同。

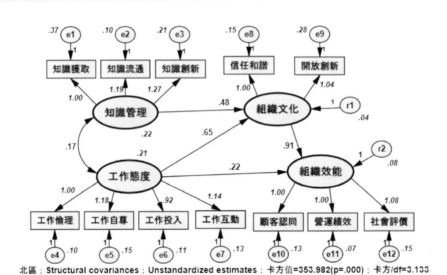

北區：Structural covariances；Unstandardized estimates；卡方值=353.982(p=.000)；卡方/df=3.133
GFI=.917；AGFI=.886；RMR=.032；RMSEA=.057；NFI=.941；CFI=.959；CN=263.000

圖 7-44

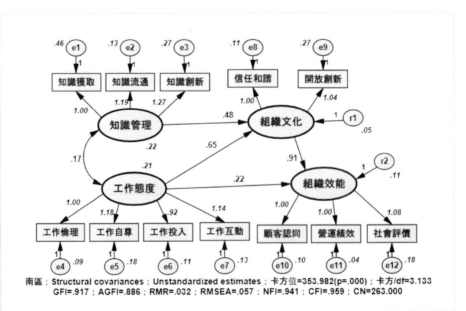

南區：Structural covariances；Unstandardized estimates；卡方值=353.982(p=.000)；卡方/df=3.133
GFI=.917；AGFI=.886；RMR=.032；RMSEA=.057；NFI=.941；CFI=.959；CN=263.000

圖 7-45

　　結構共變模式為增列二個群組外因潛在變項的變異數相同、外因潛在變項間的共變數相同。範例中二個外因潛在變項為「知識管理」、「工作態度」，二個外因潛在變項間的共變數為 .17，二個外因潛在變項的變異數分別為 .22、.21。未增列二個群組外因潛在變項結構共變模式前，北區群組「知識管理」、「工作態度」外因潛在變項的變異數估計值分別為 .24、.19，二個潛在變項的共變數估計值為 .15；南區群組「知識管理」、「工作態度」外因潛在變項的變異數估計值分別為 .20、.23，二個潛在變項的共變數估計值為 .18。

(四)結構殘差模式標準化估計值模型圖

　　結構殘差模式為增列二個群組結構模式之內因潛在變項預測殘差項的變異數相同，此時模式為二個群組的因素結構相同、測量模式的因素負荷量相同、結構模式因果影響的徑路係數相同、外因潛在變項的變異數與共變數相同、內因潛在變項預測殘差項的變異數也相同。

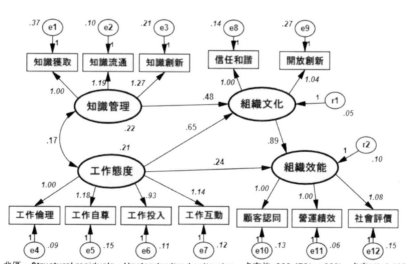

圖 7-46

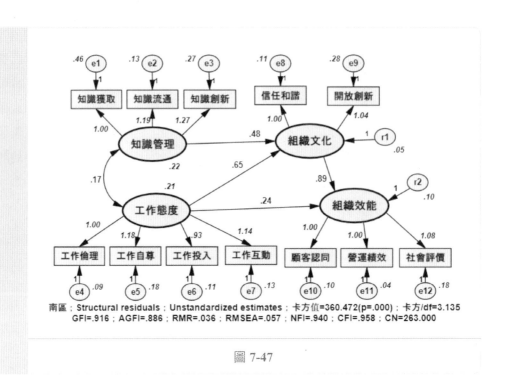

圖 7-47

　　結構殘差模式為增列二個群組在假設模型圖中的內因潛在變項的預測殘差項相同，內因潛在變項「組織文化」的預測殘差值為 .05、「組織效能」的預測殘差值為 .10。結構殘差估計值未加以限制前，北區群組二個預測殘差值分別為 .04、.08；南區群組二個預測殘差值分別為 .05、.11。

(五)測量殘差模式標準化估計值模型圖

　　測量殘差模式為增列二個群組測量模式之指標變項測量誤差項的變異數相同，此時模式為二個群組的因素結構相同、測量模式的因素負荷量相同、結構模式因果影響的徑路係數相同、外因潛在變項的變異數與共變數相同、內因潛在變項預測殘差項的變異數相同、指標變項測量誤差項的變異數也相同。

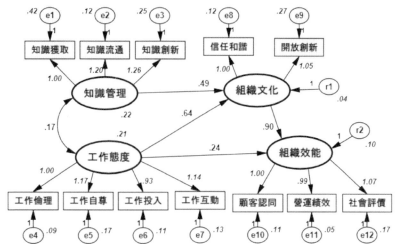

北區：Measurement residuals；Unstandardized estimates；卡方值=387.558(p=.000)；卡方/df=3.052
GFI=.911；AGFI=.891；RMR=.035；RMSEA=.055；NFI=.935；CFI=.955；CN=267.000

圖 7-48

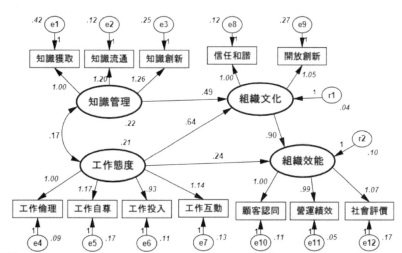

南區：Measurement residuals；Unstandardized estimates；卡方值=387.558(p=.000)；卡方/df=3.052
GFI=.911；AGFI=.891；RMR=.035；RMSEA=.055；NFI=.935；CFI=.955；CN=267.000

圖 7-49

　　測量殘差模式為增列二個群組四個測量模式之觀察變項的測量誤差項變異數相同。

三、巢狀模式表格的說明

表 7-24　**Nested Model Comparisons**
　　　　　Assuming model Unconstrained to be correct:【假定未限制模式是正確的】

Model	DF	CMIN	P	NFI Delta-1	IFI Delta-2	RFI rho-1	TLI rho2
Measurement weights (測量加權模式)	8	21.939	.005	.004	.004	−.001	−.001
Structural weights (結構加權模式)	12	29.766	.003	.005	.005	−.002	−.002
Structural covariances (結構共變模式)	15	42.295	.000	.007	.007	−.001	−.001
Structural residuals (結構殘差模式)	17	48.785	.000	.008	.008	−.001	−.001
Measurement residuals (測量殘差模式)	29	75.871	.000	.013	.013	−.003	−.003

　　在上述巢狀結果的比較中，其假定為未限制參數的基線模式 (A 模式) 是正確的，巢狀模式檢定的虛無假設與對立假設分別為：

虛無假設：限制參數的簡約模式 (B 模式) 是正確的 (可等同未限制參數的基線模式)，即限制模式 (模式 B) = 未限制模式 (模式 A)

對立假設：限制參數的簡約模式 (B 模式) 不是正確的 (不能等同未限制參數的基線模式)，即限制模式 (模式 B) ≠ 未限制模式 (模式 A)

　　以測量加權模式 (B 模式) 與未限制參數的基線模式 (A 模式) 的比較而言，二個模式的自由度分別為 106、98，自由度的差異值 = 106 − 98 = 8，二個模式適配度的卡方統計量分別為 333.627、311.688，卡方值差異量 $\Delta\chi^2$ = 333.627 − 311.688 = 21.939 ($\Delta\chi^2$ = 21.939 > $\chi^2_{(8,05)}$ = 15.507)，顯著性 p 值 = .005 < .01，拒絕虛無假設，當假定為未限制參數的基線模式 (A 模式) 是正確的情況下，限制參數的簡約模式 (B 模式) 並不等同基線模式 (A 模式)。由於卡方值差異量與卡方值一樣易隨樣本數大小而波動，因而限制模式是否等同未限制模式的判定時，若是各群組樣本數很大，研究者宜再參考四個增值適配度指標值的差異量。

　　從二個模式的增值適配度指標值來看，測量加權模式 (B 模式) 與未限制參數基線模式 (A 模式) 的 NFI 值分別為 .948、.944，NFI 值差異量 ΔNFI = .004；

二個模式的 RFI 值分別為 .930、.930，RFI 值差異量 ΔRFI = .000 (巢狀模式摘要中的數值為 −.001，數值的差異在於小數位數進位的差異誤差)；二個模式的 IFI 值分別為 .964、.961，IFI 值差異量 ΔIFI = .003 (表中差異量數值為 .004，數值的差異在於小數位數進位差異誤差)；二個模式的 TLI 值分別為 .951、.951，TLI 值差異量 ΔTLI = .000 (巢狀模式摘要中的數值為 −.001，數值的差異在於小數位數進位的差異誤差)，四個增值適配度指標值差異量絕對值均小於 .05，表示必須接受虛無假設：「限制參數的簡約模式 (B 模式) 等同未限制參數的基線模式 (A 模式)」，由於未限制參數的基線模式 (A 模式) 是正確的，因而限制參數的簡約模式 (B 模式) 也是正確的，限制參數的簡約模式 (B 模式) 具有跨地理位置群組效度。若是研究者直接進行 CFI 差異值的估算，則 ΔCFI 拒絕虛無假設的臨界值為絕對值大於 .01，如果 ΔCFI 絕對值小於 .01，顯示限制參數簡約模式 B 等同未限制參數模式 A 或較複雜模式。

表中五個虛無假設界定為：

模式檢定前提：假定未限制模式是正確的 (假設模型與觀察資料可以適配)

- 測量加權模式 (限制模式 B) = 基線模式 (未限制模式 A)
- 結構加權模式 (限制模式 C) = 基線模式 (未限制模式 A)
- 結構共變模式 (限制模式 D) = 基線模式 (未限制模式 A)
- 結構殘差模式 (限制模式 E) = 基線模式 (未限制模式 A)
- 測量殘差模式 (限制模式 F) = 基線模式 (未限制模式 A)

從巢狀模式摘要表可以發現，每個限制模式與未限制參數的基線模式 (A 模式) 之四個增值適配度指標值的差異量 ΔNFI、ΔIFI、ΔRFI、ΔTLI，其絕對值均小於 .05，表示沒有足夠證據可以拒絕虛無假設，當假定未限制參數的基線模式 (A 模式) 是正確的情況下，測量加權模式 (限制模式 B)、結構加權模式 (限制模式 C)、結構共變模式 (限制模式 D)、結構殘差模式 (限制模式 E)、測量殘差模式 (限制模式 F) 五個限制模式也都是正確的，「正確」指的是限制參數的假設模型可以得到支持，五個限制參數模型均具有跨群組效度。

六種模式之整體適配度統計量中的 SRMR 指標值要另外求出。其餘適配度統計量可從「Model Fit Summary」(模式適配度) 摘要表中查看。下表只呈現各模式卡方值與自由度，及增值適配度統計量。

表 7-25 **CMIN**

Model	NPAR 待估計自由 參數	CMIN 卡方值	DF 自由度	P 顯著性	CMIN/DF
Unconstrained (未限制模式)	58	311.688	98	.000	3.180
Measurement weights (測量加權模式)	50	333.627	106	.000	3.147
Structural weights (結構加權模式)	46	341.453	110	.000	3.104
Structural covariances (結構共變模式)	43	353.982	113	.000	3.133
Structural residuals (結構殘差模式)	41	360.472	115	.000	3.135
Measurement residuals (測量殘差模式)	29	387.558	127	.000	3.052

表 7-26 **Baseline Comparisons**【增值適配度統計量】

Model	NFI Delta1	RFI rho1	IFI Delta2	TLI rho2	CFI	△CFI
Unconstrained (未限制模式)	.948	.930	.964	.951	.963	-----
Measurement weights (測量加權模式)	.944	.930	.961	.951	.961	−.002
Structural weights (結構加權模式)	.943	.931	.960	.952	.960	−.003
Structural covariances (結構共變模式)	.941	.931	.959	.952	.959	−.004
Structural residuals (結構殘差模式)	.940	.931	.958	.952	.958	−.005
Measurement residuals (測量殘差模式)	.935	.932	.955	.954	.955	−.008

　　未限制模式及五個參數限制模式的增值適配度統計量均大於 .90，其中 IFI 值、TLI 值、CFI 值都大於 .95 理想適配臨界值。以未限制模式為基線模式 A 時，五個限制模式與基線模式 CFI 值的差異分別為 −.002、−.003、−.004、−.005、−.008，五個△CFI 絕對值皆小於 .01，表示當基線模式為正確模型時，測量加權模式、結構加權模式、結構共變模式、結構殘差模式、測量殘差模式也為正確模型時，由於基線模式 A 具有跨地理位置效度，因而五個限制模式也具有跨地理位置效度。

　　跨群組六個假設模型的 SRMR 適配度統計量未呈現於「Model Fit Summary」(模式適配度摘要表) 中，研究者要執行功能列「Plugins」(增列)／「Standardized RMR」(SRMR) 程序，另外求出。按計算估計值工具圖像鈕後，六個模式的 SRMR 值出現的視窗界面如下：

Standardized RMR

```
Unconstrained
    Standardized RMR = .0414
Measurement weights
    Standardized RMR = .0438
Structural weights
    Standardized RMR = .0430
Structural covariances
    Standardized RMR = .0482
Structural residuals
    Standardized RMR = .0475
Measurement residuals
    Standardized RMR = .0519
```

圖 7-50

將所有適配度統計量指標值整理如下：

【表格範例】

表 7-27 組織效能因果模式跨地理位置效度之未限制模式與五種限制模式整體適配度指標值摘要表

統計檢定量	未限制模式	測量加權模式	結構加權模式	結構共變模式	結構殘差模式	測量殘差模式
自由度	98	106	110	113	115	127
絕對適配度指數						
χ^2 值 (p>.05)	311.688 (p<.001)	333.627 (p<.001)	341.453 (p<.001)	353.982 (p<.001)	360.472 (p<.001)	387.558 (p<.001)
RMR 值 (<0.05)	.018	.024	.024	.032	.036	.035
RMSEA 值 (<0.08)	.057	.057	.056	.057	.057	.055
SRMR (<0.05)	.041	.044	.043	.048	.048	.052#
GFI 值 (>.90 以上)	.927	.922	.920	.917	.916	.911
AGFI 值 (>.90 以上)	.884#	.855#	.887#	.886#	.886#	.891#
CN 值 (>200)	263	264	267	263	263	267
χ^2 自由度比 (<3.00)	3.180#	3.147#	3.104#	3.133#	3.135#	3.052#
增值適配度指數						
NFI 值 (>.90 以上)	.948	.944	.943	.941	.940	.935
RFI 值 (>.90 以上)	.930	.930	.931	.931	.931	.932
IFI 值(>.90 以上)	.964	.961	.960	.959	.958	.955

表 7-27 （續）

統計檢定量	未限制模式	測量加權模式	結構加權模式	結構共變模式	結構殘差模式	測量殘差模式
TLI 值(NNFI 值)(>.90 以上)	.951	.951	.952	.952	.952	.954
CFI 值(>.90 以上)	.963	.961	.960	.959	.958	.955
簡約適配度指數						
PGFI 值(>.50 以上)	.583	.627	.649	.664	.675	.742
PNFI 值(>.50 以上)	.704	.758	.786	.805	.819	.900
PCFI 值(>.50 以上)	.715	.772	.800	.821	.835	.919
模式競爭指標值						
AIC 值 (愈小愈好)	427.688	433.627	433.453	439.982	442.472	312.000
ECVI 值 (愈小愈好)	.640	.649	.649	.659	.667	.467

註：#符號表示適配度指標值未達理想標準指標值。

　　從簡約適配度指標值來看，六個競爭模式比較之 AIC 值與 ECVI 值均以測量殘差模式的值最小，測量殘差模式的 AIC 值等於 312.000 (AIC 值愈小表示假設模型在不同群組的一致性愈佳)、ECVI 值等於 .467 (ECVI 值愈小表示假設模型在不同群組的差異性愈小)。當數個假設模型適配度均達到模式適配標準時，愈簡約的模型表示模型愈佳。若是研究者要從六個假設模型中選擇一個最簡約的模式，則以「測量殘差模式」最佳。

柒、性別變項之多群組分析

一、建立基線模式圖

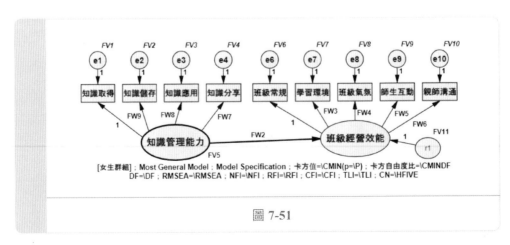

圖 7-51

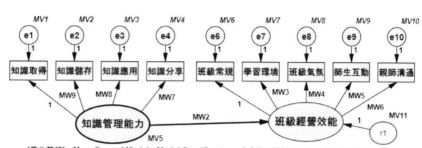

圖 7-52

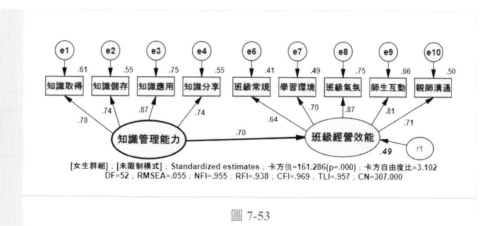

圖 7-53

　　多群組分析之假設模型可以識別，女生群組未限制模式之標準化估計值模型圖中沒有出現標準化迴歸係數大於 1 的不合理解值。「知識管理能力」潛在構念四個觀察變項的因素負荷量分別為 .78、.74、.87、.74；「班級經營效能」潛在構念五個觀察變項的因素負荷量分別為 .64、.70、.87、.81、.71，外因潛在變項「知識管理能力」對內因潛在變項「班級經營效能」影響的標準化徑路係數為 .70，解釋變異量 R^2 為 .49。

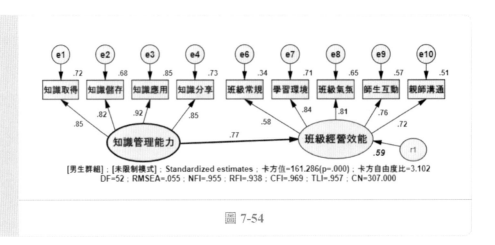

圖 7-54

　　多群組分析之假設模型可以識別,男生群組未限制模式之標準化估計值模型圖中沒有出現標準化迴歸係數大於 1 的不合理解值。「知識管理能力」潛在構念四個觀察變項的因素負荷量分別為 .85、.82、.92、.85 (女生群組的數值為 .78、.74、.87、.74);「班級經營效能」潛在構念五個觀察變項的因素負荷量分別為 .58、.84、.81、.76、.72 (女生群組的數值為 .64、.70、.87、.81、.71),外因潛在變項「知識管理能力」對內因潛在變項「班級經營效能」影響的標準化徑路係數為 .77,解釋變異量 R^2 為 .59 (女生群組的數值為 .70,解釋變異量 R^2 為 .49)。

　　多群組分析的自由度為 52,模式適配度的卡方值為 161.286 (p < .001),卡方自由度比值為 3.102,RMSEA 值為 .055、NFI 值為 .955、RFI 值為 .938、CFI 值為 .969、TLI 值為 .957,CN 值為 307.000。多群組假設模型與觀察資料可以適配,由於觀察資料為女生群組、男生群組二個群體,表示假設模型在女生、男生群組有相同的因素組態與結構組態,外因潛在變項「知識管理能力」對內因潛在變項「班級經營效能」影響的因果模式具有跨性別的效度。由於此種多群組分析沒有界定二個群組的參數限制條件,因而模式最為複雜,此種複雜的假設模型即為多群組分析的基線模式。

　　多群組分析中各群組參數摘要如下:

表 7-28 **Parameter summary ([女生群組])**

	Weights	Covariances	Variances	Means	Intercepts	Total
Fixed	12	0	0	0	0	12
Labeled	8	0	11	0	0	19
Unlabeled	0	0	0	0	0	0
Total	20	0	11	0	0	31

　　女生群組中固定參數有 12 個、增列參數名稱的自由參數有 19 個 (被估計的自由參數包括 8 個徑路係數、11 個變異數)，全部的參數有 31 個。

表 7-29 **Parameter summary ([男生群組])**

	Weights	Covariances	Variances	Means	Intercepts	Total
Fixed	12	0	0	0	0	12
Labeled	8	0	11	0	0	19
Unlabeled	0	0	0	0	0	0
Total	20	0	11	0	0	31

　　男生群組中固定參數有 12 個、增列參數名稱的自由參數有 19 個 (被估計的自由參數包括 8 個徑路係數、11 個變異數)，全部的參數有 31 個。從各群組的參數摘要表也可作為未限制模式參數的命名是否有誤，若是二個群組的相對應的數值不同，可能參數的命名未能對應。

Notes for Model ([未限制模式])

Computation of degrees of freedom ([未限制模式])

　　　　Number of distinct sample moments: 　90

Number of distinct parameters to be estimated: 　38

　　　　　　Degrees of freedom (90 − 38): 　52

　　基線模式共有 9 個觀察變項，假設模型的資料點個數為 $9 \times (9 + 1) \div 2 = 45$，群組的個數為 2，資料點的總個數為 $45 \times G = 45 \times 2 = 90$，基線模式中待估計的自由參數總個數等於 $19 \times 2 = 38$，模式的的自由度為 $90 - 38 = 52$ (單群組分析時，模型的自由度為 $45 - 19 = 26$)。

　　假設模型中增列估計平均數與截距項時，基線模式 (未限制模式) 中，測量模式之觀察變項誤差項的平均數界定為固定參數，其參數限制為 0，外因潛在變項的平均數界定為固定參數，其常數限定為 0，內因潛在變項的參數沒有平均數參數，只有預測的截距項，截距項的參數也為固定參數，其常數限定為 0。模式中若沒有將這些變項平均數界定為固定參數 (參數的數值一般為 0)，則假設模型估計時通常無法識別。

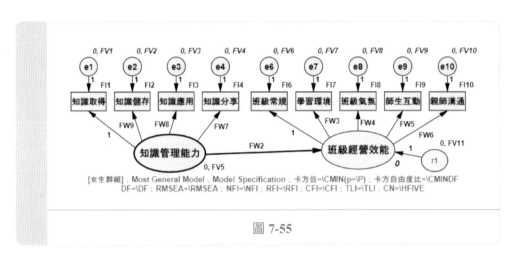

圖 7-55

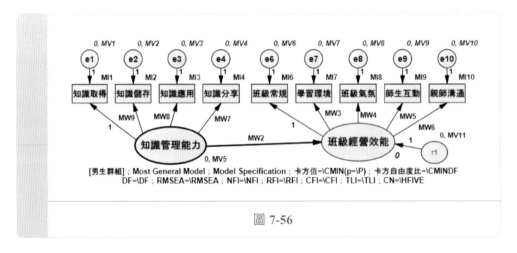

圖 7-56

二、增列基線模式圖的參數標籤

　　多群組分析的操作基本步驟：

(一)繪製基線模式圖

以單群組分析而言,基線模式圖必須適配於單群組樣本資料,如果假設模型與單群組觀察資料無法適配,則假設模型無法得到支持,此時再進行多群組分析便沒有實質意義。

(二)執行功能列「Analyze」(分析)/「Manage Groups」(管理群組) 程序,開啟「Mange Groups」對話視窗,新建與命名群組名稱

(三)執行功能列「Plugins」(增列)/「Name Parameters」(命名參數) 程序,開啟「Amos Graphics」對話視窗,依選取群組名稱 (標的群體) 輸入參數起始字母,範例中女生群體模型的參數標籤名稱以「F」作為起始字母,共變數參數為 FC、迴歸係數為 FW、變異數為 FV、平均數為 FM、截距項為 FI

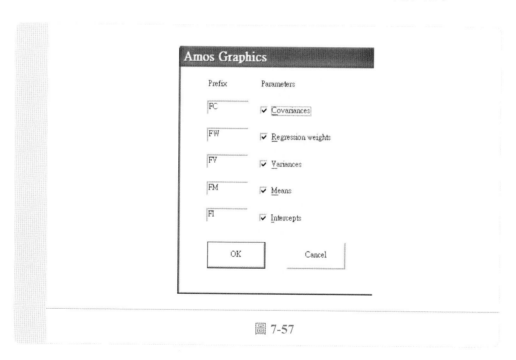

圖 7-57

(四)更改男生群組的參數標籤名稱

執行「Plugins」(增列)/「Name Parameters」(命名參數) 程序,AMOS 自動增列的參數名稱各群組皆相同,當二個群組相對應物件的參數名稱一樣時,表示限制二個群組在此物件的參數估計值相同,研究者可利用「物件屬性」(Object Properties) 對話視窗,更改每個物件的參數標籤時。「物件屬性」(Object

Properties) 對話視窗中,若是勾選「☑ All groups」選項,則設定更改的參數標籤或參數數值會套用於所有群組中,如果研究者只要更改或設定選定的群組之模式參數標籤或參數數值,只要將所有群組的勾選取消即可「□All groups」。

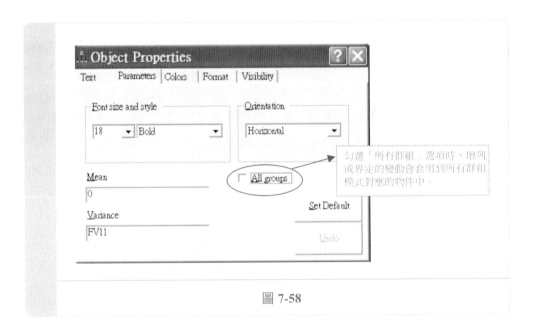

圖 7-58

(五)選擇群組的資料檔與變項

通常 AMOS 分析的資料檔都是「*.sav」的資料檔 (SPSS 統計軟體的資料檔),群組為背景變項之一,背景變項的水準數值編碼為各群組的樣本,範例中,教師性別變項的變數名稱為「性別」,性別因子的水準數值 1 表示女生樣本、水準數值 2 表示男生樣本。

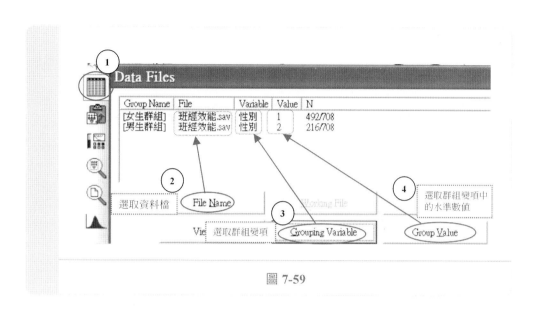

圖 7-59

三、建立巢狀模式

表 7-30　多群組分析八個限制模式參數的說明摘要表

限制模式名稱	增列參數限制	群組參數標籤名稱
測量加權模式	增列群組間測量模式之徑路係數估計值 (因素負荷量) 相同	FW9 = MW9 FW7 = MW7 FW3 = MW3 FW4 = MW4 FW5 = MW5 FW6 = MW6 FW8 = MW8
測量截距模式	增列群組間測量模式觀察變項的截距項相同	FI1 = MI1 FI2 = MI2 FI3 = MI3 FI4 = MI4 FI6 = MI6 FI7 = MI7 FI8 = MI8 FI9 = MI9 FI10 = MI10
結構加權模式	增列群組間結構模式的徑路係數估計值相同	FW2 = MW2
結構截距模式	增列群組間結構模式中內因潛在變項的截距項估計值相同	FI11 = 0
結構平均數模式	增列群組間結構模式中外因潛在變項的平均數估計值相同	FM5 = 0

表 7-30 （續）

限制模式名稱	增列參數限制	群組參數標籤名稱
結構共變模式	增列群組間結構模式中外因潛在變項間的共變數相同，外因潛在變項的變異數相同	FV5 = MV5
結構殘差模式	增列群組間結構模式中內因潛在變項的預測殘差項相同	FR1 = MR1
測量殘差模式	增列群組間測量模式中觀察變項的測量誤差項相同	FV1 = MV1 FV2 = MV2 FV3 = MV3 FV4 = MV4 FV6 = MV6 FV7 = MV7 FV8 = MV8 FV9 = MV9 FV10 = MV10

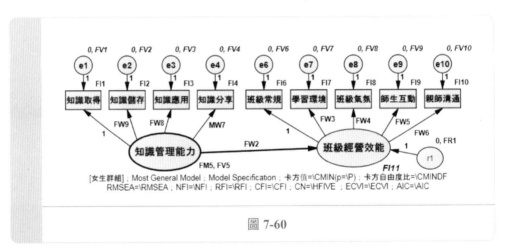

圖 7-60

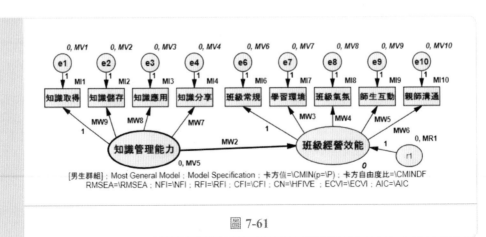

圖 7-61

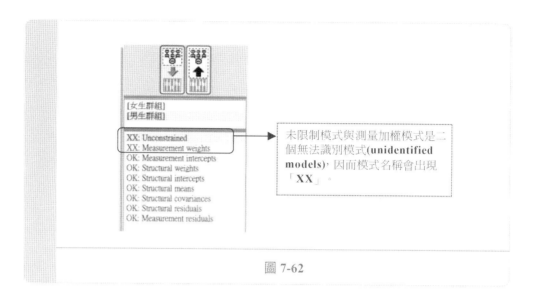

圖 7-62

　　二個群組之測量殘差模式非標準化估計值模式圖如下。此模式中被估計的自由參數個數最少，因而模式的自由度最大 (自由度等於 80)，模式估計的卡方值為 273.008。

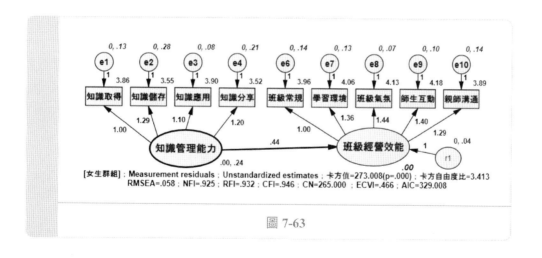

圖 7-63

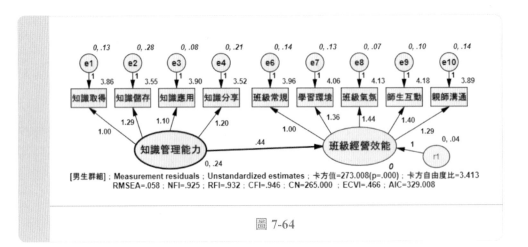

圖 7-64

表 7-31

限制模式名稱	參數限制說明	參數名稱	參數估計值
測量加權模式	增列群組間測量模式之徑路係數估計值 (因素負荷量) 相同	FW9 = MW9 FW7 = MW7 FW3 = MW3 FW4 = MW4 FW5 = MW5 FW6 = MW6 FW8 = MW8	1.29 1.20 1.36 1.44 1.40 1.29 1.10
測量截距模式	增列群組間測量模式觀察變項的截距項相同	FI1 = MI1 FI2 = MI2 FI3 = MI3 FI4 = MI4 FI6 = MI6 FI7 = MI7 FI8 = MI8 FI9 = MI9 FI10 = MI10	3.86 3.55 3.90 3.52 3.96 4.06 4.13 4.18 3.89
結構加權模式	增列群組間結構模式的徑路係數估計值相同	FW2 = MW2	.44
結構截距模式	增列群組間結構模式中內因潛在變項的截距項估計值相同	FI11 = 0	.00
結構平均數模式	增列群組間結構模式中外因潛在變項的平均數估計值相同	FM5 = 0	.00
結構共變模式	增列群組間結構模式中外因潛在變項間的共變數相同，外因潛在變項的變異數相同	FV5 = MV5	.24
結構殘差模式	增列群組間結構模式中內因潛在變項的預測殘差項相同	FR1 = MR1	.04

表 7-31　（續）

限制模式名稱	參數限制說明	參數名稱	參數估計值
測量殘差模式	增列群組間測量模式中觀察變項的測量誤差項相同	FV1 = MV1 FV2 = MV2 FV3 = MV3 FV4 = MV4 FV6 = MV6 FV7 = MV7 FV8 = MV8 FV9 = MV9 FV10 = MV10	.13 .28 .08 .21 .14 .13 .17 .10 .14

表 7-32　**Model Fit Summary【適配度統計量】**
　　　　 CMIN

Model	NPAR	CMIN	DF	P	CMIN/DF
Measurement intercepts	42	205.475	66	.000	3.113
Structural weights	41	209.532	67	.000	3.127
Structural intercepts	40	209.617	68	.000	3.083
Structural means	39	211.533	69	.000	3.066
Structural covariances	38	234.277	70	.000	3.347
Structural residuals	37	234.953	71	.000	3.309
Measurement residuals	28	273.008	80	.000	3.413

　　「Measurement intercepts」、「Structural weights」、「Structural intercepts」、「Structural means」、「Structural covariances」、「Structural residuals」、「Measurement residuals」七個模型整體適配度的卡方值分別為 205.475 (p < .001)、209.532 (p < .001)、209.617 (p < .001)、211.533 (p < .001)、234.277 (p < .001)、234.953 (p < .001)、273.008 (p < .001)。進行多群組分析若是各群組樣本資料數較大，限制模型整體適配度統計量卡方值應作為參考指標之一，研究者應再從各適配度統計量的適配情形進行整體判別。

表 7-33　**Baseline Comparisons**

Model	NFI Delta1	RFI rho1	IFI Delta2	TLI rho2	CFI
Measurement intercepts	.943	.938	.961	.957	.961
Structural weights	.942	.938	.960	.957	.960

表 7-33　（續）

Model	NFI Delta1	RFI rho1	IFI Delta2	TLI rho2	CFI
Structural intercepts	.942	.939	.960	.958	.960
Structural means	.942	.939	.960	.958	.960
Structural covariances	.935	.933	.954	.952	.954
Structural residuals	.935	.934	.954	.953	.954
Measurement residuals	.925	.932	.945	.951	.946

七個限制模式的增值適配度統計量均符合標準。

四、未勾選平均數與截距項的巢狀模式

圖 7-65

多群組分析中未於「分析屬性」內勾選估計平均數與截距項，執行功能列「分析」(Analyze)／「多群組分析」(Multiple-Group Analysis) 程序，增列的五個參數限制模式為：測量加權模式、結構加權模式、結構共變模式、結構殘差模式、測量殘差模式，五個參數限制模式與未限制模式之模型估計結果，六個模型均可識別收斂。

表 7-34

限制模式名稱	參數限制說明	參數名稱
測量加權模式	增列群組間測量模式之徑路係數估計值 (因素負荷量) 相同	FW9 = MW9 FW7 = MW7 FW3 = MW3 FW4 = MW4 FW5 = MW5 FW6 = MW6 FW8 = MW8
結構加權模式	增列群組間結構模式的徑路係數估計值相同	FW2 = MW2
結構共變模式	增列群組間結構模式中外因潛在變項間的共變數相同，外因潛在變項的變異數相同	FV5 = MV5
結構殘差模式	增列群組間結構模式中內因潛在變項的預測殘差項相同	FV11 = MV11
測量殘差模式	增列群組間測量模式中觀察變項的測量誤差項相同	FV1 = MV1 FV2 = MV2 FV3 = MV3 FV4 = MV4 FV6 = MV6 FV7 = MV7 FV8 = MV8 FV9 = MV9 FV10 = MV10

二個群組之測量殘差模式之非標準化估計值模式圖如下：

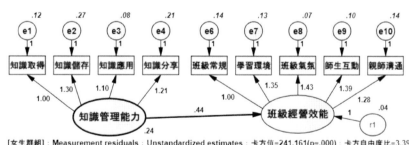

圖 7-66

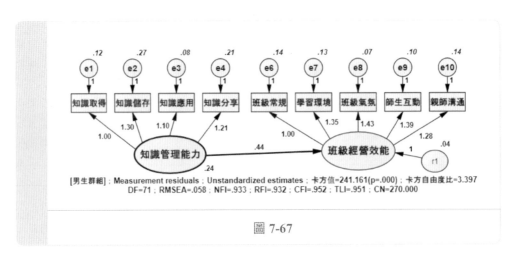

圖 7-67

表 7-35　**Model Fit Summary**
　　　　Baseline Comparisons

Model	NFI Delta1	RFI rho1	IFI Delta2	TLI rho2	CFI
Unconstrained	.955	.938	.969	.957	.969
Measurement weights	.951	.940	.967	.959	.967
Structural weights	.950	.940	.966	.959	.966
Structural covariances	.944	.934	.960	.953	.960
Structural residuals	.944	.934	.960	.953	.960
Measurement residuals	.933	.932	.952	.951	.952

未限制模式與五個限制的增制適配度統計量均符合模式適配標準。

表 7-36　**RMSEA**

Model	RMSEA	LO 90	HI 90	PCLOSE
Unconstrained	.055	.045	.064	.206
Measurement weights	.053	.044	.062	.265
Structural weights	.053	.045	.062	.251
Structural covariances	.057	.049	.066	.075
Structural residuals	.057	.048	.066	.089
Measurement residuals	.058	.050	.066	.044
Independence model	.264	.257	.271	.000

未限制模式與五個限制的 RMSEA 值均小於 .06，表示六個模式符合模式適配標準。

表 7-37　**AIC**

Model	AIC	BCC	BIC	CAIC
Unconstrained	237.286	239.971		
Measurement weights	239.068	241.258		
Structural weights	241.017	243.136		
Structural covariances	261.385	263.434		
Structural residuals	260.042	262.020		
Measurement residuals	279.161	280.504		

由於未限制模式與五個限制模式均具有多群組效度，研究者若是要從六個模式中選擇一個最佳的模式，可從六個模式的 AIC 指標值與 BCC 指標值來判別，就 AIC 指標值來看，以未限制模式的 AIC 值最小，其數值為 237.286；就 BCC 指標值來看，以未限制模式的 BCC 值最小，其數值為 239.971，因而六個均具有跨性別群組效度的模式比較而言，最佳的模式為未限制參數的基線模式。

表 7-38　**ECVI**

Model	ECVI	LO 90	HI 90	MECVI
Unconstrained	.336	.287	.396	.340
Measurement weights	.339	.287	.401	.342
Structural weights	.341	.289	.404	.344
Structural covariances	.370	.314	.437	.373
Structural residuals	.368	.312	.435	.371
Measurement residuals	.395	.334	.468	.397

從 ECVI 與 MECVI 值來看，未限制參數模式的 ECVI 值在六個模式中最小，其數值為 .336；未限制參數模式的 MECVI 值在六個模式中也最小，其數值為 .340，表示未限制模式在六個模式中是最佳的模式。

主要參考書目

Byrne, B. M. (2010). Structural equation modeling with AMOS: Basic concepts, application, and programming. New York: Routledge.

Hair, J. F., Black, W. C, Babin, B. J., & Anderson, R. E. (2010). Multivariate data analysis: A Global Perspective. Upper Sadder River, NJ: Prentice-Hall.

吳明隆 (2009)。結構方程模式——方法與實務應用。高雄：麗文。

貝氏估計法

　　SEM 分析若是在小樣本情況下，不宜採用最大概似法，因為 ML 法的參數估計適用於大樣本的情境，此時，研究者可改用貝氏估計分析，估計參數後驗分配 (posterior distribution) 的後驗平均數 (又稱事後平均數)，後驗平均數為參數的點估計值；此外，貝氏分析法也可以估計觀察變項為非計量的模型 (觀察變項為類別或間斷變項，或資料共變為一種非線性共變關係)，當模式聚斂時，參數後驗分配機率圖會趨近於常態分態曲線。

壹、貝氏估計法相關理論

　　在最大概似估計及假設檢定中，模型參數的真正數值被視為「固定而未知」的參數 (fixed but unknown)，而從所提供的樣本參數之估計則被檢視為是一種「隨機而已知」的參數 (random but known)。另一個統計推論的替代方法稱為貝氏方法 (Bayesian approach)，此方法可以檢視任何隨機變數的未知數量值，且指派其機率分配情形。從貝氏觀點，真正模型參數是未知的，因此也被認定為隨機的，這些參數的分布是一種聯合機率分配，此種分配並不意謂參數估計值在某些情境是變動的或改變的。相對地，此種分配目的在於總結人們的「知識狀況」 (state of knowledge)，或者總結現在所知道的參數是什麼。所蒐集樣本資料之前的參數分配稱為「先驗分配」 (prior distribution)，一旦分析完觀察資料，資料所提供的證據可藉由公式「貝氏法則」 (Bayes' Theorem) 來和先驗分配結合，之後的結果是參數的更新分配，稱為後驗分配 (posterior distribution) 或事後機率分配，其反映出資料未蒐集前假設模型待估計參數的先驗信念與實徵證據的結合 (Bolstad, 2004)。先驗分配 (或以先驗一詞簡化) 指的是參數在實際被觀察前的機率分配，事後分配指的是參數被觀察後與先驗分配結合的機率分配，更新的聯合分配根據為貝氏理論公式及模型反映先驗信念 (有關參數估計) 與實證證據資料上面，聯合分配二個重要性特徵為：事後分配的平均數 (Mean) 可作為參數估計值，事後分配的標準差 (S.D.) 可作為 ML 估計法中的標準誤 (Byrne, 2010)，就一個未知參數 θ 而言，如果其先驗分配機率 (事前分配機率) 為 $p(\theta)$，事後分配機率為 $p(\theta|y)$，y 為觀察資料，則事後分配機率為 $p(\theta|y)$ 等於參數 θ 先驗分配機率 $p(\theta)$ 與觀察資料 y 最大概似值的乘積。

　　貝氏分析的優點包括允許使用真正先驗分配的性質，另外加上現有可用的觀

察資料，經過複雜的演算程序產生有用的統計量數，如事後分配的平均數、百分比、標準差、平均數 95% 信賴區間等。貝氏分析的抽樣方法是根據 MCMC (馬可夫鏈蒙地卡羅) 樣本產製法，而非依靠漸進理論，因而對於小樣本資料結構而言，參數估計會更為可靠。未知參數之貝氏估計值的估算是從充足的大樣本觀察值而來，這些觀察值是藉由標準的 Gibbs 取樣法，或 Metropolis Hastings 演算法所產製的樣本事後機率分配，此外，貝氏分析法的輸出數據也包括事後機率分配的標準誤估計值、最高的事後密度值 (HPD) 區間等，這些統計量數可以評估貝氏估計值的變動性情形，假設模型的適配度評估也可以藉由事後預測性 p 值統計量取代傳統的卡方值統計量 (Song & Lee, 2006, p.339)。

人們對於模型參數聯合事後分配機率的視覺化及詮釋上通常會有困難。因此，當執行貝氏分析，研究者需要總結較容易詮釋的後驗分配機率，一個好的方法是每次重新繪製一個參數的邊緣事後機率密度。一般而言，特別在大樣本資料青況下，每個參數邊緣後驗分配機率趨近或近似於常態分配。邊緣事後分配的平均數，稱為事後平均數或後驗平均值 (posterior mean)，此數值也是一種參數估計值，邊緣事後分配的標準稱為「事後標準差」(posterior standard deviation)，事後標準差類似於傳統標準差，是一個不確定測量值。類似的信賴區間 (confidence interval) 值可以從邊緣後驗分配的百分比估算出來，區間範圍在從 2.5% 到 97.5% 間，此區間為貝氏 95% 的可靠區間 (credible interval)。假如邊緣事後分配機率近似於常態，則貝氏 95% 可靠區間大約為事後分配平均數 ±1.96 事後分配標準差。在此種情況下，假設於一常態抽樣分配下進行參數估計，則貝氏 95% 可靠區間等同於一般推論統計的信賴區間。假如後驗分配機率不是成常配分配，事後分配平均數的區間就不會成對稱現象，因此，貝氏估計法比傳統模型任一種估計方法有較佳的特性 (Arbuckle, 2006, pp.389-390)。

不像傳統的信賴區間，貝氏可靠區間被視為是參數本身的可能性解釋；Prob (a≦θ≦b) = 0.95 字面上來說，為有 95% 機率可以確定 θ 的真正數值是介於 a 和 b 之間。邊緣後驗分配的尾區域 (tail areas) 面積甚至可以作為一種假設檢定的貝氏 p 值。對於 θ 而言，如果 96.5% 的區域落於邊緣事後分配密度驗之中，則 θ 數值位於某一值 a 的右邊，那麼貝氏 p 值 (0.045) 所考驗的假設為：考驗虛無假設時為 θ≦a，考驗對立假設時為 θ > a，在此情況下，可以說是「有 96.5% 可以確定對立假設是真的」(相對地，虛無假設是假的)。雖然貝氏推論理念可以

回溯至 18 世紀後期，但至近期才使用於統計學方面，對某些研究者而言，不太喜愛採用貝氏方法乃是根源於哲學上的不喜歡感受，其中包括檢視信念狀況的機率及選擇先驗分配的內在主觀性。但是就大部分的模型檢定而言，使用貝氏分析法者很少，因為之前估算總合的聯合事後分配機率程序十分繁雜，其便利性不足。貝氏估計模型參數程序所採用的稱為「馬可夫鏈蒙地卡羅」 (Markov chain Monte Carlo；[MCMC]) 的模擬技術，現在藉由電腦程式，即使是複雜問題也可從高面向聯合事後分配機率，順利估算出參數的隨機數值。藉用 MCMC 的方法，可以簡易得到事後分配總合統計量，如描繪聚斂直方圖，計算出樣本平數與百分比值 (Arbuckle, 2006, p.390)。

貝氏估計時應考量的議題為：是否有足夠樣本可以產出穩定的參數估計？在說明此問題之前，研究者應先知道何謂聚斂程序。MCMC 算術聚斂程序和最大概似法所使用的非隨意化聚斂方法是不相同的，要正確了解 MCMC 聚斂程序，研究者需要分辨二種不同類型的聚斂方式 (Arbuckle, 2006, pp.400-401)。

第一種類型稱為「分配中聚斂」 (convergence in distribution)，它代表的是分析樣本是從參數實際聯合事後分配中描繪而得的，分配中聚斂發生在置入期程 (burn-in period)，算式運算期間會逐次忽略起始開始數值，因為這些樣本可能無法正確代表實際事後分配情形，所以必須被拋棄，預設置入期程的數值是 500，此種設定是相當保守的，對大部分問題而言，實際運算時所需時間會較久。一旦置入期程結束，Amos 開始蒐集分析樣本資料，並且反覆檢視這些樣本是否可以足夠正確地估計總合統計量，總合統計量如事後平均數。

第二種類型稱為「事後加總聚斂」 (convergence of posterior summaries)，「事後加總聚斂」是較複雜程序，因為分析樣本不是互為獨立，而是一種自動相關的時間序列關係，如第 1001 樣本和第 1000 個是相關的，依次，它和第 999 個也是相關的，以此類推，這些相關是 MCMC 方法的內在特性，因為這些相關，從 5500 個分析樣本 (不論抽取樣本數的數量) 的總合統計量會有更多的變項，此結果比假定 5500 個樣本是獨立而沒有相關之總合統計量的變項還多，然而，當 MCMC 繼續計算更多的分析樣本後，事後總合統計量會漸次穩定。

Amos 提供幾個診斷資訊幫研究者檢查總合統計量估計情形的聚斂程度，此種聚斂統計量是一個整體的聚斂統計量 (convergence statistic；[C.S.]) 量測值，聚斂統計量測量測值是根據 Gelman、Carlin、Stern 和 Rubin (2004) 等人的論點。

C.S. 值如果等於 1，表示它是一種代表完美聚斂 (perfect converge)，如果 C.S. 的數值較大，表示必須再創造出更多的分析樣本，才能使事後總合統計量估計值更精準；相對地，若是 C.S. 的數值已夠小，表示不必再產製更多的樣本，C.S. 可比較分析樣本內部的變項，和跨越部分樣本的變項，貝氏法視窗內定的 C.S. 臨界值為 1.002，模式估計的 C.S. 值若大於 1.002，Amos 會出現一個紅色哭喪的臉☺，表示整體參數尚未達到穩定或正確的數值，必須再產製更多的 MCMC 模擬樣本以增加參數估計值的可靠性；相對地，模式估計的 C.S. 值若小於 1.002，Amos 會出現一個黃色的笑臉☺，表示運算程序估計出的參數與模型的真實的參數值一致性很高，此時，研究者可以中止或暫停樣本的抽取。

　　一般 SEM 假設模型適配度的評估方法為根據漸進分配情形，進行檢定統計量的考驗，此統計量為建構假設模型共變矩陣與樣本共變矩陣的差異值。在貝氏分析的程序中，建構的假設模型與樣本資料適配度的評估是採用事後預測性 p 值 (posterior predictive p; [PP p 值])，此檢定值是由 Gelman 等人 (1996) 根據事後機率分配評估發展而來，其分析發現這個數值可以有效應用於複雜情境之模型檢核，而貝氏分析程序之 MCMC 模擬法採用的是類似 Gibbs 取樣演算法。Gelman 等人 (1996) 建議：當 PP p 值接近 .50 時，表示假設模型與樣本資料適配情形良好，在實務應用上，如果 PP p 值介於 0.30 至 0.70 中間，假設模型的適配度也是可以接受的 (Song & Lee, 2006, p.346)。Gelman 等人 (1996) 建議之假設模型適配度檢核區間為〔0.30，0.70〕，此區間為多數學者進行貝氏分析時採用的區間，此種適配度考驗較為保守，若是 PP p 值接近 0.50 附近，表示假設模型為正確模型，相對地，如果 PP p 值趨近於 0 或趨近於 1，表示假設模型與樣本資料的適配情形欠佳；如果是較為寬鬆的區間，採用貝氏分析方法進行模型適配度評估時，假設模型與樣本資料適配普通的 PP p 值區間為〔0.25，0.75〕。

　　事先預測性模型檢核法 (posterior predictive model-checking；[PPMC]) 是一種普及的貝氏模式檢定工具，因為此種方法較簡單化並容易判斷，也具有強有力的理論基礎，此方法主要是比較觀察資料產製的再製資料與假設模型間的差異量測值，此差異量測值像古典檢定統計量，除了以圖形執行事後預測性檢核外，最常使用的工具是事後預測性 p 值，貝氏分析程序所得的事後預測性 p 值類似傳統的顯著性機率值 p。如果符號 p(y|θ) 表示的是觀察資料應用統計模型中的最大概似分配，符號 θ 指的模型中所有參數，符號符號 p(θ) 是參數的先驗機率分配，

則參數 θ 的事後分配為 p(θ|y)，PPMC 方法建議事用事後預測分配進行觀察資料 y 之再製資料的模型檢驗 (Sinharay, 2006, p.430; p.434)。

貳、貝氏估計法的操作實例

潛在構念變項「FE」的指標變項為 EX1、EX2、EX3，潛在構念變項「FD」的指標變項為 DX1、DX2、DX3，潛在構念變項「FB」的指標變項為 BX1、BX2、BX3、BX4。

表 8-1　假設模式之觀察變項間的相關矩陣與描述性統計量摘要表 (N=250)

var	EX1	EX2	EX3	BX1	BX2	BX3	BX4	DX1	DX2	DX3
EX1	1									
EX2	.657	1								
EX3	.760	.735	1							
BX1	.556	.616	.650	1						
BX2	.570	.567	.615	.613	1					
BX3	.539	.598	.559	.661	.638	1				
BX4	.511	.575	.588	.700	.568	.640	1			
DX1	.600	.500	.545	.517	.554	.557	.528	1		
DX2	.637	.588	.618	.573	.593	.630	.570	.844	1	
DX3	.616	.486	.555	.556	.538	.570	.560	.794	.838	1
平均數	4.3091	4.4144	4.1864	4.1913	4.0150	4.4773	4.1320	4.2670	4.3403	4.1393
標準差	.61882	.50836	.60465	.56421	.68988	.53809	.62662	.72703	.67849	.81487
最小值	1.71	3.00	2.40	2.33	2.25	2.40	2.00	1.00	2.25	1.83
最大值	5.00	5.00	5.00	5.00	5.00	5.00	5.00	5.00	5.00	5.00

一、假設模型圖

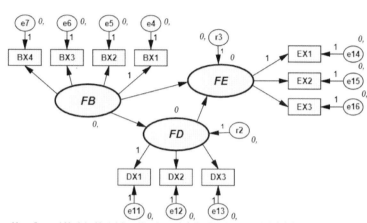

圖 8-1

　　假設模型圖的三個測量模式均為反映性模式,外因潛在變項「FB」有四個觀察變項,內因潛在變項「FD」有三個觀察變項,內因潛在變項「FE」有三個觀察變項,假設模型增列估計平均數與截距項,三個潛在構念的測量模式均為反映性指標。

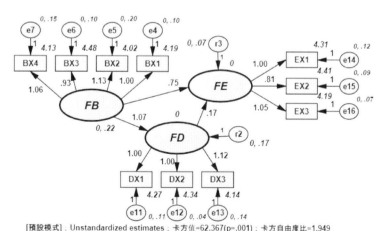

圖 8-2

使用傳統最大概似法進行模式估計，未標準化估計值模式圖中沒有出現負的誤差變異數或負的殘差變異數，表示模式估計的參數沒有出現不適當解值，模式的自由度為 32，整體模式適配度考驗的卡方值為 62.367 (p<.001)。

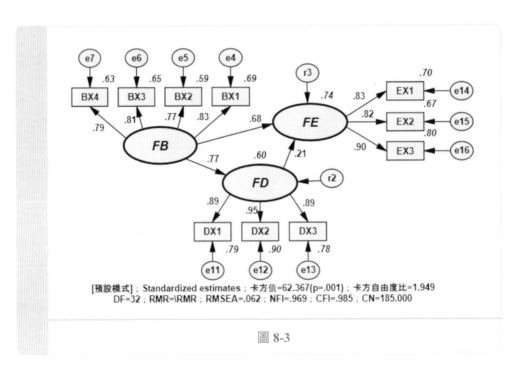

[預設模式]；Standardized estimates；卡方值=62.367(p=.001)；卡方自由度比=1.949
DF=32；RMR=\RMR；RMSEA=.062；NFI=.969；CFI=.985；CN=185.000

圖 8-3

標準化估計值模式圖中沒有出現大於 1 的標準化迴歸係數，表示沒有不適當解值的參數。整體模式適配度的檢核方面，卡方自由度比值為 1.949 (小於 2.000 的適配門檻標準)、RMSEA 值為 .062 (小於 .080 的適配門檻標準)、NFI 值等於 .969 (大於 .950 的適配門檻標準)、CFI 值等於 .985 (大於 .950 的適配門檻標準)，假設模型與樣本資料的適配度良好。

二、增列平均數與截距項估計

貝氏分析需要增列平均值及截距的估計，否則無法執行估算程序。假設模型增列估計平均數與截距項，執行功能列「View」(檢視)╱「Analysis Properties」(分析屬性) 程序，於「Estimation」(估計) 方盒中勾選「☑Estimate means and intercepts」選項。執行貝氏分析操作有二：一為按「Bayesian」(貝氏估計法) 工具圖像鈕，二為執行功能列「Analyze」(分析)╱「Bayesian Estimation」(貝氏估計法) 程序。

按「**Bayesian**」(貝氏估計法)工具圖像鈕

圖 8-4

　　假設模型如果未增列估計平均數與截距項，按「Bayesian」(貝氏估計法) 工具圖像鈕執行貝氏估計程序時，會出現「Bayesian estimation could not be performed.」 (無法執行貝氏估計) 錯誤訊息視窗，訊息內容提示：「當執行貝氏估計或插補時，必須估計平均數與截距項才能解釋模式參數 (When performing Bayesian estimation or imputation, means and intercepts must be estimated as explicit model parameters.)」，要估計平均數與截距項，按檢視→分析屬性→估計，勾選『☑平均數與截距』選項」，按下『確定』鈕後，會出現「Amos」提示視窗。

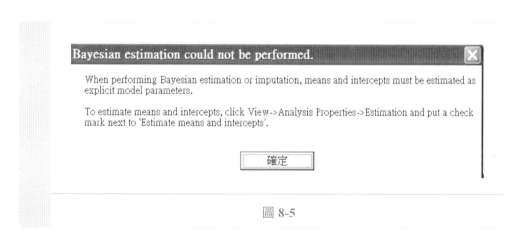

圖 8-5

　　「Amos」提示視窗中再告知使用者貝氏估計並沒有被執行，研究者按『確定』鈕可關閉「Amos」提示視窗，於假設模型的分析屬性中增列平均數與截距參數的估計。

圖 8-6

三、貝氏估計程序

按「貝氏估計法」工具圖像鈕 ▲，可開啟「Bayesian SEM」(貝氏 SEM)
對話視窗，視窗的上方為執行「貝氏估計法」時的工具列圖示，下方為貝氏估計
的參數。開啟此視窗後，研究者如不想作任何更改，不用按任何鍵或工具列圖示
鈕，AMOS 會自動進行 MCMC (Markov chain Monte Carlo——馬克夫鏈模擬法)
模擬程序進行參數估計，MCMC 模擬法是從小樣本資料結構中推估模擬母群體
的性質，之後進行樣本點的模擬產製，當樣本達到內定的上限值時會進行資料樣
本的瘦身，瘦身目的在於降低樣本間之自我相關。模式尚未進行參數估計時，視
窗最右邊的「Convergence statistic」(聚斂統計量) 的圖為綠色閉嘴☺圖形，開始
進行貝氏估計時，聚斂統計量會由內定「Convergence statistic」文字變成持續變
動的四位小數點的數字。

圖 8-7

　　貝氏估計視窗多數工具列圖像的功能也可執行功能列「View」 (檢視) 程序，「View」 (檢視) 功能表選單中的次選項包括：Prior (檢視待估計參數的先驗機率分配)、Posterior (檢視待估計參數的事後機率分配)、Additional esitmands (增列額外參數估計值)、Custom estimands (自訂額外參數)、Posterior Predictive (事後機率分配預測值)、Fit Measures (適配度測量值)、Decrease decimal places (減少小數位數)、Increase decimal places (增加小數位數)、Options (選項)、Refresh (更新產製樣本數)。

圖 8-8

　　模式估計程序進行表示 MCMC 算術幾何立即開始進行樣本的產製，視窗最右邊的「Convergence statistic；[C.S.]」 (聚斂統計量) 圖示會由原始綠色圖示變不快樂的紅色圖示☺，當其右邊聚斂統計量 C.S. 數值大於 1.002，此不快樂的紅色圖示會一直呈現，表示整體的 C.S. 數值還不夠小，C.S. 數值還不夠小指的是模式估計未達 AMOS 內定聚斂標準門檻值 1.002；相對地，當 C.S. 數值小於 1.002 時，表示各參數估計值已達聚斂標準，C.S. 的圖示會變為黃色的快樂圖形☺。

　　當按下「暫停抽樣」 (Pause sampling) 工具列鈕 Ⅱ，相關參數數字會凍結，如果研究者要繼續執行估計程序 (繼續之後的抽樣) 再按一次「暫停抽樣」 (Pause sampling) 工具列鈕 Ⅱ，若是 MCMC 模擬抽樣已達聚斂標準，研究者可

按下「暫停抽樣」鈕 ⏸ 。其中標示的圖示順序數字意義如下：

- 「500 + 23,501」為樣本大小 (Sample size)：數值表示的是估計程序產製了 24001 個樣本，但只保留了 23501 個樣本，數字 500 為預設要拋棄 (burn-in) 的樣本個數，此數值表示抽樣分配未聚斂前所拋棄的樣本數，500 為內定的個數，內定拋棄的前 500 個樣本數值可以更改，若研究者更改未聚斂前所拋棄的樣本數為 1000，則 (1000 Number of burn-in observations)，則產製樣本數的範例為「1000 + 535001」，或「1000 + 535001」*4，在 Amos 手冊中並不建議更改內定拋棄的前 500 個樣本數。如果研究者按下「Reset」(重新取樣) 圖像鈕，則之前所產製的樣本數全部被拋棄，數字從「0 + 0」開始變動。
- 「500 + 23,500」為最後一次更新樣本大小 (Sample size at last refresh)，貝氏估計在產製 1000 個樣本後才會進行更新，內定數值 1000 可以調整，因而 500 後面的數字每隔 1000 會進行更新。
- 「2425」為每秒觀察值的個數 (Observations per second)：數值表示的是每秒 MCMC 所產製的樣本觀察值的個數。
- 「.05」為樣本接受比 (Acceptance rate)：MCMC 要能有效運作，樣本接受比最好介於 0.20 至 0.50 之間，如果樣本接受比值小於 0.20，可將微調參數數值降低 (微調參數的數值為 0.70)；相對地，若是樣本接受比值高於 0.50，可將微調參數數值調高 (李茂能，2009，頁 23)。
- 「1.0064」為聚斂統計量，聚斂統計量數值大於內定門檻值 1.002，會出現紅色的哭臉☹，MCMC 模擬法進行樣本產製時，此數值會持續變動，即使達到內定聚斂門檻值 1.002，研究者未按下「暫停抽樣」鈕 ⏸ ，還是繼續進行樣本產製程序。Gelman 等人 (2004) 從許多分析歸納建議聚斂統計量 (C.S.) 的數值為 1.10 或比 1.10 小時，產製的樣本數已經足夠，Amos 內定的門檻準則 1.002 是較為保守的設定，當 MCMC 鏈樣本產製達到聚斂門檻準則並不是指摘要表的數值就停止變動，只要 MCMC 運算程序持續運作，參數摘要表的估計值數字會持續變動，當整體 C.S. 的數值收斂到 1.0000 時，即使再產製更多的樣本也無法獲得更正確估計值 (因為數值已經為正確穩定的估計值)，此時應立即按下「暫停抽樣」鈕 ⏸ ，以免浪費不必要的時間。

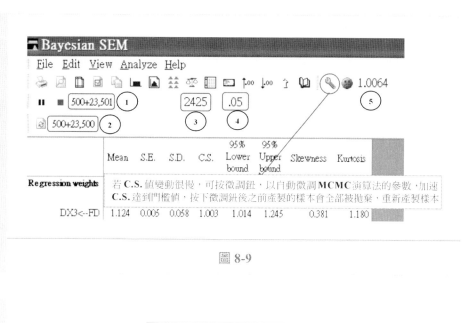

圖 8-9

圖 8-10

　　工具列圖像鈕『Pause sampling』(暫停抽樣)、『Reset』(重置-重新產製樣本鈕)、『Adapt』(參數微調鈕) 也可執行功能列「Analyze」(分析) 程序,上述三個圖像鈕均可由功能列「Analyze」(分析) 程序中執行。

　　圖中數字「(500 + 53501)*4」為 MCMC 模擬抽取樣本總數,表示整個分析程序總共產製了 54001×4 = 216004 個樣本,在原先最大樣本數保留的極限值設定為 100000,由於總樣本數大於設定的上限值,因而 AMOS 會自動進行瘦身程序,最後括號後的數字 $4 = 2^2$,表示進行二次的瘦身程序,保留的樣本數為總樣本數的 $\frac{1}{4}$,括號數字 (500 + 53501) 中的 500 為內定抽樣分配未聚斂前所要拋棄的樣本數 (500_Number of burn-in observations),因而最後進行事後機率分配推估的有效樣本數只有 53501,因而參數估計時根據的樣本數為 53501,此樣本是從

總樣本數 54001 中，拋棄前 500 個樣本而來的，總樣本 54001 是經過二次瘦身程序，總共拋棄的樣本數為 500×4 = 2000 個。MCMC 之所以拋棄未聚斂前的樣本，乃是所有參數未聚斂時，最先模擬產製的樣本最不可靠，也最不穩定 (也可以說明最先產製的樣本之樣本向量與參數事後機率分配的性質差異性最大)，因而前面產製的樣本可以拋棄不用，Amos 內定 burn-in 的樣本數為 500，此內定數值研究者也可以進行修改，如改為 1000 (1000_Number of burn-in observations)。範例中最後分析的樣本數為 53501，最後更新的樣本在 53500 位樣本。

Bayesian SEM

File Edit View Analyze Help

1.0007

(500+53,501) *4   791   .054

(500+53,500) *4

	Mean	S.E.	S.D.	C.S.	95% Lower bound	95% Upper bound	Skewness	Kurtosis
Regression weights								
DX3<--FD	1.121	0.002	0.054	1.000	1.017	1.230	0.088	0.037
DX2<--FD	1.000	0.002	0.044	1.001	0.915	1.090	0.123	0.140
EX2<--FE	0.804	0.001	0.056	1.000	0.699	0.917	0.161	0.026
EX3<--FE	1.048	0.001	0.060	1.000	0.937	1.171	0.240	0.197
BX4<--FB	1.072	0.002	0.078	1.000	0.928	1.231	0.292	0.566
BX3<--FB	0.934	0.002	0.068	1.000	0.808	1.070	0.306	0.535
BX2<--FB	1.143	0.003	0.087	1.001	0.984	1.325	0.289	0.212
FE<--FD	0.167	0.002	0.069	1.000	0.032	0.299	-0.034	0.088
FE<--FB	0.770	0.003	0.106	1.000	0.572	0.987	0.231	0.201
FD<--FB	1.078	0.002	0.090	1.000	0.909	1.268	0.265	0.286
Intercepts								
DX3	4.139	0.002	0.053	1.001	4.037	4.244	-0.007	0.147

圖 8-11

四、重要工具列圖像鈕的介紹

執行功能列「View」(檢視)／「Options」(選項) 程序，或按工具列『Options』(選項) 圖像鈕 📇，可以開啟「Bayesian Options」(貝氏選項) 對話視窗。「Bayesian Options」(貝氏選項) 視窗之「Display」(顯示) 方盒的輸出選項中包括「Mean」(平均數)、「Standard error」(標準誤)、「Standard deviation」(標準差)、「Convergence statistic」(聚斂統計量)、「Median」(中位數)、「Confidence interval」(信賴區間)、「Skewness」(偏態)、「Kurtosis」(峰度)、「Minimum & maximum」(最小值與最大值)、「Parameter name」(參數名稱)，信賴區間一般設為 95% 信心水準。範例中輸出參數統計量為「☑Mean」(平均數)、「☑Standard error」(標準誤)、「☑Standard deviation」(標準差)、「☑Convergence statistic」(聚斂統計量)、「☑Skewness」(偏態)、「☑Kurtosis」(峰度)、「Minimum & maximum」(最小值與最大值)、「Parameter name」(假設模型圖中有界定參數標籤名稱，輸出參數有會增列參數對應的標籤名稱)。

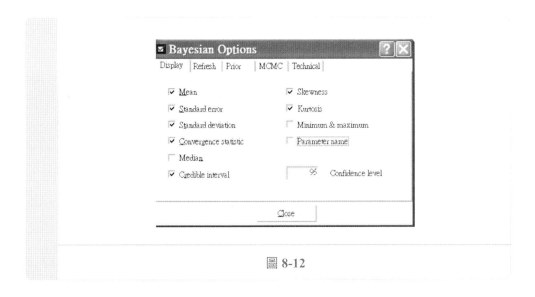

圖 8-12

在輸出結果統計量中，參數事後機率分配的平均數「Mean」(事後機率分配的點估計值) 相當於 ML 估計法中的參數估計值，參數事後機率分配的標準差 (Standard deviation；S.D.) 相當於 ML 估計法中的參數估計值的估計標準誤，而

參數事後機率分配的「Standard error」(標準誤) 欄數值並非是 ML 法中參數估計值的標準誤。

「Bayesian Options」(貝氏選項) 視窗之「MCMC」方盒的預設選項中，「Max observations to retain future analyses」(保留未來分析最大觀察值) 的數值為「100000」，貝氏估計程序時，MCMC 產製的樣本數最大極限個數為 100000，如果達到這個極限，為了降低前後樣本間之自我相關，AMOS 會開始進行「瘦身」(thinning)，所謂瘦身指的是不保留已產製的全部樣本數，只保留相等間距樣本的子樣本數。AMOS 開始以 MCMC 抽樣程序產製樣本時會保留所有樣本，直到樣本的總數達到 100000，此時資料分析程序若是若未中止，則 AMOS 會採用相對樣本移除法拋棄一半的樣本數，再繼續進行抽樣程序時，會從產製的二個樣本保留一個，直到樣本的總數達到 100000 時再進行瘦身程序，之後的樣本選取會從產製的四個樣本中保留一個，依次順序，樣本選取會從產製的八個樣本中保留一個。進行「瘦身」的主要目的在於減少連續產製樣本間的自我相關 (autocorrelation)，100000 個經序列瘦身程序的樣本會比原始沒有瘦身程序的樣本提供更多有用的資訊 (Arbuckle, 2006, p.418)。「Number of burn-in observations」(Burn-in 觀察值的個數) 的數值為「500」(瘦身時會先拋棄前面的樣本數)；「Turning parameter」(進行參數微調) 的數值為「0.7」；「Number of batches for batch means」(整批平均數群組的個數) 的數值為 20、「Convergence criterion」(聚斂統計量準則) 的數值為 1.002，聚斂統計量內定值為 1.002，若此數值愈小，表示所有參數都達到聚斂的門檻值愈嚴格，此時，資料產製需要花費更久的時間。此外，在工具列的右邊，有一個『Adapt』(微調參數) 圖像鈕，此鈕如果呈現灰色，表示 MCMC 演算程序不用進行參數調整，此圖像鈕的功能在於自動調整 MCMC 演算程序的參數，使接納比值能介於 0.2 至 0.5 之間，加快使所有參數都達到聚斂程序，當按下『Adapt』(微調參數) 圖像鈕後，之前所產製的樣本數會全部被拋棄，重新從「0 + 0」開始進行樣本的產製。

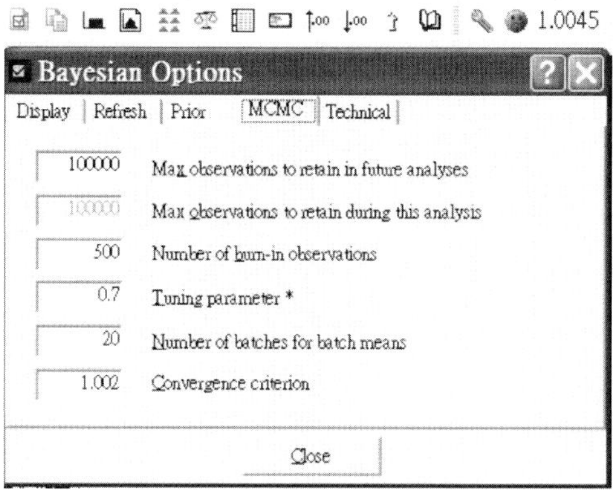

圖 8-13

　　「Bayesian Options」(貝氏選項) 視窗之「Refresh」(更新) 方盒的選項設定，可以在 MCMC 抽樣本數時將相關數據更新呈現於畫面中，研究者可以設定每隔增加多少個樣本數進行更新，或每隔多少時間進行更新。內定更新的數值為 1000 個觀察 (⊙Refresh the display every ___ observations)，研究者也可以指定固定時間區間，每隔多少秒進行抽樣結果的統計更新 (○Refresh the display every ___ second)，如果選擇「手動更新」(Refresh the display manually)，結果將不會自動更新，不管選取何種更新選項，研究者也可以於任何時間在貝氏 SEM 工具列中直接按「更新」鈕 (Refresh) 進行手動顯示。

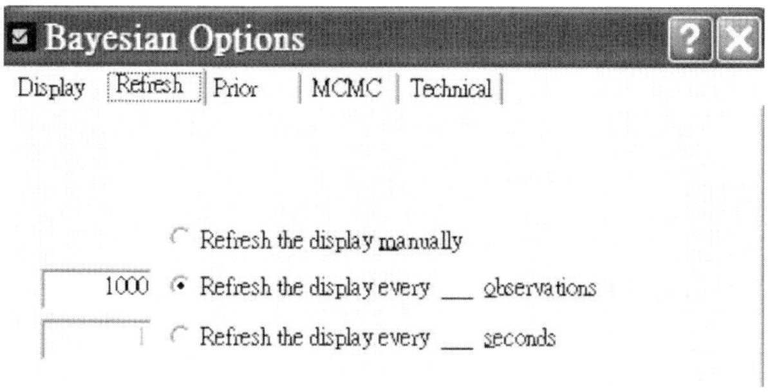

圖 8-14

　　「Bayesian Options」(貝氏選項) 視窗之「Prior」(事前分配／先驗分配) 方盒的選項設定可以處理採用最大概似法參數估計出現不適當解值 (improper solution) 或資料非正定問題 (non-positive definition)，不適當解值如變異數估計值為負數，不適當解值的產生可能是樣本太少或模型界定錯誤導致，貝氏估計無法解決錯誤模型界定問題，但可以克服避免在小樣本情況下參數估計出現不適當解值問題，於小樣本情況下，假定模型界定沒有錯誤，貝氏估計程序可採用將參數的事前分配指定為 0 機率，將參數估計值的下限設定為 0，如此，可避免出現不適當解值的參數。「Prior」(事前分配) 方盒二個選項為：「□Admissibility test*」(可接受解檢定)、「□Stability test*」(穩定性檢定)，可接受解檢定的選項可以設定參數事前密度值為 0，如此可以使模型由是無法正定的共變數矩陣變成正定的共變數矩陣，事前密度界定為 0 對於非正定變異數的改善有實質的效益；穩定性檢定選項的功能與可接受解檢定選項的功能差不多，將參數的事前密度值設定為 0，可以解決觀察變項之線性關係導致模性參數估計不穩定的問題。

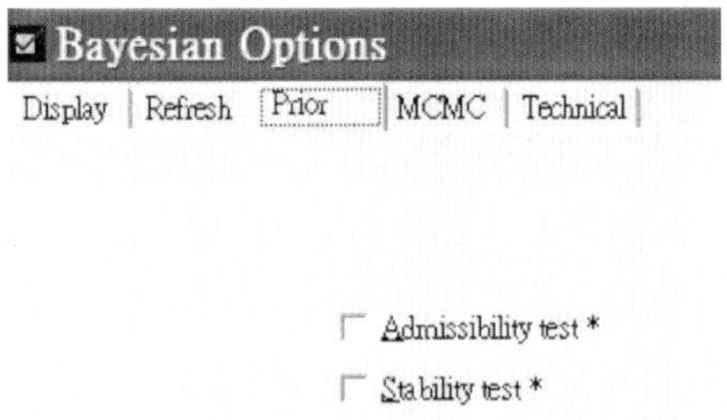

圖 8-15

　　額外參數估計值工具鈕 (Additional Estimands) 可以增列其餘參數的估計值，除按工具列鈕外，亦可執行「View」(檢視)／「Additional estimands」(額外參數估計值) 程序，增列的參數估計值如模式中的直接效果值、間接效果值、總效果值、隱含相關矩陣、隱含共變數矩陣、隱含平均數與截距項等。

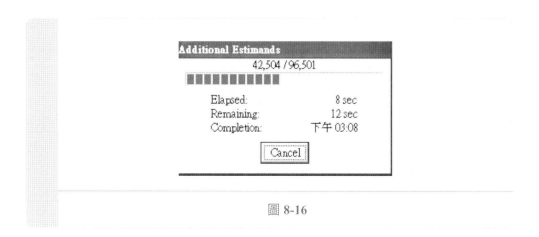

圖 8-16

上圖為進行額外參數估計值時的程序，若是估計結果尚未完成，研究者可以按『Cancel』(取消) 鈕中止程序進行。

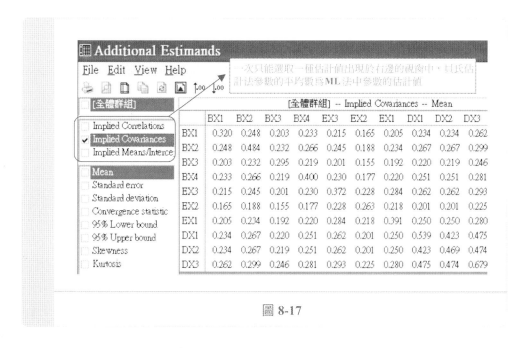

圖 8-17

如果研究者要於額外參數估計 (Additional estimands) 增列直接效果值、間接效果值與總效果值的選項，在進行貝氏分析之前，於「Analysis Properties」(分析屬性) 對話視窗的「Output」(輸出結果) 方盒中必須勾選「Indirect, direct & total effects」(間接、直接與總效果值) 輸出選項，之後，進行額外參數估計

時，在「Additional Estimands」對話視窗左邊選單會增列「Standardized Direct Effects」 (標準化直接效果)、「Standardized Indirect Effects」 (標準化間接效果)、「Standardized Total Effects」 (標準化總效果) 三個選項，三個選項的數值分別為模式變項的直接效果、間接效果與總效果值，直接效果值表示的標準化迴歸係數值，在測量模式中潛在構念變項對指標變項的直接效果值即為因素負荷量，結構模式之直接接效果值為外因變項對內因變項影響的標準化迴歸係數值。

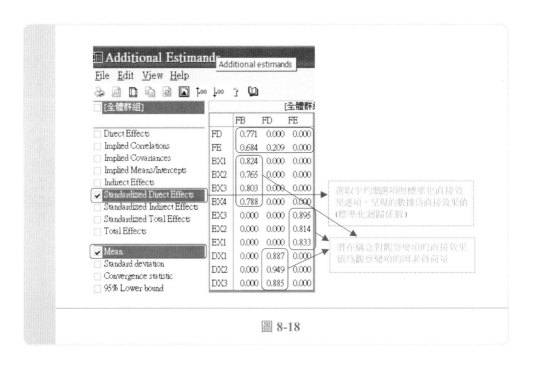

圖 8-18

從標準化直接效果選項呈現的數據中，外因潛在變項 FB 對內因潛在變項 FE、FD 影響的標準化徑路係數分別為 0.684、0.771 (ML 法估計結果的參數分別為 0.68、0.77)；內因潛在變項 FD (中介變項) 對內因潛在變項影響的標準化徑路係數分別為 0.209 (ML 法估計結果的參數為 0.21)，貝氏估計法估計的結果與 ML 法估計結果的數值大致相同。測量模式中潛在變項對觀察變項的直接效果值為觀察變項的因素負荷量，根據此因素負荷量可以計算各測量模式的組合信度與平均變異數抽取量等聚斂效度值。

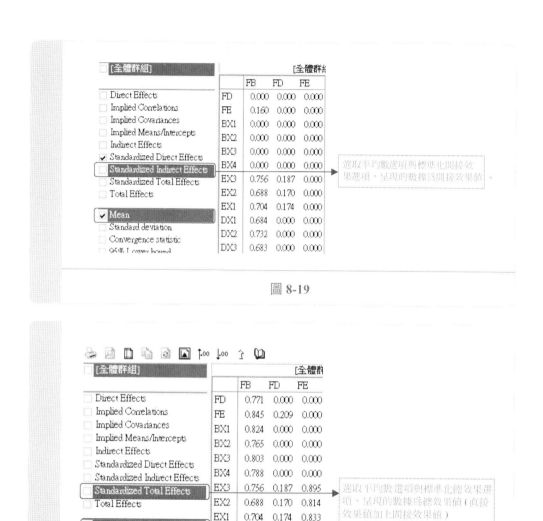

圖 8-19

圖 8-20

工具列中的「Fit Measures」(適配度測量值) 按鈕 ，可以計算事後預測 p 值 (Posterior predictive p)，此數值是貝氏導向的適配度顯著性 p 值 (p_value)，用以進行模式適配度的評估，貝氏導向的適配度顯著性 p 值表示的是，未來資料的卡方值大於或等於觀察資料卡方值的機率，一般而言，如果此數大於 .95 或小於 .05 時，表示假設模式與觀察資料無法適配；相對地，若是「Posterior predictive p」的數值在 .050 期望值附近，表示假設模型與觀察資料可以契合，模型為適配模式，「Posterior predictive p」數值期待的合理範圍為 .05 至 .95 之間 (Myung , Karabatsos, & Iverson, 2005)。

圖 8-21

　　圖中執行模式適配度測量值程序後，「Posterior predictive p」的數值為 .02、DIC 的數值為 128.96、「Effective number of parameters」的數值為 32.59。由於「Posterior predictive p」的數值為 .02，並未介於 .25 至 .75 中間，數值離期望值 .50 較大，顯示假設模型的適配度不佳。

圖 8-22

　　「Fit Measures」(適配測量值) 對話視窗中,「DIC」量數為「差異訊息準則」(Deviance information criterion),此數值為 AIC 指標值與 BIC 指標值的延伸,適合於事後分配呈現多變項常態分配時,作為數個競爭模式的比較,其性質與 AIC 或 CAIC 類似,統計量數的數值愈小者,表示模式是較為簡約模型,DIC 指標值也可作為巢狀模式的檢定,一般而言,若是 DIC 指標值大於 10 以上,表示二個模式間具有顯著的差異;相對地,如果 DIC 指標值小於 10,表示二個模式間的差異性不明確,DIC 指標值能同時反映模式的適配度與簡約情形;「Effective number of parameters」數值表示的是有效參數個數,此統計量數可以反映一個模式的複雜度,數值愈小,表示模式與資料的契合度愈差,但模式愈簡約,數值愈大,表示模式與資料的契合度愈佳,但模式愈複雜 (李茂能,2009)。

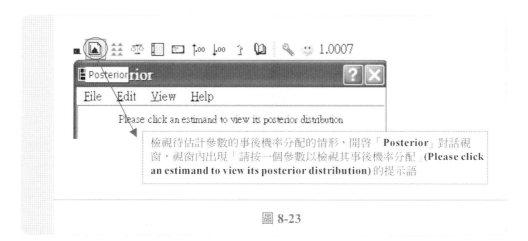

圖 8-23

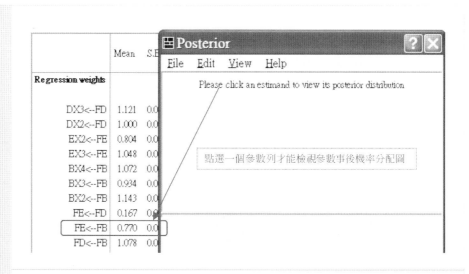

圖 8-24

　　除了 C.S. 數值外，AMOS 提供數個圖形作為貝氏 MCMC 方法聚斂的檢核之用，要檢視這些圖形按工具列「Posterior」(事後) 圖像鈕 ▲，或執行功能列「View」(檢視)／「Posterior」(事後) 程序，按「Posterior」(事後) 工具列圖像鈕 ▲ 後可開啟「Posterior」對話視窗，對話視窗內出現「Please click an estimand to view posterior distribution」(請按一個參數列以檢視事後機率分配) 提示語，研究者要從視窗中點選參數列，才能檢視參數事後機率分配圖形。

　　執行貝氏分析程序按暫停抽樣鈕 ▮▮，C.S. 達到內定聚斂門檻 1.002 時的參數估計結果如下：

表 8-2　模型之參數估計值摘要表

參數	Mean 平均數	S.E. 標準誤	S.D. 標準差	C.S. 聚斂統計量	95% Lower bound	95% Upper bound	Skewness 偏態	Kurtosis 峰度
Regression weights								
DX3<--FD	1.121	0.002	0.054	1.000	1.017	1.230	0.088	0.037
DX2<--FD	1.000	0.002	0.044	1.001	0.915	1.090	0.123	0.140
EX2<--FE	0.804	0.001	0.056	1.000	0.699	0.917	0.161	0.026
EX3<--FE	1.048	0.001	0.060	1.000	0.937	1.171	0.240	0.197
BX4<--FB	1.072	0.002	0.078	1.000	0.928	1.231	0.292	0.566
BX3<--FB	0.934	0.002	0.068	1.000	0.808	1.070	0.306	0.535
BX2<--FB	1.143	0.003	0.087	1.001	0.984	1.325	0.289	0.212
FE<--FD	0.167	0.002	0.069	1.000	0.032	0.299	−0.034	0.088
FE<--FB	0.770	0.003	0.106	1.000	0.572	0.987	0.231	0.201
FD<--FB	1.078	0.002	0.090	1.000	0.909	1.268	0.265	0.286
Intercepts (截距項)								
DX3	4.139	0.002	0.053	1.001	4.037	4.244	−0.007	0.147
DX2	4.341	0.001	0.044	1.000	4.256	4.428	0.021	0.106
DX1	4.267	0.001	0.046	1.000	4.179	4.359	0.004	0.098
EX1	4.309	0.001	0.039	1.000	4.234	4.388	0.018	0.307
EX2	4.415	0.001	0.033	1.000	4.347	4.479	−0.096	0.200
EX3	4.188	0.001	0.039	1.000	4.111	4.262	−0.034	0.174
BX4	4.133	0.001	0.039	1.000	4.057	4.209	−0.001	0.095
BX3	4.479	0.001	0.034	1.001	4.413	4.545	0.008	0.175
BX2	4.017	0.001	0.043	1.000	3.932	4.102	0.049	0.113
BX1	4.192	0.001	0.036	1.000	4.120	4.263	0.006	0.064

表 8-2 （續）

參數	Mean 平均數	S.E. 標準誤	S.D. 標準差	C.S. 聚斂統計量	95% Lower bound	95% Upper bound	Skewness 偏態	Kurtosis 峰度
Variances (變異數)								
FB	0.218	0.001	0.029	1.000	0.165	0.282	0.322	0.134
r2	0.170	0.001	0.024	1.001	0.128	0.222	0.397	0.298
r3	0.073	0.000	0.013	1.000	0.049	0.100	0.255	0.001
e13	0.146	0.001	0.017	1.001	0.115	0.182	0.309	0.002
e12	0.047	0.000	0.009	1.000	0.029	0.066	0.213	0.227
e11	0.115	0.000	0.014	1.000	0.091	0.144	0.327	0.070
e14	0.119	0.001	0.014	1.001	0.094	0.150	0.433	0.272
e15	0.088	0.000	0.010	1.001	0.070	0.110	0.391	0.191
e16	0.074	0.000	0.011	1.000	0.053	0.097	0.227	0.070
e7	0.149	0.000	0.016	1.000	0.120	0.182	0.238	0.042
e6	0.104	0.000	0.012	1.000	0.083	0.129	0.295	0.290
e5	0.202	0.001	0.022	1.000	0.163	0.248	0.448	0.588
e4	0.102	0.000	0.012	1.000	0.080	0.128	0.390	0.390

　　貝氏估計值中的「平均數」(Mean) 欄的數值為該參數的估計值，平均數欄表示的待估計參數的事後分配機率之平均數點估計值，此值又稱事後平均數 (posterior mean)，「S.D.」標準差欄數值為該參數估計值的估計標準誤。每列的數據為單一模式參數邊緣事後分配的描述，第一欄「Mean」(平均數) 指的是事後平均數 (posterior mean)，即事後分配機率的平均值或集中量數，此數值為貝氏參數的點估計值，平均數的數值是根據先驗分配與觀察資料計算而得，如果樣本數愈大，則事後平均數數值會接近最大概似法估計所得的估計值，以「DX3<--FD」列的數據而言，徑路係數估計值 (非標準化迴歸係數) 為 1.121、徑路係數估計值的標準誤為 0.054；「DX2<--FD」列的數據而言，徑路係數估計值 (非標準化迴歸係數) 為 1.000、徑路係數估計值的標準誤為 0.044，表中沒有「DX1<--FD」的數據，表示潛在構念 FD 測量模式中，參照指標變項為 DX1；結構模式中預測殘差 r2 的變異數估計值為 0.170、變異數估計值的標準誤為 0.024，預測殘差 r3 的變異數估計值為 0.073、變異數估計值的標準誤為 0.013，這些數值 95% 信賴區間均未包含 0，表示所有估計值均達到 .05 顯著水準。「95% Lower bound」、「95% Upper bound」分別為估計值 95% 信賴區間的下限與上限值，

指的是事後機率包含 95% 可靠區間，如果參數 95% 信賴區間包含 0，表示此參數顯著為 0，在最大概似法輸出的報表中，參數的臨界比值小於 1.96，而顯著性 p 值會大於 .05。

傳統最大概似法估計所得之參數摘要表如下，摘要表右邊為貝氏估計法估計所得之參數估計值：

表 8-3　**Maximum Likelihood Estimates**
Regression Weights: ([全體群組] - [預試模式])【徑路係數】

			ML 估計結果				貝氏估計結果	
			Estimate	S.E.	C.R.	P	Mean	S.D.
FD	<---	FB	1.066	.088	12.148	***	1.078	0.090
FE	<---	FD	.170	.064	2.666	.008	0.167	0.069
FE	<---	FB	.754	.100	7.544	***	0.770	0.106
DX3	<---	FD	1.118	.055	20.489	***	1.121	0.054
DX2	<---	FD	.998	.042	23.578	***	1.000	0.044
DX1	<---	FD	1.000			參照指標		
EX1	<---	FE	1.000			參照指標		
EX2	<---	FE	.805	.053	15.164	***	0.804	0.056
EX3	<---	FE	1.050	.061	17.204	***	1.048	0.060
BX4	<---	FB	1.061	.074	14.283	***	1.072	0.078
BX3	<---	FB	.927	.063	14.631	***	0.934	0.068
BX2	<---	FB	1.130	.083	13.652	***	1.143	0.087
BX1	<---	FB	1.000			參照指標		

表 8-4　**Intercepts: ([全體群組] - [預試模式])【截距項】**

	ML 估計結果				貝氏估計結果		
參數	Estimate	S.E.	C.R.	P	參數	Mean	S.D.
DX3	4.139	.052	80.317	***	DX3	4.139	0.053
DX2	4.340	.043	101.145	***	DX2	4.341	0.044
DX1	4.267	.046	92.798	***	DX1	4.267	0.046
EX1	4.309	.039	110.102	***	EX1	4.309	0.039
EX2	4.414	.032	137.301	***	EX2	4.415	0.033
EX3	4.186	.038	109.474	***	EX3	4.188	0.039
BX4	4.132	.040	104.263	***	BX4	4.133	0.039
BX3	4.477	.034	131.561	***	BX3	4.479	0.034

表 8-4　（續）

參數	ML 估計結果				貝氏估計結果		
參數	Estimate	S.E.	C.R.	P	參數	Mean	S.D.
BX2	4.015	.044	92.021	***	BX2	4.017	0.043
BX1	4.191	.036	117.458	***	BX1	4.192	0.036

表 8-5　**Variances: ([全體群組] - [預試模式])【變異數】**

參數	ML 估計結果				貝氏估計結果		
參數	Estimate	S.E.	C.R.	P	參數	Mean	S.D.
FB	.218	.028	7.798	***	FB	0.218	0.029
r2	.167	.023	7.334	***	r2	0.170	0.024
r3	.070	.012	5.731	***	r3	0.073	0.013
e13	.142	.017	8.571	***	e13	0.146	0.017
e12	.045	.009	5.032	***	e12	0.047	0.009
e11	.111	.013	8.498	***	e11	0.115	0.014
e14	.116	.014	8.590	***	e14	0.119	0.014
e15	.085	.010	8.910	***	e15	0.088	0.010
e16	.072	.011	6.585	***	e16	0.074	0.011
e7	.145	.016	9.179	***	e7	0.149	0.016
e6	.101	.011	8.977	***	e6	0.104	0.012
e5	.195	.021	9.490	***	e5	0.202	0.022
e4	.099	.012	8.551	***	e4	0.102	0.012

五、參數事後機率分配圖形診斷

　　六種協助針對統計量數是否收斂診斷的圖形為「◉Polygon」(多邊圖)、「Histogram」(直方圖)、「Trace」(軌跡圖)、「Shaded」、「First and last」(前三分之與後三分之分布一致)、「Autocorrelation」(自變相關圖)，其中內定的選項為「◉Polygon」(多邊圖)。範例中以外因變項 FB 對內因變項 FE 影響的徑路係數估計值為例。

(一)C.S. 達到 1.002 門檻值的圖形

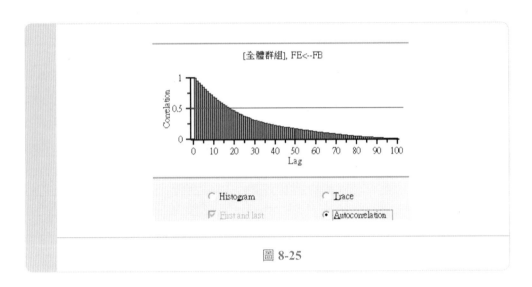

圖 8-25

　　勾選「◉Autocorrelation」選項的圖形稱為自我相關圖，自我相關圖的水平軸為落後 (lag) 數值，垂直軸為相關係數。時間序列分析中，隨機變數 V_t 與隨機變數 V_{t+k} 在相隔 k 期之相關係數稱為自我相關係數 (autocorrelation at Lag k)，相隔 k 期在時間序列程序中也上以落後 k 期 (Lag k) 表示。水平軸上之落後指的是被估計相關二個隨機變數間的間距 (多少個 k 期)。在正常情況下，參數估計結果希望自動相關係數逐漸變小而趨近於 0，之後維持接近 0。在範例自我相關圖示中，落後 20 的相關表示的是任何抽樣樣本值與 20 疊代之後抽樣值間的相關，相關係數大約是 0.50。在落後 90 以後自我相關係數便趨近為 0。此種現象指出至 90 疊代處，MCMC 程序實質上已經遺忘起始位置，開始關注共變參數的數值，遺忘起始位置位點即為分配之聚斂處。假如研究者要檢查模型其他參數的自我相關情形，較佳的情形是從落後 90 處以後，自我相關情形有效地消失至 0 附近。當自我相關係數在落後 100 處之前變為 0，表示 500 個樣本的置入期程是足夠的，它可以確保分配聚斂是可以達到的，分析樣本與事後分配的真正地樣本沒有差異 (Arbuckle, 2006, p.407)。

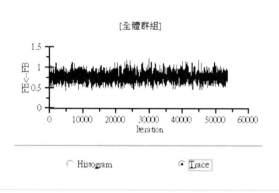

圖 8-26

　　「⊙Trace」選項之圖形稱為軌跡圖 (trace plot)，軌跡圖有時又稱為時間序列圖 (time-series plot)，圖中描繪跨越時間的參數抽樣樣本數值，此圖形可以幫助研究者快速判斷 MCMC 程序如何快速地聚斂在分配上，此圖也會快速忘掉開始的數值。聚斂的軌跡圖呈現的是快速上下變動，沒有長期趨向或任意漂移情形。如果抽取更多樣本，軌跡圖會擠壓在一起像一個手風琴，且慢慢漂移或呈現一致波動趨向。快速上下動作代表樣本值抽樣至 k 疊代後，在任何疊代時是沒有相關的。為了看樣本之間的相關要花多久時間才會逐漸消失，可以檢驗「自我相關圖形」 (autocorrelation plot)，此種圖形繪製的是任一疊代的抽樣值與之後 k 疊代抽樣值間的相關情形。

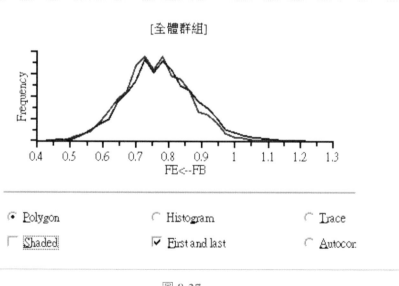

圖 8-27

　　診斷圖為選取「◉Polygon」 (多邊圖) 選項，加上勾選「☑First and last」 (第一個及最後一個) 選項的圖形。根據累積樣本第一個及最後三個的模擬分配，多邊形圖形可以作為決定 MCMC 樣本聚斂達事後分配與模擬分配的概似程度在這樣本中，分析樣本中前面和後面三個幾乎是一致的，表示二個分配情形大致相同，如果第一個分析樣本的事後機率分配次數多邊圖與最後三個分析樣本的事後機率分配次數多邊圖愈一致，則 C.S. 的數值會愈小，此時表示抽樣分配達到聚斂效果。事後分配的中心點約接近 0.770，此數值為參數的平均數。多邊圖中大於一半的抽樣樣本值在 0 的右邊，表示徑路係數參數估計值的真正數值是正的；就二個變項的共變關係而言，多邊圖中大於一半的抽樣樣本值在 0 的左邊，表示共變參數的真正數值為負數。

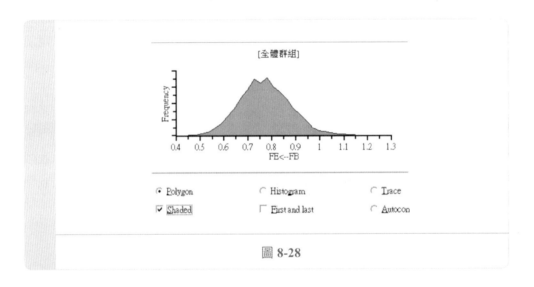

圖 8-28

　　範例圖為選取「◉Polygon」 (多邊圖) 選項，加上勾選「☑Shaded」 (陰影) 的實心多邊圖。

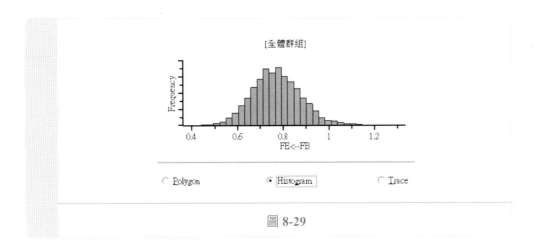

圖 8-29

　　如果整體參數達到聚斂門檻值，則估計值的次數分配之直方圖會接近左右對稱的常態分配圖。

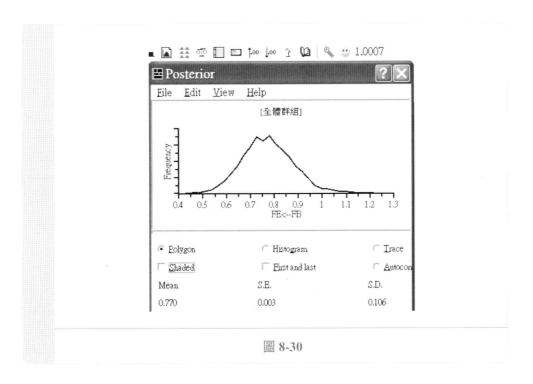

圖 8-30

　　估計參數為外因變項「FB」對內因變項「FE」的徑路係數，徑路係數估計值為 0.770 (平均數)、標準差為 0.106 (ML 程序中之徑路係數估計值的標準誤)，如果整體參數達到聚斂門檻值，則估計值的次數分配多邊圖會接近左右對稱的鐘

形曲線，其中約一半的抽樣樣本數在平均數 0.770 的左邊、約一半的抽樣樣本數在平均數 0.770 的右邊。

(二)未達聚斂門檻值的事後機率分配圖

當貝氏 MCMC 估計法所得之整體參數估計值未達聚斂標準 (C.S.>1.002)，其相關的圖示範例如下：

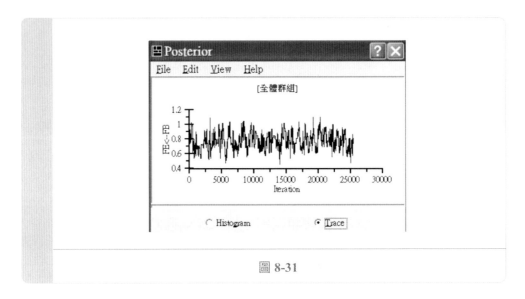

圖 8-31

軌跡圖顯示參數估計值之抽樣分配的上下波動情形很大，波動的上下限值呈現不穩定的情形。

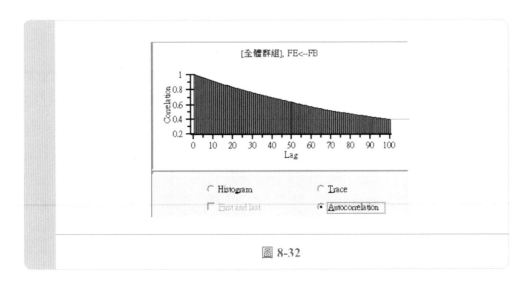

圖 8-32

　　參數估計值自我相關圖顯示，Lag 在 100 時，自我相關的相值約為 0.4，數值並未趨近於 0。

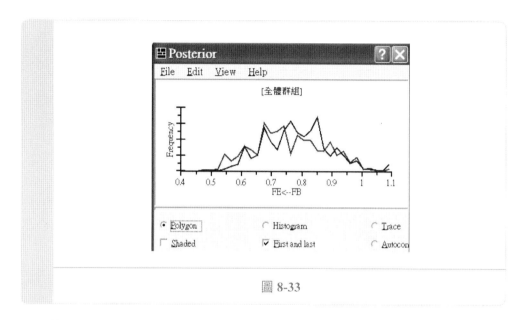

圖 8-33

　　前 30% 與後 30% 的事後機率分配圖顯示，二條多邊圖之圖形間的差異很大 (MCMC 樣本的前三分之一與後三分之一估計值的事後機率分配圖呈現不一致的情形，此種情形，表示估計的參數極不穩定)。

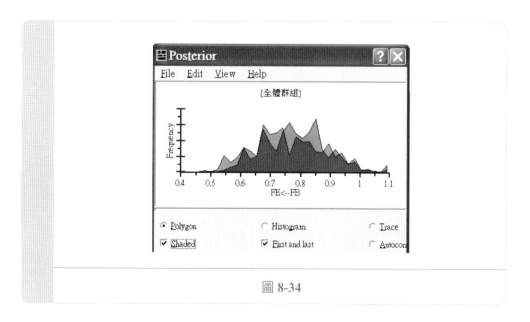

圖 8-34

前 30% (MCMC 樣本的前三分之) 與後 30% (MCMC 樣本的後三分之) 的事後機率分配圖顯示，增列陰影的二條多邊圖間的圖形之重疊性不高。

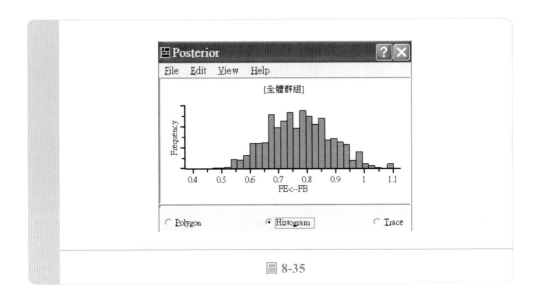

圖 8-35

直方圖顯示並未呈現左右對稱的鐘形曲線，如果聚斂統計量的數值與門檻值 (1.002) 的差異值愈大，直方圖的分配愈會遠離左右對稱的鐘形曲線。

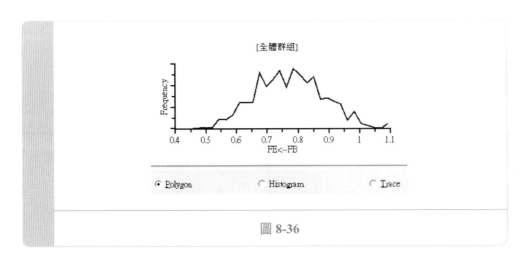

圖 8-36

多變圖顯示並未呈現左右對稱的鐘形曲線形狀，如果聚斂統計量的數值與門檻值 (1.002) 的差異值愈大，多邊圖的形狀愈會是一種不規則的圖形。

(三)達完美聚斂的事後機率分配圖

當貝氏 MCMC 估計法所得之整體參數估計值達到 1.0000 時，已是一種最完美的聚斂標準，其相關的圖示範例如下：

圖 8-37

分析樣本數： (500 + 65833) *64 中的 64 (64 = 2^6)表示產製的樣本數經過 6 次瘦身工作，C.S. 的數值才達到 1.0000 完美聚斂，分析的樣本數為 65833。

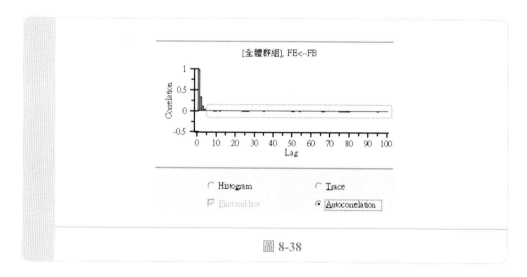

圖 8-38

自我相關圖顯示：參數估計值自我相關數值在 Lag 數值約為 5 以後都等於 0，當樣本間的自我相關為 0 時，表示產製的樣本點有很高的代表性，參數估計值的正確性較高。

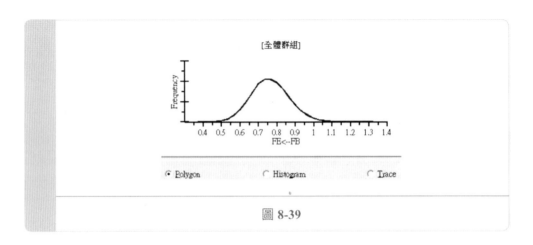

圖 8-39

前 30% (MCMC 樣本的前三分之) 與後 30% (MCMC 樣本的後三分之) 的事後機率分配圖的二條多邊圖的圖形近似重疊，表示參數估計值的事後機率分配完美聚斂。

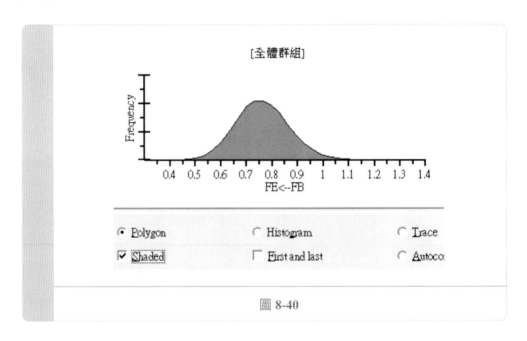

圖 8-40

多邊圖的圖形 (常態平滑曲線面稱增列陰影) 近似常態分配的圖形，圖形為左右對稱的平滑曲線，常態分配對稱點為參數的平均數。

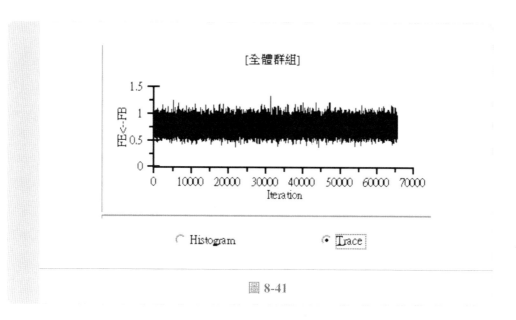

圖 8-41

軌跡圖顯示參數估計值之抽樣分配的上下波動情形一致性大約相同。

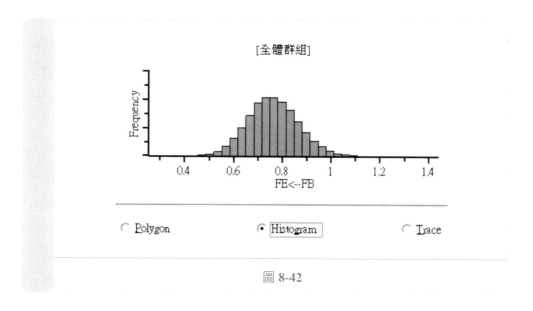

圖 8-42

參數估計值事後機率分配之直方圖接近常態分配的圖形。

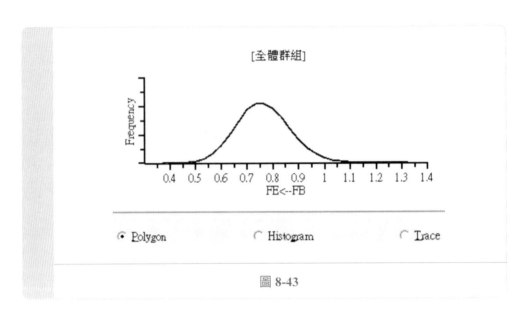

圖 8-43

多邊圖的圖形近似常態分配的圖形，圖形為左右對稱的平滑曲線，常態分配對稱點為參數的平均數。

參、CFA 模型的貝氏估計應用

CFA 假設模型的 15 個測量題項之量表如下：

表 8-6　父母期望量表

	從不如此	很少如此	有時如此	經常如此	總是如此
課業期望構面					
1.父母會鼓勵我多閱讀課外讀物，以幫助提升學業成績。【AX01】	☐	☐	☐	☐	☐
3.父母會鼓勵我向班上成績優良的同學看齊。【AX03】	☐	☐	☐	☐	☐
4.當我的成績未達到父母所定的目標時，父母會督促我再努力。【AX04】	☐	☐	☐	☐	☐
5.只要有助於提高學業成績的事情，父母總是熱心支持。【AX05】	☐	☐	☐	☐	☐
升學期望構面					
6.父母對我未來學校的選擇要求很高。【BX06】	☐	☐	☐	☐	☐

表 8-6 （續）

	從不如此	很少如此	有時如此	經常如此	總是如此
7.父母會跟我説一些高中名校,例如:高雄中學、高雄女中。【BX07】	☐	☐	☐	☐	☐
8.父母希望我就讀第一志願的學校。【BX08】	☐	☐	☐	☐	☐
9.父母期望我未來能有很高的教育程度 (例如研究所、大學)。【BX09】	☐	☐	☐	☐	☐
行為期望構面					
10.父母會和我的老師聯繫,以注意我在學校的行為表現。【CX10】	☐	☐	☐	☐	☐
11.父母對於我良好的行為表現常給予讚賞。【CX11】	☐	☐	☐	☐	☐
12.父母會帶我去參觀藝文活動 (例如音樂會、美術展覽等)。【CX12】	☐	☐	☐	☐	☐
職業期望構面					
13.父母非常關心我將來的職業成就。【DX13】	☐	☐	☐	☐	☐
14.父母會和我討論將來從事的職業。【DX14】	☐	☐	☐	☐	☐
15.父母會為我樹立一個理想的職業標準。【DX15】	☐	☐	☐	☐	☐
16.父母希望我以後不要做勞力的工作。【DX16】	☐	☐	☐	☐	☐

註:量表取自楊環華 (2010)。

表 8-7 **15 個測量變項的相關矩陣及描述性統計量摘要表 (N = 120)**

	A01	A03	A04	A05	B06	B07	B08	B09	C10	C11	C12	D13	D14	D15	D16
A01	1														
A03	.665	1													
A04	.678	.763	1												
A05	.630	.753	.787	1											
B06	.160	.266	.389	.263	1										
B07	.367	.335	.367	.381	.658	1									
B08	.329	.283	.307	.337	.695	.831	1								
B09	.180	.185	.183	.231	.501	.632	.592	1							
C10	.335	.231	.321	.309	.181	.297	.334	.198	1						
C11	.351	.222	.341	.313	.156	.294	.291	.206	.762	1					
C12	.330	.199	.258	.243	.040	.142	.238	.076	.688	.778	1				
D13	.238	.318	.365	.367	.315	.431	.357	.340	.380	.403	.285	1			
D14	.265	.268	.287	.312	.287	.404	.351	.311	.270	.316	.168	.784	1		
D15	.252	.275	.345	.319	.381	.474	.427	.348	.407	.370	.280	.673	.672	1	
D16	.283	.389	.409	.335	.303	.323	.264	.307	.179	.232	.185	.720	.633	.589	1
M	3.56	4.03	3.86	3.78	3.05	3.08	2.71	3.48	2.96	3.11	2.90	3.56	3.41	3.12	

表 8-7 （續）

	A01	A03	A04	A05	B06	B07	B08	B09	C10	C11	C12	D13	D14	D15	D16
SD	1.35	1.29	1.32	1.32	1.27	1.35	1.45	1.28	1.07	1.08	1.09	1.30	1.28	1.36	
MIN	1	1	1	1	1	1	1	1	1	1	1	1	1	1	
MAX	5	5	5	5	5	5	5	5	5	5	5	5	5	5	

　　父母期望量表十五個指標變項反映四個潛在構念變項，四個潛在構念分別為「課業期望」、「升學期望」、「行為期望」、「職業期望」，四個潛在因素構念的指標均為反映性指標。

一、ML 最大概似法

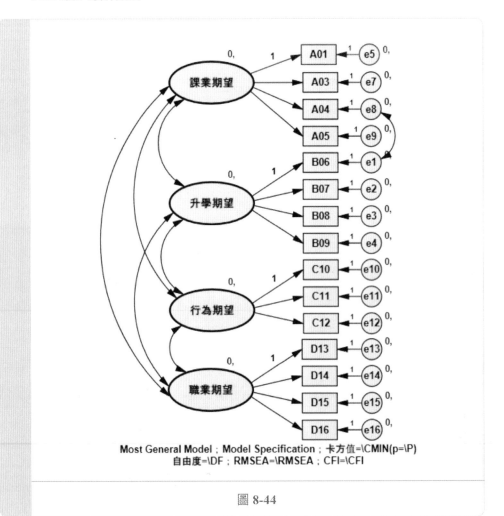

Most General Model；Model Specification；卡方值=\CMIN(p=\P)
自由度=\DF；RMSEA=\RMSEA；CFI=\CFI

圖 8-44

　　父母期望量表的一階四因素構念的假設模型圖中，潛在構念「課業期望」有四個測量變項、「升學期望」有四個測量變項、「行為期望」有三個測量變項、「職業期望」有四個測量變項，測量模式共有四個因素構念、15 題的指標變項，測量指標變項「A04」與測量指標變項「B06」的誤差項 e8、e1 間有共變關係，四個因素構念變項彼此間也有共變關係，測量模式表示的是一種斜交測量模式。

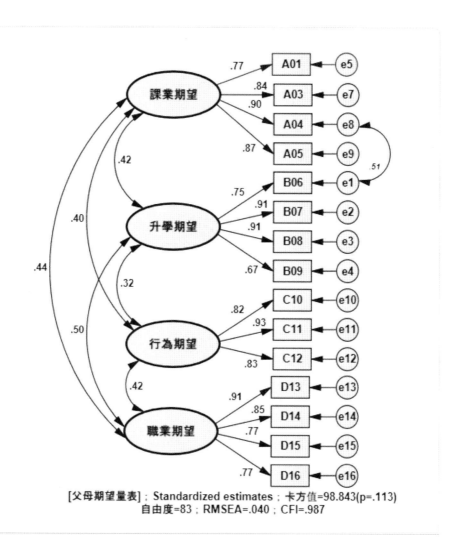

[父母期望量表]；Standardized estimates；卡方值=98.843(p=.113)
自由度=83；RMSEA=.040；CFI=.987

圖 8-45

標準化估計值模式圖中沒有出現大於 1 的標準化徑路係數，模式的自由度為 83，整體適配度檢定的卡方值為 98.843，顯著性 p = .113 > .05，接受虛無假設，表示一階測量模式與觀察資料間可以契合。

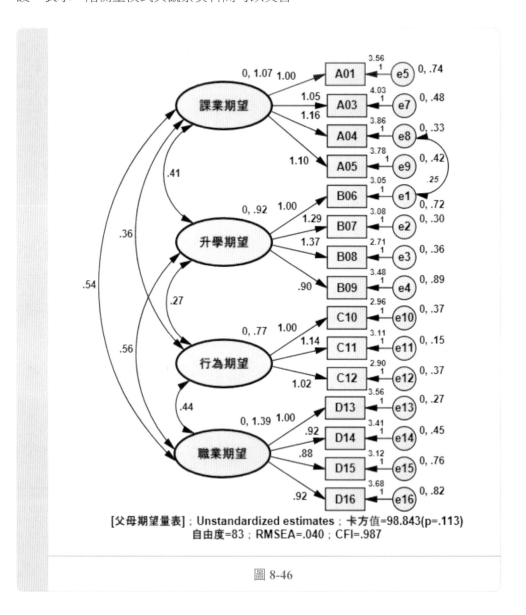

圖 8-46

非標準化估計值模式圖中沒有出現負的誤差變異數，表示模型估計結果的參數均為合理的解值。

二、貝氏估計法

(一)增列平均數與截距項設定

估計假設模型的平均數與截距項設定，在「Analysis Properties」(分析屬性) 對話視窗的「Output」(輸出結果) 方盒中勾選「☑Indirect, direct & total effects」(間接、直接與總效果值) 選項，勾選此選項時，在 ML 估計法中可以輸出間接效果值、直接效果值、總效果值，其中直接效果值的數據為標準化迴歸係數的數據；在貝氏估計法中原始的輸出參數沒有直接效果值的數據，當參數估計達到聚斂標準時，再按『Additional estimands』額外參數估計鈕進行額外參數的估計，如果在原先假設模型中有勾選「☑Indirect, direct & total effects」(間接、直接與總效果值) 選項，則額外參數估計時會增列直接效果值、間接效果值與總效果值數據。

(二)執行貝氏估計程序

按「Bayesian」(貝氏估計法) 工具圖像鈕，或執行功能列「Analyze」(分析)／「Bayesian Estimation」(貝氏估計法) 程序，均可開啟「Bayesian SEM」(貝氏 SEM) 對話視窗，估計開始時會視模型的複雜度而有不同的停頓時間，暫停鈕 ❚❚ 右邊的數字「500 + 樣本數」，樣本數每隔 1000 會更新一次 (1000 為內定數值)，當聚斂統計量圖示由紅色哭臉☹變成黃色笑臉圖示☺時，再按暫停樣本鈕 ❚❚，此時畫面中間的數值會暫時凍結。範例中 C.S. 的數值為 1.0013，分析的樣本數為 65501。

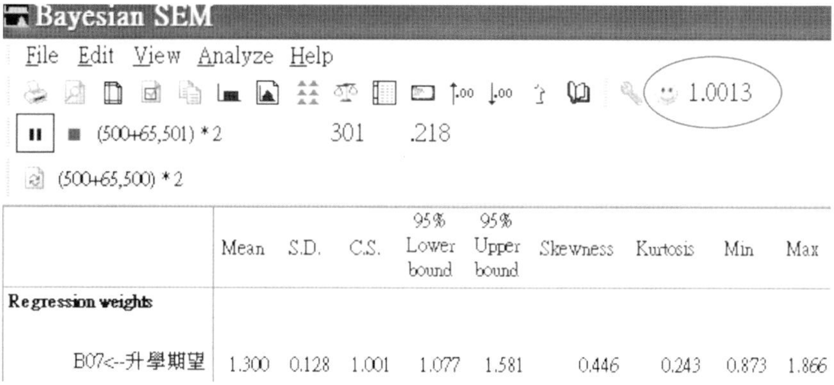

	Mean	S.D.	C.S.	95% Lower bound	95% Upper bound	Skewness	Kurtosis	Min	Max
Regression weights									
B07<--升學期望	1.300	0.128	1.001	1.077	1.581	0.446	0.243	0.873	1.866

圖 8-47

(三)估計適配度測量值

按工具列『Fit Measures』適配測量值圖像鈕，進行貝氏適配度指標值的估計。

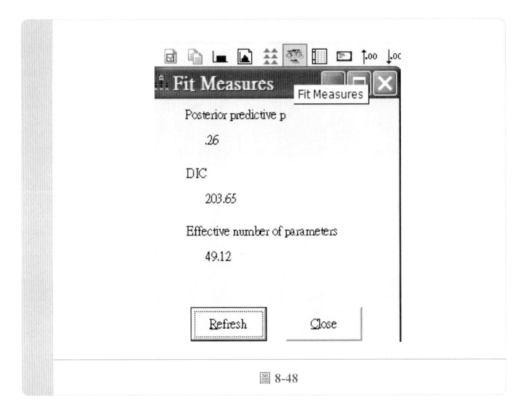

圖 8-48

範例中，「Posterior predictive p」(事後預測 p 值) 為 .26，DIC 值為 203.65，有效的參數個數數值為 49.12。貝氏分析中，「Posterior predictive p」的合理數值介於 .05 至 .95 中間，在 .05 期望值附近時，表示假設模型為良好適配模式，一般判別標準當「Posterior predictive p」數據介於 .25 至 .75 時，表示假設模型為適配模式，圖中的數值為 .26，介於 .25 至 .75 間，顯示 15 個測量變項構成的四因素構念的測量模式與觀察資料可以適配。

(四)進行額外參數估計程序

按工具列額外參數估計圖像鈕『Additional estimands』，或執行「View」(檢視)／「Additional estimands」(額外參數估計值) 程序。額外參數估計完成的畫面如下：

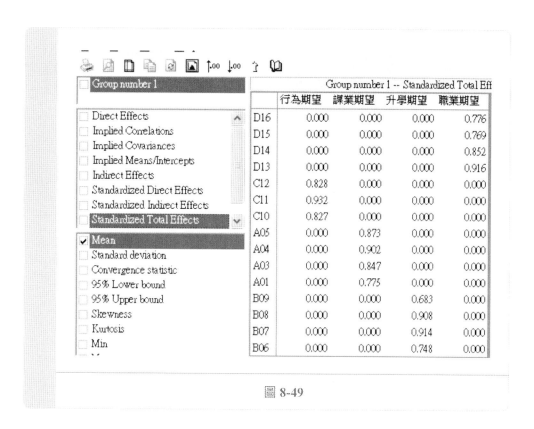

圖 8-49

在「Additional Estimands」對話視窗左邊中的「Standardized Direct Effects」
選項為直接效果值、「Standardized Indirect Effects」選項為間接效果值、
「Standardized Total Effects」選項為總效果值，直接效果值表示的標準化迴歸係
數值 (標準化徑路係數值)。

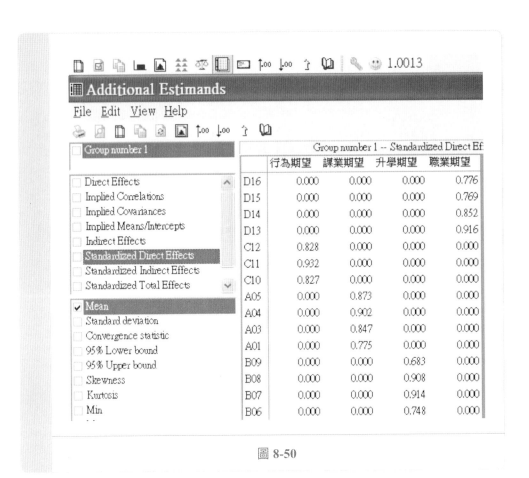

圖 8-50

(五)查看參數估計值

表 8-8 父母期望量表使用貝氏估計法所得的參數摘要表

參數	Mean 平均數	S.D. 標準差	C.S. 聚斂值	95% Lower bound	95% Upper bound	Skewness 偏態	Kurtosis 峰度	Min 最小值	Max 最大值
Regression weights									
B07<--升學期望	1.300	0.128	1.001	1.077	1.581	0.446	0.243	0.873	1.866
B08<--升學期望	1.380	0.134	1.001	1.146	1.678	0.528	0.634	0.882	1.960
B09<--升學期望	0.913	0.124	1.001	0.686	1.172	0.279	0.080	0.442	1.442
A03<--課業期望	1.056	0.115	1.001	0.853	1.300	0.429	0.362	0.723	1.693
A04<--課業期望	1.166	0.112	1.001	0.965	1.406	0.409	0.469	0.803	1.711
A05<--課業期望	1.110	0.114	1.001	0.911	1.358	0.454	0.412	0.723	1.649
C11<--行為期望	1.135	0.101	1.001	0.956	1.362	0.413	0.292	0.803	1.563
C12<--行為期望	1.016	0.101	1.001	0.832	1.225	0.341	0.386	0.720	1.550
D14<--職業期望	0.918	0.073	1.001	0.776	1.066	0.060	0.163	0.581	1.201

表 8-8　（續）

參數	Mean 平均數	S.D. 標準差	C.S. 聚斂值	95% Lower bound	95% Upper bound	Skewness 偏態	Kurtosis 峰度	Min 最小值	Max 最大值
D15<--職業期望	0.886	0.089	1.001	0.718	1.066	0.148	-0.055	0.556	1.244
D16<--職業期望	0.924	0.090	1.001	0.757	1.111	0.210	0.173	0.603	1.318
Intercepts(截距項)									
B06	3.049	0.123	1.001	2.812	3.295	0.022	-0.078	2.585	3.499
B07	3.070	0.127	1.001	2.821	3.324	0.057	0.155	2.598	3.559
B08	2.704	0.136	1.001	2.432	2.962	-0.064	0.057	2.127	3.205
B09	3.475	0.123	1.000	3.233	3.720	0.030	0.143	3.017	3.959
A01	3.556	0.133	1.001	3.295	3.814	-0.014	0.043	3.011	4.056
A03	4.016	0.125	1.001	3.769	4.261	-0.029	0.182	3.499	4.456
A04	3.852	0.126	1.001	3.603	4.097	-0.045	-0.003	3.377	4.391
A05	3.775	0.126	1.001	3.527	4.025	0.026	0.029	3.322	4.240
C10	2.958	0.100	1.001	2.761	3.151	-0.036	0.067	2.546	3.328
C11	3.110	0.097	1.001	2.916	3.302	-0.021	0.125	2.699	3.532
C12	2.901	0.101	1.001	2.710	3.107	0.154	0.181	2.503	3.328
D13	3.553	0.124	1.001	3.309	3.796	0.064	0.301	3.095	4.123
D14	3.404	0.123	1.001	3.165	3.643	0.005	0.116	2.837	3.975
D15	3.112	0.128	1.001	2.861	3.368	0.039	0.204	2.626	3.639
D16	3.670	0.134	1.001	3.413	3.927	0.030	0.081	3.175	4.284
Covariances (共變數)									
升學期望<->課業期望	0.451	0.139	1.001	0.219	0.767	0.774	1.368	0.062	1.218
升學期望<->行為期望	0.293	0.107	1.001	0.104	0.529	0.464	0.661	-0.056	0.841
職業期望<->行為期望	0.483	0.131	1.001	0.253	0.765	0.421	0.199	0.051	1.043
職業期望<->升學期望	0.613	0.148	1.001	0.355	0.939	0.507	0.533	0.153	1.372
課業期望<->行為期望	0.396	0.126	1.001	0.180	0.681	0.650	1.116	0.003	0.985
職業期望<->課業期望	0.590	0.157	1.001	0.319	0.941	0.468	0.294	0.071	1.251
e1<->e8	0.265	0.069	1.001	0.139	0.411	0.352	0.400	0.036	0.601
Variances (變異數)									
升學期望	1.007	0.209	1.001	0.651	1.469	0.552	0.524	0.371	1.998
課業期望	1.198	0.263	1.001	0.752	1.783	0.642	0.887	0.417	2.615
行為期望	0.861	0.163	1.001	0.571	1.213	0.412	0.317	0.345	1.590
職業期望	1.531	0.252	1.001	1.107	2.096	0.511	0.201	0.743	2.614
e1	0.785	0.113	1.001	0.587	1.029	0.418	0.316	0.413	1.313
e2	0.310	0.078	1.000	0.166	0.470	0.203	0.219	0.029	0.652
e3	0.389	0.098	1.001	0.222	0.610	0.581	0.720	0.109	0.896

表8-8 （續）

參數	Mean 平均數	S.D. 標準差	C.S. 聚斂值	95% Lower bound	95% Upper bound	Skewness 偏態	Kurtosis 峰度	Min 最小值	Max 最大值
e4	0.935	0.133	1.001	0.708	1.226	0.514	0.452	0.541	1.551
e5	0.790	0.123	1.000	0.581	1.055	0.609	0.929	0.447	1.493
e7	0.510	0.090	1.001	0.363	0.716	0.777	1.296	0.260	1.085
e8	0.357	0.078	1.001	0.219	0.526	0.436	0.405	0.092	0.744
e9	0.443	0.083	1.000	0.304	0.624	0.677	1.362	0.185	0.899
e10	0.394	0.073	1.001	0.264	0.551	0.496	0.759	0.169	0.786
e11	0.160	0.061	1.001	0.047	0.288	0.318	0.261	0.001	0.441
e12	0.389	0.069	1.001	0.269	0.538	0.541	0.816	0.194	0.807
e13	0.298	0.075	1.001	0.164	0.456	0.327	0.236	0.057	0.683
e14	0.476	0.084	1.001	0.327	0.655	0.430	0.392	0.214	0.912
e15	0.805	0.127	1.001	0.583	1.082	0.434	0.204	0.429	1.337
e16	0.869	0.131	1.001	0.641	1.148	0.384	−0.023	0.473	1.344

　　表中參數摘要中「Mean」欄為參數估計值 (徑路係數的平均數為 ML 法中之非標準化徑路係數估計值)，「S.D.」欄 (平均數標準差) 為 ML 法中之參數估計值的「估計標準誤」，「95% Lower bound」欄為事後平均數 95% 信賴區間下限值、「95% Upper bound」為事後平均數 95% 信賴區間上限值，事後平均數 95% 信賴區間上下限值如果包含 0，表示事後平均數顯著為 0，參數估計值不顯著，相對地，事後平均數 95% 信賴區間上下限值未包含 0，表示參數估計值達到 .05 顯著水準 (在 ML 估計法中臨界比值會大於 1.96，顯著性 p 值會小於 .05)。

　　模式統計結果輸出的模式參數摘要表內容，研究者可以選定，一般而言，「Mean」(平均數)、「S.D.」(標準差)、「95% Lower bound & 95% Upper bound」(95%信賴區間)、「Min」(最小值) 等幾個選項最好勾選，最小值欄也可以作為參數不適當解值的檢核用，如誤差項變異數的最小值如果為負數，且其距離離 0 較大，表示誤差變異數小於 0 的機率很大，此誤差項變異數可能是不適當解值。輸出表的每一橫列是單一參數事後分配數值的個別描述，每一直行 (縱) 是參數個別統計量數值，其中第一直行「Mean」(平均數) 欄的數值一定要呈現，因為此欄表示的是每個參數事後分配的平均數值，也就是模型最後參數估計值，此欄的數值為根據樣本資料與先驗分配演算所得的參數貝氏點估計值 (Bayesian point estimate)，在大樣本情況下，平均數欄數值會趨近於 ML 法的估計值。輸出表中的標準誤 (S.E., 範例表格沒有呈現) 是平均數估計值標準誤，它

表示的是估計事後平均數與真正事後平均數的距離 (二者的差異量)。當 MCMC 程序持續產製更多樣本時，事後平均數的估計值會變為十分正確，而標準誤值 (差異量) 會慢慢變小，因而當 S.E. 的數值非常小或非常接近 0 時，表示參數貝氏點估計值十分接近真正數值。「S.D.」欄的數值為標準差，標準差欄數值表示的事後平均數與未知真正參數的差異值，此欄的數值類似於 ML 估計值中的標準誤 (standard error) (Byrne, 2010, p.155)。

估計額外參數估計中的直接效果值 (Standardized Direct Effects 選項數據)，在測量模式中，潛在變項對測量變項的直接效果值為因素負荷量數值 (標準化徑路係數值)。

表 8-9　**CFA 模型中的直接效果值摘要表**

測量變項	行為期望	課業期望	升學期望	職業期望
D16	0.000	0.000	0.000	0.776
D15	0.000	0.000	0.000	0.769
D14	0.000	0.000	0.000	0.852
D13	0.000	0.000	0.000	0.916
C12	0.828	0.000	0.000	0.000
C11	0.932	0.000	0.000	0.000
C10	0.827	0.000	0.000	0.000
A05	0.000	0.873	0.000	0.000
A04	0.000	0.902	0.000	0.000
A03	0.000	0.847	0.000	0.000
A01	0.000	0.775	0.000	0.000
B09	0.000	0.000	0.683	0.000
B08	0.000	0.000	0.908	0.000
B07	0.000	0.000	0.914	0.000
B06	0.000	0.000	0.748	0.000

　　根據直接效果值可以算出各潛在變項的聚斂效度，潛在因素構念的組合信度與平均變異數抽取量等數值。就測量模式而言，潛在構念變項對指標變項 (題項) 的直接效果值為標準化徑路係數，此數值為指標變項 (題項) 的因素負荷量；就結構模式而言，直接效果值為潛在構念變項對潛在構念變項直接影響的標準化徑路係數，若是外因變項對內因變項的直接效果值為 γ 係數值，如果是內因變項對

內因變項的直接效果值為 β 係數值。

間接效果值為「Standardized Indirect Effects」選項的數據，在一階斜交多因素模式中，潛在因素構念對測量指標變項只有直接效果值沒有間接效果值，所以表中間接效果值數值均為 0.000。

表 8-10　**CFA 模型中的間接效果值摘要表**

測量變項	行為期望	課業期望	升學期望	職業期望
D16	0.000	0.000	0.000	0.000
D15	0.000	0.000	0.000	0.000
D14	0.000	0.000	0.000	0.000
D13	0.000	0.000	0.000	0.000
C12	0.000	0.000	0.000	0.000
C11	0.000	0.000	0.000	0.000
C10	0.000	0.000	0.000	0.000
A05	0.000	0.000	0.000	0.000
A04	0.000	0.000	0.000	0.000
A03	0.000	0.000	0.000	0.000
A01	0.000	0.000	0.000	0.000
B09	0.000	0.000	0.000	0.000
B08	0.000	0.000	0.000	0.000
B07	0.000	0.000	0.000	0.000
B06	0.000	0.000	0.000	0.000

肆、非散布事前分配的貝氏估計法

貝氏估計主要根據資料的關聯性資訊進行參數估計，最大概似法估計是當藉由觀察資料 y 的資訊讓未知參數 θ 的概似值最大化，二者的關係 $L(\theta \mid y) \fallingdotseq p(\theta \mid y)$，貝氏估計近似於 y 事後分配密度：$p(\theta \mid y) \fallingdotseq p(\theta) L(\theta \mid y)$，$p(\theta)$ 是未知參數 θ 的先驗前分配，$p(\theta \mid y)$ 是給與觀察資料 y 後未知參數 θ 的事後分配，這意味著給與未知參數 θ 後，觀察資料 y 的事後分配密度等於 θ 的事前分配乘於觀察資料 y 的概似值。當樣本增加後，概似函數會變得十分接近 ML 估計值，AMOS 內定貝氏估計法中各參數估計的分配為均勻先驗分配 (uniform prior distribution)，這種分配是一種散布性先驗分配 (diffuse prior distribution)，此種分配又稱為「Noninformative prior」分配,散布性先驗圖形趨近於平坦,或常數項會落於概似值的大部分區域中;事後分配受到概似值的影響很大,亦即受到資料本身的影響很大。如果 θ 參數為均勻先驗分配時,$p(\theta)$ 先驗分配圖是完全平坦的,事後分配機率圖是概似值再簡化為常態化的圖形;甚至在非均勻先驗分配情況下,當樣本數增加時,先驗分配的影響會降低,因為當樣本數增加時,θ 參數的聯合事後分配會趨近於常態分配曲線圖,因而在大樣本情況下,貝氏估計和傳統最大概似估計程序所輸出的參數估計值會十分接近;相對地,在小樣本情況下進行貝氏分析程序時,如果研究者能提供參數先驗分配的資料,貝氏分析所估計的參數估計值會更為正確 (Arbuckle, 2006, pp.413-414)。

一、ML 法之適配模型

在範例假設模型中,外因變項為生活壓力、學業成就,內因變項為自我焦慮,生活壓力潛在構念的二個觀察變項為「家庭壓力」、「學校壓力」;自我焦慮潛在構念的二個觀察變項為「生理反應」、「心理反應」,觀察變項「生理反應」與觀察變項「家庭壓力」誤差間有共變關係,觀察變項「心理反應」與觀察變項「學校壓力」誤差間有共變關係 (修改自 Arbuckle, 2006, p.415,資料檔取自手冊範例檔中的 Ex27.amw)。

表 8-11　觀察變項相關矩陣與描述性統計量摘要表 (N = 80,有效 N = 76)

	學業成就	家庭壓力	學校壓力	生理反應	心理反應
學業成就	1				
家庭壓力	.042	1			
學校壓力	.116	.614	1		
生理反應	−.658	.337	.307	1	
心理反應	−.509	.255	.455	.848	1
平均數	.50	19.80	21.69	14.62	14.84
標準差	.503	4.184	6.808	6.798	9.371
最小值	0	12	10	0	0
最大值	1	29	50	28	47

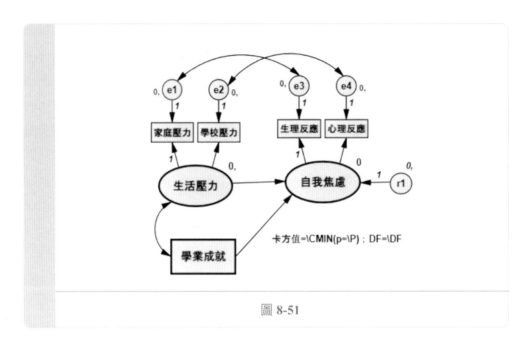

圖 8-51

假設模型中外因變項為生活壓力、學業成就，內因變項為自我焦慮，模型中增列估計平均數與截距項。

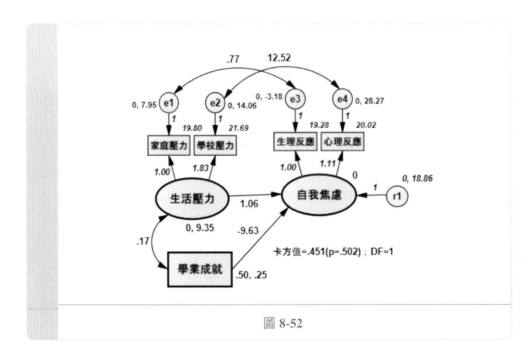

圖 8-52

　　假設模型之非標準化估計值模式圖如上，模型的自由度為 1，整體模型適配度統計量的卡方值為 .451，顯著性機率值 p = .502 > .05，接受虛無假設，表示假設模型與觀察資料適配良好。在參數合理性的判別方面，觀察變項「生理反應」的誤差項 e3 的變異數等於 −3.18，表示模式參數中出現不合理解值。

二、執行貝氏分析

　　資料符合均勻先驗分配性質時，貝氏分析與最大概似法分析所得到的參數結果會相似。執行貝氏分析程序，允許 MCMC 抽樣進行，直到紅色哭臉☺圖示變成黃色笑臉☺圖示時，才按暫停抽樣工具鈕 ▮▮。

Variances

	Mean	S.E.	S.D.	C.S.				
生活壓力	10.446	0.132	4.620	1.000	3.087	21.286	0.820	0.957
學業成就	0.275	0.001	0.047	1.000	0.198	0.382	0.741	1.071
r1	23.022	0.183	6.105	1.000	13.526	37.582	0.880	1.234
e1	8.975	0.092	3.972	1.000	0.805	16.553	-0.305	1.001
e2	13.817	0.556	13.379	1.001	-20.396	34.417	-1.238	2.870
e3	-4.697	0.134	5.630	1.000	-17.931	4.482	-0.849	1.528
e4	33.916	0.167	8.555	1.000	19.757	53.519	0.662	0.755

圖 8-53

　　輸出摘要表中，誤差項 e3 的變異數估計值為 −4.697 (Mean 欄數值)，標準差為 5.630 (S.D.欄數值)，標準差值數值為變異數估計值的估計標準誤。

　　按事後分配工具鈕▲或執行功能列「View」(檢視)／「Posterior」(事後分配)，開啟「Posterior」對話視窗，選取輸出表格中的誤差項 e3 列數據，可以繪製誤差項變異數 e3 的事後分配機率多邊圖。

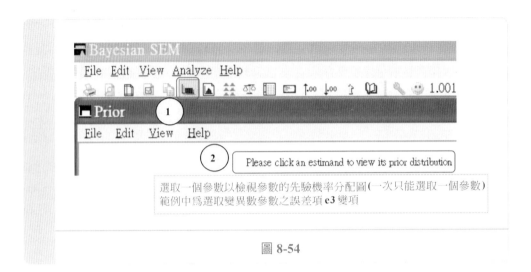

選取一個參數以檢視參數的先驗機率分配圖(一次只能選取一個參數)
範例中為選取變異數參數之誤差項 **e3** 變項

圖 8-54

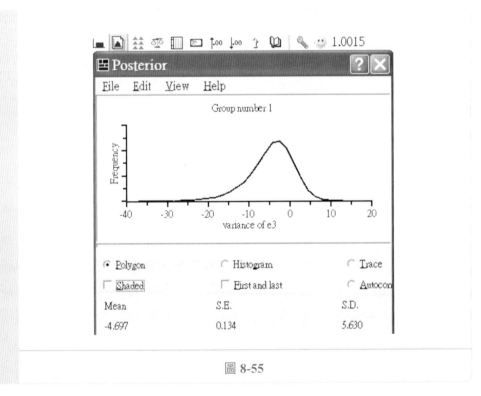

圖 8-55

　　從事後分配多邊圖的診斷中可以看出，誤差項 e3 的殘差變異數 (事後平均數) 之數值為負數 (Mean = −4.697)，結果與最大概似法估計大致一樣，事後分配多邊圖多數區域位於 0 的左邊。

　　按工具列「Fit Measures」(適配測量值) 圖像鈕 ，執行模式適配度的檢定，「Posterior predictive p」的數值為 .50，進行模式適配度評估時，「Posterior predictive p」數值在 .50 期望值附近時，表示模型的適配度良好，範例中剛好為 .50，顯示假設模型與觀察資料可以適配。所有參數均達到聚斂時的整體 C.S. 值為 1.0015，小於內定門檻值 1.002，表示所有參數都已經達到聚斂標準，此時不用再進行產製樣本的程序，當所有參數都已經達到聚斂標準後，即使 MCMC 再進行抽樣程序進行參數估計，參數間的差異值很小，表示參數估計值已經十分確定與穩定。

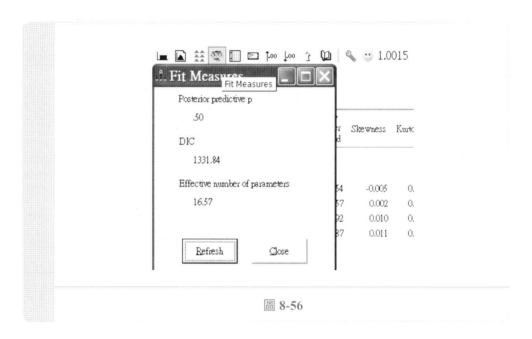

圖 8-56

三、設定參數先驗機率分配 (事前機率分配) 的下限值

　　按工具列先驗圖像鈕 　 或執行功能列「View」(檢視)／「Prior」(先驗分配) 程序，可以開啟「Prior」(先驗／事前) 的對話視窗。

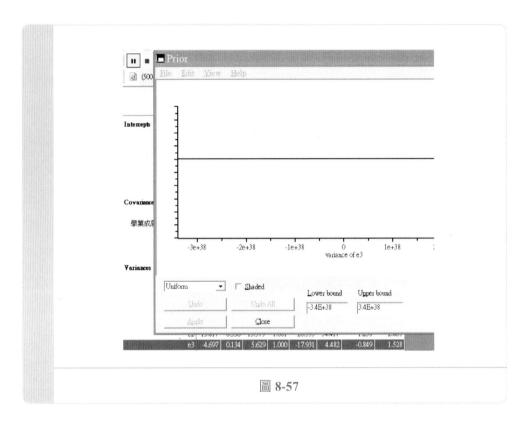

圖 8-57

　　在輸出文件選取誤差項 e3 變異數估計值列的數據，此時於「Prior」的對話視窗下方「Lower bound」(下限)、「Upper bound」(上限) 會輸出此估計值的上下限數值，範例中下限數值為「−3.4E + 38」，上限數值為「3.4E + 38」，「−3.4E + 38」為科學符號，實際的數值為 -3.4×10^{-38}，下限的數值低於 0，下限數值遠小於 0，表示變異數可能為負數，但變異數為負，表示此參數為不適當解值。

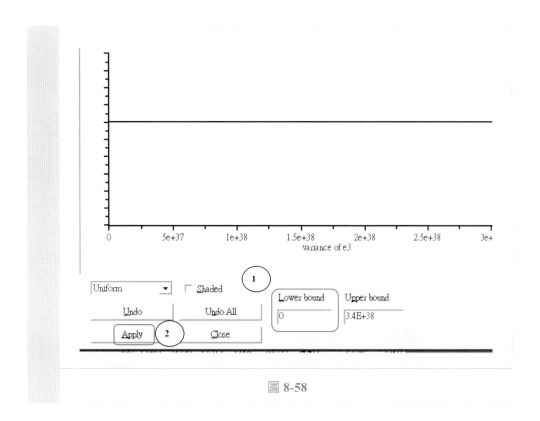

圖 8-58

　　為避免參數變異數估計值的下限小於 0，出現不適當解值或不合理參數，將下限數值界定 0 (當然研究者也可以界定下限的最小數值為接近 0 的小數點，如 0.01 或 0.05)，將下限數值設定 0 即用常數 0 取代原先 -3.4×10^{-38}，之後再按『Apply』(應用) 鈕。按下按『Apply』(應用) 鈕後，Amos 會拋棄原先累積之 MCMC 產製的樣本數，自動重新產製樣本進行參數估計。

　　MCMC 進行抽樣程序時，當聚斂統計量圖示由紅色哭臉☺變成黃色笑臉☺時，研究者可以按下暫停抽樣工具鈕 ❚❚ 。

File Edit View Analyze Help

(500+59,217) * 8   704   .353

(500+58,500) * 8

	Mean	S.E.	S.D.	C.S.	95% Lower bound	95% Upper bound	Skewness	Kurtosis
Intercepts								
家庭壓力	19.802	0.008	0.500	1.000	18.804	20.778	-0.033	0.116
學校壓力	21.688	0.014	0.789	1.000	20.153	23.261	0.041	0.058
生理反應	19.126	0.014	0.809	1.000	17.537	20.721	0.018	0.063
心理反應	20.289	0.017	1.169	1.000	18.050	22.626	0.076	0.053
Covariances								
學業成就<->生活壓力	0.139	0.002	0.210	1.000	-0.269	0.583	0.233	0.897
e1<->e3	2.877	0.067	2.215	1.000	-1.351	7.442	0.158	0.458
e2<->e4	10.768	0.109	4.518	1.000	2.500	20.318	0.395	0.920
Variances								
生活壓力	9.742	0.128	4.003	1.001	3.451	19.202	0.809	0.865
學業成就	0.275	0.001	0.047	1.000	0.198	0.383	0.705	0.877
r1	18.591	0.082	3.912	1.000	11.910	27.256	0.574	0.685
e1	9.932	0.134	3.676	1.001	2.581	17.118	-0.172	1.018
e2	10.585	0.801	13.899	1.002	-26.522	31.763	-1.308	3.058
e3	2.289	0.024	1.954	1.000	0.073	7.289	1.377	2.328
e4	25.449	0.083	5.364	1.000	15.904	37.132	0.436	0.634

圖 8-59

　　C.S. 值為 1.0017 時，各參數之平均數、標準差及 95% 信賴區間值如上圖所列，誤差項 e3 的變異數平均數值為 2.289，數值為正值，研究者可以再檢核參數的事後分配機率圖，以檢核是否有產製樣本的數值小於 0。輸出表格中沒有呈現最小值與最大值，在實際從事貝氏估計中最好能呈現最小值與最大值二欄數值，因為最小值欄的數值也可作為判斷參數是否為不適當解值的參考，如果某個參數變異數的最小值為負值，表示參數估計結果可能出現不適當解值，為避免誤

差項 e1、誤差項 e2、誤差項 e4 出現負的變異數,研究者可於個別修正先驗分配的數值,將每個誤差項變異數的下限個別設定為 0。

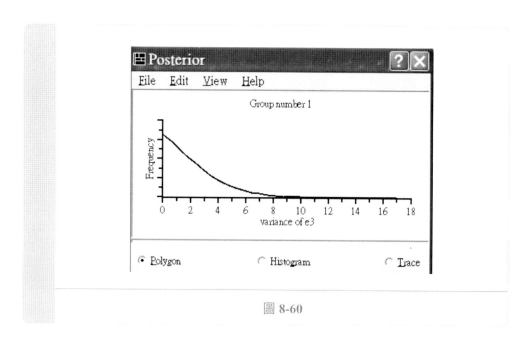

圖 8-60

將誤差項 e3 變異數先驗機率分配 (事前機率分配) 的下限數值固定為 0,所有參數達到聚斂後,誤差項 e3 變異數事後機率分配多邊圖顯示,就變異數 e3 而言,沒有產製樣本的變異數小於 0,所有產製樣本的變異數均為正數 (大於 0 的數值)。

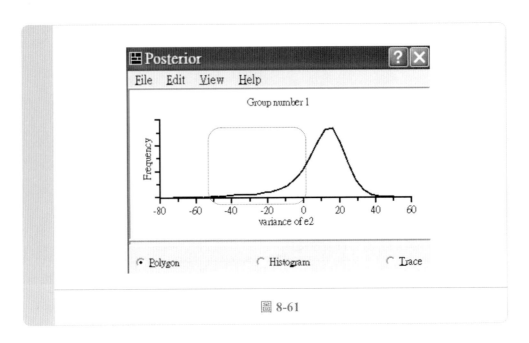

圖 8-61

就參數 e2 變異數的事後機率分圖多邊圖來看，MCMC 產製分析的樣本中，約有三分之一樣本的變異數小於 0，表示誤差項 e2 變異數可能出現不適當解值。因而可依據上述修正誤差項 e3 變異數的方法，將誤差項 e2 變異數的先驗機率分配 (事前先驗分配) 的下限數值界定為 0 或設定為一個趨近為 0 的數值，如 0.01 或 0.001 等。

一個參數一個參數的先驗機率分配 (事前先驗分配) 下限值設定方法較適合於小模型，如果假設模型較為複雜，個別參數的逐一設定法較不實用，此時，研究者可改採用自動界定先驗分配的方法，讓 Amos 自行判別修正，此方法就是當任一參數估計值出現不適當解值時，Amos 會自動將其先驗密度的數值界定為 0。

四、整體設定模式參數均為可接受解

按工具列「Options」(選項) 圖形鈕 , 或執行功能列「View」(檢視) ／「Options」(選項)) 程序，開啟「Bayesian Options」(貝氏選項) 視窗，按「Prior」(事前分配) 方盒，勾選：「☑Admissibility test*」(可接受解檢定)，之後再按『Close』 (鈕)。當使用者一按下『Close』後，Amos 立即拋棄先前所有產製累積的樣本，重新進行 MCMC 樣本產製的程序，

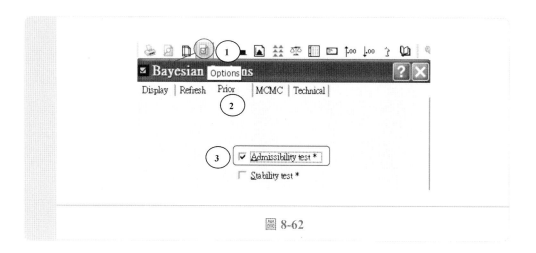

圖 8-62

　　當聚斂統計量圖示由紅色哭臉☺圖成黃色笑臉☺時，研究者可以按下暫停抽樣工具鈕 ❚❚ 。圖中當 C.S. 值為 1.0015，表示分析程序只用到 79501 個觀察值時，所有估計值都已經達到聚斂標準，適配度測量值視窗中，「Posterior predictive p」期望值為 .50、DIC 數值為 1333.25、「Effective number of parameters」的數值為 16.71。

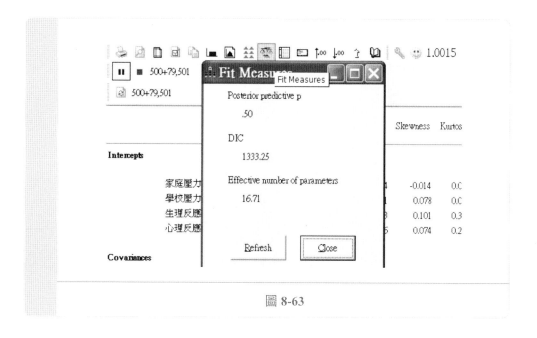

圖 8-63

	Mean	S.E.	S.D.	C.S.	95% Lower bound	95% Upper bound	Skewness	Kurtosis	Min	Max
Intercepts										
家庭壓力	19.749	0.023	0.489	1.001	18.773	20.694	-0.014	0.002	17.997	21.596
學校壓力	21.635	0.032	0.800	1.001	20.112	23.241	0.078	0.064	18.536	24.888
生理反應	19.055	0.045	0.831	1.001	17.444	20.713	0.101	0.318	15.557	23.467
心理反應	20.241	0.055	1.199	1.001	17.930	22.646	0.074	0.224	15.204	26.058
Covariances										
學業成就<->生活壓力	0.163	0.011	0.235	1.001	-0.296	0.655	0.154	0.606	-0.734	1.272
e1<->e3	2.125	0.063	1.898	1.001	-1.222	6.243	0.483	0.396	-2.997	11.039
e2<->e4	11.246	0.224	4.323	1.001	3.247	20.292	0.238	0.267	-5.638	30.574
Variances										
生活壓力	10.805	0.196	3.602	1.001	4.952	18.864	0.646	0.459	2.310	27.441
學業成就	0.272	0.002	0.046	1.001	0.197	0.375	0.817	1.597	0.155	0.566
r1	17.487	0.122	3.599	1.001	11.174	25.374	0.431	0.285	6.767	33.677
e1	8.678	0.124	2.818	1.001	3.084	14.403	0.099	0.083	0.156	20.277
e2	15.907	0.354	7.140	1.001	3.555	31.223	0.354	-0.118	0.012	45.124
e3	2.679	0.052	1.953	1.000	0.221	7.554	1.259	2.010	0.001	16.183

圖 8-64

　　輸出表格中6個參數的變異數均為正數，且其最小值也都是正數，表示模式估計值中沒有不適當解值。

伍、潛在變項路徑分析_貝氏估計法

一、ML 最大概似法

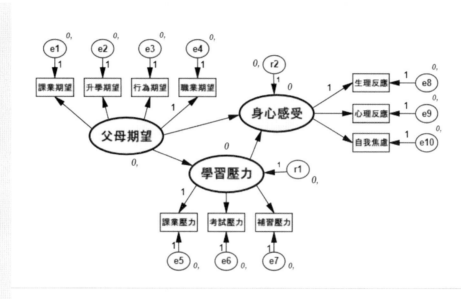

圖 8-65

　　父母期望、學習壓力與受試者身心感受因果模式中，外因潛在變項為父母期望 (4 個觀察變項為課業期望、升學期望、行為期望、職業期望)、內因潛在變項為學習壓力與身心感受，學習壓力構念的 3 個觀察變項為課業壓力、考試壓力、補習壓力、身心感受的 3 個觀察變項為生理反應、心理反應、自我焦慮，內因潛在變項學習壓力在結構模式中是一個中介變項。

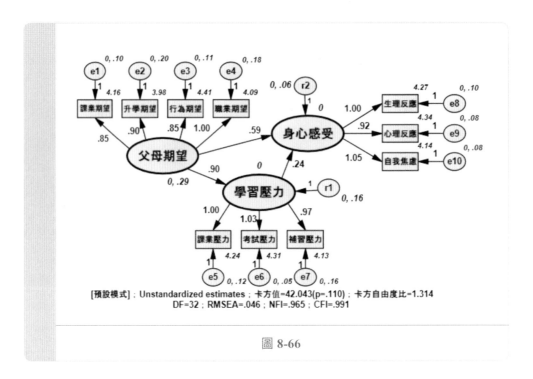

圖 8-66

　　非標準化估計值模式圖中沒有出現負的誤差變異數，表示模型估計結果的參數均為合理的解值，模式的自由度為 32。

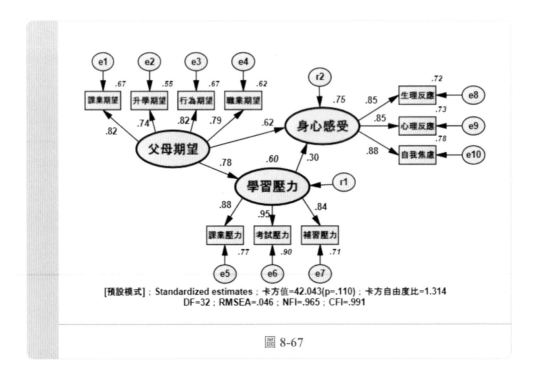

圖 8-67

　　標準化估計值模式圖中沒有出現大於 1 的標準化徑路係數，表示所有參數均為合理性解值，模式的自由度為 32，整體適配度檢定的卡方值為 42.043，顯著性 p = .110 > .05，接受虛無假設，表示假設模型與觀察資料間的適配度良好，當卡方值統計量顯著性 p > .05 時，RMSEA 值、CFI 值等主要適配度統計量都會達到模式適配標準。

二、貝氏估計法

(一)增列平均數與截距項設定

　　估計假設模型的平均數與截距項設定，在「Analysis Properties」(分析屬性)對話視窗的「Output」(輸出結果) 方盒中勾選「☑Indirect, direct & total effects」(間接、直接與總效果值) 選項，勾選此選項時，在 ML 估計法中可以輸出間接效果值、直接效果值、總效果值，其中直接效果值的數據為標準化迴歸係數的數據；在貝氏估計法中原始的輸出參數沒有直接效果值的數據，當參數估計達到聚斂標準時，再按『Additional estimands』額外參數估計鈕進行額外參數的估計，如果在原先假設模型中有勾選「☑Indirect, direct & total effects」(間接、直接與總效果值) 選項，則額外參數估計時會增列直接效果值、間接效果值與總效果值數據。

(二)執行貝氏估計程序

　　按「Bayesian」(貝氏估計法) 工具圖像鈕▲，或執行功能列「Analyze」(分析)／「Bayesian Estimation」(貝氏估計法) 程序，均可開啟「Bayesian SEM」(貝氏 SEM) 對話視窗，估計開始時會視模型的複雜度而有不同的停頓時間，暫停鈕 ‖ 右邊的數字「500 + 樣本數」，樣本數每隔 1000 會更新一次 (1000 為內定數值)，當聚斂統計量圖示由紅色哭臉☺圖成黃色笑臉圖示☺時 (C.S. 數值小於門檻值 1.002 時)，再按暫停樣本鈕 ‖，此時畫面中間的數值會暫時凍結。範例中 C.S. 的數值為 1.0011，分析的樣本數為 91501，拋棄的樣本數為產製的前 500 個樣本。輸出的事後機率分配統計量包括事後平均數 (Mean)、事後平均數的標準差 (S.D.)、聚斂統計量 (C.S.)、事後平均數 95% 信賴區間 (95% Lower bound & 95% Upper bound)、事後平均數的最小值 (Min)、事後平均數的最大值 (Max)。

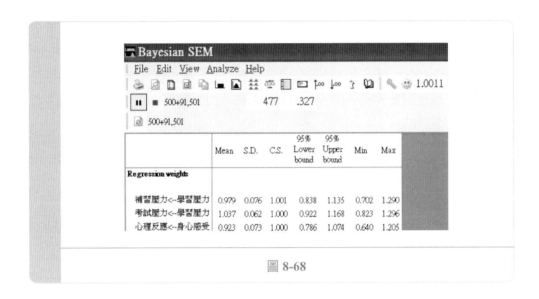

圖 8-68

(三)估計適配度測量值

　　按工具列『Fit Measures』適配測量值圖像鈕　，進行貝氏適配度指標值的估計。

　　範例中,「Posterior predictive p」(事後預測 p 值) 為 .24,DIC 值為 108.99,有效的參數個數數值為 32.35。貝氏分析中,「Posterior predictive p」的合理數值介於 .05 至 .95 中間,在 .05 期望值附近時,表示假設模型為最良好適配模式,一般判別標準當「Posterior predictive p」數據介於 .20 至 .80 時 (也可設定為 .25 至 .75 間,.50 期望值區間愈小,表示適配度的檢定愈嚴苛),表示假設模型為適配模式,圖中的數值為 .24,介於 .20 至 .70 間,顯示父母期望、學習壓力與身心感受的因果模式圖與觀察資料可以適配。

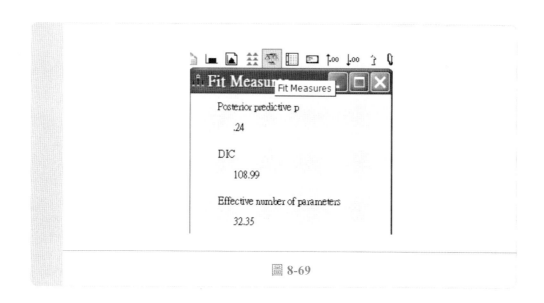

Fit Measures

圖 8-69

(四)進行額外參數估計程序

按工具列額外參數估計圖像鈕『Additional estimands』▦，或執行「View」(檢視)／「Additional estimands」(額外參數估計值) 程序。額外參數估計完成的畫面如下：

勾選「Standardized Total Effects」選項及「Mean」選項，呈現的數值為模式的總效果值。

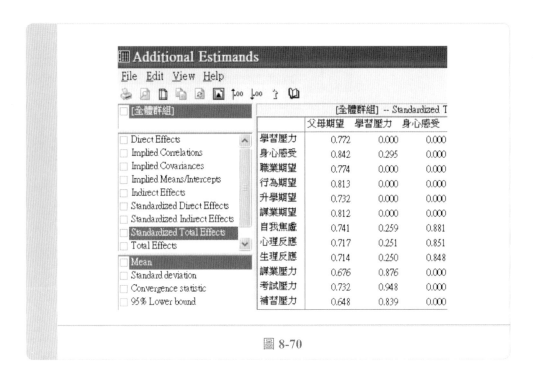

圖 8-70

　　勾選「Standardized Indirect Effects」選項及「Mean」選項，呈現的數值為模式的間接效果值。

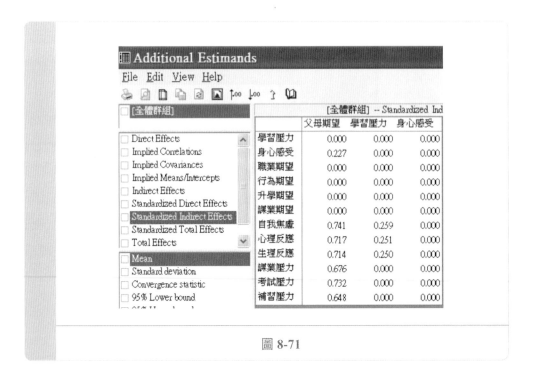

圖 8-71

　　勾選「Standardized Direct Effects」選項及「Mean」選項，呈現的數值為模式的直接效果值。就測量模式而言，潛在構念變項對觀察變項的直接效果值為標準化徑路係數 (標準化迴歸係數)，標準化徑路係數即為因素負荷量；就結構模式而言，潛在變項對潛在變項的直接效果值為標準化迴歸係數 (γ 係數或 β 係數)。

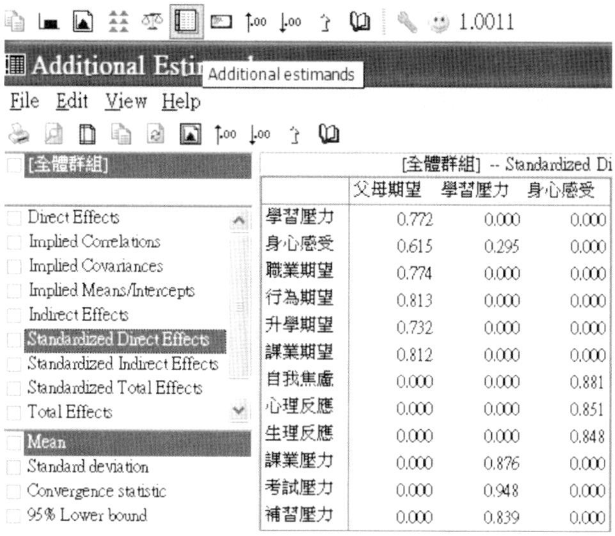

圖 8-72

　　在「Additional Estimands」對話視窗左邊中的「Standardized Direct Effects」(標準化直接效果) 選項為直接效果值、「Standardized Indirect Effects」(標準化間接效果) 選項為間效果值、「Standardized Total Effects」」(標準化總效果) 選項為總效果值，直接效果值表示的標準化迴歸係數值。

　　進行貝氏估計程序，如果經過一段很長時間，聚斂統計量圖示還是紅色哭臉 ☺，表示有部分參數尚未達到聚斂標準，此時，研究者可先按下暫停抽樣鈕 ❚❚，嘗試修正部分參數的先驗機率分配，以誤差項 e1 變異數估計值為例，研究者按下工具列圖像鈕「Prior」(先驗分配／事前分配)，可開啟「Prior」▭ (先驗分配) 對話視窗。

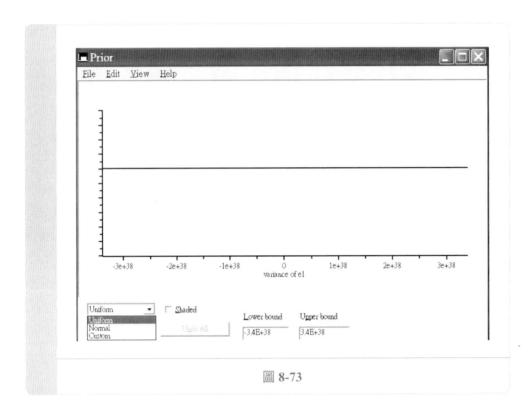

圖 8-73

「Prior」(先驗分配) 對話視窗的左下角選單有三種先驗分配的設定：
Uniform (均勻或等分先驗分配)、「Normal」(常態分配)、「Custom」(自訂分配)，內定的機率分配為 Uniform (均勻或等分先驗分配)。

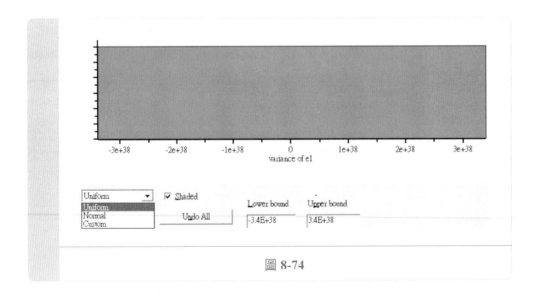

圖 8-74

上圖的先驗分配為內定的 Uniform，圖形增列勾選「☑Shaded」(陰影)，所以參數先驗機率分配下的區域會著上黑色。

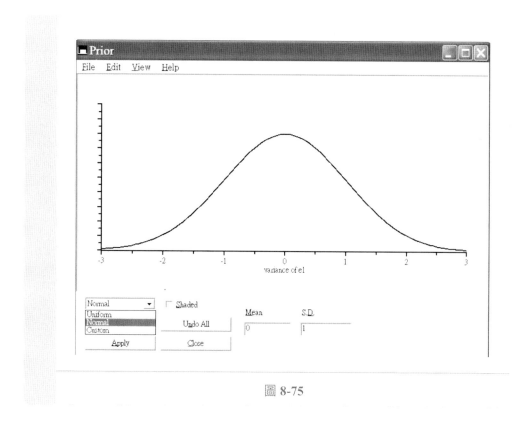

圖 8-75

如果研究者將 Prior 由均勻分配改選為常態分配，則限定參數事後分配平均數為 0、標準差為 1。

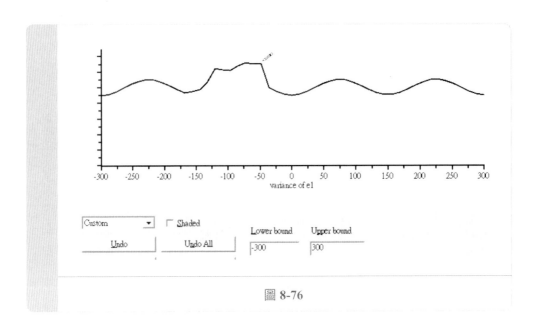

圖 8-76

　　選取「Custom」選項，滑鼠移往中間分配線上，會出現 ✐ 的形狀，按住 ✐ 可任意拉曳多邊形形狀。

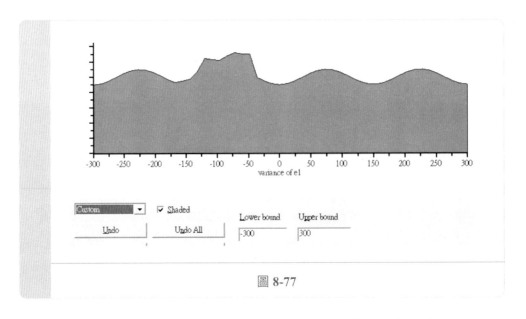

圖 8-77

　　選取「Custom」選項，以 ✐ 任意拉曳多邊形形狀後，再勾選「☑Shaded」選項的範例圖。

當樣本數愈大時，參數先驗機率分配的設定對參數事後機率分配的影響愈小，這表示當樣本數愈大時，設定參數不同的先驗機率分配後，參數事後機率分配的事後平均數與標準差等統計量差異不大，此外，有一點應該注意的是沒有理論支持或經驗法則為根據，研究者任意修改參數的先驗機率分配是不適切，因而這樣的設定可能導致參數事後機率分配的事後平均數與標準差等統計量的偏誤值更大。

貝氏估計法輸出之原始徑路係數估計值、截距項估計值、變異數估計值如下：

表 8-12

	Mean 平均數	S.D. 標準差	C.S. 聚斂值	95% Lower bound	95% Upper bound	Min 最小值	Max 最大值
Regression weights (徑路係數)							
補習壓力 <-- 學習壓力	0.979	0.076	1.001	0.838	1.135	0.702	1.290
考試壓力 <-- 學習壓力	1.037	0.062	1.000	0.922	1.168	0.823	1.296
心理反應 <-- 身心感受	0.923	0.073	1.000	0.786	1.074	0.640	1.205
自我焦慮 <-- 身心感受	1.044	0.080	1.000	0.898	1.214	0.783	1.453
課業期望 <-- 父母期望	0.871	0.088	1.001	0.713	1.062	0.605	1.293
升學期望 <-- 父母期望	0.922	0.103	1.001	0.739	1.142	0.572	1.374
行為期望 <-- 父母期望	0.875	0.088	1.001	0.722	1.070	0.608	1.279
身心感受 <-- 學習壓力	0.243	0.087	1.001	0.073	0.411	-0.130	0.586
身心感受 <-- 父母期望	0.607	0.116	1.001	0.398	0.848	0.200	1.235
學習壓力 <-- 父母期望	0.930	0.116	1.001	0.725	1.178	0.557	1.487
Intercepts (截距項)							
補習壓力	4.131	0.061	1.000	4.012	4.250	3.899	4.335
考試壓力	4.309	0.056	1.000	4.197	4.417	4.032	4.507
課業壓力	4.243	0.057	1.001	4.131	4.353	3.941	4.459
生理反應	4.274	0.050	1.001	4.174	4.370	4.043	4.446
心理反應	4.341	0.046	1.001	4.252	4.433	4.154	4.502
自我焦慮	4.137	0.050	1.001	4.042	4.234	3.932	4.332
課業期望	4.160	0.046	1.000	4.069	4.249	3.960	4.329
升學期望	3.981	0.053	1.000	3.878	4.085	3.791	4.228
行為期望	4.413	0.046	1.001	4.322	4.502	4.245	4.583
職業期望	4.089	0.055	1.001	3.980	4.195	3.860	4.318

表 8-12 （續）

	Mean 平均數	S.D. 標準差	C.S. 聚斂值	95% Lower bound	95% Upper bound	Min 最小值	Max 最大值
Variances (變異數)							
父母期望	0.290	0.054	1.001	0.194	0.406	0.120	0.584
r1	0.165	0.031	1.000	0.112	0.232	0.075	0.318
r2	0.069	0.015	1.001	0.042	0.103	0.023	0.139
e7	0.164	0.024	1.001	0.123	0.214	0.092	0.268
e6	0.049	0.014	1.000	0.023	0.078	0.008	0.106
e5	0.123	0.019	1.000	0.090	0.166	0.065	0.213
e8	0.107	0.018	1.001	0.076	0.145	0.052	0.200
e9	0.088	0.014	1.001	0.063	0.118	0.042	0.164
e10	0.085	0.015	1.001	0.059	0.117	0.042	0.146
e1	0.110	0.017	1.001	0.080	0.145	0.056	0.180
e2	0.207	0.029	1.001	0.156	0.270	0.123	0.349
e3	0.110	0.016	1.001	0.081	0.145	0.050	0.178
e4	0.190	0.027	1.001	0.144	0.250	0.105	0.314

　　表中參數摘要中「Mean」欄為參數估計值的平均數，「S.D.」欄為參數估計值的標準差，「95% Lower bound」欄為事後平均數 95% 信賴區間下限值、「95% Upper bound」為事後平均數 95% 信賴區間上限值，事後平均數 95% 信賴區間上下限值如果包含 0，表示事後平均數顯著為 0，參數估計值不顯著，相對地，事後平均數 95% 信賴區間上下限值未包含 0，表示參數估計值達到 .05 顯著水準 (在 ML 估計法中臨界比值會大於 1.96，顯著性 p 值會小於 .05)。

表 8-13　貝氏估計法估計之直接效果值

變項名稱	父母期望	學習壓力	身心感受
學習壓力	0.772	0.000	0.000
身心感受	0.615	0.295	0.000
職業期望	0.774	0.000	0.000
行為期望	0.813	0.000	0.000
升學期望	0.732	0.000	0.000
課業期望	0.812	0.000	0.000
自我焦慮	0.000	0.000	0.881
心理反應	0.000	0.000	0.851

表 8-13 （續）

變項名稱	父母期望	學習壓力	身心感受
生理反應	0.000	0.000	0.848
課業壓力	0.000	0.876	0.000
考試壓力	0.000	0.948	0.000
補習壓力	0.000	0.839	0.000

　　從直接效果值摘要表可以看出，就結構模式而言，外因潛在構念變項「父母期望」對內因潛在構念變項「學習壓力」、「身心感受」影響的標準化徑路係數分別為 .772、.615，內因潛在構念變項「學習壓力」對內因潛在構念變項「身心感受」影響的標準化徑路係數為 .295。就測量模式而言，潛在構念變項「父母期望」四個指標變項的因素負荷量分別為 .774、.813、.732、.812；潛在構念變項「學習壓力」三個指標變項的因素負荷量分別 .876、.948、.839；潛在構念變項「身心感受」三個指標變項的因素負荷量分別 .881、.851、.848。

表 8-14 貝氏估計法估計之間接效果值

變項名稱	父母期望	學習壓力	身心感受
學習壓力	0.000	0.000	0.000
身心感受	0.227	0.000	0.000
職業期望	0.000	0.000	0.000
行為期望	0.000	0.000	0.000
升學期望	0.000	0.000	0.000
課業期望	0.000	0.000	0.000
自我焦慮	0.741	0.259	0.000
心理反應	0.717	0.251	0.000
生理反應	0.714	0.250	0.000
課業壓力	0.676	0.000	0.000
考試壓力	0.732	0.000	0.000
補習壓力	0.648	0.000	0.000

　　從間接效果值摘要表發現：外因潛在構念變項「父母期望」對內因潛在構念變項「學習壓力」、「身心感受」的間接效果值分別為 .000、.227，其中外因潛在構念變項「父母期望」對內因潛在構念變項「學習壓力」只有直接影響路徑，沒有間接影響路徑，因而間接效果值為 0。

表 8-15　貝氏估計法估計之總效果值

變項名稱	父母期望	學習壓力	身心感受
學習壓力	0.772	0.000	0.000
身心感受	0.842	0.295	0.000
職業期望	0.774	0.000	0.000
行為期望	0.813	0.000	0.000
升學期望	0.732	0.000	0.000
課業期望	0.812	0.000	0.000
自我焦慮	0.741	0.259	0.881
心理反應	0.717	0.251	0.851
生理反應	0.714	0.250	0.848
課業壓力	0.676	0.876	0.000
考試壓力	0.732	0.948	0.000
補習壓力	0.648	0.839	0.000

註：變項對變項影響的總效果值為直接效果值加上間接效果值。

　　貝氏估計法之標準化估計值模式圖如下，圖中的標準化徑路係數由直接效果值表摘錄。

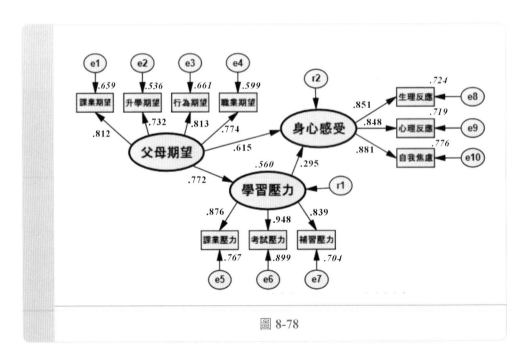

圖 8-78

　　貝氏估計法之非標準化估計值模式圖如下 (圖中的徑路係數、變異數、截距項由參數估計值中的「平均數」欄數據摘錄)：

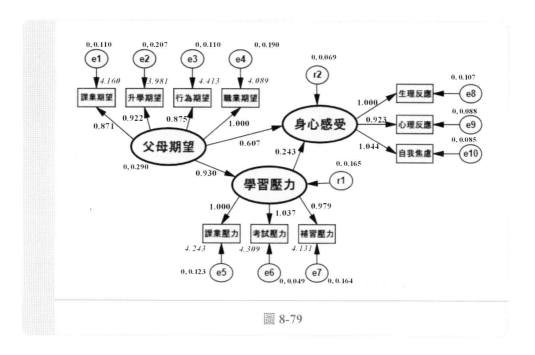

圖 8-79

　　最大概似法估計所得之參數如下，在最大概似法的輸出表格中增列貝氏估計結果的數值，二種方法所估計的參數估計值與標準誤十分接近。

表 8-16　**Maximum Likelihood Estimates**
　　　　　Regression Weights: ([全體群組] - [預設模式]) 【徑路係數】

	ML 估計結果					貝氏估計結果	
	Estimate 估計值	S.E. 標準誤	C.R. 臨界比	P 顯著性	Label 參數標籤	Mean 平均數	S.D. 標準差
學習壓力<---父母期望	.905	.102	8.873	***		0.930	0.116
身心感受<---學習壓力	.240	.083	2.888	.004		0.243	0.087
身心感受<---父母期望	.586	.109	5.400	***		0.607	0.116
補習壓力<---學習壓力	.973	.070	13.916	***		0.979	0.076
考試壓力<---學習壓力	1.033	.060	17.333	***		1.037	0.062
課業壓力<---學習壓力	1.000				參照指標		
生理反應<---身心感受	1.000				參照指標		
心理反應<---身心感受	.924	.071	13.008	***		0.923	0.073

表 8-16 （續）

	ML 估計結果					貝氏估計結果	
	Estimate 估計值	S.E. 標準誤	C.R. 臨界比	P 顯著性	Label 參數標籤	Mean 平均數	S.D. 標準差
自我焦慮<---身心感受	1.049	.077	13.710	***		1.044	0.080
課業期望<---父母期望	.848	.079	10.715	***		0.871	0.088
升學期望<---父母期望	.899	.095	9.475	***		0.922	0.103
行為期望<---父母期望	.848	.079	10.682	***		0.875	0.088
職業期望<---父母期望	1.000				參照指標		

表 8-17 **Standardized Regression Weights: ([全體群組] - [預設模式])**

	ML 估計結果	貝氏估計結果
	Estimate	Mean
學習壓力<---父母期望	.777	.772
身心感受<---學習壓力	.296	.295
身心感受<---父母期望	.619	.615
補習壓力<---學習壓力	.842	.839
考試壓力<---學習壓力	.950	.948
課業壓力<---學習壓力	.879	.876
生理反應<---身心感受	.850	.851
心理反應<---身心感受	.854	.848
自我焦慮<---身心感受	.884	.881
課業期望<---父母期望	.818	.812
升學期望<---父母期望	.739	.732
行為期望<---父母期望	.816	.813
職業期望<---父母期望	.788	.774

表 8-18 **Intercepts: ([全體群組] – [預設模式])** 【截距項】

	ML 估計結果					貝氏估計結果		
變項名稱	Estimate	S.E.	C.R.	P	Label	變項名稱	Mean	S.D.
補習壓力	4.130	.060	69.013	***		補習壓力	4.131	0.061
考試壓力	4.308	.056	76.588	***		考試壓力	4.309	0.056
課業壓力	4.242	.059	72.053	***		課業壓力	4.243	0.057
生理反應	4.274	.050	86.259	***		生理反應	4.274	0.050
心理反應	4.342	.046	95.333	***		心理反應	4.341	0.046
自我焦慮	4.139	.050	82.858	***		自我焦慮	4.137	0.050

表 8-18 （續）

	ML 估計結果					貝氏估計結果		
變項名稱	Estimate	S.E.	C.R.	P	Label	變項名稱	Mean	S.D.
課業期望	4.160	.046	90.260	***		課業期望	4.160	0.046
升學期望	3.980	.054	73.674	***		升學期望	3.981	0.053
行為期望	4.411	.046	95.486	***		行為期望	4.413	0.046
職業期望	4.089	.056	72.458	***		職業期望	4.089	0.055

註：觀察變項的截距項估計值為樣本資料在觀察變項的算術平均數統計量 (M)。

表 8-19 **Variances: ([全體群組] − [預設模式])** 【變異數】

	ML 估計結果					貝氏估計結果		
變項名稱	Estimate	S.E.	C.R.	P	Label	變項名稱	Mean	S.D.
父母期望	.294	.053	5.567	***		父母期望	0.290	0.054
r1	.158	.029	5.510	***		r1	0.165	0.031
r2	.065	.014	4.505	***		r2	0.069	0.015
e7	.156	.022	7.202	***		e7	0.164	0.024
e6	.046	.013	3.512	***		e6	0.049	0.014
e5	.117	.018	6.501	***		e5	0.123	0.019
e8	.102	.016	6.544	***		e8	0.107	0.018
e9	.083	.013	6.456	***		e9	0.088	0.014
e10	.081	.014	5.738	***		e10	0.085	0.015
e1	.104	.016	6.698	***		e1	0.110	0.017
e2	.197	.026	7.495	***		e2	0.207	0.029
e3	.106	.016	6.728	***		e3	0.110	0.016
e4	.180	.025	7.080	***		e4	0.190	0.027

表 8-20 **Standardized Total Effects ([全體群組] − [預設模式])**

	父母期望	學習壓力	身心感受
學習壓力	.777	.000	.000
身心感受	.849	.296	.000
職業期望	.788	.000	.000
行為期望	.816	.000	.000
升學期望	.739	.000	.000
課業期望	.818	.000	.000
自我焦慮	.751	.261	.884

表 8-20　（續）

	父母期望	學習壓力	身心感受
心理反應	.725	.253	.854
生理反應	.721	.251	.850
課業壓力	.683	.879	.000
考試壓力	.738	.950	.000
補習壓力	.654	.842	.000

註：「Standardized Total Effects」摘要表為總效果值。

表 8-21　**Standardized Direct Effects ([全體群組] − [預設模式])**

	父母期望	學習壓力	身心感受
學習壓力	.777	.000	.000
身心感受	.619	.296	.000
職業期望	.788	.000	.000
行為期望	.816	.000	.000
升學期望	.739	.000	.000
課業期望	.818	.000	.000
自我焦慮	.000	.000	.884
心理反應	.000	.000	.854
生理反應	.000	.000	.850
課業壓力	.000	.879	.000
考試壓力	.000	.950	.000
補習壓力	.000	.842	.000

註：「Standardized Direct Effects」標準化直接效果摘要表為直接效果值。

表 8-22　**Standardized Indirect Effects ([全體群組] − [預設模式])**

	父母期望	學習壓力	身心感受
學習壓力	.000	.000	.000
身心感受	.230	.000	.000
職業期望	.000	.000	.000
行為期望	.000	.000	.000
升學期望	.000	.000	.000
課業期望	.000	.000	.000
自我焦慮	.751	.261	.000
心理反應	.725	.253	.000
生理反應	.721	.251	.000

表 8-22 （續）

	父母期望	學習壓力	身心感受
課業壓力	.683	.000	.000
考試壓力	.738	.000	.000
補習壓力	.654	.000	.000

註：「Standardized Indirect Effects」標準化間接效果摘要表為間接效果值。

陸、貝氏估計法之 PP *p* 值解析

貝氏估計法之 PP *p* 值介於 0 至 1 中間，當數值接近 0 或趨近 1 均表示此數值為極端值，極端的 PP *p* 值表示的是假設模型的適配度欠佳。於小樣本情況下，ML 法估計之卡方值統計量及其顯著性 p 值較為穩定，因而於觀察樣本數為小樣本時 (如 N 小於 150 或 N 小於 120)，ML 法估計所得的卡方值顯著性 p 與採用貝氏估計法所得之 PP *p* 值間的關係較密切，當傳統顯著性 p 值愈小 (卡方值統計量愈大)，相對應的 PP *p* 值會趨近於 0，如果 PP *p* 值接近於 0，表示假設模型的適配情形欠理想。

範例中為二個因素構念變項與七個指標變項構成的反映性測量模式，因素構念[1]變項有四個測量變項、因素構念[2]變項有三個測量變項。

一、數據結果[1]

七個觀察變項的相關矩陣之樣本資料數據如下：

表 8-23

rowtype_	varname_	AX1	AX2	AX3	AX4	AX5	AX6	AX7
N		150	150	150	150	150	150	150
CORR	AX1	1.000						
CORR	AX2	0.806	1.000					
CORR	AX3	0.743	0.806	1.000				
CORR	AX4	0.765	0.834	0.802	1.000			
CORR	AX5	0.327	0.297	0.301	0.245	1.000		
CORR	AX6	0.300	0.280	0.264	0.240	0.756	1.000	
CORR	AX7	0.291	0.294	0.262	0.252	0.743	0.789	1.000
STDDEV		0.991	1.452	1.349	1.340	1.032	0.987	1.115
MEAN		3.450	3.150	4.031	4.251	3.879	4.257	3.245

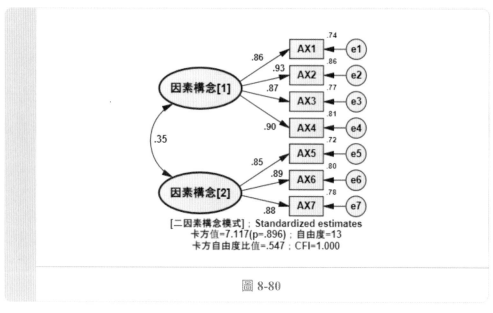

圖 8-80

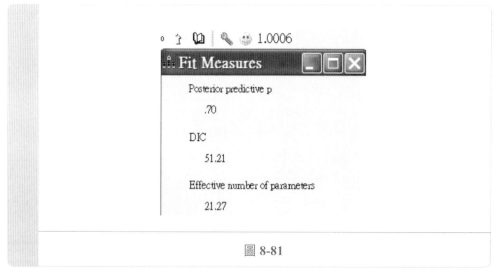

圖 8-81

第一種數據結果，ML 法估計所得的卡方值為 7.117 (模式的自由度為 13)，顯著性機率值 p 為 .896 (p > .05，假設模型與樣本資料的適配情形甚佳)；貝氏估計法所得的 PP　p 值為 .70，DIC 值為 51.21、ENP (有效的參數個數) 值為 21.27。

二、數據結果[2]

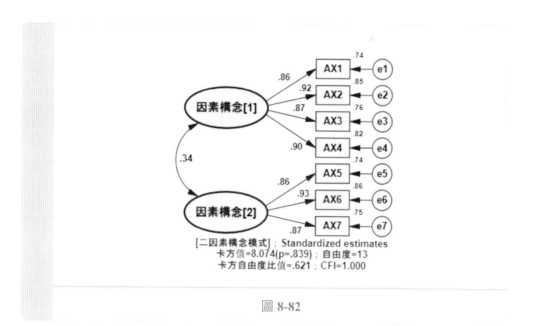

圖 8-82

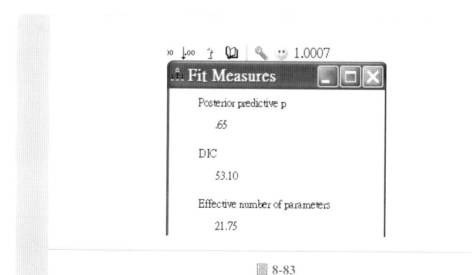

圖 8-83

　　第二種數據結果，ML 法估計所得的卡方值為 8.074 (模式的自由度為 13)，顯著性機率值 p 為 .839 (p > .05，假設模型與樣本資料的適配情形良好)；貝氏估計法所得的 PP p 值為 .65，DIC 值為 53.10、ENP 值為 21.75。

三、數據結果[3]

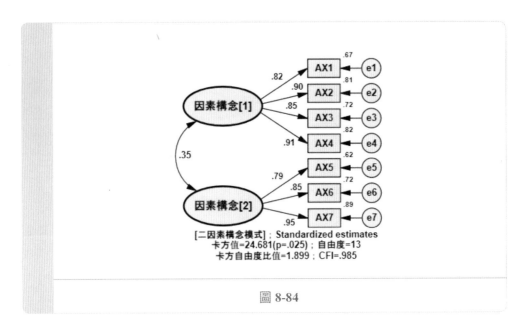

圖 8-84

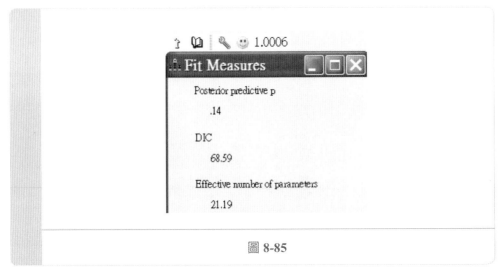

圖 8-85

　　第三種數據結果，ML 法估計所得的卡方值為 24.681 (模式的自由度為 13)，顯著性機率值 p 為 .025 (p < .05，假設模型的適配度不佳)；貝氏估計法所得的 PP p 值為 .14，DIC 值為 68.59、ENP 值為 21.19。

四、數據結果[4]

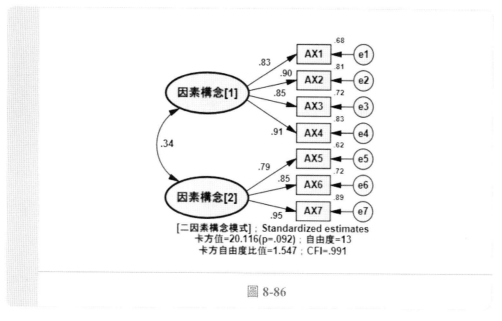

圖 8-86

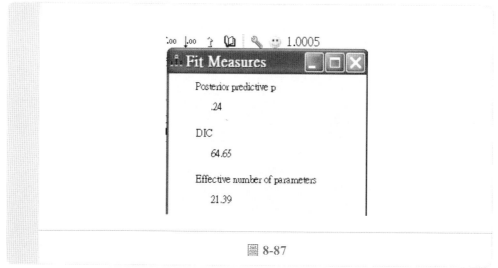

圖 8-87

第四種數據結果，ML 法估計所得的卡方值為 20.116 (模式的自由度為 13)，顯著性機率值 p 為 .092 (p > .05，假設模型與樣本資料可以適配度)；貝氏估計法所得的 PP p 值為 .24，DIC 值為 64.65、ENP 值為 21.39。

五、數據結果[5]

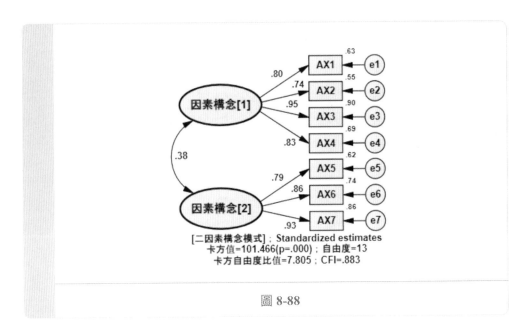

圖 8-88

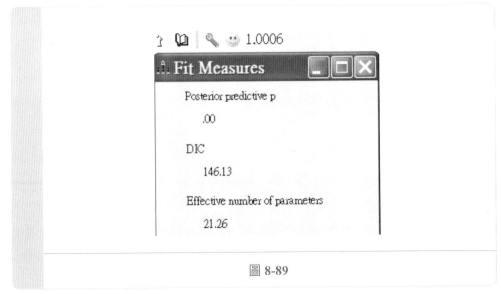

圖 8-89

第五種數據結果，ML 法估計所得的卡方值為 101.466 (模式的自由度為 13)，顯著性機率值 p 為 .000 (p<.001，假設模型的適配度欠理想)；貝氏估計法所得的 PP p 值為 .00，DIC 值為 146.13、ENP 值為 21.26。

六、數據結果[6]

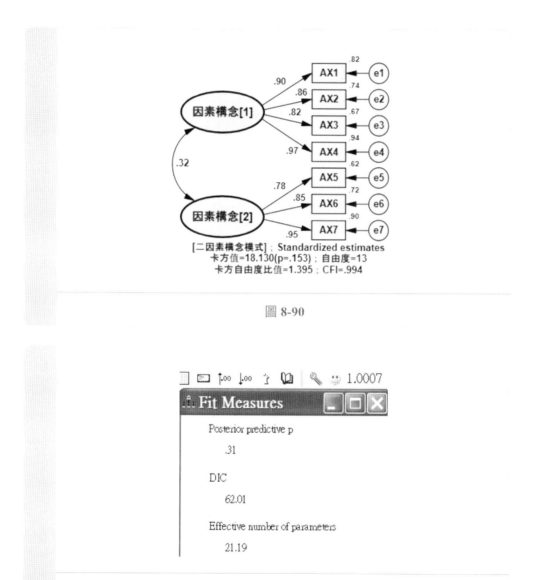

圖 8-90

圖 8-91

第六種數據結果，ML 法估計所得的卡方值為 18.130 (模式的自由度為 13)，顯著性機率值 p 為 .153 (p > .05，假設模型的適配度佳)；貝氏估計法所得的 PP p 值為 .31，DIC 值為 62.01、ENP 值為 21.19。

統整 ML 法估計結果與貝氏估計所得 PP p 值結果如下表：

表 8-24

自由度(樣本數)	ML 估計法之適配度指標值		貝氏估計法之適配度指標值	
	χ^2	顯著性 p	PP p	DIC
13 (N = 150)	7.117	.896(p > .05)	.70	51.21
13 (N = 150)	8.074	.839(p > .05)	.65	53.10
13 (N = 150)	18.130	.153(p > .05)	.31	62.01
13 (N = 150)	20.116	.092(p > .05)	.24	64.65
13 (N = 150)	24.681	.025(p < .05)	.14	68.59
13 (N = 150)	101.466	.000(p < .05)	.00	146.13

從上述模擬的數據可以發現，當傳統顯著性 p 值未達顯著時 (p > .05)，假設模型採用貝氏估計法所得的 PP 值的數據會接近於 .20 至 .70 中間，若是傳統顯著性 p 值達顯著水準時 (p<.05，此時的卡方值會較大)，假設模型採用貝氏估計法所得的 PP p 值的數據會在 .20 以下。學者 Gelman 等人 (1996) 對於根據 PP p 值來判別假設模型的適配度是否良好的門檻界限為 [.30，.70]，這是一種較為保守嚴格的門檻值，在實際應用 PP p 值判別小樣本之樣本資料與假設模型是否可以適配時，其門檻界限可以界定為 [.25，.75]。就 DIC 指標來看，當 χ^2 值愈小 (顯著性機率值 p 愈大) 時，DIC 指標值也會愈小，因而若是進行數個模型的競爭比較時，可挑選 DIC 指標值較小的模型。

柒、貝氏估計法於多群組之應用

範例為一個二因素構念變項的期望量表，「期望構念[1]」潛在變項有五個測量變項、「期望構念[2]」潛在變項有四個測量變項。

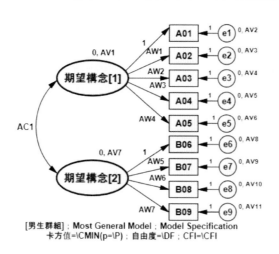

圖 8-92

男生群組假設模型中參數標籤名稱以字母「A」作為起始字元。

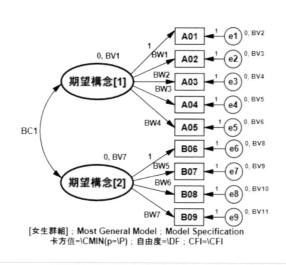

圖 8-93

女生群組假設模型中參數標籤名稱以字母「B」作為起始字元。男生群組與女生群組的 CFA 模型有相同的因素結構，九個測量變項反映二個潛在因素構念變項。

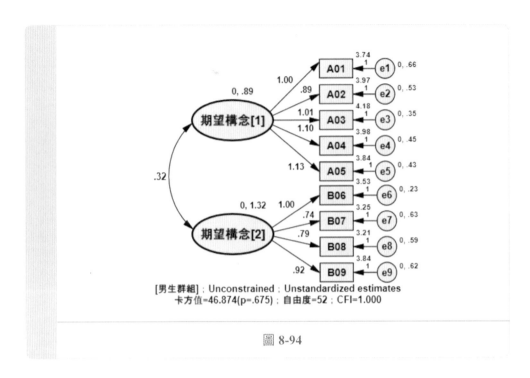

圖 8-94

模式估計結果 (採用最大概似估計法)，非標準化估計值模式圖沒有出現負的誤差項變異數，表示沒有不適當解值，模型可以收斂識別。

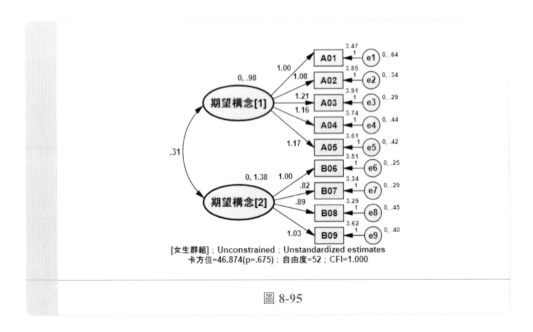

圖 8-95

多群組分析之整體適配度考驗的卡方值為 46.874，顯著性機率值 p = .675 > .05，表示二因構念之 CFA 模型同時適配於男生群組與女生群組，CFA 假設模型具有跨性別群組效度。

貝氏估計法於多群組分析之對話視窗與單群組分析之對話視窗最大的差異在於視窗中會出現二個樣本資料之群組名稱，二個群組之參數估計值分開呈現。

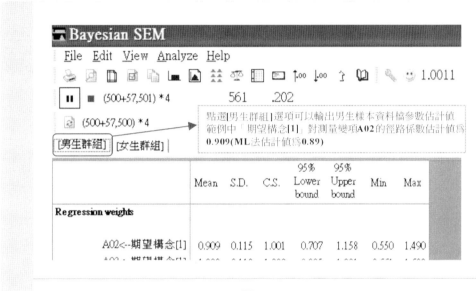

圖 8-96

當模式中所有參數都達到聚斂門檻時，按下暫停抽樣鈕 ❚❚ 後，要查看各群組非標準化估計值參數，直接點選各群組名組，如[男生群組]、[女生群組]，之後，視窗會出現各群組參數的估計值。[男生群組]的參數估計值如下，二個因素構念變項間的共變數估計值為 .344。

表 8-25

	Mean	S.D.	C.S.	95% Lower bound	95% Upper bound	Min	Max
Regression weights							
A02<--期望構念[1]	0.909	0.115	1.001	0.707	1.158	0.550	1.490
A03<--期望構念[1]	1.032	0.118	1.000	0.825	1.291	0.661	1.623
A04<--期望構念[1]	1.122	0.128	1.000	0.902	1.406	0.724	1.795

表 8-25 （續）

	Mean	S.D.	C.S.	95% Lower bound	95% Upper bound	Min	Max
A05<--期望構念[1]	1.159	0.133	1.000	0.929	1.457	0.742	1.879
B07<--期望構念[2]	0.748	0.083	1.000	0.592	0.920	0.462	1.093
B08<--期望構念[2]	0.794	0.083	1.000	0.638	0.963	0.480	1.141
B09<--期望構念[2]	0.928	0.088	1.000	0.760	1.108	0.628	1.292
Intercepts							
A01	3.747	0.117	1.001	3.518	3.978	3.258	4.241
A02	3.969	0.104	1.000	3.766	4.174	3.574	4.353
A03	4.182	0.104	1.000	3.978	4.390	3.741	4.642
A04	3.976	0.115	1.000	3.745	4.200	3.543	4.481
A05	3.844	0.118	1.000	3.609	4.073	3.350	4.340
B06	3.532	0.117	1.000	3.303	3.762	3.083	4.037
B07	3.253	0.111	1.000	3.034	3.469	2.815	3.725
B08	3.211	0.114	1.000	2.989	3.435	2.745	3.692
B09	3.847	0.126	1.001	3.602	4.098	3.303	4.328
Covariances							
期望構念[2]<->期望構念[1]	0.344	0.128	1.000	0.117	0.617	−0.080	1.005
Variances							
期望構念[1]	0.922	0.211	1.000	0.568	1.391	0.311	1.943
e1	0.696	0.107	1.001	0.515	0.929	0.378	1.206
e2	0.557	0.082	1.000	0.412	0.733	0.304	0.981
e3	0.367	0.068	1.001	0.250	0.516	0.169	0.676
e4	0.482	0.082	1.000	0.338	0.659	0.210	0.923
e5	0.453	0.082	1.000	0.312	0.630	0.199	0.851
期望構念[2]	1.383	0.233	1.000	0.976	1.885	0.638	2.658
e6	0.253	0.083	1.000	0.101	0.425	-0.106	0.691
e7	0.669	0.101	1.000	0.493	0.890	0.361	1.177
e8	0.633	0.097	1.001	0.464	0.840	0.344	1.105
e9	0.670	0.113	1.000	0.472	0.914	0.313	1.266

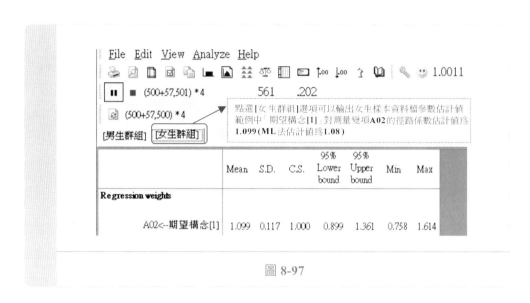

圖 8-97

[女生群組]的參數估計值如下,二個因素構念變項間的共變數估計值為 .315。

表 8-26

	Mean	S.D.	C.S.	95% Lower bound	95% Upper bound	Min	Max
Regression weights							
A02<--期望構念[1]	1.099	0.117	1.000	0.899	1.361	0.758	1.614
A03<--期望構念[1]	1.234	0.124	1.001	1.015	1.503	0.839	1.846
A04<--期望構念[1]	1.185	0.124	1.000	0.965	1.449	0.772	1.814
A05<--期望構念[1]	1.199	0.125	1.000	0.980	1.475	0.796	1.772
B07<--期望構念[2]	0.829	0.062	1.000	0.710	0.956	0.618	1.068
B08<--期望構念[2]	0.891	0.075	1.001	0.750	1.043	0.636	1.243
B09<--期望構念[2]	1.033	0.075	1.001	0.892	1.187	0.738	1.342
Intercepts							
A01	3.472	0.123	1.000	3.234	3.715	2.952	3.924
A02	3.853	0.119	1.000	3.618	4.090	3.396	4.305
A03	3.913	0.131	1.000	3.653	4.172	3.326	4.419
A04	3.741	0.130	1.000	3.476	3.995	3.168	4.210
A05	3.615	0.133	1.000	3.351	3.876	3.048	4.122
B06	3.508	0.122	1.000	3.266	3.745	2.998	4.003

表 8-26 （續）

	Mean	S.D.	C.S.	95% Lower bound	95% Upper bound	Min	Max
B07	3.334	0.106	1.000	3.126	3.541	2.895	3.764
B08	3.291	0.122	1.000	3.053	3.535	2.795	3.784
B09	3.616	0.132	1.000	3.353	3.872	3.085	4.152
Covariances							
期望構念[2]<->期望構念[1]	0.315	0.133	1.000	0.072	0.596	−0.162	0.966
Variances							
期望構念[1]	1.021	0.228	1.000	0.631	1.529	0.401	2.223
e1	0.682	0.106	1.000	0.500	0.916	0.357	1.153
e2	0.367	0.067	1.000	0.254	0.517	0.184	0.700
e3	0.317	0.067	1.001	0.202	0.463	0.105	0.667
e4	0.465	0.081	1.001	0.325	0.645	0.216	0.819
e5	0.448	0.080	1.001	0.314	0.627	0.199	0.845
期望構念[2]	1.457	0.250	1.000	1.035	2.017	0.697	2.616
e6	0.272	0.062	1.000	0.164	0.405	0.088	0.565
e7	0.308	0.056	1.000	0.213	0.436	0.139	0.657
e8	0.478	0.081	1.000	0.338	0.656	0.209	0.963
e9	0.428	0.082	1.000	0.285	0.603	0.180	0.780

按工具列『Fit Measures』適配測量值圖像鈕 ⚖ ，進行貝氏適配度指標值的估計。

範例中，「Posterior predictive p」(事後預測 p 值) 為 .61，DIC 值為 160.41，有效的參數個數數值為 54.27。整體模型適配度統計量 PP *p* 值介於 [.30，.70] 之間，表示假設模型的適配度良好，二因構念之 CFA 模型同時適配於男生群組與女生群組，CFA 假設模型具有跨性別群組效度。

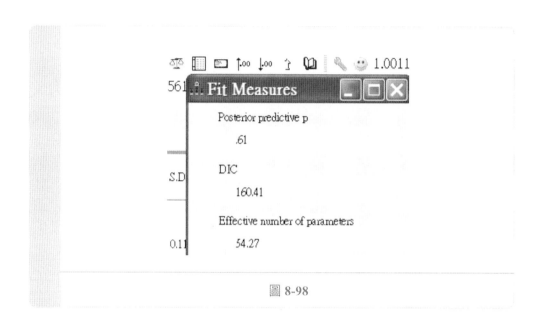

圖 8-98

　　多群組分析之額外參數估計視窗也會增列二個群組名稱,若要查看二個群組個別標準化參數估計值只要先點選群組名稱即可,各群組的數值會分開呈現,此部分與單群組分析之視窗大同小異。範例中於「分析屬性」(Analysis Properties)視窗中的「輸出」(Output) 方盒中未勾選「☑Indirect, direct & total effect」(間接、直接與總效果) 選項,因而額外參數估計視窗未呈現標準化直接效果值、標準化間接效果值與標準化總效果值的選項。不論是進行單一群組的模型檢定或多群組跨效度考驗,在進行貝氏估計法程序前,最好勾選「☑Indirect, direct & total effect」(間接、直接與總效果) 選項,否則標準化徑路係數數值無法得知。

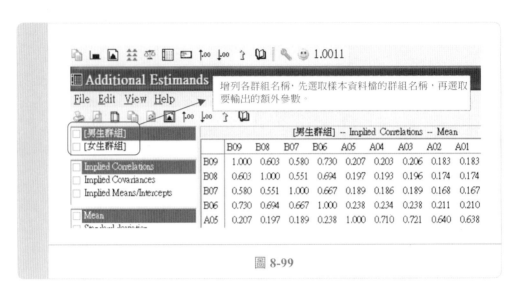

圖 8-99

根據參數摘要表的平均數欄，[男生群組]與[女生群組]非標準化估計值模型
圖繪製如下：

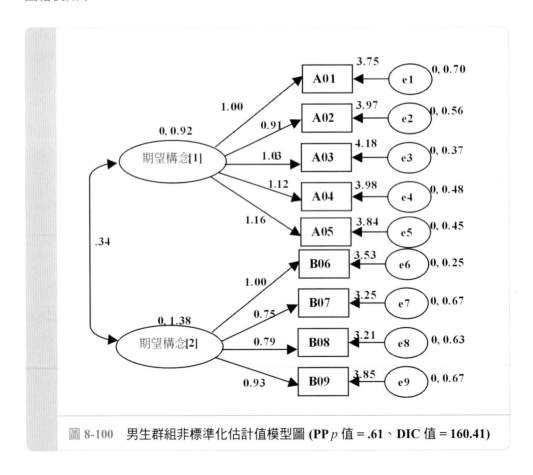

圖 8-100　男生群組非標準化估計值模型圖 (PP p 值 = .61、DIC 值 = 160.41)

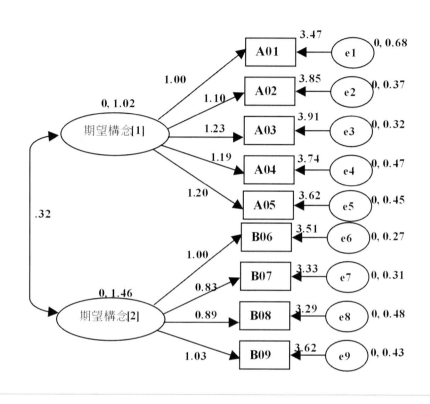

圖 8-101　女生群組非標準化估計值模型圖 (PP *p* 值 = .61、DIC 值=160.41)

主要參考書目

Arbuckle, J. L. (2006). Amos 7.0 user's guide. Chicago: SPSS Inc..

Bolstad, W. M. (2004). Introduction to Bayesian statistics. Hoboken , N.J.: John Wiley and Sons.

Byrne, B. M. (2010). Structural equation modeling with AMOS. New York: Routledge.

Myung, J. I., Karabatsos, G., & Iverson, G. J. (2005). A Bayesian approach to testing decision making axioms. Journal of Mathematical Psychology, 49, 205-225.

Sinharay, S. (2006). Bayesian item fit analysis for unidimensional item response theory models. British Journal of Mathematical and Statistical Psychology, 59 ,

429-449.

Song, Xin-Yung, & Lee, Sik-Yun (2006). Bayesian analysis of structural equation models with nonlinear covariates and latent variables. Multivariate Behavior Research, 41 (3) , 337-365.

李茂能 (2009)。圖解 AMOS 在學術研究之應用。台北：五南。

附　錄

模型估計的其他議題

壹、不適當解值的問題

　　一份有 7 個測量變項 (題項) 的量表，反映 2 個潛在因素構念，其中潛在變項「因素構念 [1] 」包含四個題項 (AX1、AX2、AX3、AX4)；潛在變項「因素構念 [2] 」包含 3 個題項 (AX5、AX6、AX7)，因素構念結構為斜交模式，二個因素構念間有某種程度的相關，其相關係數不為 0。7 個指標變項的相關矩陣中，AX1、AX2、AX3、AX4 4 個變項間的相關介於 .735 至 .935 間；AX5、AX6、AX7 3 個變項間的相關介於 .752 至 .804 間。

　　樣本資料結構之相關矩陣摘要表如下 (此種資料結構 AMOS 可以讀入，實際進行 SEM 各種模型檢定時，建議研究者直接以原始資料檔進行分析較為便利，原始資料檔中又以 SPSS 統計軟體之資料檔最為普遍，資料檔的副檔名為 *.sav)。

表 A-1

rowtype_	varname_	AX1	AX2	AX3	AX4	AX5	AX6	AX7
N		300	300	300	300	300	300	300
CORR	AX1	1.000						
CORR	AX2	0.806	1.000					
CORR	AX3	0.735	0.935	1.000				
CORR	AX4	0.745	0.898	0.802	1.000			
CORR	AX5	0.327	0.297	0.301	0.245	1.000		
CORR	AX6	0.300	0.280	0.264	0.235	0.804	1.000	
CORR	AX7	0.291	0.294	0.262	0.252	0.752	0.789	1.000
STDDEV		0.991	1.351	1.345	1.256	1.057	1.001	1.112

一、初始因素結構模式圖

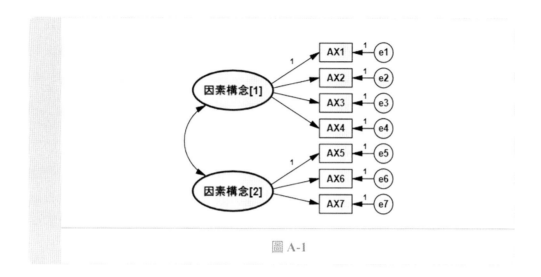

圖 A-1

初始因素結構模式圖顯示：每個指標變項均反映一個因素構念變項，指標變項的測量誤差項間彼此獨立沒有相關，二個因素構念間的相關為待估計的自由參數 (表示二個因素構念潛在變項間有相關，相關係數值大小根據資料結構估計，若是研究者假定的 CFA 模型為多因素直交模式，則因素構念變項間的相關為 0，此時因素構念變項間的相關係數要界定為固定參數，參數的值為 0)。

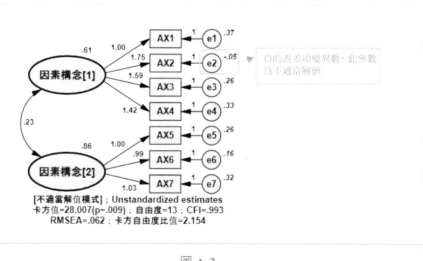

圖 A-2

　　未標準化估計值模式圖顯示，模式的自由度為 13，模式整體適配度統計量 χ^2 值為 28.007 (顯著性 p=.009<.05)，CFI 值為 .993、RMSEA 值為 .062，卡方自由度比值為 2.154。七個指標變項之測量誤差項的變異數分別為 .37、−.05、.26、.33、.26、.16、.32，其中測量誤差項 e2 的變異數為負值，此參數為不適當解值。當模型估計結果出現負的誤差項變異數或內因潛在變項的殘差項為負值，即使研究界定的假設模式與樣本資料可以適配，但是建構的假設模式卻無法作出合理的解釋，若是研究者直接描述以下的結論：「由於假設模式與樣本資料的適配良好，研究者根據理論建構的 CFA 假設模式可以支持」，此種結論是不妥或不適切的，所謂不適切是研究者只考量到模型的外在適配程度，並未對模型的內在適配或基本適配進行評估。SEM 模型檢定時，首先應考量檢核的模型中是否有不適當解值或不合理參數的存在，其次是變項間影響關係的方向性是否與理論或經驗法則相符合 (如結構模式中，外因潛在變項智力對內因潛在變項學業成就的影響為正向，若是模型檢定結果之徑路係數為負值，表示智力變項對學業成就變項的影響為負向，此種情形與理論建構或文獻矛盾，重要的是此種影響路徑無法合理詮釋樣本所處的實際情境)，若這二個要項 (模型中沒有不適當的解值且變項間影響關係的方向性如理論所述) 均沒有問題，才能進行內在與外在適配度的評估。

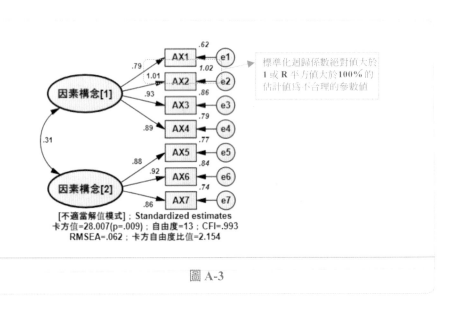

圖 A-3

當誤差項變異數出現負值時，該參數相對應之標準化估計值模式圖中的標準化迴歸係數 (標準化徑路係數) 的參數值會大於 1，R^2 的數值也會大於 1。範例中負的誤差變異數為指標變項「AX2」的誤差項 e2，潛在變項「因素構念 [1]」對指標變項「AX2」的標準化迴歸係數 (測量模式為因素負荷量，結構模式為直接效果值) 為 1.01，R^2 數值為 102%，表示潛在變項「因素構念 [1]」對指標變項「AX2」的解釋變異量為 102%，相對地，指標變項「AX2」反映潛在因素構念的變異為 102%，當解釋變異量 R^2 超過 100% 時 (或接近 100% 時)，表示此參數為不合理的參數值。

二、模型重新界定

當假設模式誤差項或殘差項出現負的變異數時，其可能情形有二：一為觀察變項間有多元共線性存在；二為假設模式界定錯誤。其解決的方法為將負的誤差變異數加上一個較小的正數，此正數又稱脊常數 (ridge constant)，加上一個數值較小的正數之目的在於使變異數不再出現負值，當負的誤差變異數絕對值較大時，加上的正數值要較大。將誤差變異數參數加上某個相對應正數的目的，在於使誤差項變異數的下限值不要小於 0，此種方法應用可直接設定此誤差項的變異數數值為 0，將變異數參數由待估計的自由參數變為一個固定參數，固定參數的常數設為 0 或較小的正數，如 0.01 或 0.05 等，如誤差項變異數設為 0，標準化迴歸係數絕對值會剛好等於 1.00，若是誤差項變異數設為大於 0，標準化迴歸係數絕對值會小於 1.00。

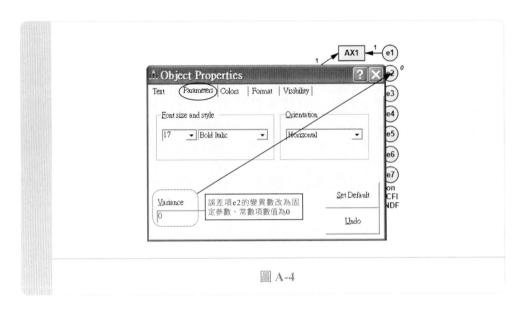

圖 A-4

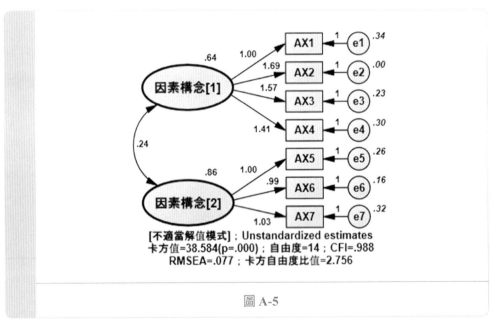

圖 A-5

　　未標準化估計值模式圖顯示，模式的自由度為 14 (原先初始模式的自由度為 13，修正假設模式中待估計的自由參數減少 1 個，因而模式的自由度增加 1)，模式整體適配度統計量 χ^2 值為 38.584 (顯著性 p<.001，初始 CFA 模型適配度統計量卡方值為 28.007，p = .009)，CFI 值為 .988、RMSEA 值為 .077，卡方自由

度比值為 2.756。七個指標變項之測量誤差項的變異數分別為 .34、.00、.23、.30、.26、.16、.32，其中測量誤差項 e2 的變異數為 0，此參數為固定參數，數值 0 為研究者於模型估計前加以界定。

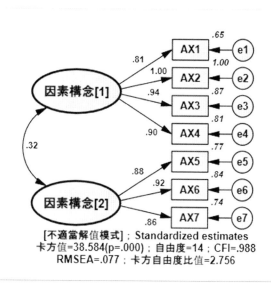

圖 A-6

　　標準化估計值模型圖顯示，潛在變項「因素構念 [1] 」四個指標變項的標準化徑路係數分別為 .81、1.00、.94、.90 (初始假設模式的四個數值分別為 .79、1.01、.93、.89)。測量模式中標準化徑路係數值為 1.00，R^2 數值為 100%，潛在變項「因素構念 [1] 」對指標變項「AX2」的標準化迴歸係數 (測量模式為因素負荷量，結構模式為直接效果值) 為 1.00，表示潛在變項「因素構念 [1] 」對指標變項「AX2」的解釋變異量剛好為 100%。在測量模式中指標變項反映其對應潛在構念變項 100%的變異量，此種情況是不合理的；在結構模式中外因變項可以解釋內因變項 100%的變異量也是不合理的。為符應實際樣本資料屬性，負的誤差變異數的絕對值若是較小，可加上一個較小的正值，相對地，負的誤差變異數的絕對值如果大於 0.05，可直接界定此測量誤差項或殘差項的參數變異數為 0.05 或比 0.05 較小的數值 (把誤差項變異數設為比 0 稍大的數值較為合理)，當研究者界定的變異數數值與原先變異數參數的差異值愈大，則重新界定的假設模式之整體模型適配度統計量的 χ^2 值也會與初始模型之適配度統計量的 χ^2 值差異

愈大，此時，表示界定的模型與樣本資料愈不適配。

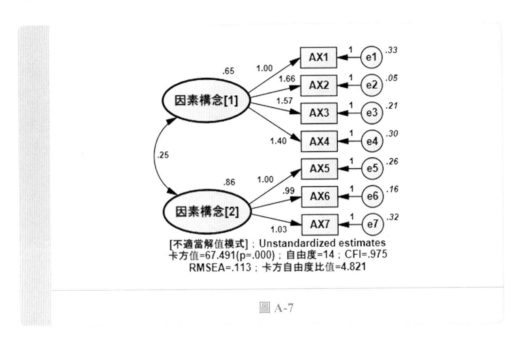

圖 A-7

　　將測量誤差項 e2 的變異數設為固定參數，固定參數的常數項界定為 .05，模型估計結果模式可以識別。「因素構念 [1]」潛在變項四個指標變項的誤差項變異數分別為 .33、.05、.21、.30。模型估計結果誤差項 e2 的變異數為 .05，此數值並非自由參數，而是研究者界定的固定參數，至於其餘三個誤差項變異數為待估計的自由參數，因而其數值會於先前模型估計時會有所不同 (通常差異值不會太大)。

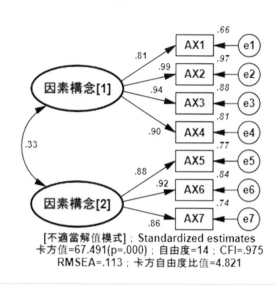

圖 A-8

　　因素構念 [1] 潛在變項四個指標變項的標準化徑路係數分別為 .81、.99、.94、.90，潛在變項「因素構念 [1]」對四個指標變項的解釋變異 (R^2) 分別為 66%、97%、88%、81%。模式適配度卡方值統計量為 67.491 (p<.001)、RMSEA 值為 .113，若將誤差項 e2 變異數的常數項界定為 0.00，模式整體適配度統計量 χ^2 值為 38.584 (顯著性 p<.001)，RMSEA 值為 .077。因此，若是重新界定模型的誤差項變異數 (固定參數) 常數項與初始變異數界定為自由參數時估計所得的變異數差異值愈大，則模式適配度卡方值統計量會愈大，表示模型的適配情形愈不理想。

三、移除共線性指標變項

　　如果模型界定沒有錯誤，不適當解值是由指標變項多元共線性問題 (變項間線性相依) 造成的，模型重新界定的較佳方法為將造成多元共線性問題指標變項移除。若是 CFA 模式驗證，指標變項數刪除後，每個因素構念變項保留的指標變項數最好在三個以上，否則，若是測量變項數太少，則無法有效反映其對應的潛在因素構念。

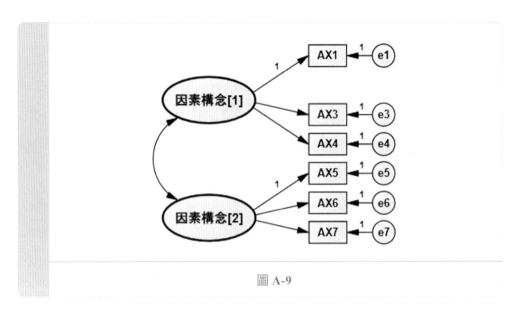

圖 A-9

　　從範例資料檔相關矩陣中可以發現，指標變項 AX2 與 AX1、AX3、AX4 間的相關係數分別為 .806、.935、.898，指標變項 AX2 與 AX3、AX4 間的相關甚高，因而多元共線性問題可能是由指標變項 AX2 造成的 (初始模型估計結果，指標變項 AX2 的測量誤差項變異數也為負值)，修正的測量模式中將優先考量將指標變項 AX2 從潛在變項「因素構念 [1]」中移除。

表 A-2　「因素構念 [1]」四個指標變項間之相關矩陣摘要表 (N=300)

指標變項	AX1	AX2	AX3	AX4
AX1	1.000			
AX2	0.806	1.000		
AX3	0.735	0.935	1.000	
AX4	0.745	0.898	0.802	1.000

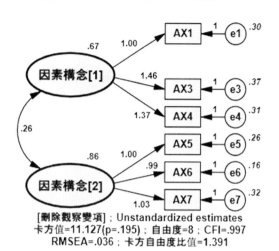

圖 A-10

　　刪除測量指標變項「AX2」後，模型估計結果模式可以收斂識別。未標準化估計值模式圖顯示，模式的自由度為 8，模式整體適配度統計量χ^2值為 11.127 (顯著性 p =.195>.05)，CFI 值為 .997、RMSEA 值為 .036，卡方自由度比值為 1.391，二因素測量模式與樣本資料的適配情形良好。二個因素構念變項間的共變數為 .26，六個指標變項之測量誤差項的變異數分別為 .30、.37、.31、.26、.16、.32，六個指標變項之測量誤差項均為正值，表示模型估計結果的參數均為適當解值，模型估計的參數估計值沒有不合理的數值出現。

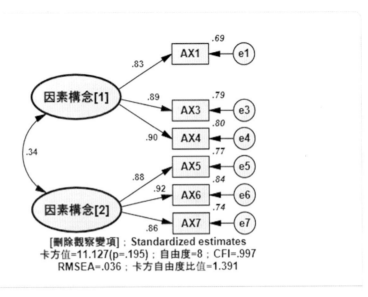

圖 A-11

　　標準化估計值模式圖顯示，「因素構念 [1] 」三個指標變項的標準化徑路係數 (因素負荷量) 分別為 .83、.89、.90；「因素構念 [2] 」三個指標變項的標準化徑路係數 (因素負荷量) 分別為 .88、.92、.86，二個因素構念變項間的相關為 .34。如果模型估計結果之參數有不適當解值出現，而此不適當解值是由觀察變項間線性相依問題所造成的，則移除導致多元共線性觀察變項的方法，在 SEM 的操作中是屬於合理適切的方法，此種方法也較能符應 SEM 的驗證性程序。

四、測量恒等性的界定

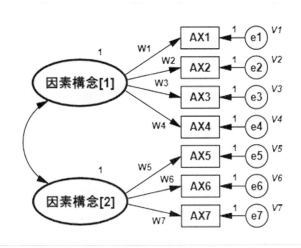

圖 A-12

　　第三種測量模式的修正方法為界定因素構念之指標變項的因素負荷量相等
(表示潛在因素構念變項對測量指標變項的影響力是相同的)，增列參數標籤名稱
的假設模式圖如上 (此種模型界定要先將二個潛在因素構念的變異數設定為 1)，
在參數限制中界定的條件為：

W1 =W2 = W3 = W4
W5 = W6 = W7

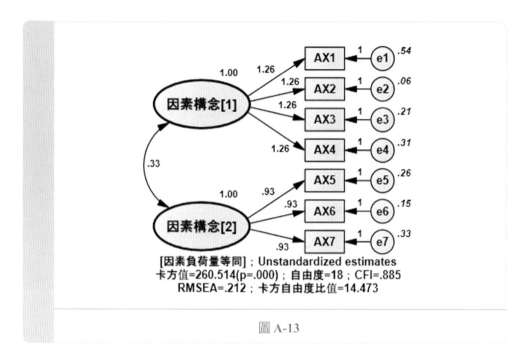

圖 A-13

　　未標準化估計值模式圖顯示，模式的自由度為 18，模式整體適配度統計量 χ^2 值為 260.514 (顯著性 p<.001)，CFI 值為 .885、RMSEA 值為 .212，卡方自由度比值為 14.473，結果顯示假設模式與樣本資料的契合度不佳。七個指標變項之測量誤差項的變異數分別為 .54、.06、.21、.31、.26、.15、.33，模式估計結果的所有參數都為正數，亦即均為適當解值。

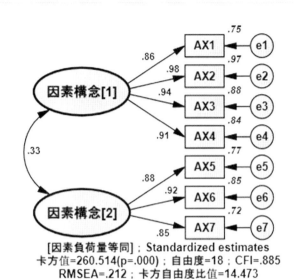

圖 A-14

　　標準化估計值模式圖顯示，「因素構念 [1]」四個指標變項的標準化徑路係數 (因素負荷量) 分別為 .86、.98、.94、91，四個指標變項未標準化徑路係數值均為 1.26；「因素構念 [2]」三個指標變項的標準化徑路係數 (因素負荷量) 分別為 .88、.92、.85，三個指標變項未標準化徑路係數值均為 0.93，二個潛在變項測量模式的信度均佳，但 CFA 假設模式與樣本資料的適配情形不佳。此種方法雖可以解決模型估計出現不適當解值的問題，但是通常模型整體適配度會變得較差。

貳、非正定問題

　　三個測量模式構成的因果路徑中，外因潛在變項為「FAX」，內因潛在變項為「FBY」、「FCY」，外因潛在變項「FAX」有四個觀察變項，內因潛在變項「FBY」、「FCY」各有三個觀察變項。

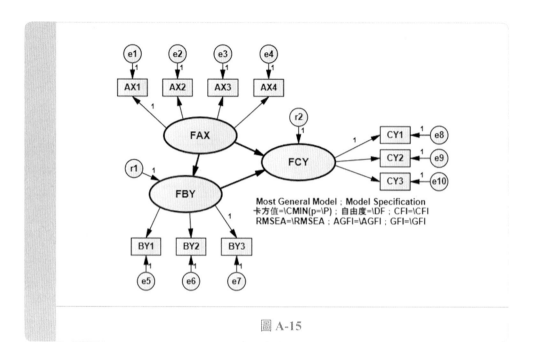

圖 A-15

　　按『計算估計值』工具圖示鈕後，出現「Amos」之適配模型的錯誤訊息，訊息顯示：「樣本資料動差矩陣並非正定，導致資料結構非正定的原因可能有以下幾種：1.樣本共變數矩陣或樣本相關矩陣讀入時有錯誤值發生；2.觀察變項因樣本數太少發生線性相依情形；3.樣本共變異數矩陣或樣本相關矩陣使用配對刪除法計算不完全的資料檔；4.樣本相關矩陣的相關係數性質成四分相關……等。進行 SEM 分析之資料結構必須是正定 (positive definition) 的資料結構，若是資料結構的共變異數矩陣為非正定矩陣，則模式的適配度將無法估計，此時各種參數也無法順利估計出來。

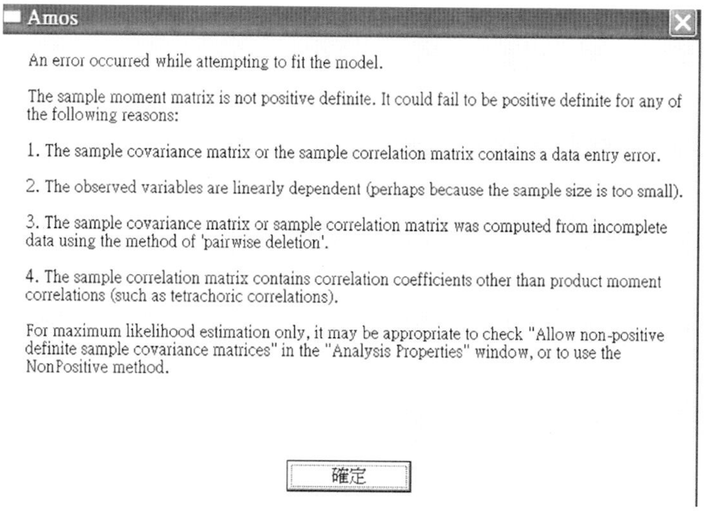

圖 A-16

如果研究者不進行資料結構共變異數的轉換、變項刪除或錯誤資料處理，要直接進行參數估計，則可於「分析屬性」對話視窗中，按『Numerical』(數值的) 方盒，勾選「☑Allow non-positive definite sample covariance matrices」(允許非正定樣本共變異數矩陣) 選項，勾選「允許非正定樣本共變異數矩陣」選項後，即使樣本資料結構是非正定資料，也可以使用最大概似法進行各參數的估計，但是整體模式適配度指標統計量除了卡方值之外，將只出現 RMR、GFI、PGFI、AIC等適配度指標值。

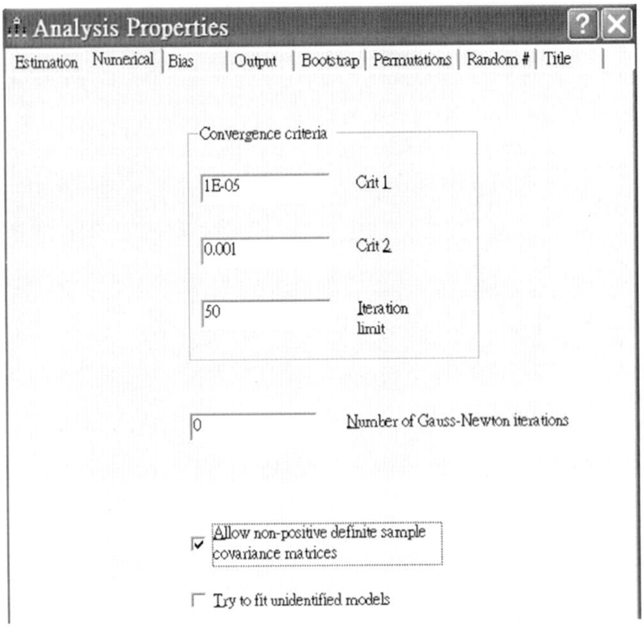
Analysis Properties
Estimation
Numerical
Bias
Output
Bootstrap
Permutations
Random #
Title
Convergence criteria
1E-05
Crit 1
0.001
Crit 2
50
Iteration limit
0
Number of Gauss-Newton iterations
Allow non-positive definite sample covariance matrices
Try to fit unidentified models

圖 A-17

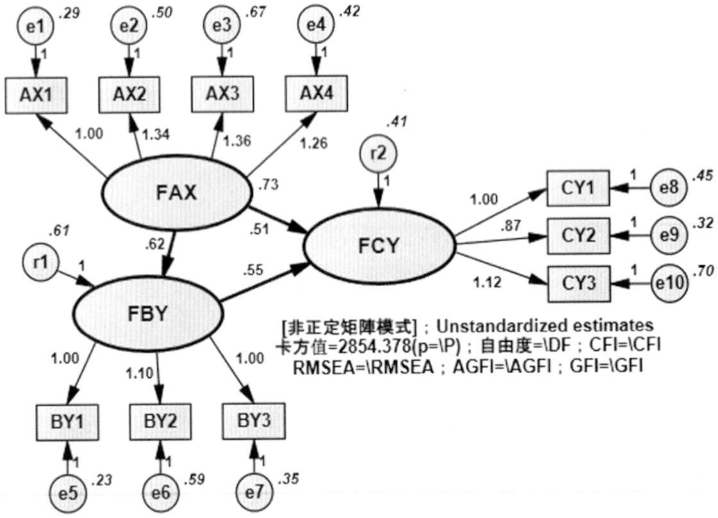
[非正定矩陣模式]；Unstandardized estimates
卡方值=2854.378(p=\P)；自由度=\DF；CFI=\CFI
RMSEA=\RMSEA；AGFI=\AGFI；GFI=\GFI

圖 A-18

　　非標準化估計值模式圖中未出現負的誤差項變異數或負的殘差項變異數，表示模型估計的參數沒有不適當解值，整體模式適配度的卡方值為 2854.378，RMR 值為 .080、GFI 值為 .742。

表 A-3　**RMR, GFI**

Model	RMR	GFI	AGFI	PGFI
[非正定矩陣模式]	.080	.742	1.000	98119.131

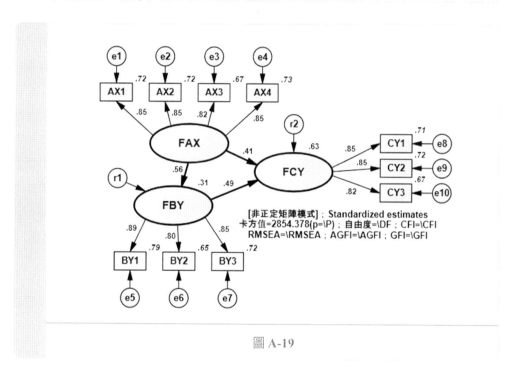

圖 A-19

　　標準化估計值模式圖顯示，三個潛在變項之測量模式的信度良好，外因潛在變項「FAX」四個指標變項的因素負荷量分別為 .85、.85、.82、.85；內因潛在變項「FBY」三個指標變項的因素負荷量分別為 .89、.80、.85；內因潛在變項「FCY」三個指標變項的因素負荷量分別為 .85、.85、.82。就結構模式潛在變項間的直接效果值來看，三個路徑的標準化徑路係數均達顯著，外因潛在變項「FAX」對內因潛在變項「FBY」、「FCY」的直接效果值分別為 .56 (p< .001) 、.41 (p<.001)；內因潛在變項「FBY」對內因潛在變項「FCY」的直接效果值為 .49 (p<.001)，外因潛在變項「FAX」對內因潛在變項「FBY」的解釋變

異量 R^2 為 31%，潛在變項「FAX」、「FBY」對內因潛在變項「FCY」的聯合解釋變異量 R^2 為 63%，結構模式參數結果顯示是這三個潛在變項間的影響顯著，其效果值也很大。但就整體模型適配度來看，假設模式與樣本資料的契合度不佳 (因為卡方值甚大，其數值為 2854.378，當模型適配度的卡方值超過 1000 以上時，其餘適配度指標值多數不會達到適配門檻值)。

當樣本資料的共變異數矩陣為非正的矩陣時，在模式估計時於「分析屬性」對話視窗中勾選「允許非正定樣本共變異數矩陣」選項，即使參數可以順利估計出來，一般而言，假設模式的適配情形多數會欠佳，模式適配度卡方值統計量的數值也變得很大。上述範例中，假設模式的三個測量模式之信度均相當理想，潛在變項構成的結構模式間的直接效果值也很高 (表示界定變項間關係的模型沒有錯誤，外因潛在變項對內因潛在變項真的有某種程度的因果關係)，所有估計的參數均達 .05 顯著水準，估計所得的參數沒有不適當解值，此種情形，在多數的情況下，假設模式與樣本資料間通常可以適配，但此範例中顯示的是「假設模式與樣本資料間的適配情形不佳」，之所以呈現此種弔詭結果，乃是因為資料結構本身非正定問題導致。SEM 模型檢定中，若是樣本資料結構的共變異數矩陣或假設模式隱含的共變異數矩陣為非正定的 (non-positive definite) 矩陣，即使強迫所有估計所有參數，假設模式適配度統計量的卡方值通常會變得非常大 (如大於 2000 或大於 1500)。

參、潛在變項間關係修正界定

公務人員「婚姻態度」、「親子關係」與「幸福感受」之因果關係假設模式中，外因潛在變項為「婚姻態度」，內因潛在變項為「親子關係」與「幸福感受」，「親子關係」潛在變項具有中介變項的性質。

表 A-4 因果關係中九個觀察變項的相關矩陣與描述性統計量摘要表 (N=400)

	責任承諾	情感親密	體諒支持	相互信任	情感交流	民主溝通	人際關係	身心健康	工作調適
責任承諾	1								
情感親密	.734	1							
體諒支持	.757	.742	1						
相互信任	.784	.611	.576	1					
情感交流	.711	.834	.651	.669	1				
民主溝通	.720	.617	.518	.736	.713	1			
人際關係	.732	.612	.608	.710	.663	.774	1		
身心健康	.647	.636	.583	.553	.615	.675	.680	1	
工作調適	.685	.585	.597	.663	.642	.744	.775	.711	1
平均數	3.70	3.73	3.90	3.52	3.67	3.42	3.55	3.48	3.50
標準差	.654	.721	.661	.780	.713	.816	.732	.812	.757
最小值	1.00	1.00	1.00	1.00	1.00	1.00	1.14	1.25	1.00
最大值	5.00	5.00	5.00	5.00	5.00	5.00	5.00	5.00	5.00

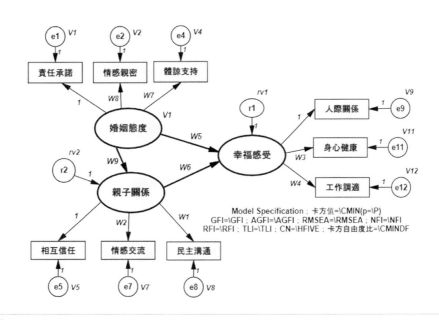

圖 A-20

公務人員「婚姻態度」、「親子關係」與「幸福感受」之因果關係假設模式圖如上，潛在變項「婚姻態度」的指標變項有「責任承諾」、「情感親密」、「體諒支持」三個；潛在變項「親子關係」的指標變項有「相互信任」、「情感交流」、「民主溝通」三個；潛在變項「幸福感受」的指標變項有「人際關係」、「身心健康」、「工作調適」三個。

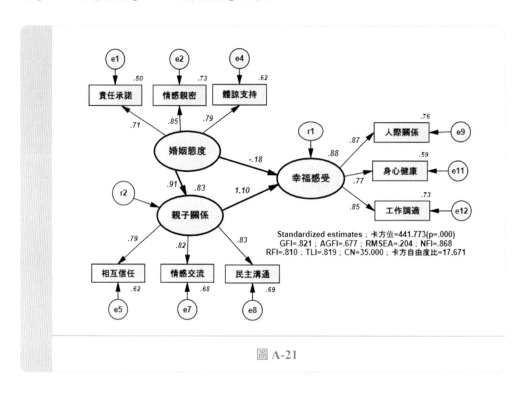

圖 A-21

模式估計結果模型可以識別收斂，三個測量模式觀察變項的因素負荷量均在 .71 以上，表示三個潛在變項的測量模式信度良好。結構模式中外因潛在變項「婚姻態度」對內因潛在變項「幸福感受」的標準化徑路係數為-.18，外因潛在變項「婚姻態度」對內因潛在變項「幸福感受」的影響方向與理論建構相反，直接效果值無法作出合理的詮釋；此外，內因潛在變項「親子關係」對內因潛在變項「幸福感受」的標準化徑路係數為 1.10，標準化迴歸係數的絕對值大於1.00，此參數是一個不適當解值。

從觀察變項間之相關矩陣來看，觀察變項「責任承諾」與反映同因素構念之觀察變項「情感親密」、「體諒支持」有高度相關外，與不同潛在構念變項的六

個觀察變項中的四個 (相互信任、情感交流、民主溝通、人際關係) 也有高度相關,其相關係數分別為 .784、.711、.720、.732,而與觀察變項「身心健康」、「工作調適」的相關則接近高度相關程度,相關係數分別為 .647、.685。因而 SEM 模型中不適當解值的參數可能導因於觀察變項間的線性相依問題,其中導致線性相依主要的觀察變項可能為「責任承諾」。

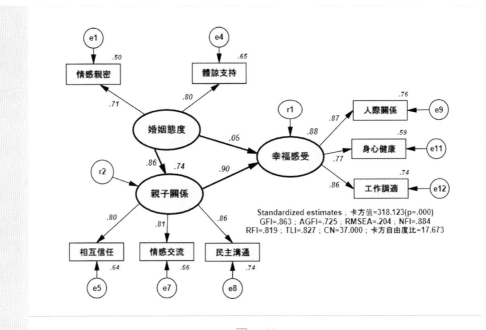

圖 A-22

在修正的假設模式圖中,將外因潛在變項「婚姻態度」之觀察變項「責任承諾」刪除,刪除「責任承諾」觀察變項後的假設模式估計結果模式可以辨識收斂。結構模式中外因潛在變項「婚姻態度」對內因潛在變項「親子關係」、「幸福感受」的標準化徑路係數分別為 .86 (p<.001) 、.05 (p>.05),內因潛在變項「親子關係」對內因潛在變項「幸福感受」的標準化徑路係數為 .90 (p<.001),三條直接效果路徑只有二條達到 .05 顯著水準,外因潛在變項「婚姻態度」對內因潛在變項「幸福感受」的直接影響路徑未達 .05 顯著水準。若是研究者不再進行模型修正,則「婚姻態度」變項對「幸福感受」變項只有間接影響路徑,中介影響變項為「親子關係」。三個潛在變項的關係簡化為:「婚姻態

度」 (外因潛在變項) →「親子關係」 (中介潛在變項) →「幸福感受」 (內因潛在變項)。

　　研究者若是從理論探究或經驗法則中確認「婚姻態度」變項對「幸福感受」變項應有顯著的直接影響路徑，模型中的影響路徑之所以沒有達到 .05 顯著水準，可能是觀察變項間線性相依造成的，從相關矩陣摘要中可以發現「親子關係」的觀察變項「情感交流」與觀察變項「情感親密」間的相關高達 .834，二者的相關係數反而高於觀察變項「情感交流」與觀察變項「相互信任」、「民主溝通」間的相關係數 (r 分別為 .669、.713)。一個信度良好的測量模式指標，同一因素構念之指標變項間的相關應高於指標變項與不同因素構念間的相關，即同一因素構念指標變項間的相關應該較高，而不同因素構念指標變項之間的相關應該較低，此種關係與進行探索性因素分析的理論緣由相同。

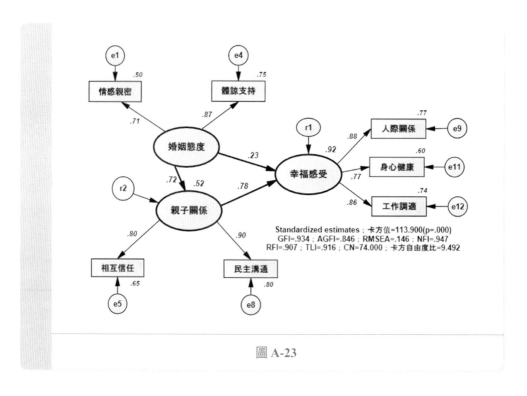

圖 A-23

　　在修正模式中將潛在變項「親子關係」之觀察變項「情感交流」刪除，刪除後的模型為簡化模式。刪除「情感交流」觀察變項後的假設模式估計結果模式可以辨識收斂。「婚姻態度」對內因潛在變項「親子關係」、「幸福感受」的標準

化徑路係數分別為 .72 (p<.05)、.23 (p<.05)，內因潛在變項「親子關係」對內因潛在變項「幸福感受」的標準化徑路係數為 .78 (p<.05)，三條直接效果路徑均達 .05 顯著水準，三個標準化迴歸係數參數均為適當的解值。整體模式適配度中的五個增值適配度指標值、RMR 值 (=.065)、GFI 值 (=.934)、PNFI 值 (=.541)、PCFI 值 (=.544) 等九個指標值均達到模式可以適配門檻，表示重新界定的假設模式適配度尚可。從模式卡方值統計量的數值來看，刪除觀察變項「責任承諾」之假設模式適配度卡方值統計量為 318.123 (p<.001)、刪除「責任承諾」與「情感交流」二個觀察變項之假設模式適配度卡方值統計量為 113.900 (p<.001)，最後界定的假設模式顯然比之前界定的假設模式更具有較佳的適配度。

達到門檻之適配統計量如下：

表 A-5　RMR, GFI

Model	RMR	GFI	AGFI	PGFI
Default model	.065	.934	.846	.400

表 A-6　Baseline Comparisons

Model	NFI Delta1	RFI rho1	IFI Delta2	TLI rho2	CFI
Default model	.947	.907	.952	.916	.952

表 A-7　Parsimony-Adjusted Measures

Model	PRATIO	PNFI	PCFI
Default model	.571	.541	.544

國家圖書館出版品預行編目資料

結構方程模式：實務應用秘笈 / 吳明隆，
張毓仁著. -- 初版. -- 臺北市：五南，
2010.11
　　面；　公分.
　ISBN 978-957-11-6141-9(平裝)
　1.社會科學 2.統計方法 3.電腦程式
　501.28　　　　　　　　　　99021194

1H70

結構方程模式—實務應用秘笈

作　　　者 ─ 吳明隆（60.2）、張毓仁

發 行 人 ─ 楊榮川

總 編 輯 ─ 龐君豪

主　　　編 ─ 張毓芬

責任編輯 ─ 侯家嵐

文字編輯 ─ 余欣怡

封面設計 ─ 盧盈良

出 版 者 ─ 五南圖書出版股份有限公司

地　　　址：106台北市大安區和平東路二段339號4樓

電　　　話：(02)2705-5066　　傳　　　真：(02)2706-6100

網　　　址：http://www.wunan.com.tw

電子郵件：wunan@wunan.com.tw

劃撥帳號：01068953

戶　　　名：五南圖書出版股份有限公司

台中市駐區辦公室/台中市中區中山路6號

電　　　話：(04)2223-0891　　傳　　　真：(04)2223-3549

高雄市駐區辦公室/高雄市新興區中山一路290號

電　　　話：(07)2358-702　　傳　　　真：(07)2350-236

法律顧問　元貞聯合法律事務所　張澤平律師

出版日期　2010年11月初版一刷

定　　　價　新臺幣750元